CAIZHENG KEJI ZHENGCE
YU QIYE JISHU CHUANGXIN

财政科技政策与企业技术创新

熊维勤　张春勋◎著

中国财经出版传媒集团
经济科学出版社
Economic Science Press

图书在版编目（CIP）数据

财政科技政策与企业技术创新/熊维勤，张春勋著.
—北京：经济科学出版社，2017.11
ISBN 978-7-5141-8584-3

Ⅰ.①财… Ⅱ.①熊…②张… Ⅲ.①科学研究事业-财政政策-关系-企业管理-技术革新-研究-中国 Ⅳ.①F812.0②F279.23

中国版本图书馆CIP数据核字（2017）第261327号

责任编辑：张 蕾 周国强
责任校对：杨晓莹
责任印制：邱 天

财政科技政策与企业技术创新
熊维勤 张春勋 著
经济科学出版社出版、发行 新华书店经销
社址：北京市海淀区阜成路甲28号 邮编：100142
总编部电话：010-88191217 发行部电话：010-88191522
网址：www.esp.com.cn
电子邮件：esp@esp.com.cn
天猫网店：经济科学出版社旗舰店
网址：http：//jjkxcbs.tmall.com
固安华明印业有限公司印装
710×1000 16开 25印张 410000字
2017年11月第1版 2017年11月第1次印刷
ISBN 978-7-5141-8584-3 定价：76.00元

前　言

改革开放以来，中国政府高度重视技术创新在推动经济增长及经济结构调整方面的重要作用，逐步确立企业在技术创新中的主体地位，制定了一系列扶持企业技术创新的财政科技政策，有效扩大了企业技术创新规模，但同时也表现出财政资助对象选择不尽合理，财政资金利用效率欠佳等问题。因此，在当前强调发挥市场在科技资源配置中的主导地位的新形势下，如何优化扶持企业技术创新的财政科技政策，合理界定政府和市场在创新资源配置中的分界，充分发挥财政科技政策的引导作用和激励作用，在达到引导资源向创新企业集聚，扩大企业技术创新规模的同时，有效提高财政资金的使用效率和企业技术创新效率是本书研究的主要议题。

全书由十五章构成，大致可以分为五部分。

第一至第五章构成本书的第一部分，主要采用文献分析、国别比较分析和描述性统计分析方法，对国内外财政科技政策促进企业技术创新的现状进行了分析。重点分析内容包括：①主要创新型国家促进企业技术创新的财政政策工具；②中国促进企业技术创新的税收优惠、直接财政资助政策和创业投资引导基金制度的实施情况及存在的主要问题；③通过对中国企业技术创新投入和产出的动态对比和横向比较分析，指出制约中国企业技术创新能力的主要因素集中体现在企业创新资本投入强度不足、创新资本和人力投入配比关系欠佳、对基础研究和应用研究的投入严重不足、创新效率不高，从而明确财政科技政策必须兼顾扩大企业技术创新规模和提高企业技术创新效率的双重目标。

本书的第二部分由第六至十一章组成，重点从理论上深入分析了财政科技政策促进企业技术创新的机理和机制，并对相关理论结论进行了实证检验。其中第六至八章在激励理论的分析框架下，对比分析了创新成本定额补贴、比例补贴、所得税前加计扣除、创新产出所得税优惠和政府采购政策对企业技术创新规模和效率的影响。第九至十一章则利用相关统计数据和实证调研数据，从区域、行业和企业三个层面检验了财政科技政策对企业技术创新规模和效率的影响。

第十二和十三章构成本书的第三部分，本部分的主要研究议题是如何有效提高财政资金的配置效率，从而更加有效地促进企业技术创新规模和效率。其中第十二章在激励理论的基本分析框架下，以创新企业的自有资本投入作为研究对象，论述了自有资本投入的担保功能，区分了银行信贷资本、企业自有资本、政府财政资本、天使资本、创业投资资本等不同类型资本的作用，从而界定财政资本和其他资本的功能分界，明晰了政府和市场之间的关系，解决了财政科技资金在什么情况应由政府配置、政府应如何进行配置的问题。第十三章仍然利用激励理论的基本分析框架，对比分析了不同补偿机制对创业投资家激励强度的影响，通过设计最优补偿规则，解决了如何发挥财政资金的引导作用，以吸引更多私人资本投入企业技术创新活动的问题。

本部分的第四、第五两部分分别由第十四、第十五章单独构成。其中第四部分通过将企业技术创新纳入国家创新体系这一更广阔的框架之中，将国家创新分解为知识生产和知识转化两个阶段，采用 DEA、Malmaquist 和 DEA－Tobit 两步法等分析了财政科技政策对国家创新效率的影响，从而辨识影响国家创新效率的重要政策工具。第五部分归纳总结了全书的核心结论，并结合主要研究议题提出了调整优化我国现行财政科技政策的相关政策建议。

本书的主要发现及观点包括。

（1）合理界定财政资金的资助方向和范围。大幅度增加基础研究和应用研究的财政资金投入，并建立起稳定的投入增长机制。财政资金对企业的直接资助应限定在商业性创新资本不愿意进入的领域，即尚处于早期阶段的创新项目，或易受到融资约束的中小创新企业或初创型创新企业。资助方式也宜由无偿资助转为贷款资助。

（2）面向市场需求的重大科技专项应以企业作为项目实施主体，政府财政资助的对象应是企业。为选择合适的企业作为项目实施主体及资助主体，应充分发挥企业自有资本投入的担保功能，以企业对项目自有资本投入比例作为标的物，通过竞标方式选择最合适企业作为项目实施主体。

(3) 在对企业的创新活动进行直接财政资助时，应充分发挥市场机制的作用，大力扶持创业引导基金发展，充分利用创业投资机构的专业技能优选资助对象，实现财政科技资金配置由政府主导型向市场主导型的转变，提高财政资金的使用效率和企业技术创新效率。

(4) 在创业引导基金的运作中，财政资金应通过收益补偿机制更多吸引社会资本进入，充分发挥财政资金的杠杆放大作用。同时在实行收益补偿的基础上，应改变当前引导基金以混业经营为主的运作模式，强力引导创新资金投向早期阶段创新项目或初创型创新企业，从而避免对商业性创业资本形成挤出效应，有效扩大全社会技术创新规模。

(5) 税收优惠应兼顾扩大企业技术创新规模和提高企业技术创新效率的双重目标，因此，针对不同的主体应实施更具针对性的税收优惠政策：对易受融资约束的中小企业，宜加大创新投入环节的税收优惠力度，降低企业创新成本；对资金相对充裕的大型企业，宜采用基于创新所得的所得税优惠政策。同时加大对科技中小型企业的税收优惠力度，并将科技中介服务机构的技术服务工作纳入税收优惠范畴；加大企业合作研发支出的加计扣除比率，鼓励产学研协同创新。

(6) 建立普惠的税收优惠制度，但税收优惠的对象应由企业调整为企业的技术创新活动。注重不同税收优惠政策的科学搭配，在对同一主体联合使用所得税优惠和研发成本加计扣除政策时，所得税优惠宜采用即征即返形式，同时建议将加计扣除对象调整为技术创新产出，以激励企业提高技术创新效率。

本书的创新性主要体现在两个方面。一是从研究视角看，现有关于财政科技政策促进企业技术创新的研究文献主要聚焦于如何利用财政科技政策的引导作用以吸引更多的创新资源投入，从而扩大企业技术创新规模，但对财政科技政策对企业技术创新效率的影响重视不足。本书认为，在中国现阶段科技创新投入总量巨大，但投入强度依然不足，技术创新效率仍然偏低的现实背景下，财政科技政策的制定和实施必须同时兼顾扩大企业技术创新规模和提高企业技术创新效率。因此，本书的研究将规模和效率问题置于同等地位，并有机地结合在一起，从而实现研究视角的创新。二是从研究方法看，任何政策均需通过对微观主体进行激励，进而影响其行为选择来达到政策设计目标，因此，本书的主要研究议题始终统一在激励理论这一基本分析框架之内，一方面为财政科技政策评价找到坚实的微观基础；另一方面也使分析结论具有一致性和可对比性，从而实现研究方法的创新。

本书是《重庆市“三特行动计划”经济学特色学科专业群建设项目》的成果之一。由于作者水平有限，书中尚存在诸多不足和不尽如人意之处，恳请读者批评指正。

熊维勤　张春勋
2017 年 8 月于重庆工商大学
长江上游经济研究中心产业经济研究院

目录
CONTENTS

第一章
绪　论

一、研究背景

1912 年，熊彼特在其《经济发展理论》中首次对创新理论进行了系统的论述。他认为，创新是经济的本质规定，是决定资本主义经济增长和发展的动力，而“企业家”则是创新当之无愧的主体。20 世纪 80 年代以来，以 Romer 和 Lucas 为代表的新经济增长理论则进一步证明，由创新所引致的技术进步是决定一国经济长期、持续、稳定增长的核心因素。而以 Arrow 等为代表的学者则指出，由于创新活动所固有的正外部性，以及创新过程中的信息不对称，市场对创新资源的配置存在失灵现象。正在是“创新驱动经济增长”和“市场失灵”理论的指导下，第二次世界大战以来，各国政府高度重视国家创新体系建设，并以多种方式对创新活动进行直接和间接的政府干预。在此背景下，改革开放以来，中国政府高度重视技术创新在推动中国经济增长及经济结构调整方面的重要作用，并逐步确立企业在技术创新中的主体地位，同时顺应经济发展的需要，不断调整国家科技政策，加大财政科技投入力度，优化财政科技资助方向和对象。

1978 年全国科技工作会议的召开，首次明确提出科学技术就是生产力的观点，并通过了《1978 - 1985 年全国科学技术发展规划纲要》，确定了 27 个重点研究领域和 108 个重点研究项目。1982 年，全国科技奖励大会进一步提出“经济建设必须依靠科学技术，科学技术必须面向经济建设”的指导方针，并推出了中国第一个科技规划——“六五”国家科技攻关计划，此后在1982~1985年间又先后实施了《国家重点科技攻关计划》《国家技术改造计划》《国家重点工业性试验计划》《国家重点实验室建设计划》等专项科技计划。在此期间，科技创新的方向由服务国防转向服务经济建设，但科技管理体制一直沿用计划经济模式，即将科研机构作为科技创新的主体，科技资源配置和科技成果应用均由国家按计划确定。在此管理体制下，中国虽然取得了众多科技成果，但大量科技成果难以转化，科技与经济脱节的“两张皮”现象日益突出。

1985年中共中央发布了关于科学技术体制改革的决定，中国开始了第一次科技体制改革，其重点是改革科技拨款制度，在计划管理的基础上引入经济杠杆和市场调节，促进科研机构、高等院校和企业之间的协作联合，加强企业的技术吸收与开发能力，推动科技成果的转化。但这一时期的科技体制改革并没有改变科技资源计划配置的核心，也没有动摇科研机构的创新主体地位。

1992年召开的中共“十四大”明确提出，经济体制改革的目标是建立社会主义市场经济体制。与之相呼应，1995年《中共中央、国务院关于加速科学技术进步的决定》明确提出了“科教兴国”战略，并提出“促进企业逐步成为技术开发的主体”。1996年，国家经贸委印发《技术创新工程》和《“九五”全国技术创新纲要》，第一次明确提出“企业是技术创新的主体”，从而使中国的科技管理体制打破了新中国成立以来一直沿用的以科研机构作为科技创新主体的苏联模式。同时在1995~2005年间，相关部委出台了大量促进企业技术创新的财政、税收和金融扶持政策，并开始推动科研机构改制工作。在此期间，随着对企业创新主体地位的认识逐步深入，国家对企业技术创新活动的引导力度不断加大，企业从事创新活动的意愿和创新投入日益增强，创新成果显著增加。

随着中国经济的高速增加和经济实力的增强，粗放型的经济增长方式难以为继，且以技术引进消化为主的创新模式也带来了关键技术自给率低，国家技术安全得不到保障等一系列问题。因此，在2006年召开的全国科学技术大会上，中国明确提出了建设创新型国家的发展战略，并清楚界定了各创新主体的作用和地位，提出“要继续推进科技体制改革，充分发挥政府的主导作用，充分发挥市场在科技资源配置中的基础性作用，充分发挥企业在技术创新中的主体作用，充分发挥国家科研机构的骨干和引领作用，充分发挥大学的基础和生力军作用，进一步形成科技创新的整体合力”。同时，会议所发布的《国家中长期科学和技术发展规划纲要（2006－2020年）》提出要以“自主创新，重点跨越，支撑发展，引领未来”作为未来15年科技工作的指导方针，要求到2020年“全社会研究开发投入占国内生产总值的比重提高到2.5%以上，力争科技进步贡献率达到60%以上，对外技术依存度降低到30%以下，本国人发明专利年度授权量和国际科学论文被引用数均进入世界前5位”，争取到2020年“进入创新型国家行列，为在21世纪中叶成为世界科技强国奠定基础”。

为加快落实国家中长期科技发展纲要，国务院于2006年2月颁布了《国务院关于实施〈国家中长期科学和技术发展规划纲要（2006－2020年）〉的若干配套政策的通知》，从科技投入、税收激励、金融支持等十个方面提出了60条配套政策。并在国务院的统一领导下，由16个部委牵头制定了《配套政策》的76个实施细则，从而形成了相对完整的科技政策体系。《配套政策》和实施细则把激励企业成为技术创新主体作为重点内容，2/3以上的实施细则与促进企业技术创新有关。2012年9月，中共中央和国务院印发了《关于深化科技体制改革加快国家创新体系建设的意见》，突出强化了企业技术的创新主体地位，提出“加快建立企业为主体、市场为导向、产学研用紧密结合的技术创新体系。充分发挥企业在技术创新决策、研发投入、科研组织和成果转化中的主体作用，吸纳企业参与国家科技项目的决策，产业目标明确的国家重大科技项目由有条件的企业牵头组织实施”。“科研院所和高等学校要更多地为企业技术创新提供支持和服务，促进技术、人才等创新要素向企业研发机构流动”。同时进一步强化和完善政策措施，引导鼓励企业成为技术创新主体。

随着中国经济进入新常态，在国际发展竞争日趋激烈和我国发展动力转换的形势下，党的十八届三中全会和五中全会明确提出：“创新是引领发展的第一动力。必须把创新摆在国家发展全局的核心位置”。并强调要深入实施创新驱动发展战略，发挥科技创新在全面创新中的引领作用。激发创新创业活力，推动大众创业、万众创新，释放新需求，创造新供给。

党的十八届三中全会和五中全会还对深化科技体制改革给出了具体路径，主要包括：一是建立健全鼓励原始创新、集成创新、引进消化吸收再创新的体制机制，健全技术创新市场导向机制，发挥市场对技术研发方向、路线选择、要素价格、各类创新要素配置的导向作用。建立产学研协同创新机制，强化企业创新主体地位和主导作用，形成一批有国际竞争力的创新型领军企业，支持科技型中小企业健康发展。依托企业、高校、科研院所建设一批国家技术创新中心，形成若干具有强大带动力的创新型城市和区域创新中心。完善企业研发费用加计扣除政策，扩大固定资产加速折旧实施范围，推动设备更新和新技术应用。

二是加强知识产权运用和保护，健全技术创新激励机制，探索建立知识产权法院。打破行政主导和部门分割，建立主要由市场决定技术创新项目和经费分配、评价成果的机制。发展技术市场，健全技术转移机制，改善科技型中小企业融资条件，完善风险投资机制，创新商业模式，促进科技成果资本化、产业化。构建普惠性创新支持政策体系，加大金融支持和税收优惠力度。

三是整合科技规划和资源，完善政府对基础性、战略性、前沿性科学研究和共性技术研究的支持机制。国家重大科研基础设施依照规定应该开放的一律对社会开放。建立创新调查制度和创新报告制度，构建公开透明的国家科研资源管理和项目评价机制。

四是扩大高校和科研院所自主权，赋予创新领军人才更大人财物支配权、技术路线决策权。实行以增加知识价值为导向的分配政策，提高科研人员成果转化收益分享比例，鼓励人才弘扬奉献精神。

五是中国政府对技术创新的高度重视，改革开放以来，中国的创新投入和产出均出现了飞速增长。其中 R&D 支出由 1991 年的 159.46 亿增长到 2015 年 14169.9 亿元，R&D 经费支出占 GDP 的比重也由 1991 年的 0.728% 上升至 2015 年的 2.07%。若以现价 PPP 美元计，到 2015 年，中国 R&D 支出规模（4088.28 亿 PPP 美元）居世界第二，仅次于美国。而 R&D 人力投入则从 1991 年的 67.05 万人年增长至 2015 年的 375.88 万人年，居世界第一。在此期间，企业 R&D 支出占全部 R&D 支出的比例也由 1991 年的 39.82% 增长至 2015 年的 76.79%，企业作为技术创新主体的地位已经确立。与此相伴的是，国家财政科技拨款也由 1980 年的 64.6 亿元增加至 2014 年的 6454.5 亿元。

伴随着科技创新投入的增长，以专利申请、科技论文和高技术产业产值等衡量科技创新产出的指标也出现了高速增长。其中专利申请数量由 1991 年的 5 万件增加至 2015 年的 27985 万件（同期发明专利申请由 1.14 万件增加至 110.19 万件；PCT 专利申请数量由 1991 年的 6 件增长至 2014 年的 25833 件）；国外主要检索工具科技论文收录数量由 1991 年的 1.18 万篇上升至 2014 年的 44.72 万篇；高技术产业产值由 1995 年的 4097.8 亿元增加至 2015 年的 139969 亿元，同期高技术产品出口交货值由 1125.2 亿元增加至 50923 亿元。

改革开放以来，尽管中国科技创新事业高速发展并取得了巨大成就，创新投入规模居于世界前列，然而并不能由此认为中国已经成为创新型国家。与美、英、日、德、法等先进创新型国家相比，中国的科技能力仍然存在较大的差距，创新投入强度、原始创新能力、基础研究和重大技术开发水平等仍然比较落后，对外技术依存度居高不下。中国政府清醒地意识到这一问题的存在，在 2012 年 9 月中共中央和国务院印发的《关于深化科技体制改革加快国家创新体系建设的意见》中清楚地指出："我国自主创新能力还不够强，科技体制机制与经济社会发展和国际竞争的要求不相适应，突出表现为：企业技术创新主体地位没有真正确立，产学研结合不够紧密，科技与经济结合问题没有从根本上解决，原创性科技成果较少，关键技术自给率较低；一些科技资源配置过度行政化，分散重复封闭低效等问题突出，科技项目及经费管理不尽合理，研发和成果转移转化效率不高；科技评价导向不够合理，科研诚信和创新文化建设薄弱，科技人员的积极性创造性还没有得到充分发挥。这些问题已成为制约科技创新的重要因素，影响我国综合实力和国际竞争力的提升"。

承认企业的技术创新主体地位，其核心要义是要求创新资源的配置应由"政府主导型"转向"市场主导型"，但这决不意味着政府应完全退出对创新资源配置的干预。由于创新活动的正外部性以及创新过程中严重的信息不对称，创新资源配置的市场失灵现象永远存在，因此政府的干预必不可少。然而，改革开放以来的实践表明，中国政府对企业创新活动的扶持政策名目繁多，范围广泛，以至于一些学者认为，中国可能是世界上出台创新政策最多的国家。不可否认的是，政府对企业技术创新活动的广泛扶持对于企业增加创新投入，扩大技术创新规模起到了不可替代的作用，但财政资本的低效率使用现象比较突出，财政扶持政策的效率仍然存在巨大的提升空间。因此，在经济新常态下，如何优化对企业技术创新的财政扶持政策，合理界定政府在创新资源配置中的边界，充分发挥财政科技政策的引导作用和激励作用，在达到引导资源向创新企业集聚，扩大企业技术创新规模的同时，有效激励企业提高技术创新效率和财政资本使用效率，从而顺利实施创新驱动发展战略将成为本书的主要研究问题。

二、研究目的及意义

外部性和信息不对称是创新资源市场配置失灵的原因所在，也是政府干预的原因所在。然而，导致市场失灵的原因不同，政府干预的方式也应相异。科斯定理表明，如果创新活动的产权能够清晰界定，且市场交易成本为零，那么无须政府干预，市场可以自动实现创新资源的最优配置。然而在真实世界中，因创新所致正外部性的交易成本高昂，因此，传统福利经济学所认定的税收和补贴政策是矫正创新正外部性的主要实践手段。然而，政府的直接介入并不能解决因信息不对称所带来的创新资源市场配置失灵问题，因此，培育中介机构（主要是创业投资机构），利用其专门技能应是解决第二类市场失灵的主要手段。

此外，任何财政科技政策均将通过影响微观创新主体的行为选择而达到其政策目标，而不同财政科技政策对不同创新主体的影响不同，其激励效应及政策引导效果也有差异。已有研究主要聚焦于财政科技政策是否有效促进了企业增加创新资本投入，从而扩大技术创新规模方面，而忽略了财政科技政策对企业技术创新效率（即技术创新的投入产出效率）的影响。因此，本书研究的目的和意义在于：一是界定财政资本在扶持企业技术创新中的作用和地位，从而界定“政府”和“市场”的关系，为财政科技政策的设计确定相应的边界；二是解析不同财政政策工具，特别是税收、补贴和政府采购工具对企业技术创新规模和效率的影响机制，从而为现有财政科技政策的优化提供理论借鉴，以期通过政策引导达到兼顾扩大企业技术创新规模和提高企业技术创新效率的双重目标；三是研究如何提高创业投资引导基金的运作效率，以解决在信息不对称的情况下，如何通过中介机构的培育，充分发挥财政资本的引导作用，吸引更多社会资本投入企业技术创新活动；同时利用市场代替政府，提高创新资源的配置效率。

三、研究范围的界定

按照 Rothwell 和 Zegveld（1981）的经典分类，一国科技创新政策可以分为供给面政策、环境面政策和需求面政策三类，三者之间的关系如图 1－1 所示。而各类创新政策又进一步由众多细分的创新政策工具构成（如表 1－1 所示）。

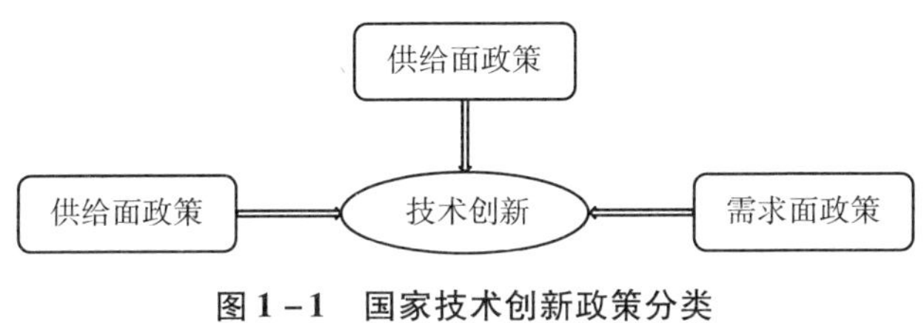

图 1－1　国家技术创新政策分类

资料来源：Rothwell R.，Zegveld W. Industrial Innovation and Public Policy：Preparing for the 1980s and 1990s [M]. Frances Printer，London，1981。

表 1－1　国家技术创新政策工具的构成

分类	政策工具	定义	示例
供给面政策	1. 公营事业	政府所实施的与公营事业成立、营运及管理等相关的各项措施	公营事业创新、发展新兴产业、公营事业首倡引进新技术、参与民营企业创新等
	2. 科学与技术开发	政府直接或间接鼓励科学与技术开发的各项政策及行为	成立研发机构、支持各类研究协会，学会、研发补贴等
	3. 教育与培训	政府针对教育与培训体系的各项政策及行为	一般教育、高等教育、职业教育、见习实习、在职培训等
	4. 信息服务	政府直接或间接促进技术及市场信息流通的各项政策及行为	信息网络及信息中心、咨询服务机构、图书馆、资料库等的建设

续表

分类	政策工具	定义	示例
环境面政策	5. 财务金融	政府直接或间接给予企业的各项财务资助措施	补贴、政府贷款、贷款担保、出口信用贷款、设备提供等
	6. 税收优惠	政府给予企业的各项税收减免政策	公司、个人所得税减免、所得税抵扣等
	7. 法规及管制	政府为规范市场秩序而实施的各项措施	专利保护、环境规制、反垄断法规等
	8. 战略政策	政府为引导产业发展所制定的各项战略性政策	产业规划、区域发展政策、创新奖励政策、企业研发联盟政策等
需求面政策	9. 政府采购	中央及各级地方政府的各项采购规定	中央或地方政府采购、公营事业采购、R&D 合约研究、原形采购等
	10. 公共服务	为解决相关社会问题而实施的各项服务性措施	公共健康服务、公共基础设施建设等
	11. 贸易管制	指政府实施的各项进出口管制政策	贸易协定、关税、汇率调节等
	12. 海外机构	指政府直接设立或间接协助企业设立各种海外分支机构的行为	海外贸易组织、海外研发机构等

资料来源：Rothwell R. , Zegveld W. Industrial Innovation and Public Policy：Preparing for the 1980s and 1990s［M］. Frances Printer，London，1981。

从一般意义上讲，任何政策均是通过影响经济体系中的个体行为而达到政策目标，而不同政策对个体行为选择影响的方向和作用的大小存在差异。就技术创新政策而言，由于企业是一国技术创新的主体，而在一个竞争性的经济体系中，企业又是追求利润最大化的行为主体，因此，任何科技政策的制定均需考虑其对企业创新利润的影响，从而引导企业采用政策制定者或经济社会合意的创新行为选择，以此达到财政科技政策的引导目标。在上述 12 类政策工具中，影响企业创新利润最直接、作用最大的无疑是包括财政补贴、税收优惠和政府采购在内的财政政策工具，因此，本书分析的核心将聚焦于税收、补贴和政府采购，同时兼顾其他政策。

另外，针对创新的财政补贴政策涉及补贴对象的选择问题，在信息不对称的情况下，补贴对象的选择问题是决定财政资本使用效率的关键。由于政府的介入本身并不能缓解创新资源配置市场中固有的信息不对称问题，因此，培育以创业投资基金为主的市场化股权投资机构是各国通行的做法，也是创新资源配置从政府主导型转向市场主导型的路径之一。同时，财政资金不应成为企业技术创新的主要资本来源，而应充分发挥其引导作用，以吸引更多企业资本和社会资本投入技术创新领域。正是基于这一认识，从 2006 年开始，中国开始大规模实施创业投资引导基金制度，因此，如何设计适当的激励政策提高引导基金的运作效率，以在撬动更多社会资本投入企业技术创新活动，从而有效扩大企业技术创新规模的同时，利用风险性股权资本投入的制约作用提高企业技术创新效率将成为本书研究的另一个主题。

最后，尽管企业是技术创新的主体，但一国创新规模、创新能力和创新效率并不是由企业这一单一的创新主体所决定的。包括高等学校和科研机构在内的知识生产主体、创业投资机构和私人投资者在内的创新资源投入主体均是国家创新体系的有效组成部分，因此，一国财政科技政策除了能对企业产生影响外，对其余创新主体的行为选择也将产生影响，进而影响包括“政产学研用”在内的协同创新效率，因此，本书的研究对象将同时包括企业、政府、高等院校、科研机构、创业投资机构和私人投资者，而创新产出的使用者和包括金融服务、资本市场、产权交易等在内其余中介机构尽管也将影响企业技术创新，但出于分析聚焦的需要不作为本书研究的重点。图 1 - 2 简要描述了本书的主要研究对象和范围。

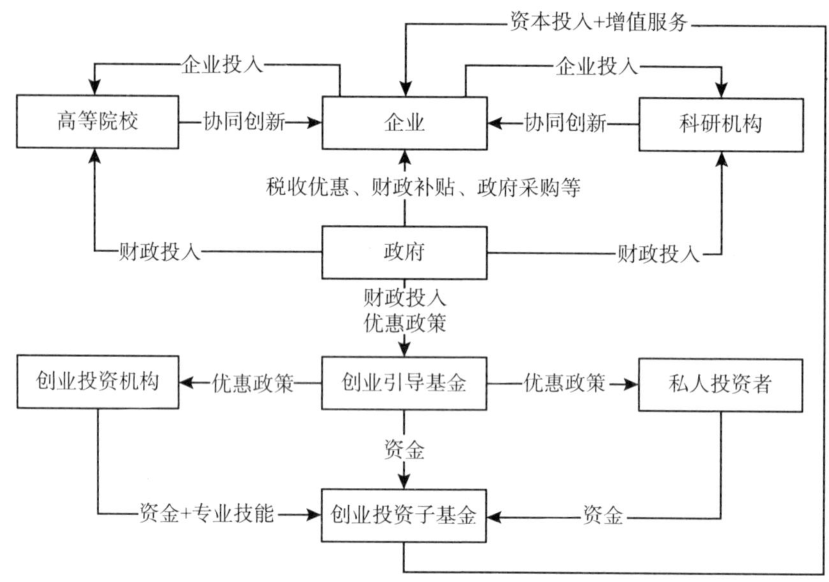

图1-2　主要研究对象和范围的界定

四、研究内容、研究方法和主要发现

本书的研究内容由以下五部分共十五章构成。

第一部分：财政科技政策促进企业技术创新的现状分析

本部分由研究报告的第一至第五章构成。第一章为绪论部分，主要结合我国科技政策的演变情况，在确定了企业作为技术创新主体的现实背景下，提出了本书拟解决的主要问题，拟实现的研究目标，并确定研究的范围，主要研究内容、研究方法和研究思路等。

第二章采用文献分析法，从研发成本直接补贴、所得税前抵扣、税收优惠、“产学研”合作等四个方面总结了国内外学者关于财政科技政策促进企业技术创新的研究成果，指出已有研究在税收和补贴政策对企业技术创新效率的影响、不同政策工具的组合对企业技术创新规模和效率的影响、如何促进引导基金运作效率以扩大企业技术创新规模和提高企业技术创新效率、如何界定创新资本市场上财政资本的作用及其边界、财政科技政策对“产学研”合作创新效率的影响等五个方面存在不足，从而从理论上提出本文拟研究的主要问题。

第三章采用国别比较分析法，对主要创新型国家（地区）促进企业技术创新的主要财政政策工具，包括税收优惠、直接资助（补贴）和设立创业投资引导基金以促进私人资本投入企业创新活动等进行了分析，总结其主要特征、关键制度设计及典型做法，以期为中国相关财政政策工具的设计提供借鉴意义。

第四章采用描述性统计分析方法，对中国现行促进企业技术创新的税收优惠、直接财政资助政策和创业投资引导基金制度的实施情况进行了纵向和横向比较分析，总结了相关政策工具的特征及实施中存在的主要问题，并根据中国的实践归纳提炼出本文需要研究的主要问题。

第五章仍然采用描述性统计分析方法，从中国技术创新投入和技术创新产出两个方面对中国企业技术创新现状进行了动态对比和横向比较分析，指出制约中国企业技术创新能力的主要因素集中体现在企业创新资本投入强度不足、创新资本和人力投入配比关系欠佳、对基础研究和应用研究的投入严重不足、创新效率不佳，从而明确财政科技政策促进企业技术创新的具体政策目标，即财政科技政策的设计和优化必须同时兼顾扩大企业技术创新规模和提高企业技术创新效率的双重目标，为本文的研究奠定基调。

第二部分：财政科技政策促进企业技术创新的机理和机制分析

由于企业是技术创新的主体，因此，直接针对企业设计相应的财政科技政策以激励其技术创新行为是各国财政科技设计的重点。故本部分以单个代表性创新企业作为研究对象，重点研究相关财政科技政策，特别是研发成本补贴、税收优惠和政府采购政策对其创新行为的影响机理及其机制，并对相关理论研究成果进行了实证检验，从而为相关政策的调整和优化提供理论借鉴。相关研究内容由第六至十一章构成。

在信息不对称环境中，作为规制主体的政府难以通过强制手段影响企业的创新决策，只能通过相应的制度设计诱导企业采取规制者合意的行为选择。因此，一个设计优良的政策应该是能够自实施的（self-implement），即在满足参与人激励相容约束和参与约束的条件下，自动选择实现规制者目标的行为。因此，第六至八章就在激励理论的统一分析框架下，通过构建经济理论模型，对比分析了创新成本直接补贴政策（包括定额补贴和比例补贴）、创新成本所得税前加计扣除政策、所得税优惠政策及其上述政策的各种可能组合和政府采购政策对企业技术创新规模和技术创新效率的影响。

上述三章的核心分析结论指出，针对企业技术创新产出征收所得税，相当于对企业技术创新项目的成功开发施加了惩罚，因此不但会削弱企业从事技术创新的意愿，也会降低企业技术开发的效率。而对企业创新成本进行直接财政补贴（定额或比例补贴）则是激励中性的，它不会影响企业技术创新效率，但有助于激励更多的企业从事技术创新活动，从而扩大经济社会的技术创新规模；创新成本所得税前加计扣除政策同样能达到扩大企业技术创新规模之目的，但该政策对企业技术创新效率的影响随政策实施对象的不同和所得税率的变化而表现出复杂的特征：对缺乏其他经营收入以进行所得税前抵扣的初创企业而言，这一政策与所得税减免等价，它能有效激励单个企业努力提高创新项目开发成功率，从而提高企业技术创新效率；而对拥有其他经营收入进行创新成本所得税前抵扣的成熟企业而言，若同时针对创新产出实施了所得税减免，即创新产出承担的所得税率低于其他经营收入所承担的所得税率，则该政策不利于激励企业提高技术创新效率；而当两种所得税率相等时，该政策是激励中性的，即其对企业技术创新效率不会产生影响；进一步，若对成熟企业实施差异化的加计扣除政策，即在创新项目开发成功（失败）时给予其更高（更低）的加计扣除率，则该差异化的加计扣除政策将有助于激励企业提高技术创新效率。而从政策操作层面看，只需规定创新项目的投入成本只能利用该创新项目的产出进行所得税前抵扣，该差异化的加计扣除政策即可自动实施。

政府采购政策的实质在于，它能够有效提高企业创新产品和技术的市场需求，从而减少创新企业所面临的市场不确定性，因此，无论是否实施创新导向的政府采购政策，在市场竞争的压力下，政府采购均有助于使更多企业进行技术创新，并促使企业进行更多的研发投入，从而扩大企业技术创新规模。而如果政府采购政策的创新导向性（或公平性）高于某一临界值，则政府采购不但能有效扩大企业技术创新规模，还能有助于企业提高技术创新效率；反之，若采购政策的创新导向性（或公平性）低于该临界值，则政府采购将抑制企业的技术创新效率。同时，采购政策的创新导向性（或公平性）

将自动激励企业进行技术创新。上述理论研究结果表明，没有普适的创新激励政策，规制者应该针对不同的对象、不同的政策目标制定和实施不同的财政科技政策或政策组合。

第九至十一章则利用相关统计数据和实证调研数据，首先利用数据包络分析（DEA）和 Malmaquist 指数分析法，比较研究了中国 29 个省市自治区和制造业 29 个细分行业大中型工业企业技术创新效率及其动态变化情况，然后利用面板回归和 DEA – Tobit 两步法，分别从区域、行业和企业三个层面检验了财政科技政策对企业技术创新规模和效率的影响。上述实证研究一方面对第六至八章的理论结论进行了实证检验；另一方面也通过设置控制变量的方式，将除税收、补贴和政府采购之外的其他财政科技政策工具引入计量分析，从而检验其实施效果。

实证分析结果表明，无论是从区域还是从行业角度看，中国企业技术创新效率和全要素生产率均呈上升趋势，其中技术进步是推动这一趋势的主要原因。实证检验结果表明，研发成本直接补贴政策和所得税前加计扣除政策不会影响企业技术创新效率，但将使企业技术创新规模显著增长；而企业所承担的实际税率则与企业技术创新规模和效率之间存在显著的负相关关系。在控制了“自选择效应”后，利用企业样本数据所进行的微观计量分析得到了类似的检验结论。区域层面的实证分析表明，由于中国现行的政府采购政策主要关注采购成本的控制，而对促进企业技术创新关注不足，因此尽管政府采购显著扩大了企业技术创新规模，但对企业技术创新效率的提高不存在显著促进作用。上述实证检验结果支持了第六至八章的理论分析结论。

实证分析还表明，企业办研发机构、市场技术创新的需求、经济结构的高级化和增长方式的转变、城镇化水平的提高、人均工资水平的提高、创新基础设施的完善程度、创新环境的改善均能显著促进企业技术创新规模和效率。而金融支持、对外贸易、FDI、创新合作等对企业技术创新的促进作用并不明显。

第三部分：利用市场机制配置财政科技资金，促进企业技术创新

财政科技资金的政府配置存在两个显著的弊端，一是由于信息不对称，政府缺乏资源最优配置的相关信息，且缺乏选择财政资助对象的专业技能，从而导致财政科技资金配置效率低下；二是当政府掌握了财政科技资金配置

的权力时，由于外部监督成本过高或监督缺失，由此可能产生的寻租问题将进一步降低财政科技资金的配置效率。

经济新常态下，发挥市场在科技资源配置中的决定性作用是科技创新体制改革的重要方向，也就是要“建立主要由市场决定技术创新项目和经费分配、评价成果的机制”。而在实践中，从2005年开始推行，2014年进一步得到强化的创业投资引导基金制度则是实现这一目标的有效手段之一，其作用主要体现在三个方面：第一，当财政科技资金的配置权力由政府转移到市场时，寻租问题将得到有效遏制，从而有利于提高财政科技资金的配置效率；第二，在信息不对称的情况下，政府缺乏专业技能和激励动因将财政科技资金配置到能创新最高效益的企业中去，而在利润最大化目标和专业技能的支撑下，创业投资家则会尽力将创新资源配置到最合适的创新企业手中，从而克服政府配置创新资源所带来的低效率问题；第三，创业引导基金的财政资本能够吸引更多的私人资本进入创新资本市场，从而进一步扩大市场配置资源的规模；第四，创业引导基金制度下的创业投资家还可以为创新企业提供增值服务，从而提高企业技术创新效率。

然而财政科技资金的市场配置同样存在两方面的不足：一是市场固有的逐利特性将使得难以用利润指标度量的基础研究和具有高度技术外溢特征的共性技术开发项目，以及处于种子期和初创期的创新企业或项目通常难以从市场中获取创新资源；二是如果没有良好的运行机制，并不能保证财政科技资金的市场化配置效率就一定能得到有效提高。因此，本部分的主要研究议题是，如何有效提高财政科技资金的市场配置效率，从而促进企业技术创新效率和规模。本部分的主要研究内容可以进一步细分为以下两部分。

其一，第十二章首先研究了财政科技资金在的功能和定位。从实践中看，银行信贷资本、企业自有资本、政府财政资本、天使资本、创业投资资本等均可构成企业技术创新的资本来源。如何区分不同类型资本的作用，界定财政资本和其他资本的功能分界，从而明晰政府和市场之间的关系，界定财政科技资金什么情况应由政府配置以及政府应如何进行配置是本部分拟解决的主要问题。本章仍在激励理论的基本分析框架下，以创新企业的自有资本投入作为研究对象，论述了自有资本投入的担保功能，分析了财政资助对企业技术创新的作用，比较了有偿和无偿财政资助的激励效率，解释了创业投资家在创新项目选择上的“阶段偏好”现象和创业资本市场上广泛存在的“融资配给”现象，并给出了相应结论对应的政策含义。本章的主要发现包括：

1. 创业企业家在创新项目开发中的前期自有资本投入具有双重担保功能：一方面，自有资本投入能对创业企业家的创新才能和创新项目的前景提供担保，将高能力的创业企业家和高素质的创新项目区别开来，从而引导商业性创业资本投向高质量的创新项目；另一方面，创新企业的前期自有资本投入是一种沉没成本，只有创新项目开发成功后才能回收，因此自有资本投入可以担保在创业资本进入后，创业企业家愿意投入足够的努力确保创新项目开发成功，从而提高创新项目的开发成功率。但创新企业的自有资本投入必须超过某一临界值之后才能起到担保作用，从而吸引商业性创业资本进入。因此，对于那些具有较高经济价值或社会价值，而创业企业家又缺乏足够自有资本投入而无法获得商业性创业资本支持的创新项目，应成为政府财政资助的重点。

2. 在对这类项目进行财政资助时，若政府要求按比例分享创新项目收益，则与无偿资助相比，既不利于吸引创业资本进入以扩大企业技术创新规模，也不利于提高对创业企业家的激励从而提高技术创新效率。但若政府仅要求获取固定回报，即要求企业按一定利率偿还资助金额，则这种有偿资助方式是激励中性的，不会影响企业技术创新效率。这一结论具有两个明确的政策含义，一是可利用财政资本设立担保资金，对获取固定回报的债权性资本进行担保，以吸引规模庞大债权资本支持创新活动，扩大企业技术创新规模；二是与无偿资助要求相比，要求企业偿还财政资助可以提高企业财政资本的使用成本，本质上是将财政资本内化为企业的自有资本，从而激励企业提高财政资本的使用效率，并可减轻政府财政压力，因此是一种双赢的政策设计。

3. 天使资本是处于种子期创新项目（或创新企业）的重要资本来源，天使资本的资助有助于使这类项目（企业）突破自有资本投入的临界值，从而获得后续商业性创业资本的支持；但作为一种逐利性的股权资本，天使资本通常要求按比例分享创新项目（企业）收益的分享，从而又会对商业性创业资本的进入形成障碍。因此，天使资本的这种矛盾性决定了在对早期阶段创新项目（企业）的资助中，政府的财政资助和天使投资应形成互为补充的局面。但从资助效率的角度看，由于政府缺乏创业投资的专门技能，因此，财政资助将面临资助对象选择问题。结合后文第十四章的分析，加大财政资本对创业投资引导基金的投入力度，并成立专业化的天使投资子基金，扩大天使资本规模，可以在提高财政资助效率、扩大企业技术创新规模并减轻对商业性创业资本的挤出效应之间取得一定程度的平衡。由此，本书的研究认为，在对企业技术创新的直接财政资助中，政府应主要依靠专业化的创业投资机构进行资助对象的选择，且应重点资助处于早期阶段的创新项目（企业），资助方式也宜由无偿资助转为以获取固定回报的贷款资助为主。

其二，第十三章主要研究如何发挥财政资金的引导作用，以吸引更多私人资本投入企业技术创新活动。设立创业投资引导基金的目标之一是吸引更多私人资本投入企业技术创新活动，从而进一步扩大科技资源市场化配置规模。由于创业投资引导基金是由政府出资发起成立的，因此与商业性创业投资基金相比，由引导基金资助成立的创业投资基金（子基金）通常需要承载特定的政策目标，如要求子基金必须将一定比例的资本投资于本地政府指定行业的创新项目，或处于早期阶段的创新项目。而对商业化创业投资基金而言，利润最大化是其惟一的目标。正是因为创业投资引导基金发起成立的子基金承担了部分政府目标，而在市场竞争环境下，政府目标通常与利润最大化目标相冲突，因此在面临商业化创业投资基金的竞争压力下，为吸引社会资本进入子基金，政府通常需要对私人投资者和创业投资家进行补偿。

本章同样在激励理论的基本分析框架下对比分析了亏损补偿、收益补偿和收益独享三种补偿机制对创业投资家的激励强度，从而也是对企业创新项目成功概率的不同影响，以期为最优补偿规则的设计提供理论借鉴。本章的主要发现是：

1. 基于亏损的补偿意味着子基金运作失败时将减轻对创业投资家的惩罚，因此既不利于提高创业投资效率，也不利于扩大创业投资规模；而基于收益补偿有助于激励创业投资家进行更高水平的努力投入，从而提高子基金的运作效率，进而吸引更多私人资本进入，最终扩大创业资本规模。

2. 收益补偿还能弱化创业投资家的参与约束，有助于子基金的设立和政府、创业投资家、私人投资者三方合作关系的形成。进一步，当激励成本相同时，收益补偿机制对私人投资者的激励强度将高于收益独享机制，并且由于收益独享机制在事后可能与创业投资家和私人投资者的有限责任保护相冲突，其可实施性难以保障，因此，更加削弱其对私人投资者的吸引力。

第四部分：财政科技政策对“产学研”协同创新效率的影响

本部分由第十四章独立构成。尽管企业是一国技术创新的主体，但创新型国家的建设归根到底取决于企业与高等院校、科研院所、创新中介机构等所形成的协同创新网络及彼此之间的协同创新能力和协同创新效率，因此，本部分拟将企业技术创新纳入国家创新体系这一更广阔的框架之中，将国家创新分解为知识生产和知识转化两个阶段，并利用 30 个国家 1995 ~ 2011 年的样本数据，采用 DEA、Malmaquist 和 DEA - Tobit 两步法，比较了中国与其余 29 国国家创新效率的差异，分析了财政科技政策对国家创新效率的影响，以期辨识影响国家创新效率的重要政策工具，从而进一步为中国财政科技政策的优化提供经验借鉴和重点方向。本部分的主要发现包括：

1. 与其余 29 个国家相比，中国的知识转化效率非常高，但知识生产效率较低，从而使国家创新效率总体而言居于中等偏下水平。从动态角度看，导致知识生产效率偏低的主要原因在于知识生产的规模经济效率低，并且波动较大。未来财政科技政策的优化应注重加大基础研究和应用研究的投入，并建立起稳定的投入增长机制。

2. 从创新资源的投入角度看，政府和企业的创新资源投入强度均对国家创新效率产生了显著的正向促进作用，说明政府财政科技投入有利于提高国家创新效率；而从创新资源的使用角度看，企业、高等院校和科研机构的创新支出强度同样显著促进了国家创新效率，因此，从国际经验看，“产学研”之间的协同有效的。其政策含义是，加大对不同创新主体的财政投入，加强“产学研”之间的合作是政府财政科技政策调整的着力点。

3. 从国家创新体系的角度看，一国宏观税率对国家创新效率的影响存在“拉弗效应”（倒 U 型），过高和过低的宏观税率均不利于国家创新效率的提高。这一结论的政策含义是，为有效提高国家创新效率，税收优惠政策的优惠对象不应该针对企业，而应该针对企业的技术创新活动，非技术创新收入不应该享受税收优惠，同时应利用非技术创新收入的税收增加对创新主体（特别是高校和科研机构）的创新投入。

4. 从创新基础设施和创新环境建设的角度看，大力培育资本市场和创业投资市场、发展对外贸易，加强与国外的经济技术交流、增加医疗卫生、高等教育投入、维持稳定的社会环境等均有助于促进国家创新效率。

第五部分：主要研究结论及政策建议

本部分由第十五章单独构成，归纳总结了本书的核心研究结论，并结合主要研究议题，从“加大财政科技投入”“优化税收激励机制”“实施创新导向的政府采购政策”“提高创业投资引导基金运作效率”“促进产学研协同创新”五个方面提出了调整优化我国现行财政科技政策的相关政策建议。

五、主要创新点

本书的创新点主要体现在以下几个方面。

1. 从研究视角看，现有关于财政科技政策促进企业技术创新的研究文献主要聚焦于如何利用财政科技政策的引导作用以吸引更多的创新资源投入，从而扩大企业技术创新规模，但对财政科技政策对企业技术创新效率的影响重视不足。本文认为，在中国现阶段科技创新投入总量巨大，但投入强度依然不足，技术创新效率仍然偏低的现实背景下，财政科技政策的制定和实施必须同时兼顾扩大企业技术创新规模和提高企业技术创新效率。因此本文的研究将规模和效率问题置于同等地位，并有机地结合在一起，从而实现研究视角的创新。

2. 从研究方法看，任何政策均需通过对微观主体进行激励，进而影响其行为选择来达到政策设计目标，因此本文的主要研究议题均统一在激励理论这一基本分析框架之内，一方面为财政科技政策评价找到坚实的微观基础；另一方面也使分析结论具有一致性和可对比性，从而实现研究方法的创新。

3. 全新阐述了创新企业自有资本投入的担保功能，并能为财政科技政策的优化提供可靠的理论依据。本书的研究认为，创新企业的自有资本投入具有双重担保功能：一方面，一个前景暗淡的创新项目（创新企业），或一个能力低下的创业企业家是不可能对创新项目（企业）进行大规模的自有资本投入；另一方面，创新企业的自有资本投入是一种沉没成本，只有当创新项目开发成功后才能得到回收。因此，高额的自有资本投入既能向外部投资者担保项目（企业）的前景，还能担保在创业资本进入后，创业企业家将投入足够的努力确保创新项目成功。这一理论表明：在财政资助对象和资助方式的选择中，按比例资助要优于定额资助，且资助对象应选择那些愿意进行足够自有资本投入的企业。同理，引导基金模式下，母基金在选择创业投资机构作为合作伙伴时，也可以遵循类似的准则。另外，一些重大科技专项的实施单位应以有自有资本投入的企业作为实施主体，并可以把企业自有资本投入比例作为标的物，通过招标方式选择资助对象。

4. 本书的研究得到了一些新发现和新结论。第一，本书的实证研究表明，中国企业知识转化效率非常高，导致国家创新效率偏低的主要原因在于知识生产的低效率，而基础研究和应用研究投入不足导致的规模效益低下是拉低知识生产效率的主要原因，因此，应对政府财政科技投入结构进行调整，加大对基础研究和应用研究的投入力度；第二，发现了一国宏观税率对国家创新效率的“拉弗效应”，指出为提高国家创新效率，税收优惠应针对创新行为而非创新企业（创新企业可能存在非创新收益）；第三，对现行研发成本所得税前加计扣除政策的激励效应进行了研究，发现所得税优惠和加计扣除政策不应联合使用，同时若将加计扣除的收益来源限定为创新项目收益而非企业全部收益能够提高该政策的激励效率。第四，发现成本导向的政府采购政策有利于扩大企业技术创新规模，而创新导向的政府采购政策可兼顾规模和效率双重目标，但创新导向性必须高于某一临界值。第五，在全面比较引导基金制度下不同补偿机制的激励效应后，发现最优补偿机制的设计随补偿对象的不同而存在显著的差异，因此，政策设计应针对不同补偿对象进行调整。

第二章 财政政策促进企业技术创新的研究综述

罗默（Romer，1990）等学者的研究证明，技术创新是维持一国经济保持长期增长的动力所在，但由于技术创新的外部溢出效应，创新实施者难以独占技术创新的全部收益，因此技术创新活动具有准公共物品属性，并由此带来创新资源配置的市场失灵现象，即从事创新活动的私人投入将低于社会合意的最优水平。为克服因创新活动的正外部性所带来的市场失灵问题，政府对创新活动进行财政扶持，使得创新主体的边际收益与社会边际收益相等，已经成为经济学的共识。

除外部性之外，创新过程中因信息不对称所带来的资本市场不完善也是导致创新资源配置出现市场失灵的重要原因之一。企业的创新投入相对于其他经营性投入具有独特特征，由于企业研发活动的高度专业性、高风险性及研发竞争所带来的保密性问题，普通投资者难以对研发项目的价值进行判断，也不可能存在一个有组织、有效率的交易市场来对其进行估价和交易，因此，企业的研发活动将不可避免地存在着严重的信息不对称问题，而因为信息不对称所带来的道德风险和逆向选择将使得高风险的研发活动难以获取外部融资，从而使得研发企业，特别是处于初创期的创新企业存在严重的融资约束问题（Hall，2000）。基于斯蒂格利茨和魏斯（Stiglitz and Weiss，1981）关于银行信贷配置的逆向选择和道德风险模型，容易推断具有高风险和高成长性的创新型企业通常难以获得信贷融资，如果自有资本不足，那么很多具有社会价值的创新项目可能无法实施，由此导致企业研发投入低于社会最优水平。

在全世界范围内，政府对企业创新活动（主要表现为新产品和新技术的开发）的财政扶持工具主要有三种，一是对企业的研发投入进行直接补贴或税收抵扣；二是对创新企业的产出进行税收优惠（或产出补贴）；三是利用政府采购支持企业进行新产品开发或技术创新等。其中研发成本补贴（直接补贴和税收抵扣）是各国使用最广泛，也是最重要的两种财政扶持手段，也是目前国内外学者研究的重点。本章将重点梳理国内外学者对此问题的研究成果，以期奠定后续研究的基础，并从中发现值得进一步研究的新问题。

总体而言，学界关于政府采购政策对技术创新的促进作用争议相对较小，但对于研发补贴政策（包括直接补贴和税收抵扣）对企业创新行为的影响一直存在着“促进”和“抑制”两种观点的争论。“促进论”者认为，由于多数企业主要依靠外部融资维持其经营活动，鉴于信息不对称所带来的融资约束问题，企业对于研发投入常常处于有心无力的状态。而政府对研发支出的直接补贴和税收优惠（如 R&D 支出的税收抵扣、R&D 资产的加速折旧等）等可以有效降低企业的研发成本，并且政府补贴通常只占企业研发支出的小部分，因此，研发补贴政策可以有效激励企业从事更多的研发活动，并带动企业更多的研发投入，从而产生所谓的“挤入”效应。

持“抑制论”观点的学者则从政府财政资本投入的挤出效应和对创新资源配置效率扭曲两个角度反对“促进论”的观点。拉赫（Lach，2002）的研究认为，当政府实施其 R&D 直接补贴政策时，由于申报政府补贴项目对企业从事研发活动的边际成本几乎可以忽略不计，因此当企业原有研发项目与政府补贴项目类似时，企业具有强烈激励申请政府补贴项目而放弃自己原有研发计划，由此，他认为政府补贴将挤出私人研发投入；此外，政府在补贴对象的选择上通常存在所谓的“选择性偏倚”（Selection Bias）问题，即补贴对象的选择并不是随机的，而是基于受补贴企业从前的研发行为，即政府通常对以前从事过类似研发项目，或具有强大研发实力且政府预期能够取得研发成果的企业进行补贴。由于“选择性偏倚”问题的存在，实证研究中所选择的样本或研发产出变量（如专利等）可能并不能反映出补贴政策的实际效果。同时，“选择性偏倚”现象的存在也是扭曲研发资源配置效率的重要因素（Jaffe，2002）。50 多年来，不同学者利用不同国家、不同时期、不同层面的数据所得到的研究结论存在较大的分歧，迄今为止，关于这一问题的争论仍然没有得到一个一致的认识。

一、国外相关研究综述

（一）研发成本税收抵扣对企业技术创新的影响

一般而言，对企业技术创新活动的税收优惠主要可分为前端优惠和后端优惠两类。所谓前端优惠是对企业创新投入的税收优惠，主要包括创新投入的税收抵扣、R&D 资产的加速折旧等；后端优惠则指对企业创新产出的税收优惠。由于西方学者认为，创新市场失灵主要体现为创新资源投入不足，因此，绝大多数研究文献集中在对创新活动的前端优惠，即 R&D 投入的税收优惠效果检验上。

霍尔和里宁（Hall and Reenen，2000）认为，对 R&D 投入税收优惠政策的效果进行实证检验主要可分为两类方法，一是在实施税收优惠政策后，创新活动的供给是否达到了社会最优水平，即其边际社会收益与边际社会成本是否相等；二是成本—收益分析法，即将税收优惠政策的成本与企业增加的创新投入进行比较。显然，第二种方法并不能真正回答税收政策的实施是否克服了市场失灵所带来的问题，但由于方法上的可实施性，相当多的研究文献采用了第二类方法，其中税收价格弹性分析成为主流的研究方法。就具体分析方法而言，主要又细分四种，即访谈分析法、依赖时间和政策变化的半自然试验法、虚拟变量回归和配对检验法、结构计量经济学模型法等。

由于税收优惠政策的实施可以降低企业 R&D 活动的成本，因此价格弹性分析就是对 R&D 成本的相对下降与其带来的 R&D 投入的相对上升进行比较，若弹性（绝对值，下同）大于 1，意味着 R&D 成本下降 1% 将带来企业 R&D 投入超过 1% 的增加，此时可以认为税收政策是激励有效的。显然，在使用税收价格分析时，首先必须合理估计税收优惠所带来的企业 R&D 使用成本的变化。在霍尔和乔根森（Hall and Jorgenson，1967）、德弗鲁和皮尔逊（Devereux and Pearson，1995）等的努力下，R&D 使用成本的估计已经趋于成熟。

早期关于美国的实证研究（Collins，1983；Mansfield，1986；Swenson，

1992）由于数据的可获得性问题和计量模型设定的偏误，大都认为税收优惠对 R&D 支出没有显著影响或者影响不大（税收价格弹性很低）。1993 年后，由于数据的可获得性显著改善，研究结论的争议性开始显现。伯杰（Berger，1993）利用 263 个美国公司 1970 ~ 1988 年的平衡面板数据所估计出来的弹性值在 1.0 ~ 1.5，收益/成本比率约为 1.74；马姆尼斯和纳德里（Mamuneas and Nadiri，1996）利用行业数据所估计出来的价格弹性也超过了 1。总体而言，关于美国 20 世纪 80 年代 R&D 税收优惠政策的估计表明，1 美元税收优惠大致带来了 R&D 支出同等数量的增加，税收优惠对 R&D 支出的激励作用非常微弱。

早期关于美国以外国家的研究也得出了类似的结论。麦克法特里奇和沃达（McFetridge and Warda，1983）利用加拿大 1962 ~ 1982 年的宏观时间序列数据，估计出期间加拿大税收优惠的弹性值约为 0.6，收益成本比率值约为 0.6；而曼斯菲尔德和斯威策（Mansfield and Switzer，1985）利用加拿大 55 家企业 1980 ~ 1983 年间的访谈数据所估计出的对应值分别为 0.004 ~ 0.18 和 0.38 ~ 0.67；除了对加拿大的研究外，早期曼斯菲尔德（Mansfield，1986）关于瑞典、阿斯穆森和贝努特（Asmussen and Berriot，1993）关于法国以及布鲁姆等（Bloom et al，1998）关于 G7 和澳大利亚等国的研究所得出的弹性值也非常小。

进入 21 世纪后，随着企业层面大样本数据和跨国数据的获取越来越容易，且对计量模型和方法认识更加深入，对此问题的分析涌现出了更多实证研究文献。然而对于不同国家或同一国家不同时期的研究却出现了并不一致的结果。

布鲁姆等（Bloom et al，2002）以 9 个 OECD 国家 1979 ~ 1997 年间的数据为样本，实际检验了 R&D 投资税收抵扣政策对企业 R&D 投入的影响。研究显示，各国对研发投入的税收抵扣强度与研发投入强度显著正相关，即便在控制了国家固定效应、世界经济冲击和其他政策影响后，这一结论也仍然成立。他们的研究还估计出，R&D 成本每降低 10%，短期仅能使 R&D 投入增长 1.44%，而长期对 R&D 投入的刺激作用也仅为 10.1% 以下，考虑到实施税收抵扣的其他成本，作者认为，这一政策总体说来是缺乏效率的。

古普塔（Gupta，2011）利用美国 1986 ~ 1994 年 2540 家企业 15804 个样

本数据检验了1989年综合预算调节法案所带来的R&D税收抵扣政策的结构性变化对企业研发支出的影响，使用动态面板回归结果显示，法案实施后，高技术企业研发支出强度中位数大约增加了15.9%，其他企业大约增加了9.4%。进一步的估计表明，1美元税收损失大约可以刺激企业新增2.08美元的研发投入。

利用485家日本企业的样本数据，尾西和永田（Onishi and Nagata，2010）估计了2003年日本R&D税收抵扣政策的变化对企业R&D支出的影响，发现享受了税收改革的企业，其R&D支出大约增长了1.2%，而未享受的企业则减少了0.9%，然而，研究认为这种差异并不显著；池内等（Hiroyuki et al，2014）利用2001～2003年日本制造业超过13000家企业的面板数据并使用GMM估计方法，发现如果没有2003年的R&D抵扣税制改革，那么2003年企业的R&D支出将下降3.0%～3.4%，其中0.3%～0.6%是由于企业融资约束引起的。进一步，如果没有抵扣上限规定的话，则企业R&D支出将增加3.1%～3.9%。研究表明，R&D税收抵扣对企业，特别是受融资约束企业的研发支出有显著的促进作用。

迈雷斯和马尔凯（Mairesse and Mulkay，2004）利用法国制造业1980～1997年2431家企业的非平衡面板数据，估计出税收抵扣政策的长期价格弹性为2.7，其对企业R&D支出的影响非常明显，他们还对2003年进行了政策模拟，认为若对增量R&D投资的法定抵扣率和抵扣上限同时提高20%的话，大约可使企业R&D投资增加1.68亿～3.2亿欧元，而税收成本仅为0.88亿欧元。然而，后续的研究结果远没有如此乐观。马尔凯和迈雷斯（Mulkay and Mairesse，2013）利用1996～2007年间2782家法国企业20978个样本观测值，首先估计利用误差修正模型对企业R&D动态需求函数进行了估计，并估计出税收抵扣政策的长期价格弹性约为0.4，以此为基础，他们对从2008年开始进行的R&D税收抵扣政策改革可能产生的效果进行了评估，认为这一改革长期而言可使企业的R&D投资水平增加12%。

总体而言，多数研究结论倾向于认为研发成本税收抵扣政策对企业、行业和国家研发投入存在促进作用，主要的分歧体现在激励作用的强度，也就是税收抵扣政策的净效果上。从上述分析中可以看出，认为税收价格弹性低于1的文献要超过高于1的文献。过低的税收价格弹性通常意味着政府的税收损失要大于企业 R&D 支出的增加，也就是说，从成本收益的角度看，税收抵扣政策是缺乏效率的，或者从另一个角度看，税收抵扣存在挤出效应。然而并不能由此认为税收抵扣政策就应该取消，因为对于众多受融资约束的中小企业而言，税收抵扣政策可以有效缓解其研发资本投入不足的问题。此外，未来研究的重点应该是如何合理改革现行的税收抵扣制度，使其能对企业 R&D 投入产生更强的激励作用。

（二）研发成本直接补贴对企业技术创新的影响

一国政府对创新活动的直接补贴手段主要包括：对企业 R&D 投入的直接补贴，对政府研发机构的直接拨款、对高等院校基础研究的直接拨款以及与国防项目相关的 R&D 合约等。与税收优惠政策不同的是，R&D 直接补贴政策涉及补贴对象的选择。税收优惠的受惠对象不受政府选择行为的影响（当然，优惠政策的制定本身可能受到利益集团的左右），而 R&D 补贴的对象并不是政府随机进行选择的结果。一般而言，研发实力较强、有过成功研发经验或曾经接受过政府补贴的企业更容易获得政府的 R&D 补贴。这种补贴对象的非随机选择行为，使得对于 R&D 补贴政策的效果评价从方法论上讲要比税收优惠政策的评估更加困难，因为研究人员必须正确选择合适的对比样本。早期的研究忽略了这一问题，然而随着微观计量分析工具的发展，研究人员在充分考虑了样本的“选择性偏倚”问题后，发展出了多种分析工具以期解决这一问题。按照是否使用集聚数据，或者说按照数据集聚程度的不同，已有研究可以按国家、行业（区域）和企业分为三类，然而，关于政府 R&D 资助是“挤入”还是“挤出”了企业 R&D 支出，不同学者所得到的研究结果较税收抵扣政策更加具有争议性。

1. 基于国家层面的研究

利维和特利基（Levy and Terleckyj，1983）是首篇、也是最权威的从国家层面研究政府 R&D 补贴与私人 R&D 投入关系的文献。该文利用美国 NSF（国家自然科学基金）1949～1981 年的相关数据，实证检验了政府合同及其他资助方式对企业 R&D 支出和产出的影响。其主要结论包括：①政府合同显著提高了企业 R&D 支出和 R&D 产出；②其他政府 R&D 资助方式在当期并无这种正向相关关系，但对 3 年以后的企业 R&D 支出会产生显著的互补作用，而对 9 年后的企业 R&D 产出则存在显著的抑制作用。

为控制重要解释变量的遗漏，并解决以单个国家作为研究样本所面临的变量内生性问题，研究人员开始使用多个国家不同年份的面板数据对此问题进行进一步的研究。利维（Levy，1990）利用 OECD 国家 1963～1984 年间的数据，并根据政府公共研发溢出的特征将其分为美国、欧洲和日本 3 个区域，从中选择了 9 个国家作为研究样本，分区域实证检验了政府研发资助对企业研发支出的影响。其研究结果表明，在 9 个国家中，有 5 个国家显示出政府研发资助与企业研发支出之间存在显著的互补关系，而其中的 2 个国家则显示出了显著的替代关系。

盖莱克和冯. 波特尔斯伯格（Guellec and Van Pottelsberghe，2003）利用 17 个 OECD 国家 1981～1996 年的相关样本数据，利用三阶段最小二乘法估计了政府财政科技政策（包括补贴、政府采购、税收激励和直接研发）的净效应。其主要结论包括：R&D 补贴和企业 R&D 支出之间存在倒 U 型关系，当补贴率低于 10% 时，对企业 R&D 支出的激励作用是递增的，反之则下降；而当补贴率超过 20% 时，两者之间将呈现出替代关系（当然，这种数量对应关系随国别、时间、政策、经济条件等的不同而不同）。

沃尔夫与赖因塔勒（Wolff and Reinthaler，2008）利用 15 个 OECD 国家 1981～2002 年的样本数据，分析了政府 R&D 补贴强度对国家 R&D 支出总额和研究人员数量的影响。分析结果显示，R&D 补贴强度的提高，对当期和下一期 R&D 支出和研究人员均有显著的正向影响，而 R&D 补贴强度对 R&D 支出的弹性要比对研究人员的弹性大约高 20%。且这种正向影响的长期效应要远高于短期效应。至此之后，截至 2013 年底，尚未发现从国家层面研究 R&D 补贴对 R&D 投入影响的新文献。

2. 基于行业层面的研究

格洛伯曼（Globerman，1973）和巴克斯顿（Buxton，1975）是从行业层面研究研发补贴政策效果的早期文献。他们分别利用加拿大制造业 1965～1969 年 16 个细分行业和英国制造业 1965 年 11 个行业的数据，采用普通最小二乘回归方法研究了政府 R&D 补贴强度对行业 R&D 人员雇佣强度和 R&D 投入强度的影响，其分析结果均显示出了显著的互补关系。

莱文和赖斯（Levin and Reiss，1984）是行业层面研究中最具代表性的文献。该文建立了一个结构方程的系统模型，并考虑了行业集中度、R&D 投入强度、广告强度、行业需求特征、技术机会、专用性条件等诸多因素。其中政府 R&D 强度既作为行业技术机会，也被当作专用性条件的度量指标，并被作为内生变量进行了处理。计量分析表明，政府 R&D 资助强度显著促进了行业 R&D 投资强度，1 美元政府 R&D 支出平均可以激励行业 R&D 投入增加 0. 7 ~0. 74 美元。

卡普伦和冯. 波特尔斯伯格（Capron and van Pottelsberghe，1997）利用美国、加拿大、德国、法国、意大利、英国和日本 7 个国家 1973 ~1990 年制造业和期中 22 个细分行业的数据，分析了政府 R&D 补贴对行业全要素生产率和行业 R&D 投资的影响。分析结果表明，无法得出行业 R&D 投入对全要素生产率的增长显著高于公共 R&D 支出的结论，行业 R&D 投入的收益率与全部 R&D 投入的收益率也不存在显著的差异；政府 R&D 补贴与行业 R&D 投入之间的关系随国别变化，在英国表示出了显著的互补关系，而加拿大、法国和意大利则表现出了显著的替代关系，美国、德国和日本之间的关系不显著；对中等技术密集型行业而言，R&D 补贴显著促进了行业 R&D 投入；增加特定行业 R&D 补贴可能削弱其他行业的 R&D 投入。

盖莉蘅与克韦多（Callejón and Quevedo，2002）使用西班牙 1989 ~1998 年制造业 24 个细分行业数据，以行业 R&D 支出为被解释就变量，以公共 R&D 支出为解释变量，利用 GMM 估计方法检验了公共 R&D 支出对行业 R&D 支出的影响，实证检验表明，公共 R&D 支出，即政府的研发补贴对行业当年和下一年的 R&D 支出具有显著的正向影响。索伦森等（Sørensen et al，2003）对丹麦 1974 ~1995 年制造业 6 个细分行业的分析表明，政府 R&D 补贴对行业 R&D 支出具有显著的正向影响，其弹性大约为 0. 062，同时对行业生产率的提高也有显著影响。

目前所检索到的从行业层面研究这一问题的最新文献是埃雷拉和马丁内斯（Herrera and Martínez，2009）对西班牙制造业 12 个细分行业的研究。他们分别使用行业 R&D 支出总额和支出强度（以销售额为分母）作为被解释变量，并用政府 R&D 补贴作为解释变量进行了回归，结果显示，R&D 补贴与行业 R&D 支出总额之间存在显著的互补效应，每单位 R&D 补贴大约可以激励行业新增 0.44 单位 R&D 支出；但 R&D 补贴对行业 R&D 投入强度无显著影响。

3. 基于企业层面的研究

戴维等（David et al，2000）认为，由于在国家和行业层面上难以寻找到合适的对比样本，并且在进行分析时，导致相关变量产生波动的原因与企业样本存在根本差异，因此，即便分析表明政府研发补贴与私人研发支出（或支出强度）之间存在显著的互补效应，除了可以认为某些国家或行业较其他国家或行业存在更好的技术机会外，我们并不能从中得出其他有意义的结论。有鉴于此，从宏观（国家、行业）业层面上研究政府研发补贴对企业研发支出影响的文献要远远少于基于企业层面的研究。

汉贝格（Hamberg，1966）是首位利用企业微观数据（截面数据），并采用回归分析方法检验公共研发支出与企业研发支出之间关系的学者。为消除样本间的异质性，他选择了曾经接受过美国国防部研发资助的 405 家企业作为其研究样本，并将其进一步细分为 8 个行业，同时通过控制变量的选择有效控制了其他因素对研究结果的影响，其主要结论是，政府的 R&D 资助对化工、电子零部件和通信设备、其他电子设备、办公设备等四个行业的私人研发投入存在显著的促进作用，但对航空和导弹行业的影响却并不显著，原因在于样本考察期内，这两个行业来自政府的研发资助占其总研发投入的 90%以上。

自此之后，利用微观数据研究进行财政科技政策研究的文献日益增多。豪与麦克法特里奇（Howe and McFetridge，1976）应用与汉贝格相同的研究思路对加拿大 R&D 激励补贴政策的效应进行了研究。该国所实施的 R&D 资助政策本质上是一种 R&D 成本分担政策，即政府和企业各自承担被资助 R&D 项目 50% 的投入成本。利用 1967 ~ 1971 年间 81 家加拿大企业作为研究样本，并将其细分为 3 个行业，其实证结果显示，政府 R&D 补贴与 3 个行业中的企业 R&D 支出存在正相关关系，但仅对电子行业的影响显著。

瓦尔斯滕（Wallsten，2000）利用 1990 ~ 1992 年间的 481 个样本公司数

据，对美国小企业创新研究计划（SBIR）的实施效果进行了实证检验。由于可以收集到接受SBIR资助、申请SBIR资助但被拒绝、拟申请SBIR资助而未申请三类企业的数据，因此，该研究一定程度上避免了微观计量分析中的样本选择性偏倚问题，同时为避免内生性，作者使用了含有三个方程的联立方程模型。实证结果显示，SBIR的资助显著降低了企业的自主研发投入，并且作者估计，政府R&D资助的对企业R&D投资的挤出率几乎达到了1∶1。

利用西班牙1988年147家企业的样本数据，布松（Busom，2000）实证检验了西班牙政府补贴贷款计划对企业R&D支出的影响。为避免资助对象选择所面临的内生性问题，文章使用了两阶段最小二乘法，并通过了无选择性偏倚的假设检验。实证结果显示，得到政府资助的企业会有更多的R&D支出。然而，由于解释变量为是否得到政府资助的虚拟变量，因此，无法对政府资助影响企业R&D支出的具体数量关系进行分析。其后，冈萨雷斯等（González et al，2005）首先建立了一个企业研发决策的数理经济学模型，并利用西班牙制造业1991～1999年间2000多家企业的非平衡面板数据，采用删失变量回归方法对模型结论进行了实证检验，其主要结果包括：①政府R&D补贴可以有效诱导企业进行R&D投资。实证估计结果显示，政府对研发成本不到10%的补贴率便可诱导大约一半的尚未进行研发活动的大型企业开展研发活动，而对于小型企业而言，即便补贴率达到40%也只能诱导约1/3的企业开展研发活动。②政府的R&D补贴仅会对企业意愿R&D投入产生轻微的影响，换言之，政府R&D补贴不会挤出企业投资，并且R&D补贴也不存在无效率使用情况。总体而言，R&D补贴政策轻微提升了对西班牙制造业企业的R&D总支出，而这一效应的一半应归因于该政策有效刺激了小型企业开展研发活动。

阿斯和夏尼茨基（Aerts and Czarnitzki，2004）选择了1998～2000年间比利时佛兰德斯的776家企业作为研究样本（其中180家企业接受了政府的研发补贴，另596家未接受补贴的企业则作为控制样本），就用非参数配对检验和反事实分析方法，实证检验了政府R&D补贴是否存在挤出效应，研究结果显示，政府R&D补贴并未对企业研发支出产生挤出效应。而阿斯和索维斯（Aerts and Thorwarth，2008）关于比利时佛兰德斯的后续研究则进一步区分了基础研究（Research）和发展研究（Development），通过参数处置效应模型和虚拟变量回归，他们发现，政府研发补贴显著提高了企业发展研究支出，但却挤出了其基础研究投资。夏尼茨基等（Czarnitzki et al，2011）再次利用比利时制造业1999～2007年间952家企业3686个样本观测数据，分析了研发补贴政策对企业基础研究和应用研究的影响。研究结论表明，企业在基础研究方面的投入对资金流动性的敏感程度要高于应用研究，因此基础研究更加依赖于外部资本投入；政府对企业的基础研究补贴有效缓解了企业研发投入的资金约束。

阿尔穆斯和夏尼茨基（Almus and Czarnitzki，2003）使用了东德制造业12个行业925个企业1994年、1996年和1998年三个截面数据作为研究样本（其中622个企业接受了政府R&D补贴，303个未接受），并使用非参数配对检验方法，实证检验了政府R&D补贴对企业R&D投入强度的影响，分析结果显示，与控制样本相比，政府对企业的R&D补贴使得被补贴企业的R&D投入强度增加了4%，即政府R&D补贴与企业R&D投入之间存在显著的互补效应。而夏尼茨基和海森格（Czarnitzki and Hussinger，2004）则利用德国制造业1992～2000年间3799个企业样本数据（其中588个样本获得过政府R&D补贴），实证检验了R&D补贴对企业研发投入和专利产出的影响。研究结果表明，R&D补贴政策对企业研发投入不存在完全和部分挤出效应，并且显著提高了企业的专利产出。

Einiö（2013）进一步利用芬兰Teks和欧盟ERDF计划2000～2006年间的相关数据，使用工具变量法研究了政府R&D补贴政策对芬兰不同地域企业创新活动的影响。研究结果显示，那些易于获得欧盟ERDF高额资助的地区，其获得研发补贴的可能性要高于其他地区，因此补贴对象的选择存在处置效应，R&D补贴并不是外生变量。分析结果显示，R&D补贴对企业的R&D投入有显著正向影响，同时对即期就业和企业销售收入也将产生显著的正向影响，但对生产率的正向影响则发生在3年后。

根据对截至2013年前的相关英文文献所进行不完全的统计（见表2－1）（部分文献未在上述综述中阐述），我们可以发现，约63.21%的研究文献认为政府R&D补贴与企业R&D投入之间存在“挤入效应”，而剩余文献约一半的研究成果认为两者存在“挤出效应”，另一半则认为两者之间并无显著联系。由此可以看出，尽管多数文献的研究结论认为R&D补贴的确对私人

R&D 投资具有挤入效应，然而并不能就此得出一个统一的结论，因为影响企业 R&D 投资的一些重要因素，如公司 R&D 投入的动态变化、R&D 投资的构成、公司融资结构、R&D 补贴政策的实施层面（如国家、行业、地区）、企业接受 R&D 补贴的历史等诸多因素并没有在同一篇实证文献中得到体现，因此从研究方法的角度看还存在一定的瑕疵；同时，不同国家或地区，R&D 补贴政策的设计、R&D 补贴对象的选择、R&D 补贴的使用监管等都不一致，因此 R&D 补贴的效果也不可能完全一样。而已有研究更重要的价值在于，对于政策指定者和后续研究人员而言，能够从已有研究中更加深入地理解影响 R&D 补贴政策效果的一些重要因素，从而在政策设计和研究方法的改进上吸取经验。

表 2-1　关于 R&D 补贴研究文献一个不完全统计（截至 2013 年）

研究层面	数据来源	挤入	挤出	无显著影响	合计
国家层面	美国	4	0	2	6
	欧盟	3	1	2	6
	其他	5	2	2	9
	小计	12	3	6	21
行业层面	美国	3	2	1	6
	欧盟	4	1	1	6
	其他	2	1	2	5
	小计	9	4	4	17
企业层面	美国	8	6	4	18
	欧盟	32	6	3	41
	其他	6	1	2	9
	小计	46	13	9	68
合计		71	23	24	118

说明：上述数据是根据主要的英文期刊论文数据库（ABI/INFORM、EBSCOhost、JOSTOR、Springer Link）搜索到全文期刊论文，并根据论文参考文献，利用 Google 学术搜索到工作论文和非全文期刊文献并进行统计得到的。

（三）政府采购对企业技术创新的影响

国外学者关于政府采购促进企业技术创新效果的实证研究文献相对较少，其聚集的问题主要有两个。一是作为一种创新需求导向的公共财政政策，政府采购是否有效促进了企业（或行业）的技术创新；二是与其他财政科技政策相比（主要比较的是财政补贴政策），政府采购对企业技术创新是否政策更强的促进作用而从研究方法的角度看，案例分析和计量分析是学者们所采用的主要分析方法。

罗斯韦尔和泽福德（Rothwell and Zegveld，1981）是早期采用案例分析方法研究政府采购对企业技术创新促进效果的经典文献。通过全面检视和比较欧洲诸国技术创新政策及其对企业技术创新的影响效果后，其研究结论指出，政府采购显著促进了企业的技术创新，并且就长期而言，其对企业技术创新的促进作用要高于 R&D 直接补贴政策。随后杰劳斯基（Gerroski，1990）对欧洲各国在 IT、半导体及民用飞机制造业创新扶持政策的案例研究证实了上述结论，他发现政府采购不但能较 R&D 补贴政策促进企业进行更高的创新投入，而且也更有利于提高企业采购创新的成功率。换句话说，创新采购对企业采购创新规模和效率均政策良好的促进作用。

之后类似的研究文献大多得出了相近的研究结论。例如，勒伯等（Lember et al，2008）对波罗的海沿岸国家创新采购政策的分析表明，扶持企业技术创新的连续性政府采购政策有效推进了企业的渐进性技术创新活动。该研究同时还发现，多数政府扶持创新的政府采购并未针对新兴技术创新的早期阶段，而是针对已有技术的改进和应用，由此提出的问题是，政府采购政府企业采购扶持可能并不是全方位的，多种创新扶持政策应该合理组合使用。雅斯兰（Yaslan，2009）的研究支持上述观点。在细致分析了土耳其政府 30 个 IT 技术采购合约的实施效果后，他发现政府采购并没有促进全新的技术和全新的产品产生，但对已有新产品的市场化推广、现有企业的组织创新和流程创新产生的显著的促进作用。

除案例分析外，部分学者也采用计量分析方法对上述问题进行了定量分析。利希滕贝格（Lichtenberg，1988）采用不同的计量分析方法研究了非竞争性政府采购对企业 R&D 支出的影响，实证研究表明，政府采购和企业研发支出之间存在显著的互补效应，而当采用工具变量法进行估计时，两者之间转换为显著的替代关系。

阿朔夫和索夫卡（Aschoff and Sofka，2009）则利用德国 2000 ~ 2002 年 1100 家企业的微观数据，实证检验了创新采购对企业技术创新产出的影响，其研究结论表明，创新采购总体而言有利于提高企业采购创新的成功率，特别是对小型企业和技术服务型企业，这种促进作用更加显著。

圭尔佐尼与赖特尔（Guerzoni and Raiter，2012）利用 OECD 国家大样本企业微观数据，进一步分析了政府采购和研发补贴政策对企业技术创新的激励效应。其研究结论表明，政府采购有效促进了企业研发投入的增长和创新产出的增加，并且其促进作用要高于直接研发补贴政策。

然而也有不同学者对政府采购促进企业技术创新的效果表达了不同的观点。杰罗斯基（Jerosski，1990）认为，已有关于政府采购促进企业技术创新的案例研究文献主要集中于国防领域，这些研究结论能否推广至一般行业需要持谨慎态度。经合组织（OECD，2011）的研究也表明，当前 OECD 国家需求拉动型创新政策的总体实施效果并不明显，政府采购政策对企业技术创新活动的影响也不明确。

（四）财政科技政策对“产学研”合作创新的影响

以高等院校和科机构为主体所形成的公共研发机构是国家创新体系的主要组成部分之一。以阿罗（Arrow，1962）为代表观点认为，由于研发活动存在高度的外溢效应，因此市场对研发资源的配置存在失灵现象，因此一些研发活动必须由政府成立的公共研发机构实施，从而为社会提供市场所不能提供或难以提供的“公共”技术，以此解决创新资源配置的市场失灵问题。而福尔克（Falk，2006）、卢夫和布罗斯托姆（Lööf and Brostrom，2008）等则进一步认为，由于公共研发机构除了能够增加基础性知识的供给外，还可以与企业之间通过人才、知识和技术的流动和转移进一步扩大公共研发的技术外溢效应，从而降低企业的研发风险及研发成本，因此他们认为公共研发和企业研发之间应该存在互补关系。

然而也有学者认为，政府对公共研发投入的增加会势必会增加全社会对创新资源的需求，从而提高创新资源的投入价格，由此带来企业自主研发成本的上升，最终降低企业进行研发投入的积极性；另外，公共研发强度的提高也可能使部分本应由企业进行研发的项目转移到公共研发部门，因此，他们认为公共研发与私人研发之间也可能存在替代效应，即公共研发投入将部分挤占私人研发投入。如古尔斯比（Goolsbee，1998）的研究表明，美国公共研发支出的增加显著提升了全国范围内研发人员的工资水平，从而显著降低了同期私营企业的研发动机；盖莱克和冯．波特尔斯伯格（Guellec and Van Pottelsberghe，2003）利用1981～1996年间17个OECD国家公共研发和企业研发数据，实证检验了彼此之间的关系，其结论认为，样本考察期内这些国家的公共研发支出对企业研发支出确实存在挤出效应。

除研究政府对高校和科研机构等的投入是否会挤出企业研发投资外，对于政府财政科技政策是否有效促进了“产学研”合作，目前还有一支文献主要从公共研发活动是否具有溢出效应，即是否促进了企业研发活动方面进行了研究。

安瑟琳等（Anselin et al，2000）利用美国43个州和125个都市经济区有关高技术创新的相关数据，利用空间计量分析实证检验了高等院校研发活动的地理溢出效应。研究表明，高校研发活动具有显著的空间溢出效应，它对于企业高技术的研究和开发产生了显著的促进作用。但就细分行业而言，这种溢出效应在机械行业、医药和化工行业表现不明显，而在电子和装备制造行业则表示得非常显著。贾菲（Jaffe，1989）利用美国1969～1985年间州级层面的加总数据，以企业专利产出作为被解释变量，分析了高校研发活动的地理媒介溢出及其对企业创新的影响。研究证实了高校研发活动的溢出效应，发现其对企业专利产出存在显著的促进作用，特别是在医药、媒体、电子、光学和核能行业表现得更加突出。与此同时，论文还发现高校研发通过对区域研发投入的挤入效应间接促进了区域创新能力的提高。

莫勇和威尔布莱克（Monjon and Waelbroeck，2003）利用法国1997年社区创新调查数据，以1644家企业作为样本，实证分析了高校知识溢出对创新企业影响，并进一步考察了校企合作和高校知识溢出对企业创新的相对贡献度。研究发现，校企合作与高校知识溢出对企业创新活动的影响是不同的，知识溢出的作用主要体现在使企业模仿创新更加有效，并促进企业从事更多创新活动；而对于创新能力较强的企业而言，通过与国外高校开展国际合作研发受益更多。

托德林等（Tödtling et al，2009）认为，创新是由从事知识生产和知识运用的不同主体之间的交互行为所推动的。通过对 1200 家澳大利亚制造业企业进行实证调研所获取的数据，文章实证检验了不同知识链接模式对企业创新行为的影响。研究表明，与高校和研发机构的合作显著促进了企业创新活动的强度和技术创新的水平，同时研发人员的数量和研发经验有助于促进“产学研”的合作效率。

福川（Fukugawa，2012）利用 1997 ~ 2007 年日本 723 家小技术型企业的非平衡面板数据，实证检验了大学知识溢出的途径、机制以及与地理位置的关系。研究结论表明，与大学的合作显著促进了小型技术企业的 3 年之后的 R&D 生产率，并且与大学的地理距离越近，企业研发人员素质越能得到提升。

综上所述，几乎现有研究均证实大学和研发机构的研发活动对企业技术创新产生了显著的外溢效应，也就是说，对高校和科研机构的财政科技资助的确推动了”产学研”之间的合作。然而现有研究仅仅是从促进企业研发投入或产出总量的角度来考虑的。如果对大学和研发机构庞大的财政科技投入仅仅使得企业研发产出存在微弱的提高，那么很难认为这种投入是有效率的。因此未来研究的重点仍然应集中在财政资金的使用效率方面。

二、国内相关研究综述

国内学者关于税收优惠的研发补贴对企业创新活动影响的研究文献具有三个典型特征：一是由于企业微观层面数据获取的困难性（国内除了《中国工业企业数据库》外几乎没有其他企业数据库，而《中国工业企业数据库》的获取途径也较为有限），因此基于企业微观层面的研究文献并不多见，已有的研究文献其资料的来源也主要是通过实证调研和上市公司数据，难以处理样本选择性偏倚问题；二是通常将政府研发补贴和税收优惠政策合并进行研究，并且常常将 R&D 投入成本的税收抵扣与企业所得税优惠进行集成分析而非截然分开；三是国外学者的研究主要集中在政府财政科技政策对企业 R&D 投入的影响上，而国内学者更关注税收及补贴政策对 R&D 产出，特别是专利和新产品销售收入的影响。

（一）税收优惠、研发补贴和政府采购对 R&D 投入和产出的影响

在关于税收优惠政策的研究中，朱平芳和徐伟民（2003）利用上海市 1993～2000 年 32 个行业的面板数据，采用随机效应模型估计了政府财政科技拨款和税收减免对大中型企业 R&D 投入的影响。研究发现两种政策工具均能有效促进企业 R&D 投入，并且彼此之间是相互促进的。但研究同时发现政府资助对企业专利产出的影响不显著。

王俊（2011）以中国 1995～2008 年间制造业 28 个分行业的数据为样本，测算了中国税收抵扣的边际效率指数（MTEC）、B 指数和 R&D 使用成本指数，并以此作用税收优惠程度的代理指标，实际检验了税收优惠对企业科技创新的激励程度。其研究结论表明，与 OECD 国家相比，中国政府对企业 R&D 活动的税收优惠强度大约相当于 OECD 国家的中等水平，税收优惠显著提高了行业，特别高技术行业的研发投入。文章认为，不断优化 R&D 资助方式，减少直接补贴，扩大税收优惠的幅度和范围应是政府未来改革的重点和方向。

江静（2011）以 2004 年中国第一次经济普查所得微观数据为样本，考察了 R&D 补贴和税收优惠对不同类型企业研发投入强度的影响。其主要结论包括：研发补贴政策对内资企业的研发投入强度起到了显著促进作用，但对港澳台和外商投资企业无显著影响；税收优惠政策显著促进了港澳台投资企业的研发投入，但对内资和外资企业无显著影响；而省级层面的回归表明，政府直接补贴与外商及港澳台投资企业的研发投入强度显著负相关。上述分析表明，R&D 补贴和税收优惠对企业 R&D 活动的影响并不能一概而论。

吴祖光等（2013）以 2008～2011 年在深市创业板上市交易的公司为样本，实证检验了税收负担对企业研发活动的影响。研究发现，税收及研发成本加计扣除的税收优惠政策对创业板上市企业的研发行为存在双重影响。首

先，税收负担加重了企业未来研发投入对企业现金流的敏感性，现金流的微小下降将导致未来研发投入出现较大幅度的下降，从而税收的存在将挤出企业的研发投入；其次，研发成本加计扣除的税收优惠政策又会激励企业利用相关政策进行避税，从而使企业在会计报表中显示的研发投入高于其真实水平。

江希和与王水娟（2016）利用江苏省的苏南、苏中、苏北 128 家样本企业的问卷调查数据，运用随机效用模型对我国现有研发支出税前扣除优惠政策的激励效果进行了研究。分析表明研发费用税前扣除的新政策对企业研发投入具有显著的正面影响，但影响程度不大。

李维安等（2016）使用 2009 ~ 2013 年的面板数据，通过实证研究发现，税收优惠在一定程度上提升了企业的创新绩效，创新投入在其中起到完全中介作用。但是激励效果在不同企业之间存在差异。存在政治关联的企业并未将税收优惠有效地投入到创新活动中去，但同样获得了相当数额的优惠。高新技术企业所得税优惠政策在很大程度上成为了这些企业规避税收的“税盾”。

在关于研发补贴政策的研究中，赵付民等（2006）利用中国 1997 ~ 2004 年中国 29 个省区的面板数据，采用 GMM 估计方法研究了政府科技投入对企业 R&D 投入的影响。实证表明，当政府对企业研发成本的直接资助强度在 6% ~ 12% 和 18% ~ 24% 范围时，政府资助对企业 R&D 投入存在显著的挤入效应；同时还发现政府对高校和企业财政科技投入之间存在互补关系。

吴延兵（2009）1994 ~ 2002 年中国 34 个工业行业的科技统计数据，采用面板回归模型分析了行业 R&D 资金和人力投入的影响因素。分析表明，政府资助对行业 R&D 资金投入和人力投入均产生了显著的促进作用，其中对资金投入的弹性在 0. 1 ~ 0. 2，对 R&D 人力投入的弹性约为 0. 2。

徐伟民（2009）利用上海市 1996 ~ 2004 年 125 个高新企业的微观面板数据，就用动态面板数据回归技术实证检验了上海市财政科技投入政策对高技术企业 R&D 投入的影响。研究表明，政府对企业 R&D 活动的直接补贴和税收优惠对企业 R&D 支出均产生了显著的促进作用，并且科技资助政策的稳定性与政策效果之间存在显著的正相关关系，论文同时发现不同政策工具之间有可能存在着系统性失灵问题。但由于研究样本均为从事 R&D 活动的企业，因此选择性偏倚问题可能使论文的估计结果有偏。

杨德伟和汤湘希（2011）以2007～2010年连续四年在董事会报告中披露了企业研发投入强度的101家深市中小板民营上市公司作为研究样本，分析了政府对企业的研发资助是否挤入了企业的研发投入。研究表明，无论是否考虑政府研发投入的内生性问题，即无论是采用普通最小二乘法，还是采用工具变量二阶段最小二乘回归法，均表明政府对企业的研发显著地促进了企业R&D投入强度，从而显示政府的研发资助与企业R&D投入之间具有“互补效应”的观点。

成力为和戴小勇（2012）利用《中国工业企业数据库》2005～2007年30万家工业企业的大样本数据，在对工业企业R&D投入分布进行了描述性统计分析的基础上，对企业R&D投入规模和强度的影响因素进行了实证分析。分析结论表明，政府财政科技支出对国有企业和私营企业的研发投入强度具有显著的促进作用，且对国有企业研发强度的促进作用要高于私营企业。但财政科技投入对外资企业的研发投入强度不存在显著影响。分析表明，国有企业是创新投入的主体，但其大规模和高强度的R&D投入主要来源于财政和信贷支持，企业自身缺乏R&D投入的内生的激励与资金来源；而私营企业尽管具有创新投入的内生激励，但缺乏政府财政和信贷的大力支持，从而弱化了私营企业进行技术创新的动机和投入。

肖丁丁等（2013）利用中国1997～2009年30个省市的面板数据，采用分位数回归分析了政府财政科技投入对企业R&D支出的影响。实证分析表明，就全国而言，政府对企业的直接研发投入将对企业的R&D投入产生显著的挤出效应；而对高校和科研院所的直接资助则会诱导企业R&D支出的增加；同时，政府科技支出的效果存在明显的区域差异。

李永等（2015）在制度约束背景下考究了政府R&D资助的挤出效应及对区域创新效率的影响。以中国2000～2010年省际面板数据为样本，第一阶段以随机前沿模型为基础，发现政府R&D资助由于制度约束挤出了企业投资，制度约束构成挤出效应的重要来源，地区间挤出水平呈现明显阶梯型差异；第二阶段采用Malmquist DEA方法对创新效率分解，发现制度约束通过挤出效应抑制了规模效率的提高，主要受到资源在研发人员和研发资本间分配方式的影响，通过资源配置机制改进能够降低抑制程度。

在关于政府财政科技政策对企业 R&D 产出的影响研究中，吴延兵（2006）利用中国 1996 ~ 2002 年 34 个工业行业大中型企业的相关数据，利用面板随机效应模型分析了影响企业创新产出（专利申请和新产品销售收入）的主要因素。实证结果显示，政府对企业 R&D 活动的直接资助显著促进了企业专利申请数量和新产品销售收入，其对于专利申请的弹性约为 0.3，对新产品销售收入的弹性约为 0.24。

程华和赵祥（2008）利用中国 1997 ~ 2006 年分产业大中型企业面板数据，使用面板回归模型分析了政府科技资助政策对企业 R&D 产出的影响。研究结果显示，政府科技资助政策对企业专利申请及新产品产值均有显著的促进作用，但资助强度应该保持在一个合理的范围内，强度过高或过低均不利用企业研发产出的增加。与此同时，论文还发现政府资助对 R&D 产出的激励效率不如企业自有投入，说明政府资助的使用效率有待提高。

白俊红（2011）利用 1997 ~ 2008 年间中国大中型工业企业 37 个分行业面板数据，分别采用静态和动态面板回归模型分析了政府 R&D 资助政策对企业 R&D 投入和产出的影响效果。实证研究发现，政府 R&D 资助政策无论是对企业 R&D 投入、专利申请数量和新产品销售收入均产生了显著的促进作用。因此，作者认为中国政府的 R&D 资助政策既有必要也有成效。

李瑞茜和白俊红（2013）选用 1999 ~ 2011 年中国大中型企业 36 个分行业面板数据，使用门限回归检验了政府资助对企业 R&D 活动的影响。分析表明，政府 R&D 资助对企业专利和新产品销售收入均有显著的正向促进作用，且政府 R&D 资助与企业 R&D 产出之间存在倒 U 型关系。

关于政府采购对企业创新效果的影响，目前国内研究文献主要集中于理论分析和对于采购政策的解读方面，实证研究文献较为少见，并且因模型设定的不同和分析方法的差异，所得到的结论也存在较大的分歧。胡凯、蔡红英和吴清（2013）利用中国 2001 ~ 2010 年的省级数据，采用静态面板和动态面板方法实证检验了政府采购对企业专利产出的影响，其研究结论表明，政府采购不仅没有促进，反而阻碍了企业采购创新，他们认为出现这一结果的原因在于市场竞争不足，因此若要充分发挥政府采购的创新促进作用，必须提高区域市场竞争水平，并保证政府采购有一个公平竞争的市场环境。而王宏和郑上福（2011）则利用中国 2002 ~ 2008 年分省政府采购数据和专利申请量，通过建立一元回归模型检验了二者之间的关系，其结论是政府采购有效促进了企业技术创新；贾明琪等（2014）利用中国1998～2012年的政府采购数据，与国家技术创新能力（以发明专利授权量表示）和开放程度（以FDI表示）进行了协整检验，结果表明，三者之间存在长期稳定的协整关系，且政府采购与技术创新能力之间存在双向Granger因果联系。陈永立和邹洋（2014）、晋朝军（2015）等的研究均得到了类似的结论，但因计量模型存在重要解释变量遗漏等问题，其结论的稳健性需要进一步检验。

综合上述研究可以看出，绝大多数研究都认为，政府扶持企业创新活动的财政政策对于企业R&D投入和产出都具有显著的激励作用。然而我们并不能由此得出政府R&D补贴和税收优惠一定是有效率的。与国外学者的研究相比，抛开因数据获取困难所产生的方法论问题，还有一个研究课题几乎没有引起研究人员的关注，即财政科技政策的成本－收益分析。就投入角度讲，因为补贴和税收优惠所带来的财政成本是否能为企业增加的R&D投入所抵消？换句话说，财政科技投入是否带来了R&D投入的净增加？这仍然是一个有待研究的重大问题。

（二）政府财政科技政策对R&D效率的影响研究

尽管由于多种原因，对于财政科技政策的效益问题难以深入研究，但2005年后国内学者对于R&D效率的关注持续增加，其中部分学者开始关注政府财政科技政策对企业研发效率的影响，即财政科技投入是否得到有效率的利用。在无法详细评估财政科技政策净效应的情况下，通过效率分析判断政府财政科技投入是否得到高效率使用不失为一种变通方法。

在R&D效率分析中，目前所采用的分析方法主要有数据包络分析（DEA）和随机前沿分析（SFA）。两种方法各有所长。SFA可以将效率排序和影响因素分析一步实现，并且考虑了随机因素的影响；但在使用SFA方法时必须明确设定投入和产出之间的函数关系，并且只能用一个变量表示创新活动的产出，这与创新活动的多产出特征不太相符；而DEA方法则可以充分考虑这一点，并且无须设定投入和产出之间的函数关系。但DAE方法不能考虑随机因素的影响，并且效率排序和效率影响因素分析必须分两步完成。

张海洋（2008）利用 1995 ~ 2004 年中国 28 个省级行政区域的相关面板数据，对区域 R&D 效率进行了评估，并利用 DEA – Tobit 回归分析了 R&D 效率的影响因素。其研究发现，政府补贴对东中西部的 R&D 效率均有显著的抑制作用，说明政府 R&D 投入存在严重的低效率使用问题。

谢伟等（2008）利用中国 1999 ~ 2005 年 27 个省市自治区高技术产业的相关数据，首先使用 DEA 方法进行了区域之间的创新效率评价，然后利用面板回归方法分析了区域研发效率的相关影响因素。实证分析表明，区域研发效率与政府研发资本投入强度之间存在显著的负相关关系。作者认为这一结果显示政府尚未有效发挥出对区域研发活动的政策导向作用。

白俊红等（2009）利用中国 1998 ~ 2007 年 30 个省市的相关面板数据，采用 SFA 评估了各地研发效率的差异，并分析了企业、高等院校、科研院所、地方政府及金融机构区域创新主体间的联结关系对区域创新效率的影响。其主要发现是，区域创新主体及其联结（包括政府科技投入）对区域创新效率均产生不利作用。文章认为，为改善区域创新绩效，未来应减少政府干预并进一步确立企业的创新主体地位。

陈修德和梁彤缨（2010）以 2000 ~ 2007 年中国高新技术产业 17 个细分行业的研发活动作为研究对象，使用的面板数据随机前沿生产函数评估了各行业研发效率的差异及其影响因素。分析表明，政府部门对企业研发活动支持力度（用政府部门的科技活动经费占企业总科技活动经费的比重表示）对行业研发效率的影响不显著。作者认为，未来政府资助应该从目前“过程支持”向“过程支持”与“结果支持”并重的方式转变。

刁丽琳等（2011）应用随机前沿方法（SFA）对 2000 ~ 2006 年中国 28 个省市自治区的研发效率及其影响因素进行了实证分析，与其他研究结论不同的是，该文的研究发现地方财政科技投入对区域技术效率的提高存在显著的促进作用。白俊红和李婧（2011）利用大中型工业企业 1998 ~ 2007 年分行业面板数据，采用 C – D 生产函数的随机前沿形式分析了政府资助对企业技术创新效率的影响。研究结论同样认为政府资助对于企业技术创新效率有显著的促进作用。

余泳泽（2011）以中国 2002 ~ 2008 年 29 个省市自治区有关科技创新活动的省级面板数据作为研究样本，使用空间面板计量分析方法测试了不同区域的科技创新效率及其影响因素。实证分析表明，政府对于创新活动的财政支持对高等院校和科研机构创新效率的影响具有不确定性，而对于企业的创新效率具有显著的负面影响。认为在国家创新体系的建设过程中，需要处理好政府主导型与民间推动型创新的关系，推动政府支持与市场导向研发需求的有效对接，从而提高财政资金的使用效率。

戴万亮等（2013）利用1995～2010年间我国高技术产业R&D活动的相关数据，超效率DEA和层次分析法对高技术产业的创新效率和影响因素进行了分析。研究表明，创新政策对于高技术产业的研发效率并无显著影响。

综合上述分析可以发现，多数文献的分析结果认为，政府财政科技投入对企业或行业研发效率的提高并无显著的作用。少量文献得到了显著抑制和显著促进的结论。然而对于上述实证检验结果，如何从理论上找出财政科技政策与企业研发效率之间的理论联系？不同的财政资助政策，如税收优惠和R&D补贴对企业研发效率的影响是否一致等诸多问题均值得进一步研究，这对政府财政资助政策的设计有着重要的理论借鉴意义，但目前相关研究文献却极为有限。

（三）政府财政科技政策对“产学研”合作创新的影响

与国外学者的研究类似，国内学者关于“产学研”合作中财政科技政策的效应也主要集中在对高校和科研院所的投入是否对企业产生了显著的外溢效应方面。姚洋和章奇（2001）利用中国1995年工业普查的数据，利用随机前沿生产函数估算了企业的技术效率，并分析了其影响因素。研究发现，公共研发机制的R&D投入对企业技术效率的改进并没有起到促进作用（甚至可能起到相反作用），因此文章认为，政府主导R&D活动不是一种有效率的状态，应该明确企业的创新主体地位。同时公共科研机构也应该进行市场化改革，转制为盈利性单位，将研究资源更多配置到具有市场前景的研发项目上去。

李平和王春晖（2011）利用中国30个省份2001～2008年的面板数据，实证检验了以高等院校和科研院所为主体的公共研发机构的研发人力资本和研发经费投入对当地科技创新能力的影响。实证结论表明，公共研发机构的研发经费投入和人力资本投入对当地技术创新能力促进作用存在差异，人力资本投入的促进作用要高于研发资本投入，并且人力资本投入对当地技术创新的促进作用还存在地域差异，东部地区要远高于西部经济欠发达地区；公共研发机构的研发经费投入挤占了企业研发投资，从而对当地技术创新产生了不利影响。

廖述梅（2011）通过建立高校 R&D 活动对企业技术创新溢出的 Griliche－Jaffe 知识生产模型，并利用 1997～2007 年间中国 30 个省市的样本数据，实证检验了各地区高等院校的 R&D 活动校研发对企业创新产出（以专利申请数和新产品产值衡量）的外部溢出效应。实证结果表明，总体而言，高校的研发投入显著促进了企业专利申请数量和新产品产值的提高，而从地区层面看，东、中部地区高校研发的外溢效应主要体现在新产品创新上，西部地区则主要体现为专利产出。

樊霞等（2011）利用 2009 年广东省“省部‘产学研’合作计划”的 308 份调研数据，实证检验了“产学研”合作与企业内部研发之间的选择及其影响因素。实证研究表明，企业获得的政府资助越多，越愿意同时进行“产学研”合作和自主研发，即政府资助有助于实现“产学研”合作与企业内部研发的互补关系。但控制了研发模式选择的内生性问题后，论文发现“产学研”合作与企业内部研发之间的互补性关系将变得不显著。其后，樊霞等（2012）进一步以 332 份广东省“产学研”合作的调研数据为样本，运用 DEA－Tobit 两步法分析了广东省“产学研”合作创新效率及其影响因素。研究表明，总体而言，广东省企业“产学研”合作的效率尚不够高，纯技术无效率是导致这一现状的主要原因。而对“产学研”合作效率影响因素的分析表明，政府对企业“产学研”合作的资助力度（以政府资助占“产学研”合作经费总额的比重表示）显著促进了“产学研”合作的效率。

原毅军和于长宏（2012）首先通过建立数理模型，研究了企业技术能力对企业内部研发和“产学研”合作的影响，证明了随着企业技术能力的提高，企业内部研发与“产学研”合作之间将逐渐呈现出互补特征。利用辽宁省 2011 年 30 个行业 339 家企业的调研数据对上述理论分析结论进行了实证检验，证实了企业技术能力的确存在“门限”效应。认为对于技术能力较弱的企业而言，“产学研”合作有可能会对企业的内部研发支出形成挤出效应，但对技术能力较强的企业而言，“产学研”合作有助于企业接触前沿科研成果，从而促进企业内部研发。刘炜等（2012）对以嘉宝莉化工集团的案例分析则认为，随着企业技术能力的不断提高，内部研发与“产学研”合作之间将呈现出“替代—互补—替代”之间的三阶段演进模式。

原毅军等（2013）进一步利用2011年辽宁省27个行业329家企业的样本数据，利用SFA法实证检验了企业研发效率的影响因素。利用“产学研”合作金额作为研产合作的代理指标，分析发现“产学研”合作对于企业技术创新效率产生了显著的促进作用，但效果微弱，估计出来的弹性值约为0.0003。

此外，国内还有一部分学者认为，企业、高校和研发机构是区域或国家创新体系的有机构成部分，“产学研”之间是否实现了有效的协同，或者财政科技政策对于“产学研”协同是否产生了显著的促进作用，可以通过检验二者是否显著促进了区域或国家创新效率的提高来实现。如李习保（2007）以1998～2006年中国30个省份的创新数据为样本，利用随机前沿法比较了区域创新效率及其影响因素，实证结果表明政府对科技活动的支持力度显著提高了区域创新效率，而对高校和科研院的投入对区域创新效率产生了显著的负面影响。白俊红等（2009）的研究也得出了类似的结论。郭淡泊等（2012）在对39个国家进行创新体系效率评价和影响因素分析中引用了财政科技政策因素，其研究表明，发达国家政府的研发资助在对于国家创新体系的经济效率和综合效率阶段产生了显著的负面影响，但却显著促进了知识转化阶段的技术效率；对发展中国家而言，政府资助显著促进了创新体系的技术效率，但对经济效率和综合效率无显著影响。

三、相关研究评述

国内外学者关于政府财政科技政策对企业创新行为的影响所进行的广泛而深入的讨论无疑为本文的研究奠定了坚实的基础，抛开从方法论角度改进现有研究成果，从而得到更为稳健的结论不谈，我们认为未来的研究应该在以下几个方面取得进一步的突破。

一是现有研究无论是从财政科技政策促进企业创新投入还是创新产出，都是从扩大企业创新规模的角度而言的，就中国的现状而言，尽管创新投入规模不断扩大，但投入强度（创新投入占 GDP 的比重）仍然存在广阔的提升空间，因此这一研究议题仍然有持续研究的必要。但更重要的是，如何提高财政科技投入的效率，即如何提高单位财政科技投入的产出更是值得关注的重要议题。近年来，伴随着财政科技投入的持续增长，财政资本的低效率使用问题表现得日益突出，因此对于中国财政科技政策的检视，更应该集中在如何促进企业创新效率问题上来。现有研究尽管已经关注了效率问题，然而对于不同财政政策工具是如何影响企业创新效率？如何改进财政政策工具以在促进企业创新规模的同时提高企业创新效率尚未得到更多关注，因此本项目的研究拟将财政科技政策促进企业技术创新规模和提高企业技术创新效率置于同等重要的位置。

二是不同政策工具对企业创新行为的影响是不同的，已有研究对于单个政策工具的分析已经相当深入，但作为政策工具的组合，不同政策工具之间对促进企业创新活动存在什么样的关系？如何合理组合不同政策工具？或者说是否存在最优的政策工具组合也是一个值得进一步研究的课题。

三是对于事前激励（如研发成本直接补贴）而言，如何选择合适的资助对象是关系到财政资本使用效率的重大课题。就政府而言，由于缺乏挑选被资助项目（或企业）的专门技能，因此世界各国广泛采用了市场化方法，即利用财政资本出资设立创业投资引导基金，然后与专业创业投资公司合作成立创业投资子基金，利用创业投资家的专业技能挑选合格的资助项目（或资助企业），从而提高财政资本的使用效率。中国也于 2007 年开始大规模推广创业投资引导基金制度，从而为创新资源的市场化配置开辟出一条可行的路径。创业投资引导基金的成立部分解决了项目选择的市场化问题，但又随着委托代理关系的复杂化带来了激励效率损失等新问题，因此如何促进创业投资引导基金的运作效率，从而促进政府财政资金的使用效率是本项目结合中国财政科技政策的变化将要重点关注的问题。

四是在创业资本市场上，企业创新资本的投入主体日益呈现出多样化特征，除了企业自有资本投入外，政府资本、私人天使资本、商业化的投资资本均构成企业创新资本来源。那么在这众多资本来源中，应该如何定位政府财政资本的作用？换句话说，创新资源政府配置和市场配置的边界是什么？是不是政府财政资本应该对所有项目进行资助？如果不是，那么财政资本应该集中资助哪类项目？应该如何资助？这些问题的回答对于提高财政资本使用的社会效益和经济效益无疑具有重要意义，而已有研究基本上没有对此给出答案。

五是关于“产学研”合作问题。目前多数研究认为，中国高等院校和科研机构的研发活动对于企业技术创新具有显著的促进作用，然而并不能就此认为中国的“产学研”合作就是充分有效的。一般而言，作为国家创新体系的有机构成部分，高校和科研院所主要从事知识的生产，而企业则主要从事知识的转化。那么在“产学研”合作中，中国的短板究竟体现在知识的生产还是知识的转化方面？如何利用财政政策工具的导向作用进一步提高“产学研”合作的效率也是值得进一步研究的问题。

第三章
财政政策促进企业技术创新的国别经验研究

20 世纪 20 年代，当福利分析，特别是外部性这一概念被庇古引入经济分析之后，创新活动的外部性及其政府干预创新资源配置的正当性很快成为人们的共识。1954 年，美国的《国内税收法》最先以立法的形式确定对创新主体的创新支出进行税收优惠，随后各国政府竞相以各种财政政策工具扶持本国的创新行为，以此保持本国的国际竞争力。2008 年的金融危机对各国财政科技政策的设计和实施产生了新的难题，危机一方面使各国进一步认识到创新对经济复苏和经济结构转型的重要意义；另一方面，经济的衰退又削弱了国家的财政能力，从而对创新活动的支持形成巨大的财政压力，一些国家也相应削减了政府对创新活动的财政扶持力度。然而随着经济的缓慢复苏，各国的财政扶持力度近年来又出现了快速上升趋势。

除了经济危机因素导致了各国财政科技政策的调整外，30 年来，学术界对政府财政科技政策效果的检视也不断出现负面评价结果，由此使得各国更加关注财政科技政策促进国家创新能力的效率问题，从而不断修正相应的政策工具。对包括中国在内的金砖国家而言，由于受金融危机的影响相对较小，近年来反而抓住这一机遇，大幅度增加了国家对科技创新的财政扶持力度。然而，由于历史原因，发达国家在扶持企业技术创新过程中所遇到的问题，中国可能也会遇到。因此对科技创新大国和强国促进企业技术创新的财政政策进行对比研究，将有助于中国设计合适的财政科技政策工具，以期兼顾促进企业技术创新和提高财政资助效率的双重目标。

为促进企业技术创新，各国的所使用的财政科技政策工具多种多样且各不相同，但总体而言，这些政策工具均为归类为直接补贴和间接补贴两大类。在具体政策工具的选择上，目前使用最广泛，力度最大的工具主要包括税收优惠、专项科技计划、政府采购、设立创业投资引导基金等。

一、税收优惠政策

与直接财政补贴相比，对企业技术创新活动的税收优惠因为具有普惠性而几乎被所有国家采用。目前，各国税收优惠政策工具设计和实施的主要目标在于减少企业的 R&D 投入成本，从而激励企业更多的研发投入。所使用的主要手段包括：研发支出的税前抵扣或税收抵免、研发资产的加速折旧等。然而在具体实施细则的设计上则呈现出不同的差异性和复杂性。

（一）美国 R&D 税收激励政策

美国政府对于企业研发活动的税收优惠始于 1954 年，当年颁布实施的《国内税收法》最早以立法的形式确定了企业研发支出的税前抵扣政策。该法第 174 条规定，企业可在申报应税所得额时扣减当年全部 R&D 支出，同时对很少有所得税产生的初创企业，其当年 R&D 支出可以在 5 年以内进行递延扣除。此后的《联邦法规法典》第 26 条规定，用于应纳所得额抵扣的研发支出仅限于非资本性支出，诸如工厂和机器设备等固定资产投资抵扣由一般折旧规则确定。此外，《国内税收法》501a－c 条款规定，国内公益性教育和科研组织免除联邦所得税；个人出售发明专利的收入可作为资本收入而非一般收入计税；第 170a 条款规定，美国公司和个人向这些组织的捐款也可分别享受 5% 和 50% 的应纳所得额抵扣。

1981 年由《经济复兴税法》提出的“研究与试验税收抵免”制度则规定对企业研究与试验（R&E）支出实施“增量税收抵免”，即企业增量 R&E 支出可按一定比例抵免企业所得税（现行比例为 20%）。此外，研发资产开始实施加速折旧政策，即所有企业用于研发的所有设备，无论其使用年限如何，均可在 3 年内完成折旧。到此之后，美国政府又对相关条款政策进行了多次修订或延期。

对公司 R&E 支出进行税收抵免的目的是鼓励企业增加研发开支，而非政府直接资助企业的 R&E 支出。然而在实践中，什么样的 R&E 支出水平适宜于免税，这个问题从一开始就困扰着税收激励机制的设计者。最初的设计是以企业过往 3 年 R&E 支出的移动平均值作为基数，超过该基数的所有合格 R&E 支出均被视为 R&E 投入增量而享受税收减免。然而这一条款的设计在实际运行中却产生了适得其反的效果。因为增加当年的 R&E 支出会提高未来 3 年计算税收减免的基数，使得企业未来 3 年所能获得的税收抵免额下降。这种前瞻效应无论是从理论还是从实践上均被证明降低了税收抵免政策的激励效应。

为纠正这一问题，1990 年对 R&E 支出的税收抵免条款进行了修订，将 R&E 支出基数的计算期固定为 1984 ~ 1988 年。基准比例以 1984 ~ 1988 年间合格 R&E 支出总额除以同期销售收入总额计算，且这一比例最高不超过 16%，从而对 R&E 支出占比高的企业形成了有效的保护。基准比例确定之后，以该比例乘以过往 4 年的平均销售额则得到 R&E 支出基数。若该基数值不及当年合格 R&E 支出的 50%，则在计算研发支出增量时按 50% 计算，这一计算方法可以避免对研发支出占比较低的企业形成过度激励。

2006 年美国国会通过了“替代简化抵扣”条款用于简化基准 R&E 支出的计算，即以前 3 年合格 R&E 支出的移动平均值作为计算基础。这一条款又重新回到了最初的设计，但减免税额的计算较为简单，即以当年合格 R&E 支出减去前 3 年平均研发支出的 50% 后，剩余部分的 14% 即为税收减免额。对于有利润但前 3 年缺乏合格 R&E 支出的初创型企业，可以当年合格 R&E 支出的 6% 计算免税额，从而增加了能够享受 R&E 支出税收抵免政策的企业数量。

2011 年 10 月，奥巴马政府在其提交的 2012 年度财政预算方案中对公司 R&E 税收抵免政策提出了若干建议。一是使 R&E 支出税收抵免政策永久化，从而使企业在制订 R&E 支出计划时对于税收抵免有明确的预期；二是未来在实施 R&E 支出税收抵免时应主要依赖替代简化计算条款；三是建议将替代简化计算条款中的免税比例提高 20%，即从目前的 14% 提高到 17%。从企业角度看，这些建议不乏吸引力，然而由于采用 3 年 R&E 支出的移动平均值作为计算基准，这些建议也将使现行抵扣政策的抵制效应永久化。

除了企业 R&D 支出进行税收抵免外，为鼓励企业采用新技术，美国政府还从1954年开始修订了相关法规，允许企业对固定资产投资采用加速折旧法。1981年里根政府推动实施的《经济复兴税法》规定对企业研发设备仪器实行快速折旧，将R&D设备、机器设备和建筑物的折旧年限统一缩短为3～10年。同时对折旧方法的进行了简化设计。如对中小企业的新设备购置投资，若法定使用年限超过5年的，10%的设备购买价格可直在当年进行所得税前抵扣；法定使用年限在3～5年间的，抵扣比例降为6%；在进行具体抵扣时，若企业当年的应税额低于2500美元，则可全部用于设备投资的税收抵免；应税金额超过2500美元部分的85%可进行设备投资的税收抵免。若企业当年应税金额不足抵免时，可以比照亏损情形下的税收抵免处理的办法，即不足抵扣部分可往前回转3年，往后结转7年。

多数研究表明，对企业R&D支出的税收抵免政策有效促进了企业的R&D支出。图3－1给出了美国1997～2013年间企业所享受到的R&D支出税收抵免额（百万美元）与同期企业R&D支出（百万美元）之间的关系，从中可以发现两者之间存在显著的正向相关性。以当年R&D税收抵免额序列和滞后1年的企业R&D支出序列为基础，可计算出两者之间的相关系数高达0.9131，可以认为当年的税收优惠政策能显著促进来年企业的R&D支出。

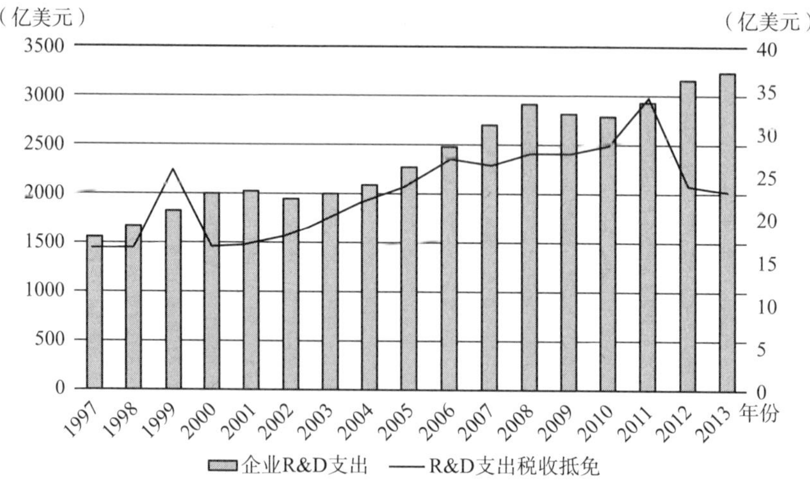

图3－1　1997～2013年间美国企业R&D支出与税收抵免之间的关系

资料来源：R&D税收抵免数据来源于美国历年政府预告报告 *Budget of the United States Government—Analytical Perspectives*；企业R&D支出数据来源于OECD R&D统计数据库。

（二）英国 R&D 税收激励政策

英国对企业 R&D 税收优惠始于 1945 年，规定企业用于 R&D 活动的经营性支出和资本性支出（不含土地费用）可 100% 进行税前扣除。2000 年英国开始实施中小企业 R&D 税收优惠政策（中小企业计划），2002 年进一步扩展至大型企业（大企业计划），2003 年又推行了“疫苗研究计划”，进一步增加了研发支出的税收激励强度。

在税收优惠政策的设计上，英国将企业的 R&D 支出分为资本性支出和经营性支出两类，并采用不同的优惠率。据 2001 年修订实施的《资本补贴法案》，企业研发资本性支出（包括合格研发设备、厂房、机器设备支出，但不含土地支出）可在发生当年全额抵扣应纳税所得额，这一规定同时适用于所有企业。

对于企业 R&D 经营性支出，则主要采用加计扣除法。“中小企业计划”规定，对于符合规定标准的中小企业，其合格 R&D 经营性支出可从应纳税所得额中加计 50% 扣除，从 2008 年 8 月 1 日开始，加计扣除率由 50% 提高至 75%，但同时规定每个 R&D 项目所能享受的税收优惠最高不得超过 750 万欧元。2011 年 4 月 1 日加计扣除率进一步提高至 100%，2012 年 4 月 1 日后进一步提高至 125%。“中小企业计划”同时规定，若企业当年应纳税所得额不足抵扣，则不足抵扣部分可无限期进行后向结转，或者按照不足抵扣额的一定比例（2008 年 4 月 1 日前为 16%，之后则下降为 14%）申请税收返还。

对不符合“中小企业计划”中有关中小企业界定标准的企业均视为大型企业，其 R&D 经营性支出适用于“大企业计划”的相关规定。初始规定为，大型企业所有合格 R&D 经营性支出均可在当年应纳税所得额中进行加计扣除，加计扣除率为 25%；2008 年 4 月 1 日则将这一比率提高至 30% 并保持至今。与“小企业计划”相比，尽管大企业 R&D 支出的加计扣除率较低，但大企业没有单个 R&D 项目税收减免额不超过 750 万欧元的上限。

除了“小企业计划”和“大企业计划”外，英国政府还于 2003 年推出了“疫苗研究计划”，对从事与疫苗研发相关活动（主要包括疟疾、肺结核、艾滋病（AIDS）及艾滋病病毒（HIV）疫苗的研发）的企业给予更加优惠的税收待遇。其核心内容是，企业从事疫苗研发的合格研发支出，加计扣除率可在享受“小企业计划”和“大企业计划”的基础上再增加50%。对于中小企业，如果当年应纳税所得额不足抵扣的，可按相关规定申请税收返还。

自2000~2001财年实施R&D支出税前抵扣计划以来，企业申请税收抵免的数量已经从开始的1860宗上升至2013~2014财年的18720宗。其中中小企业申请数量由1860宗上升至16160宗，大企业（含其子承包商）申请数量从690宗（2002~2003财年）上升至3950宗；疫苗研究计划的申请数量保持在每年10宗左右。与之对应的是，企业符合税收优惠条件的合格R&D支出出现了更高幅度的增长，从初始的3.6亿英镑上升至143亿英镑，其中中小企业的合格R&D支出由3.6亿英镑上升至33.9亿英镑，大企业由26.5亿英镑上升至107.5亿英镑，疫苗研究计划则由0.1亿英镑上升至0.2亿英镑。在考察期内，企业所获得的实际税收减免则从0.7亿英镑上升至17.5亿英镑，其中中小企业从0.7亿英镑上升至8亿英镑，大企业从2亿英镑上升至9.6亿英镑（逐年相关数据由表3-1所示）。

表3-1　英国R&D支出税收优惠政策实施情况（2000~2014财年）

	财年	2000~2001	2001~2002	2002~2003	2003~2004	2004~2005	2005~2006	2006~2007
申请宗数	中小企业	1860	3410	4640	5160	5310	4960	5270
	大企业			690	1050	1310	1490	1670
	疫苗计划				10	10	10	10
	合计	1860	3410	5300	6130	6490	6290	6760
合格R&D支出（百万英镑）	中小企业	360	890	1140	1130	1150	1090	1280
	大企业			2620	4520	5250	5960	6390
	疫苗计划				10	20	10	20
	合计	360	890	3780	5700	6470	7240	7870

续表

	财年	2000~2001	2001~2002	2002~2003	2003~2004	2004~2005	2005~2006	2006~2007
税收减免额（百万英镑）	中小企业	70	170	210	190	190	180	200
	大企业			200	340	400	460	490
	疫苗计划	忽略不计						
	合计	70	170	410	540	590	640	690
	财年	2007~2008	2008~2009	2009~2010	2010~2011	2011~2012	2012~2013	2013~2014
申请宗数	中小企业	5990	6670	7470	8280	10030	13140	16160
	大企业	2030	2260	2320	2490	2660	2960	3950
	疫苗计划	10	10	10	10	10	10	10
	合计	7810	8670	9500	10440	12340	15700	18720
合格 R&D 支出（百万英镑）	中小企业	1530	1700	1740	1960	2260	2670	3390
	大企业	7350	9100	7990	8910	9580	10490	5420
	疫苗计划	20	20	20	20	20	20	20
	合计	9050	10990	9980	11070	12050	13360	14300
税收减免额（百万英镑）	中小企业	240	270	320	350	430	600	800
	大企业	560	740	690	760	790	770	960
	疫苗计划	忽略不计						
	合计	810	1000	1010	1110	1220	1370	1750

资料来源：英国税收与海关总署：*Research and Development Tax Credits Statistics – August* 2013。
注：由于分项统计中的舍入误差，合计数可能不等于分项数之和。

从图 3－2 中可以看出，两者之间存在很强的正相关性。同样可计算出上一期税收优惠额度与当期合格 R&D 支出之间的相关系数高达 0.9460，因此，从直观上可以认为税收优惠计划显著促进了企业的 R&D 支出。通过对考察期内 R&D 投资的价格弹性（即 R&D 使用成本的相对变化所带来的 R&D 支出的相对变化），可以发现其短期弹性值约为 －2.14，长期弹性约为 －3.52，而税收抵免的平均效益/成本比率值约为 2.64，即增加 1 单位税收抵免可带来大约 2.64 单位额外的 R&D 支出。由此说明英国的税收优惠政策在刺激企业 R&D 投入上确实起到了良好的效果。

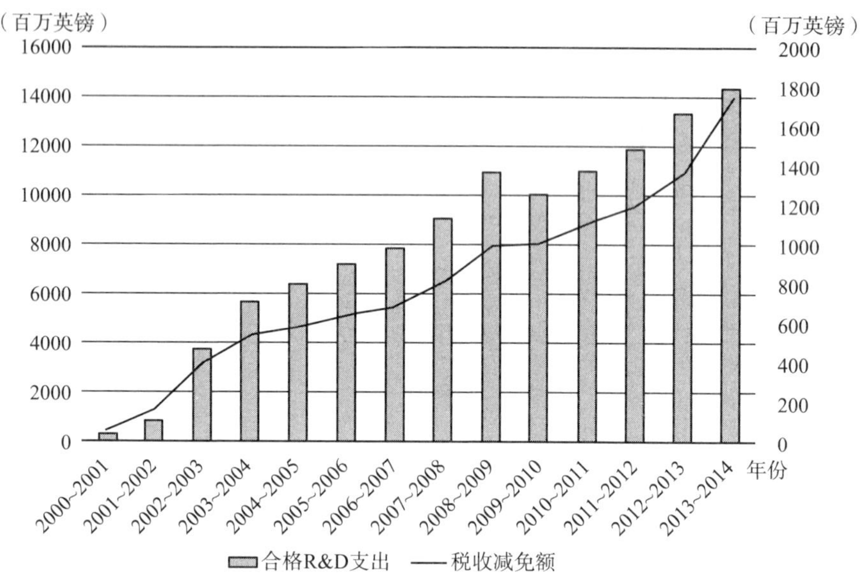

图 3－2　2000～2014 年间英国税收优惠与企业合格 R&D 支出之间的关系

（三）法国 R&D 税收激励政策

法国对于企业 R&D 活动的税收优惠政策始于 1983 年，之后经历几次修订，于 1992 年固定称之为“研发税收抵免”，在 2004 年的财政法案中正式将其确定为一项永久性的政策。随后进行了多次修订，其中 2008 年财政法案对法国的研发税收抵免政策进行了重大修订，2013 年法国政府又实施了名为“创新税收抵免”的税收激励计划，将税收激励进一步延伸到了“R&D”活动的下游。目前法国对企业研发活动实施税收激励的主要手段为税收抵免和研发资产加速折旧。自 2008 年对研发税收抵免条款进行修订后，法国立即成为世界上研发税收激励强度最高的国家（2013 年为葡萄牙所超过）。

在法国现行的税收体系中，关于企业 R&D 支出的税收优惠政策主要由三部分构成。一是“研发税收抵免”计划；二是从 2004 年开始实施的“创新型企业”计划；三是从 2013 年开始实施的“创新税收抵免”计划。

“研发税收抵免”计划的核心优惠条款包括：①企业当年合格 R&D 支出可在当年应纳税所得额中进行全额抵扣，当年不足抵扣的，可前后回转 3 年，后向结转 5 年。若企业尚未产生盈利而无所得税缴纳，则企业可在 3 年后获得研发税收抵免现金返还。②从 2008 年起，对企业当年合格 R&D 支出在 1 亿欧元以下的部分给予 30% 的税收抵免，超过 1 亿欧元的部分则给予 5% 的税收抵免，同时取消单个企业年度 R&D 税收抵免金额不超过 1600 万欧元的最高限额规定。③若企业首次申请 R&D 支出税收抵免，或企业在过去 5 年均未获得该项税收优惠，则该企业申请当年可获得 R&D 合格支出 50% 的税收抵免（现为 40%），第 2 年或获得 40% 的税收抵免（现为 35%），从第 3 年起执行正常标准。④2008 年 12 月，法国经济刺激计划规定了一项“研发支出即时税收返还”的特别临时条款，即企业可对 2005 ~ 2008 年间应享受而尚未享受到的 R&D 税收抵免申请即时返还，2010 年的预算法将上述年限规定进一步延伸至 2010 年。其中中小企业、新成立企业、处于初创期的创新型企业和面临财务困难的企业可对任意时期尚未得到返还的抵免税款申请即时返还。

“创新型企业”计划税收优惠政策的核心内容包括：①对成立不超过 8 年的创新型中小企业（认定条件为：企业年营业额低于 0. 5 亿欧元、员工人数不超过 250 人、企业总资产不超过 0. 43 亿欧元，研发支出占总支出的 15% 以上，企业 50% 以上的资本由自然人、国有研发机构或创业投资基金直接或间接持有），在其产生盈利之初的前 3 年免征所得税，之后的 2 年减按 50% 征收所得税。②在 2013 年 12 月 31 日前成立的创新型中小企业，地方税种可免征 7 年，由中央财政直接对地方进行相应补；企业研发人员可免缴 8 年的社会保险费；对于其股份持有者，若其持有期超过 3 年（含 3 年），则对股权转让的增值收益免收资本利得税；企业可享受即时退税等。

“创新税收抵免”计划主要针对企业从事研发下游活动，如原型产品生产、先导资产购置等所产生的支出给予税收优惠。这一优惠条款仅适合于销售额低于 0. 5 亿欧元，雇员不超越 250 人的中小企业。对企业在相关活动方面的合格支出不超过 40 万欧元的部分给予 20% 的税收抵免。

在 R&D 固定资产投资的税收优惠方面，2003 年法国税收法案规定，从当年起不再对企业的 R&D 固定资产投资征收行业税，同时将合格 R&D 固定资产加速折旧政策恢复至 2001 年水平。如折旧年限为 5 年的 R&D 固定资产，第 1 年的折旧率由 35% 提高至 40%。

（四）日本 R&D 税收激励政策

日本自 1966 年开始实施 R&D 支出的税收激励政策，但由于日本实行以政府为主导的联合研发体制，对政府科研机构、高等院校和企业研发机构的直接财政投入较大，而对企业 R&D 支出的税收激励并不重视。2003 年 4 月，为了提高日本的国际竞争力，日本政府大幅调整了对企业 R&D 支出的税收激励。

2003 年前日本政府对企业 R&D 支出实施的税收激励政策主要包括：

（1）R&D 支出税收抵免：根据《增加试验研究经费纳税减征办法》，企业当年发生的合格 R&D 支出超过限额标准的部分（限额标准规定为基准年至当前年间各年合格 R&D 支出的最高额），可按 20% 的比例抵免企业所得税，但最高抵扣额不得超过企业应纳所得税的 10%；根据《促进基础技术研究税则》，在对限额以上合格 R&E 支出按 20% 的比例抵免企业所得税，同时符合相关要求的 R&E 资产购置费用可按 7% 的比例进行税收抵免，但最高抵免额不得超过企业应纳所得税的 15%；根据《强化中小企业型技术基础税则》，中小企业当年发生的全部合格 R&D 支出，可按 6% 的比例进行税收抵免，但最高抵免额不得超过企业应纳所得税的 15%。

（2）R&D 资产加速折旧：对企业 10 亿日元以内的特定 R&D 资产实行为期 5 年的特别折旧政策，其中第一年的折旧率最高可达 50%。而对特定产业和特定项目的 R&D 资产，首年折旧率最高可达 55%。同时对企业免征固定资产税和资本利得税。

（3）R&D 专项准备金制度：为减轻日本高新技术企业的 R&D 投资风险，日本政府鼓励 R&D 密集型企业提取一定数量的科研专项准备金。根据《电子计算机购置损失准备制度》，允许符合条件的企业从税前销售收入中提取 10% 作为损失准备金。

2003 年 R&D 税制改革后，日本政府为企业提供了 R&D 支出总量法和增量法两种税收抵免规则供企业选择。具体规则为：

（1）基于总量的税收抵免规则：中小型企业（企业资本不超过 1 亿日元，且非大公司控股），税收抵免额为当年合格 R&D 支出的 12%，且从 2012

年 4 月 1 日开始，最高抵免额不得超过企业当年应纳税额的 20%（2009 年 4 月 1 日 ~2012 年 3 月 31 日间，该最高限额比例为 30%）。大型企业：税收抵免额为当年合格 R&D 支出的 8% ~12%，且最高抵免额不得超过企业当年应纳税额的 20%。

（2）基于增量的税收抵免规则：这一规则并不区别对待中小型企业和大型企业。企业可选择以下两种规则中的一种申报税收抵免。

①若企业当年合格 R&D 支出超过前 3 年年均合格 R&D 支出（或前 2 年中最高年份的 R&D 支出），则企业可就增量部分申请 5% 的税收抵免；

②若企业当年合格 R&D 支出高于最近 4 年（包括当年）年均销售收入的 10%，则企业可按以下公式申报税收抵免：（当年 R&D 支出 - 最近 4 年平均销售收入 ×10%）×R&D 比率（不得低于 10%）×20%。其中 R&D 比率为当年 R&D 支出除以最近 4 年平均销售额。

图 3 -3 给出了日本 R&D 税制改革前后企业 R&D 支出税收优惠强度的变化情况，其中纵轴数据为企业 1 单位 R&D 支出所享受的税收抵免额，其值等于 1 - B 指数。从中可以看出，2003 年后，日本企业所能享受到的 R&D 税收优惠强度确实得到了显著提升。

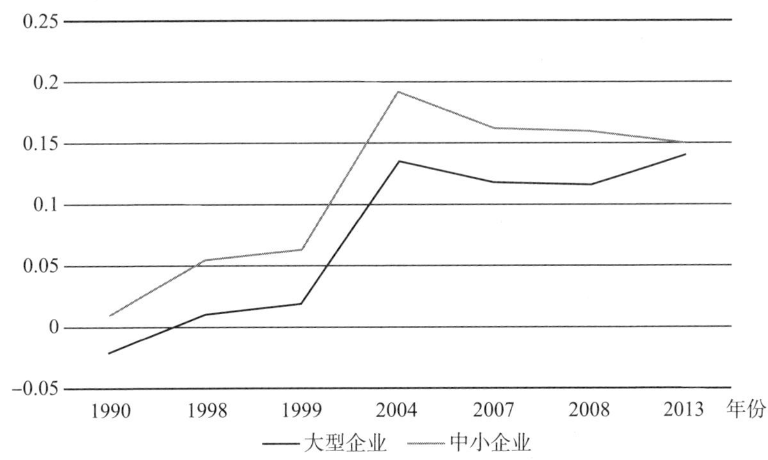

图 3 -3　日本企业 R&D 支出税收优惠强度的变化

资料来源：根据历年 *OECD Science*，*Technology and Industry Scoreboard* 数据整理。

（五）典型国家税收激励政策的特征及其启示

为对世界上创新活动活跃国家的税收激励政策进行综合对比分析，表3－2进一步列出了其他27个国家扶持本国企业R&D活动的主要税收激励措施和内容。

表3－2　　　　其他典型国家R&D税收激励政策概述

国家	优惠形式	主要优惠内容	不足抵免（扣）返还/结转	最高优惠额
澳大利亚	税收抵免	总收入小于2千万澳元可抵扣或返还当年合格R&D支出的45%	可返还	无
		总收入不低于2千万澳元可抵扣当年合格R&D支出的40%	可前向结转	
奥地利	税收抵免	可抵免当年合格R&D支出的10%	可现金返还	分包研发支出最高抵免额不得超过1百万欧元
比利时	税前抵扣	R&D固定资产投资的15.5%可进行一次性税前抵扣（若分5年抵扣，每年可抵扣4.5%）	可无限期结转或申请5年后返还	无
	免税	专利收入免税		
	工薪税抵免	工资税豁免80%		
	加速摊销	R&D无形资产摊销期为3年		
巴西	加计扣除	按合格R&D经营性支出的160%加计扣除	不能结转	无
		给定年份企业R&D人员递增5%时加计扣除率提高为170%，超过5%时为180%		
		每增加1个注册专利，加计扣除率增加20%		
		研发固定资产和无形资产一次性折旧/摊销		

续表

国家	优惠形式	主要优惠内容	不足抵免（扣）返还/结转	最高优惠额
智利	加计扣除	按合格 R&D 经营性支出的 135% 加计扣除	未来 5 年内结转	1.5 万 UTM 约合 5.7 亿比索
	加速折旧	机器设备折旧率 100%，建筑 20%		
克罗地亚	加计扣除	基础研究项目的合格支出按 250% 加计扣除	亏损企业可在未来 5 年内结转	无
		应用研究项目的合格支出按 220% 加计扣除		
		开发研究项目的合格支出按 200% 加计扣除		
		技术可行性研究项目的合格支出按 175% 加计扣除		
捷克	加计扣除	合格 R&D 支出按 200% 加计扣除	可在未来 3 年内结转	无
	现金补助	R&D 现金补助计划（含 CAPEX 投资）		
	所得税减免	在特定领域投资的企业可获得 10 年期的所得税减免		
丹麦	加计扣除	当年合格 R&D 经营性支出加计 24.5% 税前抵扣（2015 年降为 23.5%，2016 年降为 22%）	不允许结转	122.5 万丹麦克朗
	加速折旧	机器设备（含船舶）折旧率 100%		
西班牙	税收抵免	合格 R&D 经营性支出按 25% 抵免；设备支出按 8% 抵免；研发人员费用支出按 17% 抵免	可在未来 18 年内结转	当年应税总额的 35%
		或：按增量支出的 42% 抵免（基数为前 2 年平均 R&D 支出）		
芬兰	加计扣除	当年合格 R&D 经营性支出按 200% 税前抵扣		9.8 万欧元
德国	只有现金补贴而无税收优惠计划			
希腊	加计扣除	合格 R&D 支出按 130% 加计扣除		

续表

国家	优惠形式	主要优惠内容	不足抵免（扣）返还/结转	最高优惠额
匈牙利	加计扣除	合格 R&D 支出按 200% 加计扣除	不可结转	无
		合作研发支出按 400% 加计扣除		5 千万福林
	免税	社保支出和培训支出免税		每月 50 万福林
		知识产权转让和销售免税		
	其他	R&D 专利费用减半		
印度	加计扣除	内部研发支出按 200% 加计扣除	亏损企业可在未来 8 年内结转	无
		向研究机构的支出按 125% ~ 200% 加计扣除		
爱尔兰	税收抵免	按增量 R&D 支出（不含建筑物）的 25% 抵免（基准为 2003 年的 R&D 支出）；建筑物支出按总额的 25% 抵免	在 3 年内分 3 期返还	前 10 年年度最高纳税额
以色列	降低税率	通过“替代税收战略计划”降低税率		
意大利	税收抵免	按雇员薪金的 35% 抵免所得税	无	无
		数字经济享受 25% 的税收抵免		
立陶宛	加计扣除	合格 R&D 支出按 300% 加计扣除	亏损企业可无限期结转	无
马来西亚	税收减免	合格 R&D 资本支出可减税 50%；R&D 服务提供者的合格资本支出免税	可在未来结转直至结转完成	静态收入的 70%
	加计扣除	合格 R&D 经营性支出按 200% 加计扣除		
墨西哥	税收优惠计划于 2008 年取消			
荷兰	税收抵免	工薪支出在 20 万欧元以下部分可抵免 38%，以上部分抵扣 14%	不可结转	1400 万欧元
	加计扣除	非薪资支出按 154% 加计扣除		
	降低税率	专利和创新收益削减税率		
挪威	税收抵免	合格 R&D 支出（不含建筑物）大企业按 18%，小企业按 20% 的比例进行抵免	不足抵免部分即时返还	550 万挪威克朗

续表

<table>
<tr><th>国家</th><th>优惠形式</th><th>主要优惠内容</th><th>不足抵免（扣）返还/结转</th><th>最高优惠额</th></tr>
<tr><td rowspan="2">波兰</td><td>税前抵扣</td><td>可税前抵扣新技术等无形资产购置费的 50%</td><td>5 年内结转，每年不超过未结转额的 50%</td><td>无</td></tr>
<tr><td>加速折旧</td><td>R&D 设备和建筑 1 年折旧</td><td></td><td></td></tr>
<tr><td rowspan="2">葡萄牙</td><td rowspan="2">税收抵免</td><td>可抵免合格 R&D 支出的 32. 5%；新成立中小企业相关条件的支出可增加 15% 的抵免率</td><td rowspan="2">可在未来 6 年内结转</td><td>无</td></tr>
<tr><td>超过前 2 年平均 R&D 支出的增量部分按 50% 抵免，招募博士的费用可额外新增 20% 的抵免</td><td>150（180）万欧元</td></tr>
<tr><td rowspan="3">俄罗斯</td><td>加计扣除</td><td>合格 R&D 经营性支出按 150% 加计扣除</td><td rowspan="3">可在 10 年内结转</td><td rowspan="3">未规定</td></tr>
<tr><td>加速折旧</td><td>R&D 设备 1 年折旧，建筑物 10 年折旧</td></tr>
<tr><td>税收减免</td><td>豁免特定公司的社保缴费、增值税、降低所得税率</td></tr>
<tr><td rowspan="4">新加坡</td><td rowspan="4">加计扣除</td><td>合格 R&D 支出按 200% 加计扣除</td><td rowspan="4">特定条件下可无限期结转或后向结转，也可按一定标准转换为现金补助（不超过 10 万新元）</td><td rowspan="4">无</td></tr>
<tr><td>特定支出加计扣除率可提高 50%。</td></tr>
<tr><td>部分特定支出的前 40 万新元部分可按 250% 或 300% 加计扣除</td></tr>
<tr><td>政府获准的某些特定支出可按 200% 加计扣除</td></tr>
<tr><td>斯洛伐克</td><td>加计扣除</td><td>合格 R&D 经营性支出按 200% 加计扣除</td><td>可在 3 年内结转</td><td></td></tr>
<tr><td rowspan="2">南非</td><td>加计扣除</td><td>合格 R&D 经营性支出按 150% 加计扣除</td><td rowspan="2">可无限期结转</td><td rowspan="2">无</td></tr>
<tr><td>加速折旧</td><td>R&D 资本支出可加速折旧</td></tr>
</table>

续表

国家	优惠形式	主要优惠内容	不足抵免（扣）返还/结转	最高优惠额
土耳其	加计扣除	合格R&D支出100%税前抵扣，超过上年R&D支出的增量部分按150%加计扣除	可无限期结转，但结转额受规限制	无
	费用补贴	社保费可按50%的比例补助5年		

资料来源：根据Deloitte：2015 *Global Survey of R&D Tax Incentives* 和OECD：*R&D Tax Incentives – Summary description of schemes*（2015）的相关资料整理所得。

通过对以上32个国家R&D税收激励政策进行综合分析，可以发现一些共同特征或成功做法，从而为我国R&D税收优惠政策的修订提供经验借鉴。

1. R&D税收优惠强度呈递增趋势

在本部分所考察的32个国家中，除德国和墨西哥之外，30个国家均对本国企业的R&D活动提供了税收优惠。尽管美国是世界上最先引入R&D税收优惠的国家，但随后各国均认识到了税收优惠对激励本国R&D活动的重要性，从而纷纷推出了更加优惠的政策。随着2008年金融危机的爆发，多数国家不但没有因为政府财政能力的削弱降低R&D税收优惠力度，反而有所提高。目前国际上通常选用1 - B指数值来衡量一国R&D税收优惠力度，该值刻画了一国企业1单位R&D支出所能享受到的税收优惠额。表3-3给出了部分代表性年份各国的R&D税收优惠情况。

表3-3　典型国家R&D税收激励强度及其变化情况（中小企业）

序号	国家	1999年	2004年	2007年	2008年	2013年	2007~2013年变动情况
1	智利	NA		-0.006	-0.006	0.35	0.356
2	葡萄牙	0.150	0.283	0.285	0.281	0.62	0.335
3	法国	0.085	0.134	0.189	0.425	0.51	0.321
4	芬兰	-0.009	-0.010	-0.008	-0.008	0.28	0.288
5	爱尔兰	0.063	0.049	0.049	0.109	0.29	0.241

续表

序号	国家	1999 年	2004 年	2007 年	2008 年	2013 年	2007～2013 年变动情况
6	英国	0.112	0.106	0.106	0.179	0.28	0.174
7	匈牙利		0.162	0.162	0.162	0.33	0.168
8	意大利	0.448	0.451	-0.023	0.117	0.117	0.140
9	韩国	0.160	0.161	0.158	0.158	0.26	0.102
10	荷兰		0.113	0.239	0.242	0.34	0.101
11	土耳其			0.139	0.219	0.219	0.080
12	澳大利亚	0.110	0.117	0.117	0.117	0.18	0.063
13	比利时	-0.008	-0.009	0.089	0.089	0.15	0.061
14	南非			0.171	0.163	0.22	0.049
15	奥地利	0.070	0.112	0.088	0.088	0.12	0.032
16	挪威	-0.018	0.232	0.232	0.231	0.25	0.018
17	巴西			0.254	0.254	0.26	0.006
18	加拿大	0.322	0.322	0.325	0.326	0.33	0.005
19	瑞典	-0.015	-0.015	-0.015	-0.015	-0.01	0.005
20	美国	0.066	0.066	0.066	0.066	0.07	0.004
21	卢森堡			-0.014	-0.014	-0.01	0.004
22	印度			0.266	0.269	0.269	0.003
23	新西兰	-0.131	-0.023	-0.023	-0.020	-0.02	0.003
24	瑞士	-0.011	-0.010	-0.010	-0.008	-0.01	0.000
25	斯洛伐克			-0.008	-0.008	-0.01	-0.002
26	西班牙	0.313	0.441	0.391	0.349	0.38	-0.011
27	日本	0.063	0.192	0.162	0.159	0.15	-0.012
28	波兰			0.022	0.022	0.00	-0.022
29	捷克			0.271	0.271	0.20	-0.071
30	丹麦	0.130	0.178	0.161	0.138	-0.01	-0.171

资料来源：根据历年 *OECD Science, Technology and Industry Scoreboard* 数据整理。

上述 30 个国家中，自有税收激励政策以来，有 18 个国家的优惠力度呈不断上升趋势，9 个国家基本保持不变，而出现下降情况的仅有 3 个国家。对金融危机前后的情况进行对比，除了丹麦和捷克出现了较为明显的下降外，其余 28 个国家中，15 个优惠力度有明显提高，13 个基本保持不变。

在对 R&D 支出进行高强度税收激励的国家中，既有创新能力较强的国家，更多的是创新能力和创新规模较弱而希望进行追赶的国家。考虑到税收激励并非影响一国创新能力的惟一因素，因此一些创新大国或创新强国，如美国、德国、以色列等并不过分关注税收激励政策或激励强度。

2. R&D 税收优惠已成为一些国家资助企业创新投入的主要形式

伴随着政府对企业 R&D 投入税收优惠的力度不断加强，以及税收政府惠及面的广泛性，一些国家因 R&D 税收优惠对企业创新活动的间接财政资助已经超过直接财政投入，成为促进企业技术创新的主要手段（如图 3 - 4 所示）。由图可以看出，加拿大、法国、荷兰、爱尔兰、比利时、澳大利亚、葡萄牙、日本、韩国、土耳其 10 个国家，政府 R&D 税收优惠资助占企业 R&D 支出的比例超过了政府直接投入，丹麦和奥地利大致相当，英国等 12 个国家差距在 5% 以内。以直接财政投入为主的国家有 10 个。

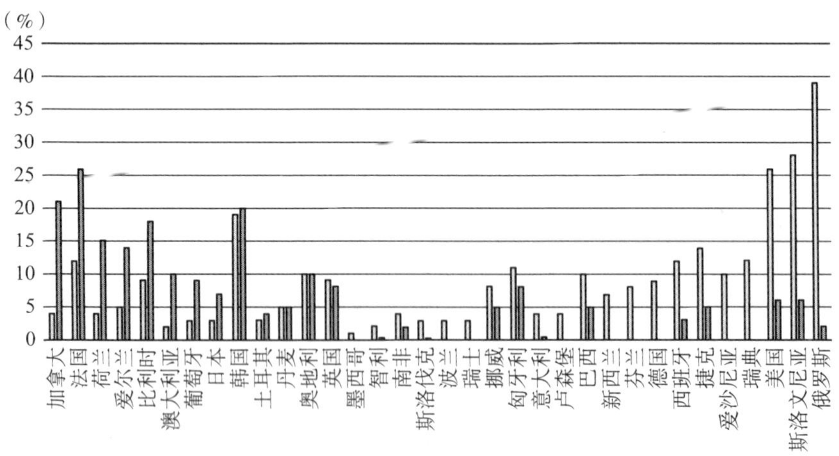

图 3 - 4　政府 R&D 直接投入与 R&D 税收优惠占企业 R&D 支出的比例（2013 年）

资料来源：*OECD Science, Technology and Industry Scoreboard* 2015。

3. 注重对中小企业的税收激励

由于认识到中小企业在技术创新、经济增长和吸纳劳动力方面的重要地位，许多国家在对企业创新活动进行扶持的过程中，特别给予中小企业特殊待遇。在制定 R&D 税收激励政策时也是如此。图 3－5 比较了 2013 年 20 个 R&D 税收优惠强度较高的国家对中小型企业进行区别对待的情况。纵轴数据表示 1 单位 R&D 支出所能享受的税收豁免额。从中可以看出，法国、荷兰、英国、韩国、加拿大、葡萄牙、澳大利亚、挪威、日本 9 个国家对中小企业制定了更为优惠的税收待遇，特别是法国、荷兰、英国、韩国 4 个国家，中小企业所能享受的税收优惠强度要超过大企业 1 倍以上。然而这并不意味着其他国家不关注中小企业的创新情况。事实上，在后文我们将见到，包括美国、德国、以色列等 R&D 税收激励并不强烈的国家，却利用众多专项科技计划或创业投资引导基金对中小企业的创新活动进行了高强度、大规模的扶持。由此也引申出待解决的问题：为什么这些我们通常所理解的技术创新强国在扶持企业技术创新方式的选择上存在差异？

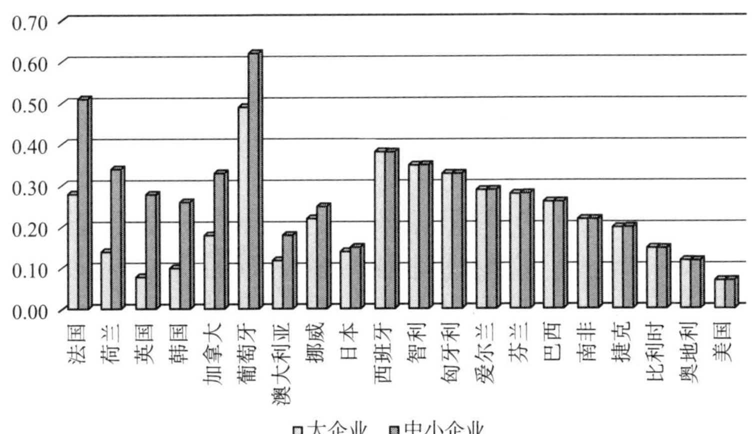

图 3－5 不同国家、不同类型企业 R&D 税收优惠强度对比分析（2013 年）

资料来源：*OECD Science, Technology and Industry Scoreboard* 2015。

4. 以税收优惠促进“产学研”合作

一国科技创新能力的提高并不单纯依靠企业的研发，高等院校和科研机构在知识的生产方面所起的巨大作用难以为企业所替代，而企业在知识转化方面的能力也是高校和科研机构无法企及的。因此，促进产、学、研之间的合作创新是很多国家所面临的现实难题之一。在 R&D 税收优惠机制的设计中，一些国家已经注意到这一问题，并采取了相应的税收激励措施。典型的做法是，对企业向高校和科研机构支付的合作研发费用采取更加优惠的税收政策。如美国规定，企业支付给大学或科研机构进行特定基础研究的费用，可视情况按其不同的比例计入企业合格 R&E 支出享受税收抵免；向高等院校、非营利科研机构捐赠的科研仪器、设备等可进行税前抵扣；企业为成立非营利科研机构提供的扣款可进行税前抵扣等。其他如日本、匈牙利、印度等国也制定了类似的政策。

5. R&D 税收优惠制度的设计仍然存在一些问题

最主要的问题包括：一是对增量 R&D 支出进行税收优惠时，基准 R&D 支出的计算过于复杂；二是对于合格 R&D 支出的认定限制过多过细。这两点不足所导致的主要问题是税收申报和监管成本过高，许多中小企业因此难以享受到相关的税收优惠。

二、直接资助——专项计划

尽管税收优惠几乎成为所有国家激励企业技术创新的财政政策工具，并且税收优惠最有普惠性，不存在优惠对象的选择问题。然而税收优惠并不是万能的。对于初创企业或小企业而言，由于缺乏甚至没有可税收入，税收优惠难以达到降低企业研发成本，促进企业技术创新的目的。此外，对于大学、科研机构等主要从事基础研究和科学试验的非营利组织而言，他们同样是国家创新体系的有机构成部分，是“产学研”合作的载体，其创新投入难以通过市场化手段解决。对于早期阶段的创新项目而言，即使不存在融资约束，企业或其他市场化组织也不愿意进行投资。为解决上述问题，各国政府均投入庞大的财政资本对上述主体的创新活动进行直接支持。

（一）各国政府 R&D 直接投入的特征

1. 对企业 R&D 直接资助力度差异显著

图 3－6 给出了 2015 年 38 个国家和全部 OECD 国家企业 R&D 支出中来源于政府资本的比例。从中可以看出，在所考察的 38 个国家中，仅有俄罗斯、墨西哥等在内的 7 个国家，政府对企业 R&D 资助比例超过了 10%，其中俄罗斯政府对企业 R&D 的资助比例高达 63.4%。OECD 国家的平均资助比例为 5.05%，中国为 4.26%，而最低的日本仅为 1.05%。

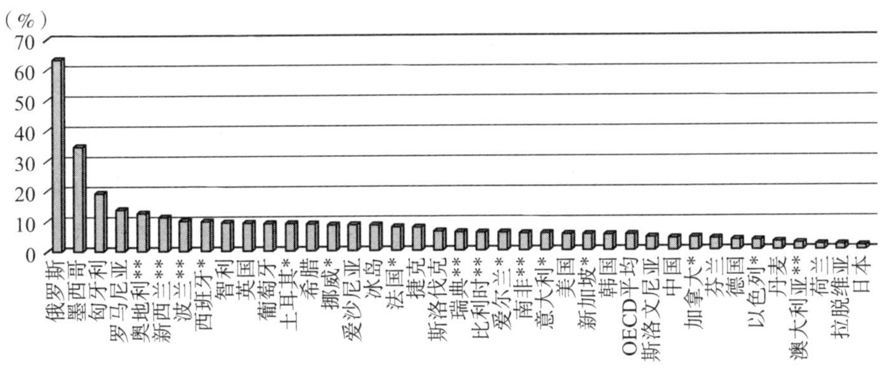

图 3－6　各国政府对企业 R&D 资助对比分析（2015 年）

资料来源：OECD 数据库。

注：* 为 2014 年数据；** 为 2013 年数据。

图 3－7 进一步给出了上述国家 2015 年企业 R&D 支出占全部 R&D 支出的比例。在所考究的 38 个国家中，有 27 个国家企业 R&D 支出占比超过 50%。其中以色列最高，达到 85.4%；OECD 国家平均比例为 68.8%；中国为 76.8%，仅次于以色列、日本和韩国。比例最低的拉脱维亚为 24.8%。由此可以看出，绝大多数国家的企业已经成为技术创新的主体。

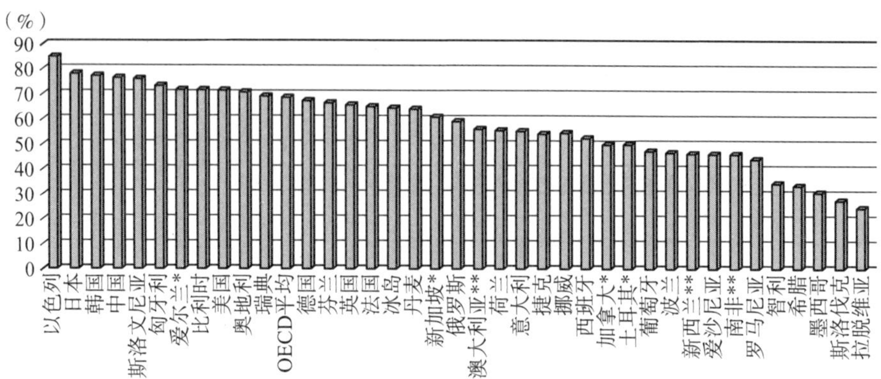

图 3-7　各国企业 R&D 支出占全部 R&D 支出的比例（2015 年）

资料来源：OECD 数据库。

注：* 为 2014 年数据；** 为 2013 年数据。

2. 政府财政资助的引导作用明显

以美国为例，从纵向上看，政府对企业的 R&D 直接资助起到了培育企业成为创新主体的作用。图 3-8 和图 3-9 给出了 1953～2015 年美国 R&D 支出中来自于政府、企业的筹资比例，及企业 R&D 支出中来源于政府资金的比例等三个指标的变动情况。从中可以看出，美国政府和企业在国家创新活动中的地位经历了缓慢的历史变迁。从 1953 年开始，R&D 支出中的政府筹资比例已超过 50% 并呈缓慢上升趋势，到 1964 年达到 67% 的最高点，此后经历缓慢下降，至 1979 年低于 50%；从 1980 年开始，为应对日本的挑战，这一比例在整个 80 年代基本保持不变；此后继续下降，至 2000 年达到 26% 的低水平。随着 21 世纪初网络泡沫破灭，政府对 R&D 活动的资金支持有所上升，在 2010 年到达局部高达 33% 后持续下降，2015 年达到最低水平 24%。从中可以看出，企业作为美国创新活动的主体地位是通过历史的演进逐渐形成的，在相当长的时期内，政府扮演了创新主体角色。

与之对应的是，从图 3-9 可以看出，政府 R&D 支出中流向企业的比例和企业 R&D 支出中来源于政府资本的比例呈相同变动趋势，但两者之间的差距在 20 世纪 60 年代之后呈逐渐扩大的趋势，说明政府对企业 R&D 活动的直接资助拉动了更多的企业资本投入。由此进一步说明，直接资助政策的设计不仅能解决企业的 R&D 资源投入，还能够达到吸引更多 R&D 资本投入的目的。因此，深入分析美国 R&D 直接资助政策的设计具有重要的借鉴意义。

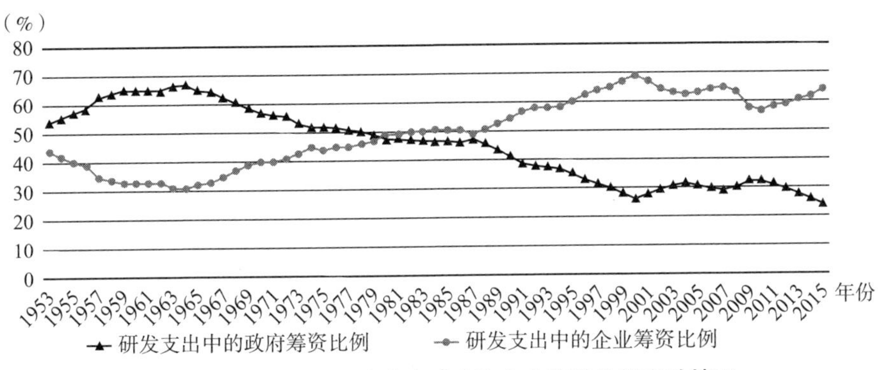

图 3-8 美国 R&D 支出中政府和企业筹资比例变动情况

资料来源：*Science and Engineering Indicators* 2016 和 OECD 数据库。

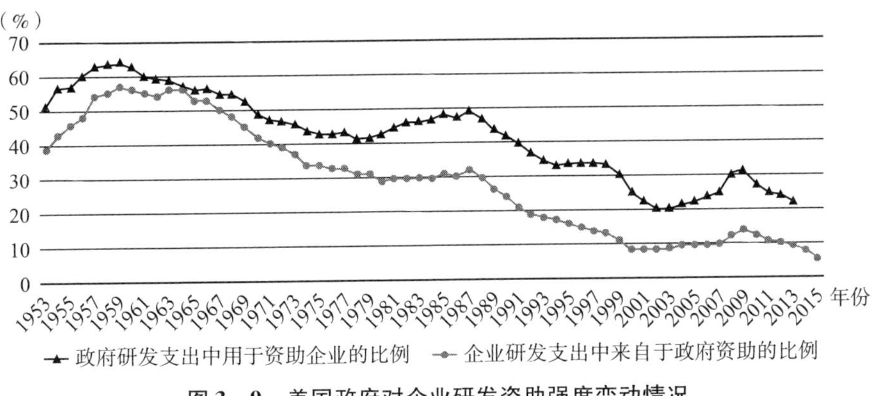

图 3-9 美国政府对企业研发资助强度变动情况

资料来源：*Science and Engineering Indicators* 2016 和 OECD 数据库。

美国政府对企业 R&D 活动的直接资助主要是通过形形色色的专项计划实现的。这些计划对于所有企业（包括大学和研究机构）都是公平开放的，企业自主申请，然后经过严格的评审确定是否进行资助。因此专项计划的制定和实施情况决定了政府资本的使用效率。本部分我们将就一些影响较大的专项资助计划进行分析，从中发现值得借鉴的经验和做法。

（二）美国先进技术计划（ATP）

"二战"以来，美国科技政策的重点是以政府投入为主，全力支持基础研究和先进技术开发，认为通过技术溢效应，基础研究和先进技术开发会自动向商业部门扩散。然而至 20 世纪 80 年代，技术外溢效应并未如预期有效促进美国的国际竞争力，日本技术创新能力的突飞猛进对美国形成了巨大的挑战。为应对这一不利局面，美国对其科技政策进行了调整，通过一系列法案和政府资助计划鼓励产、学、研之间的合作。根据 1988 年颁布实施的多元贸易和竞争力法案，先进技术计划（ATP）正式提出，并于 1990 年开始实施。

ATP 计划的核心宗旨是通过与产业界共担成本的方式，促进产业界向那些周期长、风险高，且社会收益远高于私人收益的研究项目进行投资。通过促进早期创新技术的开发，帮助企业提高其竞争力，从而提高美国人民的生活标准。

ATP 计划由美国商务部下设的美国国家标准与技术研究院（NIST）负责实施。NIST 每年向社会公布 ATP 计划本年度拟支持的重点领域及资助力度，由企业根据申报指南自行组织申报。单个企业组织申报的，ATP 资助力度不超过 200 万美元，完成时间不得超过 3 年；多家企业联合组织申报的，资助额度不受限制，但不得超过总费用的 50%，完成时间不超过 5 年；为促进产、学、研合作，ATP 规定大学、政府机构、非赢利独立研究机构等不能作为申报主体，必须与企业进行联合申报，或作为企业的分包单位承担 ATP 项目。

ATP 计划的项目遴选采用严格的同行评议制度。NIST 在每年的 ATP 项目标之前都要建立由 NIST 技术专家和外部专家（包括联邦政府机构特定领域的技术专家、高技术产业创业投资家、高技术企业已退休高层主管、经济学家、从事商业战略规划的学者、独立商业专家等）组成的评议组，所有评议组成员必须签订保密协议，并与评议对象无利益关系。项目评议由初选、提交详细技术计划与简单商业计划、提交详细商业计划与预算、口头陈述答辩、选择资助，签订协议五个步骤组成。

ATP 以企业作为直接资助对象，强调企业在研发活动中的主导地位，但也鼓励企业与大学、政府研发机构组建 R&D 联合体实现“产学研”合作。因此，大学、政府机构、非营利科研组织不能得到 ATP 的直接资助，如果与企业形成了联合研发体共同实施 ATP 项目，则项目研发过程中所形成的知识产权成果全部归企业所有，大学、科研机构等只能根据双方事前商量的条款分享知识产权商业化或转让所产生的收益。此外，为提高 ATP 资助资金的使用效率，ATP 要求所有获得资助的企业至少提供 50% 的项目经费，从而与 ATP 之间形成风险共担机制，并以此拉动社会资本从事先进技术的开发、扩散和商业化；为了激励更多的小企业参与技术创新，ATP 计划允许小企业其自有资本来源中包括其他政府计划（如 SBIR）所获得的财政资金。

每个 ATP 项目一旦实施，则由 NIST 授权官员、技术专家和商业专家所组织的项目管理小组通过项目启动报告、季度报告、年度报告、项目结束报告和项目后续报告等对项目进行监控，确保每一个 ATP 项目都能按期达成其技术目标和商业目标。同时，项目小组根据监控情况按年拨发研究经费。

除了对项目进行实时监控外，ATP 还设有专项经费对计划执行情况进行评估。评估工作由 ATP 经济评估办公室负责。经济评估办公室负责跟踪、搜集每个 ATP 项目在实施过程中和项目完成后情况，并为每个项目建立完备的档案系统。评估的核心内容包括项目是否在规定的时间内完成其预期目标、项目的商业优势、项目的风险水平、后续的商业化策略、吸引外部资本的能力、“产学研”合作情况、研发管理人员经验技能的提高情况等。同时评估项目中短期成果及其对经济的长远影响。项目结束后，评估办公室还要继续跟踪 5 ~ 7 年，并委托第三方专业评估机构对项目进行事后评价。

从 1990 年开始实施至 2007 年被技术创新计划（TIP）取代期间，ATP 计划一共资助了 824 个项目（1581 家参与单位），项目总经费 46.14 亿美元，其中 ATP 资助 24.08 亿美元，企业出资 22.06 亿美元。在所资助的项目中，先进材料/化工类项目 168 项（单独申报 128 项，联合申报 40 项），生物技术 190 项（单独申报 156 项，联合申报 34 项），电子/计算机硬件/通信 167 项（单独申报 100 项，联合申报 67 项），信息技术 156 项（单独申报 123 项，联合申报 33 项），制造业 87 项（单独申报 51 项，联合申报 36 项）。

对 ATP 计划的评估表明：

1. ATP 计划显著促进了企业技术研发活动

大约有 1/3 的受资助企业表明，如果没有 ATP 计划的资助，他们将不会进行相关研发活动。超过 43% 的企业表示，因为得到了 ATP 的资助，企业相应增加其研发投入。截至 1998 年，企业研发增加的投资估计达到了 4.6 亿美元。

2. ATP 计划显著促进了企业的研发合作

在获得 ATP 资助的企业中。约 85% 的企业认为其所从事的研发项目需要与大学和其他研究机构合作，其中 2/3 的企业认为，ATP 在研发合作中起到了极大的作用。至少 80% 的企业认为，研发合作使企业获得了他们所缺乏的研究专长；节省研发时间，加速产品进行市场；激发了创造性思维；鼓励了未来进一步的合作。在受 ATP 资助的项目中，80% 实现了企业与大学和科研机构的合作。

3. ATP 计划有效促进了技术的商业化

略超过 50% 进行单独申请的企业从 ATP 资助的技术中获得了收入（或降低了已有产品的生产成本）；60% 联合申请的项目中，至少有一方从 ATP 资助的技术中获得了收入（或降低了已有产品的生产成本）。在受到 ATP 资助的 61 家企业的商业报告中，2% 的企业商业化收益 1 亿美元；7% 的企业收益在 2 千万 ~5 千万美元；22% 的企业在 5 百万 ~2 千万美元；30% 的企业在 1 百万 ~5 百万美元；39% 的企业在 1 百万美元以下。ATP 资助项目商业化收益的均值为 1 千万美元，中位数为 140 万美元。

4. ATP 计划的成本/效益显著

对受 ATP 资助项目的案例分析表明，ATP 投入的资本总额约 24 亿美元，而其产生的社会收益的现值超过 180 亿美元，投入产出比接近 8∶1。同时 ATP 的资助成功填补了早期阶段研发项目的资金缺口，加快了受资助企业的研发进度（其中一半的企业加快了 1 ~3 年）。

5. ATP 计划有效促进技术外溢效应

ATP 计划在项目遴选中注重技术外溢效应，相当多的证据显示，受 ATP 资助的项目所产生的出版物、申请的专利、专利引用、协作关系和产品潜在地产生了知识和市场的溢出效应。

（三）美国小企业创新研究（SBIR）计划与技术转移计划（STTR）

小企业研究计划出台的背景与 ATP 计划类似，均是为了重塑美国经济的竞争力。与 ATP 计划不同的是，SBIR 计划的资助对象专注于小企业。一方面是因为小企业在促进经济增长、提供就业岗位方面居于主体地位；另一方面小企业的创新效率也优于大型企业，但创新活动的成本和风险通常超过小企业的承受能力。因此为促进小企业技术创新，美国于 1982 年颁布了《小企业创新发展法案》，提出 SBIR 计划并于 1983 年开始正式实施。1992 年，国会通过了《小企业研发和发展促进法案》，将 SBIR 计划延期至 2000 年；同年通过的《小企业再授权法案》将 SBIR 计划进一步延期至 2008 年；之后国会再进行了几次延期，最近的一次延期决定将 SBIR 计划延期至 2017 年。

SBIR 计划的设立宗旨是：通过具有竞争性的资助方案，鼓励国内小企业参与具有商业化前景的联邦研究/研发项目，促使小企业通过 SBIR 计划发掘其技术潜能，并激励其通过技术的商业化获取利润。通过 SBIR 计划，激励合格小企业进入研发领域，激发其高技术创新能力和特定研发活动所需的企业家精神。

SBIR 计划的使命是在关键和优先领域通过联邦研究基金的资助，支持卓越科学和技术创新，从而建立强大的美国经济体系。SBIR 计划的具体目标有四个：一是促进技术创新；二是满足联邦研究和发展的需求；三是培育和鼓励在经济和社会中处于不利地位的人参与创新和创业；四是促使私营部门能够从联邦研发基金资助的创新成果中获取更多的商业化收益。

相关法案规定，凡年度 R&D 预算经费超过 1 亿美元的联邦机构，均需将其 R&D 经费的 2.8% 投入到 SBIR 计划中（2.8% 为 2014 年要求，这一比例在逐年上涨，到 2017 年将达到 3.2%），从而构成 SBIR 计划的资金池。目前，有包括农业部、商业部、国防部、教育部、能源部、卫生与公共服务部、国土安全部、运输部、环保局、国家航空和航天局和国家科学基金会等 11 个联邦机构加入了 SBIR 计划。SBIR 计划由各参与部门具体组织实施，作为SBIR计划的管理部门，SBA只负责制订SBIR计划管理指南和相关协调工作。联邦各参与部门根据SBA制订的指南制订本部门SBIR计划的实施方案和管理方法，确定本部门SBIR计划每年度拟支持的重点技术领域、重点项目和研究课题，挑选出合格的资助项目，向SBA提交年度计划执行报告。

SBIR计划的资助一般分为三个阶段：第一阶段主要资助企业进行初步研究，确定技术优势、可行性和商业化潜力，并根据本阶段受资助企业的表现确定是否进行第二阶段的资助。第一阶段的资助力度一般不超过15万美元（小企业6个月的成本支出）；第二阶段资助是根据第一阶段所取得成果、第二阶段拟达到的技术优势和商业化前景，资助企业继续进行相关研究。第二阶段的资助强度一般不超过1百万美元（小企业2年的成本支出），只有获得过第一阶段资助的企业才在资格获得第二阶段资助；第三阶段是推动小企业将第一、二阶段所取得的研究成果进行商业化。SBIR不再对第三阶段进行资助。但一些联邦机构可能会利用非SBIR资金、政府购买合同等形式进行后续资助。

SBIR计划的资助对象是雇员人数在500人以下，50%以上的股权由一位（或以上）的美国公民（或美国永久居民）持有的营利性小型企业。为减轻小企业负担，SBIR实施了简化的资助流程，在小企业提交申报方案后，各SBIR参与机构必须在规定的时间内进行评审，并告之是否资助的结论；若获得资助，相关机构必须在规定的时间期限内划拨资助款项。获得资助的小企业、SBIR参与机构均需按固定格式向SBA提交和更新相应报告，以便对资助项目进行监管。

STTR计划是在SBIC计划之后，根据1992年的《小企业技术转移法案》设立的一个试点计划，其设立目标是通过联邦资金资助，加强小企业与非营利科研机构的合作，它要求小企业在资助阶段Ⅰ和资助阶段Ⅱ必须与一家研究机构进行正式合作。STTR计划最重要是作用是促进基础研究成果的商业化转化。STTR计划实施后经历过几次延期，最近一次延期后期限与SBIR计划一样，为2017年。

STTR计划的资金来源于每年研发预算超过10亿美元的联邦机构，相关法规要求这些机构必须将0.3%的研发预算注入STTR计划用于资助小企业，同时还须制定每年拟资助的研发课题，并接受小企业的申请，评审和确定受资助的企业。目前参与 STTR 计划的联邦机构有国防部、能源部、卫生和公共服务部、国家航空和航天局、国宝科学基金会等五个部门。

STTR 计划的资助模式与 SBIR 一样分为三个阶段，每个阶段的目标也一样，区别在于资助强度。STTR 第一阶段的资助不超过 10 万美元（小企业 1 年的成本支出），第二阶段的资助不超越 75 万美元（小企业 2 年的成本支出），第三阶段没有现金资助。

STTR 与 SBIR 计划的主要区别体现在三个方面：一是 SBIR 计划所产生的知识产权归企业所有，而 STTR 计划则要求小企业与其合作研发机构必须达成知识产权协议，确定知识产权归属及其后续研究、开发和商业化所产生的利益的分配规则；二是 STTR 计划要求企业必须承担至少 40% 的研发任务，而与之合作的单一研发机构至少承担 30% 的研发任务；三是与 SBIR 计划不同，STTR 计划并不要求受资助项目的首席研究员必须为企业雇员。

SBIR/STTR 计划的重点扶持对象为美国国内的小企业，因为他们从事了美国大部分的创新活动并使得美国的创新事业蓬勃发展。然而，开展研发活动的风险和费用往往超出了许多小企业的承受能力，因此通过财政资助小企业研发经费的特定百分比，SBIR/STTR 计划保护小企业，使其能够在同一水平与大型企业展开竞争。SBIR/STTR 计划资助的对象是处于启动和发展阶段的关键技术研发，并鼓励相关技术的商业化，从而促进美国经济增长。自 1982 ~ 1992 年开始实施以来截至 2016 年，SBIR/STTR 计划已经资助了 160475 个项目，至 2014 年底的资助金额达到 407.92 亿美元（相关信息见表 3 -4）。勒纳（1999）首次对 SBIR 计划的执行情况进行了分析，他将受 SBIR 计划资助的企业与得到商业性创业资本支持的企业进行了对比，发现受 SBIR 计划资助的企业无论是在雇员还是在销售额的增长速度方面均显著高于对比企业，并且与对比企业相比，受 SBIR 计划资助的企业未来还更有可能获得商业性创业资本的支持。奥德斯等（2001）对国防部 SBIR 资助项目的研究表明，这些项目不但取得显著为正的经济效益，而且成功实现了促进企业技术创新及将创新成果商业化的预期目标。除此之外，SBA 自身和其他独立研究成果绝大多数都对 SBIR/STTR 计划的运行效果持正面评价。

表 3-4 SBIR/STTR 计划资助情况

年份	SBIC 资助项目数量	SBIC 资助金额（亿美元）	STTR 资助项目数量	STTR 资助金额（亿美元）
1983	785	0. 38		
1984	1286	1. 49		
1985	1821	1. 92		
1986	2152	3. 03		
1987	2742	2. 68		
1988	2638	3. 89		
1989	2781	3. 93		
1990	3189	4. 48		
1991	3362	4. 49		
1992	3405	5. 17		
1993	3957	6. 22		
1994	3983	5. 95		
1995	4321	9. 48	1	0. 09
1996	4019	9. 14	1	0. 56
1997	4739	11. 22	2	0. 10
1998	4238	10. 38	207	19. 82
1999	4573	11. 07	371	55. 95
2000	5217	10. 47	404	63. 21
2001	5766	11. 67	404	61. 49
2002	6702	14. 94	465	85. 16
2003	6819	17. 34	570	108. 60
2004	6453	21. 89	906	208. 04
2005	6108	20. 54	828	236. 56
2006	5749	21. 44	866	256. 56
2007	5435	17. 18	847	212. 85
2008	5588	20. 80	735	253. 34
2009	5854	21. 03	831	241. 05
2010	6247	22. 94	903	298. 74
2011	5502	21. 37	709	266. 84
2012	5008	20. 52	637	222. 50

续表

年份	SBIC 资助项目数量	SBIC 资助金额（亿美元）	STTR 资助项目数量	STTR 资助金额（亿美元）
2013	4512	19.45	642	223.47
2014	4595	20.38	703	287.68
2015	4519	NA	722	NA
2016	3966	NA	690	NA

资料来源：SBA 官方网站：https：//www. sbir. gov/sbirsearch/award/all。

（四）其他国家（地区）典型专项计划及其启示

为对各国（地区）财政直接资助企业创新活动的特征进行总结，表 3－5 进一步给出了一些典型专项资助计划的概略性描述。

表 3－5　　其他国家（地区）典型专项计划概览

国别	计划名称	设立目标	组织实施及资金来源	资助方式
加拿大	产业研究援助计划（IRAP）	支持中小企业从事高风险、高回报的早期研发项目，以促进企业成长壮大；推动中小企业开展国际合作；鼓励中小企业与研究机构之间的合作，提升其技术开发和接受能力	IRAP 计划于 1947 年设立。资金主要来源于由加拿大联邦政府的财政资助。国家研究理事会负责该计划的具体实施	无偿资助；资助面广，资助额度不大（1.5 万～50 万加元）
	技术伙伴计划（TPC）	支持企业开发和采用接近市场的新技术；促进联邦研究机构的科研成果向企业转移	联邦政府每年为该计划提供 3 亿加元的财政资助	有偿资助，资助总额一般不超过项目总投资的 1/3。回收资金继续投资于 TPC 计划
	加拿大－以色列产业研发发展计划（CIIRDF）	发挥加拿大－以色列研发合作优势，并将其转化为商业化利益；为两国企业寻找合适的研发合作伙伴	由 CIIRDF 管理委员会负责实施。两国共同投入资金，每年 200 万加元	有偿资助。每个项目的资助额度不超过项目总费用的 50%；项目成功后返还 90%～100% 的资助额

续表

国别	计划名称	设立目标	组织实施及资金来源	资助方式
英国	知识转移伙伴计划（KTP）	一是加快新技术和新管理方法的应用，促进新知识的转移；二是基于实际商业应用，培训高素质创新人才；三是致力于促进科研机构的研究能力和水平，并促进研产之间的紧密联合	由多个公共行业组织资助。其中英国贸工部的资助资金占 KTP 总资金的 75%，并负责计划项目的立项政策和行政管理，具体日常事务委托一家公司执行	无偿资助。一般项目，政府出资 60%，企业出资 40%；较大项目政府出资 40%，企业出资 60%
	联系计划（Link）	重点支持高等院校、科研机构和企业在产品预研阶段的合作，促进技术的商业化	联系计划始于 1986 年，由政府 12 个部门及各研究理事会会共同参与，由英国首相直属的科学技术办公室负责组织。经费来源于政府预算	项目申请主体必须至少包含一个科研机构和一个企业。单个项目资助强度最高可达到项目总预算的 50%，剩余部分由企业提供
	小企业研究和技术奖励计划（SMART）	鼓励小企业进行商业化技术研发；支持项目包括技术开发、超小型研究、技术评估、可行性研究、技术咨询等	由英国贸工部小企业管理局负责实施；经费来源于财政预算	无偿资助；提供研发经费补贴
法国	企业创新计划	促进中小企业与公共研发机构进行合作研发；为企业产品开发、专利注册、市场开拓、市场调研提供经费支出	由法国国家科技成果推广署负责实施；经费来源于财政预算	有偿资助：若资助项目成功，则返还资助金额；若项目失败，无需返还
	创新企业项目竞争计划	以项目资助形式促进企业新建	由法国研究技术部主持；各地推选竞赛项目，由专家评审确定资助项目	无偿资助。但资助金额不超过企业创建费用的 1/3
德国	中小企业创新能力促进计划	提高企业创新能力；使技术开发适应市场需要；支持企业与科研机构进行合作研发；促进研发人员交流	由德国联邦经济技术部授权德国工业研究联合会组织实施；经费来源于财政预算	无偿资助。分合作、起步项目和人员交流三种资助形式，每类资助比例不一样

续表

国别	计划名称	设立目标	组织实施及资金来源	资助方式
以色列	以美双边产业研发计划（BIRD）	促进以美两国企业在研究与开发领域的合作	1977 年由同国政府发起成立，初始资本 1.1 亿美元（两国各出一半）	对每一项目的资助不超过项目总费用的 50%。成功项目返还 100% ~150% 的资助费
芬兰	TEKES 及其创新计划	让更多企业和研究机构参与芬兰研发活动，确保强大的国家知识基础；创新的国际化；培育创新型和高增长型企业；激发区域创新活；振兴工业和提高生产	由 TEKES 负责实施的经费全部来源于国家预算，不从资助中获取利润及知识产权	以贷款和拨款方式对企业、大学、科研机构等项目提供资助。资助金额逐步放大，特别是对企业的资助力度逐步增强
瑞士	CTI 及其创业计划	促进面向市场的技术创新活动；支持有潜力的企业家创业；推动中小企业技术创新活动的国际化；促进“产学研”合作	由 CTI 负责实施。下设四个专业促进计划和四个综合促进计划。经费来源于政府财政预算	有偿资助。政府资助比例不超过 50%，并按出资比例分享收益
欧盟	创新驿站计划（IRC）	促进欧盟中小企业进行跨国技术合作与技术转移	1995 年由欧盟研发信息服务委员会发起成立。经费由欧盟提供	前 24 个月资助创新驿站经费的 50%；后 24 个月支持比例为 45%
台湾	产业技术开发计划（ITDP）	制定产业技术标准；建立或共享技术创新平台；促进新兴产业发展和传统产业改造升级	由经济部负责实施。经费来源于财政预算	无偿资助。资助比例：一般性计划 30%；前瞻性或对产业有重大影响之技术开发计划 40%；政策性项目计划 50%

结合对美国专项资助计划的分析，可以发现，世界各国（地区）在对企业创新活动的直接资助具有以下特征及做法值得借鉴。

1. 清晰界定财政资本的职能

上述国家对于企业创新活动的直接资助均存在一个共同的特征，即政府清晰界定了财政资助政策的作用和范围。

第一，政府资本主要资助处于早期阶段的创新活动，对企业产品开发等后期阶段的创新活动通常不进行直接资助。因为政策制定者认为，早期阶段的创新活动因为风险较大，商业化前景不明朗，并且具有较高的外溢效应，企业或者其他社会资本通常不愿意投入。但这些早期的研发活动直接决定了未来技术的走向，甚而至于一国经济的竞争力，因此必须由财政资本填补这一空隙。

第二，财政资本更加重视对中小企业创新活动的直接支持。几乎所有国家（地区）都针对中小企业制订了名目繁多的专项资助计划，或者在同一计划之下对中小企业采取强度更高的直接资助。原因在于，中小企业是一国技术创新的主体，并且比大企业具有更高的创新效率。但与大企业相比，中小企业自有资本投入能力和外部融资能力普遍弱于大企业，难以承担创新活动，告别是早期阶段创新活动所具有的风险和不确定性，因此通过政府的直接资助，可以有效缓解中小企业的融资约束和风险承受能力，从而促进其技术创新。

2. 注重“产学研”合作，促进科研成果的商业化转化

大学、科研机构和企业是一国创新系统的核心主体，大学主要从事基础研究，是知识的生产者；科研机构主要从事共性技术开发，处于将知识进行商业化转化的中间环节；企业则承担新产品开发和商业化推广，是将知识转化为生产力的主体。三者在国家创新体系中相辅相成，构成一个创新过程的有机整体。目前多数国家或多或少存在知识生产和知识转化之间的脱节。为克服这一问题，上述国家在设计直接资助企业创新活动的相关专项资助时通常采用两种做法：一是专门设计促进知识转化的相关资助计划，如美国的STTR 计划、加拿大的 TPC 计划等；二是加强企业创新活动中的“产学研”合作。绝大多数专项资助计划均规定，企业在申请相关资助时必须与大学、科研机构进行联合申报，从而强制促成“产学研”之间的紧密结合，进而促进知识和技术的商业化转化。

3. 严格选择资助对象

对企业创新活动进行直接资助所存在的主要问题之一就是如何选择合适

的资助对象。尽管所有专项资助计划均由专门的职能部门负责组织实施，但由于信息不对称，职能部门并无专业技能保证对合适的对象进行资助，因此所有专项资助计划均借助于外部专业人士，在公平公开的基础上进行竞争性选择。值得推荐的做法有三：一是年度资助计划制定中的市场化原则。许多专项资助计划均要求实施部门首先拟定年度资助计划，确定本年度拟资助的主要方向或技术。该计划的拟定并不是职能部门闭门造车的产物，而是在与企业、行业协会、商业团体、商界领袖、学者、创业投资专家等进行多方沟通的基础上确定的；二是保证专业评审的双向透明。一些计划所成立的专家评审组在评审备选资助企业时，需要将评审意见反馈给申报企业，并允许申报企业进行抗辩。从而保证评审的公平公正；三是进行多阶段评审。不仅要评审拟资助项目的技术可行性，还要评审其商业化前景及商业化计划的可行性，从而保证资助目标的实现。

4. 注重财政资本的引导作用，并从制度上保证财政资本的使用效率

多数专项资助计划的设计均考虑到了财政资本对企业资本投入的引导作用。政府并不对企业的创新活动采用全额资助的办法，而是仅资助一定的比例（通常不超过50%），并且要求企业投入相应的配套资本。这一设计不仅能够通过财政资本有效吸引企业资本的投入，更重要的是能够从制度上抑制企业骗取或滥用国家财政补贴的冲动。其核心逻辑在于，由于有企业自有资本投入，且这些投入只有在获得商业化成功之后才能回收，因此企业在决定是否申报资助时必须对创新项目的前景有比较乐观的预期，并且保证财政资本的高效率使用。

5. 对资助项目进行全过程监控，定期评估专项计划的实施效果

尽管在项目选择和资助方式的设计上充分考虑了由信息不对称所带来的资助效率问题，但财政资本不可能达到完全信息假设下的效率最优，因此为克服这一问题并检视专项资助计划的实施效果，对资助项目和资助计划进行全过程的监控和评估是必不可少的环节。值得借鉴的做法包括：第一，对资助项目的实施情况进行阶段性评估，并根据评估情况分阶段拨付资助资金。对未达到阶段目标的项目停止继续资助；第二，建立规范的信息收集制度，

方便对项目和专项资助计划的实施情况进行评估。许多专项资助计划均要求接受资助的项目或企业按规定的期限提交实施报告，并由计划主管部门汇总建立规范的数据库。同时为减轻企业负担，实施报告通常采用网上提交方式，并规定具体的格式和要求，企业只需根据项目实施进度进行更新即可；第三，借助于独立的三方机构进行评估。在建立了规范的数据库之后，由于掌握了项目和计划实施过程中的详尽数据，包括学术界在内的第三方就可以对专项资助计划的实施效果进行评估，从而保证评估结论的公正性和可靠性。同时，许多专项资助计划还预留专项资金邀请独立评估机构对具体项目的实施情况、项目（或计划）实施之后的长期效果进行评估，从而决定是否延长计划的实施期限或是否对计划进行调整。

6. 资助方式的多样性

多数专项资助计划对企业的财政资助采取了无偿资助形式，一些国家也规定受资助项目在实现了商业化收益之后全额或按规定比例返还政府资助，还有少数国家以股权投资形式进行资助，并要求按对应比例分享资助项目的商业化收益。由此引申出本书需要研究的一个问题，这三种典型直接方式的资助效果是否是等同的，政府究竟应该才用何种直接资助方式才能达到事前的目标？

三、政府采购

政府采购是一种引发创新，加速创新性产品生产和服务扩散的主要方式，因此作为一种需求导向政策工具，以政府采购促进本国企业技术创新已经成为各国通行做法。根据 OECD 的统计，2013 年 OECD 国家政府采购占 GDP 的比重平均达到了 12.15%，其中最高的荷兰达到了 20.76%。

从 2000 年开始，中国政府开始推行政府采购制度，2003 年正式颁布实施《中华人民共和国政府采购法》，为推动政府采购促进企业技术创新，2007 年中国政府相继颁布实施了《自主创新产品政府采购预算管理办法》《自主创新产品政府采购评审办法》《自主创新产品政府采购合同管理办法》

三个文件。但随着中国启动加入 WTO 规则下的《政府采购协议》（GPA）谈判，欧美日韩等国认为上述文件的实质保护本国企业，违背了 WTO 中的非歧视原则，同时也与中国政府在 GPA 谈判中开放政府采购的承诺不一致，因此 2011 年 6 月，财政部宣布废止执行上述文件，从而使政府采购促进企业技术创新的力度大幅削弱。

然而对已加入了 GPA 的多数发达经济体国家而言，利用政府采购促进企业技术创新依然是其一惯作法，因此在新形势下，中国应如何借鉴其他国家政府采购的经验，合理利用 GPA 规则，继续推动政府采购促进企业技术创新将是一个值得关注的问题。纵惯欧美、日韩等国经验，其在 WTO 和 GPA 框架下，利用政府采购促进企业技术创新的经验可归纳为如下四个方面。

（一）优先购买本国产品

优先购买本国产品，利用政府采购保护并促进本国企业技术创新是各国通用的做法。美国是世界上最早建立政府采购制度，也是政府采购制度发展得最为完善的国家之一，同时还是目前政府采购规模最大的国家。2013 年美国政府采购规模接近 1.7 万亿美元，达到了 GDP 的 10.11%。

美国并没有出台利用政府采购促进本国企业技术创新的专门法规，而是利用相关的多个法规将通过政府采购保护本国企业，促进企业技术创新活动的目的进行分散表述。如《购买美国产品法》明确规定要扶持和保护美国工业，要求在进行国际采购时必须至少 50% 的国内原材料产品。在美国建厂的跨国公司，只有当其零部件的 50% 以上在美国生产时才有资格参加政府采购投标；本国没有生产而不得不采购外国产品时，其零部件必须有一定比例是国内生产的，或是参加投标的外国企业必须要有一定程度的技术转让。在同等条件下，美国给予国内投标商 10% ~30% 的价格优惠。10 万美元以下的政府采购必须优先考虑中小企业。正在政府采购的扶持下，IBM、HP、得州仪器等 IT 巨头得以成长壮大。特别值得注意的是，尽管《购买美国产品法》已经颁布实施超过 80 年，但期间从未作过任何实质性的修改。

作为美国政府采购的基本法令，《联邦采购条令》也作了类似规定。同时为更高效地通过政府采购促进本国企业技术创新，美国政府于 2001 ~2002

年对《联邦采购条令》进行了更新，2004 年进一步进行了补充，新的《联邦采购条令》规定，除非职能主管部门认定本土厂商（公民）所提供的产品或服务价格不合理、购买厂商（公民）的产品或服务不符合美国公众利益、拟购产品或服务本国当前无法提供等，否则政府必须采购美国本土厂商（公民）的产品或服务；若采购国外厂商（公民）的产品或服务，其价格必须低于本国同类产品的最低价；若采购外国产品，其产品必须是在美国生产，或其在美国本土的成本支出必须超过总成本的 50%。

此外，《联邦采购条令》还就政府采购扶持中小企业作出了详细规定。如《条令》规定，凡大于 100 万美元的工程采购和 50 万美元的货物、服务采购，必须给予中小企业最大机会，其中 23% 的合同金额必须授予中小企业。此外美国政府各职能部门均有扶持本国中小企业的采购政策，如 NASA 规定，NASA 采购合同总额的 25% 必须给予中小企业，其中约 12% 的须给予目标就业区的中小企业、约 5% 给予妇女领导的中小企业、约 3% 给予伤残军人领导的中小企业、约 5% 给予少数民族领导的中小企业；10 万美元以下的政府采购必须优先考虑中小企业，并通过价格优惠方式对中小企业给予照顾。中型企业的价格优惠幅度为 6%，小型企业为 12%。

考虑到中小企业无法保证一些产品的质量和生产效率，美国在一些领域采用了大公司赢得订单再分包给小企业的办法来兼顾中小企业保护和产品质量，即大公司作为总包商确保产品质量和供货时间，其赢得的政府订单必须进行拆分，然后再分包给那些中型企业或小企业；部分被拆分的订单还会进行二级分包，让更小的企业或个人获得订单。如一些地区规定，大订单持有者须将 23%、3%、3%、5%、5% 的订单分包给小型企业、历史经济落后地区企业、伤残退伍军人企业、弱势小企业、妇女企业五类。

与此同时，美国还出台了一系列配套法规进一步强化政府采购促进本国企业技术创新，如《合同竞争法》《联邦采购合理化法案》《小额采购业务法》《服务合同法案》《联邦政府行政服务和财产法》《信息自由法》《诚实谈判法》《克林格尔—科亨法案》《戴维斯—培根法令》等，这些法规为外国产品进入美国政府采购设置了一系列阻碍。因此，尽管美国政府并没有出台政府采购促进企业技术创新的专门法案，但正是在这些分散性法规体系的保护下，使得美国历年 90% 以上的政府采购金额均用于本国产品的采购，从而极大地促进保护了本国企业，并有力促进了本国企业的技术创新。

除美国外，欧盟、日、韩等国也在类似的做法。例如，英国要求政府部门、政府实验室和国有企业在采购 IT 产品时必须购买本国企业产品；法国要求铁路、航空、通信等部门在进行采购时必须优先考虑本国产品；德国和挪威规定，超过 500 万欧元的工程采购和 20 万欧元的货物和服务采购，采购对象必须在欧盟成员国；意大利规定 20 万美元以上的采购必须优先考虑欧盟成员国产品；日本并没有明文规定强制政府采购中购买本国产品的条款，但在实践中则通过分拆合同、鼓励国内厂商合谋标、提高国外企业准入"门槛"等多种灰色手段阻止国外厂商进入。同时日本、泰国等还通过采购价格优惠扶持中小企业发展。韩国《中小企业制品购买促进法》则规定，政府采购总额 50% 以上的比例必须用于本国中小企业产品的购买。

（二）对本国高新技术产品实行首购和优先采购政策

高新技术产品在其生命周期早期阶段通常缺乏有效的市场需求，从而阻碍其市场推广。因此在新产品和新技术开发的早期阶段，通过政府采购创造市场需求可以有效降低其开发和市场推广风险，从而对高新技术产业的发展起到巨大的扶持和促进作用。就美国的经验而言，从 20 世纪 60 年代起，通过政府采购的扶持，美国在航空航天、生物制药、集成电路、半导体和计算机等高新技术领域推进了一大批战略性新技术，并形成了产业化发展，从而形成了美国技术世界领先的格局，并带动经济的繁荣发展。例如，当集成电路于 1960 年在美国刚刚问世时，所有产品均由美国政府购买，1962 年，政府购买比例还保持在 94% 的水平，至 1968 年，集成电路政府采购比例依然高达 38%。同时在技术采购中，美国政府采购比例不但高，而且采购价格通常也高于市场价格。

为推广新能源汽车，以保证美国 2015 年混合动力汽车和电动汽车市场规模达到百万辆，在 2009 年出台的经济刺激法案中，美国国会批准了 3 亿美元的款项用于优先采购新能源汽车。2011 年，美国又宣布将致力于推动联邦政府更换现有车辆，计划到 2015 年时，美国联邦政府的所有新轻型车辆必须全部使用低能耗的燃料，包括混合动力、电动、天然气及生物燃料等。

对技术落后国家而言，利用政府采购对本国高新技术产品实行优化采购和首购政策是实现产业保护和技术追赶的有效手段。例如韩国一直推行国产高新技术产品的政府首购政策。例如，对公用事业装备，特别是国产高铁和核电站等高新技术装备全部由政府进行采购；对市场竞争激烈的产业，如汽车和计算机，国产高新技术产品即使价格高于国外同类产品，政府也必须优先采购本国产品。例如，2005 年韩国现代集团刚开发出清洁燃料汽车时，政府即以高出普通车辆 10 倍的价格采购了 50 台。

（三）大力推行绿色采购

绿色政府采购是指政府采购在提高采购质量和效率的同时，应该从社会公共的环境利益出发，综合考虑政府采购的环境保护效果，采取优先采购与禁止采购等一系列政策措施，直接驱使企业的生产、投资和销售活动有利于环境保护目标的实现。绿色政府采购目前已经成为各国通行的做法，并且适用于 GPA 规则中关于人类健康的例外条款。因此实行绿色政府采购一方面可以通过设置绿色壁垒阻止外国企业进入；另一方面也可以有力促进本国节能环保产业的发展。

美国是较早推行绿色采购的国家，其绿色采购的法律依据是联邦的各项法律法规及总统令。《联邦采购条令》第 23 章也对政府绿色采购专门做了相关规定，如 23. 904 款明确指出，政府应采购那些对人民健康和环境影响最小的产品和服务。1991 年发布的总统令规定政府必须优先采购绿色产品。此外，美国还先后制定实施了采购再生产品计划、能源之星计划、生态农产品法案等一系列绿色采购计划。美国的《政府采购法》明确规定联邦政府采购的耗能产品必须是“能源之星”认证或联邦能源、管理办公室指定的节能产品。纽约、加利福尼亚、马萨诸塞等州都将“能源之星”的能效标准设定为州政府机构的采购标准。美国政府对绿色产品的采购采用价格优惠办法，使再生制品的价格可高于同等功能的非再生制品的 5% ~15%，并提出年度采购比例，明确每年采购再生制品的比例为 50%。

欧盟于2004 年3 月正式启用《政府绿色采购手册》，统一绿色采购纲领，并建立了一个采购信息数据库，指导各国政府绿色采购。在该政策指导下，各国可以有各自的做法，如德国倡导优先采购环保标志（如蓝天使标志，blue angle mark）产品。通过实施绿色政府采购，德国政府进一步加大了对本国企业的保护力度，一些符合欧盟规定的项目并未在欧盟范围内公开招标。据欧盟通报，德国在1995~2003年，多次将地方政府污水处理和能源供应项目，采用单一来源方式将合同授予本地企业，而未在欧盟范围内公开招标。即使在欧盟范围内公开招标，德国政府也从技术上设置障碍，尽可能将采购合同给予本国企业，减少其他欧盟成员企业中标机会。

日本也是较早实行绿色政府采购的国家。1996年日本政府与各产业团体联合成立绿色采购网络，2000年颁布了《绿色采购法》并规定，所有中央政府所属的机构都必须制定和实施年度绿色采购计划，并向环境部长提交报告；地方政府要尽可能地制订和实施年度绿色采购计划。该法律实施一年后，75%的供应商推出了新的绿色产品。2000年，日本还颁布了《促进再循环产品采购法》，该法旨在促进国家机构和地方当局积极购买对环境有益的再循环产品，同时最大限度地提供绿色采购信息，努力做到采购环保型物品。为了便于实施绿色采购国家建立有关信息的数据库。

（四）利用国外技术提升本国企业技术创新水平

在WTO和GPA规则下，协约国成员政府采购必须对外开放，并且要遵循非歧视性原则。因此当必须采购国外技术或产品，特别是采购本国尚无法提供的高新技术产品时，东道国通常会要求中标国家进行一定的技术转让，或者与本国企业合作生产，或者为本国人员提供技术培训，或者与本国科研机构共同成立研发中心等，以此促进本国技术进步。此外，基于GPA非歧视性原则，政府采购中不可避免要采购国外产品、工程和服务，从而有损国内企业的发展。而在GPA规则中有关于本国公共利益和国家利益的例外条款中，因此目前各国惯用的做法是引用例外规则，要求中标国家企业对东道国给予必要的补偿，即政府采购补偿交易。具体补偿形式通常包括：中标国供应商在合约执行过程中必须购买一定比例的东道国产品，或者向东道国进行技术转让等。例如澳大利亚规定，若国外企业在澳大利亚政府采购中中标，则中标企业必须与澳大利亚企业或科研机构就符合国内需求，且具有持续性的研究项目共同制订研究计划，或共同成立研究开发中心。或者要求国外供应商就本国企业所欠缺的运营管理、检测技术等提供培训服务，或为国内企业实现技术升级，提高产品质量等提供人员培训等。美国、加拿大、以色列等国在政府采购中也有类似的规定。

韩国政府利用政府采购促进本国高速铁路技术发展的一个非常成功的经典案例。韩国高速铁路的发展早于中国，其最早的高铁于2004年开始投入使用，是继日本、德国、法国和西班牙之后第五个建成高速铁路的国家。在决定建设高速铁路时，韩国本身并无高铁建设技术，因此决定从法国阿尔斯通公司引进。在技术引进前，法国政府就周密制定了从引进设备、技术、消化吸收到自主创新的一揽子计划，政府规定，在采购阿尔斯通的机车时，阿尔斯通必须将其高铁技术转让给韩国。1994年6月，韩国与阿尔斯通正式签署技术转让合同，1995年韩国成立铁路科学研究院，先后动员129家企业和科研机构参与高铁技术的消化吸收和自主创新工作，派出技术人员到法国进行5个月至3年的考察学习，使得韩国企业迅速消化吸收了先进的高铁技术，并相应进行了机车的国产化生产。

最终在韩国的高铁建设中，政府采购了12辆阿尔斯通公司的机车，而国产化机车采购数量为34辆，成功实现了高铁主要设备国产化率超过50%的目标，并自主研发成功大容量诱导电机等关键设备，推出了最高时速为352公里/小时的高速列车，最终韩国不仅在机车、主要高铁设备的制造工艺方面全面超越法国，而且价格更为低廉，并成为中国高铁技术的推广潜在竞争对手。

（五）对中国的启示

纵观各国政府采购促进企业技术创新的做法，可为中国在WTO和GPA规则下利用政府采购促进企业技术创新提供如下启示。

1. 完善创新导向的政府采购法规体系

为实现政府采购促进企业技术创新，发达国家通常并未制定政府采购促进企业技术创新的专门法规，而是依靠一系列配套法规来达到目的。在中国财政部宣布废止执行政府采购促进企业技术创新的三个文件后，目前中国在创新导向的政府采购法规方面几乎处于空白状态，因此近期应借鉴发达国家经验，在正式加入 GPA 之前抓紧制定或修正政府采购促进企业技术创新的配套法规。具体而言，可在 WTO 和 GPA 框架下修改《政府采购法》，并制定《购买中国产品法》，参照发达国家经验，规定政府采购必须优先购买本国自主创新产品（技术）的比例、范围，并在全国范围内推广本国企业创新产品（或技术）政府首购和优先采购制度；还可在其他法规中加入政府采购促进企业技术创新、扶持中小企业发展等相关条款，以建立起完善的创新导向的政府采购法律、法规体系。

2. 充分利用 GPA 优惠待遇和例外条款

对于发展中国家，GPA 规定了 5 年的过渡期，并在非歧视性原则下规定了价格优惠、补偿、分阶段增加具体实体或部门、更高的“门槛”价等过渡措施。因此在创新型实体的实践中，应充分利用这些优惠条款，利用价格优惠扶持本国企业，特别是中小企业技术创新。如果必须采购国外产品，也可以利用补偿条款要求技术转让、人员培训等，从而利用国外技术促进本国企业技术创新。对于一些迫于压力必须逐步开放的采购实体或部门，也可以通过“门槛”价的设置给予一定程度的保护。同时 GPA 在国防安全、公共秩序、人类健康、知识产权等方面规定了相应的例外条款，各国无不充分利用这些条款，将一些关键领域排除在外。因此中国应该大力借鉴发达国家的做法，将涉及国防、安全、交通、能源、公共事业等领域的政府采购排除在外，同时应尽力将落后地区、少数民族企业、中小企业等政府拟扶持领域的政府采购作为例外条款加入 GPA 中。

3. 合理利用绿色技术壁垒

无论是欧美还是日韩等国，在政府采购中都大量设置绿色壁垒以保护本国企业。节能、环保、循环经济是全球经济发展的方向，也是技术创新的活跃领域，通过标准设置、产品认证等多种绿色壁垒的设置，可以有效抬高国外企业的进入“门槛”。中国当前在经济绿色发展方面存在巨大的压力，许多领域也有一定的技术优势，因此在创新型政府采购政策的设计中，应在 GPA 规则的框架下，制定具有中国特色的绿色采购办法、绿色产品认证等，通过绿色壁垒的设置促进本国节能环保产业的发展和技术创新。

4. 灵活设计政府采购程序

充分借鉴美国政府采购经验，在符合 GPA 规则的前提下，在采购程序的设计中为促进本国企业技术创新创造足够的空间。例如，在制定政府采购计划时，为中小企业创新产品（技术）设置一定的采购比例；在制定产品技术规格、供应商资质条款时，可设置有利于本国企业技术创新的技术壁垒条款；在进行投标企业资格审查和标书评审阶段，可利用前述条款为本国创新型企业创新确立一定的优势。当然在政府采购的执行过程中，这些做法不能与 WTO 和 GPA 规则产生明显的冲突。

四、创业投资引导基金

在促进企业技术创新的财政政策中，直接财政补贴无疑是使用较为广泛且作用最为直接的政策工具。然而这一工具也存在三方面的不足，一是财政资本是补贴企业技术创新投入的惟一来源，无法吸引规模更加庞大的私人资本对企业的技术创新活动进行支持；二是在补贴对象的选择上，政府缺乏专业技能，因此财政资本的使用效率可能存在损失；三是企业在技术创新过程中，特别是处于初创期和种子期企业的技术创新活动在项目管理、金融服务、公司运营等方面所亟需的增值服务是政府所无法提供的。而上述不足恰好能为市场化的创业投资基金所弥补。然而追求利润最大化的创业投资基金通常只愿意为处于扩张期或成熟期项目或企业投资，而处于初创期和种子期的创新型企业依然难以解决其融资约束问题。为吸引私人资本投向早期阶段的创新型企业或创新项目，许多国家通过设立创业投资引导基金的形式实现对中小创新企业的扶持，并取得了良好的效果。

创业投资引导基金是由政府出资成立的一种母基金，通过母基金再与专业化的创业投资公司合作成立子基金，即创业投资基金。在子基金成立时，双方协商（或政府规定）子基金的规模，政府按一定的比例（一般为 20%，低可至 5%，高可达 50%）注入财政资本，创业投资公司以其投入专业技能和少部分资本（一般为2%）入股，剩余部分由创业投资公司负责募集私人资本并负责子基金运营，一定年限后子基金解散。成立创业投资引导基金可以达到多重目标：一是发挥财政资本的杠杆放大作用，吸引私人资本进行创业投资领域；二是为处于早期阶段的创新企业或创新项目提供资金支持，缓解其融资困难；三是充分发挥创业投资家在项目选择和为创新企业提供增值服务的专业技能，提高企业技术创新的成功率，从而提高财政资本的使用效率；四是通过对创业投资基金的扶持培育创业投资人才。

自以色列 YOZMA 计划取得巨大成功后，许多国家先后建立了多个创业投资引导基金，多数引导基金取得了良好的效果。因此，本节拟通过分析国外典型创业投资引导基金的运作，总结其成功做法及存在的不足，为从而中国创业投资引导基金的运作提供借鉴。

（一）以色列 YOZMA 计划

YOZMA 计划是 1993～1998 年以色列为发展国内的创业投资产业而由政府推出的一个投资计划，目前已被公认为世界上最成功创业投资引导基金计划。

1. YOZMA 计划设立的背景

以色列政府早在 1969 年便出台了支持企业创新活动的相关政策，并在 1985 年成立了第一只创业投资基金 Athena（由以色列和美国创业投资家联合成立，采用有限合伙公司组织形式，基金规模为 3000 万美元，主要投资以色列境内处于起步阶段的高技术企业）。但由于对创业投资产业的认识不足，以及当时复杂的国内外局势阻碍了国外创业投资者的进入，因此以色列创业投资产业的发展一直处于停滞状态。

随着经济全球化和 NASDAQ 市场的发展，使得很多外国企业很容易在美国资本市场融资，加上奥斯陆和平协议的签署、受过良好教育的苏联移民的涌入、大批高素质人才从美国回归以色列以及以色列政府出台的一系列鼓励创业和创新的政策等都为以色列发展创业投资产业提供了良好的机遇，正是在这样的背景下，以色列出台了 YOZMA 计划。

2. YOZMA 计划的目标及运作机制

YOZMA 计划的核心设立目标有三个：一是为扶持本国创业投资产业的发展；二是引入国外先进创业投资组织和经验，培养本国创业投资人才；三是为本国高技术企业的发展建立广泛的国际合作网络。

1992 年第一只 YOZMA 基金 YOZMA1 成立，并于1993 年正式运作。政府投入 1 亿美元成立了 YOZMA 母基金，其中用 8000 万美元与国外富有创业投资经验的创投机构合作成立了 10 只创业投资子资金，其余 2000 万美元由 YOZMA 基金对高技术企业进行直接投资。该计划的基本目的是在政府支持和国外知名 VC 投资者参与的前提下，促进以色列国内 VC 基金的建立和 LP 的培育，并向以色列年轻的高技术创业企业进行投资。每一只 YOZMA 子基金必须寻找一家国外投资机构和一个信誉卓著的以色列金融机构作为有限合伙人，然而为促进创业投资产业的竞争，每一只 YOZMA 基金必须是新成立的机构，而不归任何现有金融机构所有。当基金符合上述条件时，政府将通过 YOZMA 母基金向其投入资本募集金额的 40%（最高不超过 800 万美元），因此 1 亿美元的政府资本至少可以撬动 1.5 亿国内外私人资本的进入。

此外，每一只 YOZMA 基金还拥有在未来五年内以成本（加利息）购买政府股份的看涨期权。如此一来，YOZMA 计划就不仅限于提供资本投入和风险分担，它还为投资者提供了有利的激励（若基金盈利，投资者可以通过收购政府股份获得杠杆收益；若基金亏损，则投资者可以放弃收购，从而无损其收益）。这一向上激励措施同时可以刺激专业 VC 投资机构和管理人员的进入。

最后，由于强制要求每一只 YOZMA 基金都必须有外资金融机构的参与（其中的绝大多数都是富有经验的知名创业投资公司），因此培育以色列本土创业投资人才的目标也能得以实现。

3. YOZMA 基金的投资限制

投资领域限制：由于 YOZMA 计划的设立目标之一是促进以色列高技术产业，特别是信息计算机技术产业的发展，因此 YOZMA 基金的投资领域也主要限定在计算机信息技术、通信、生物及生命科学和医药技术等高技术产业。通常要求受资企业的目标市场应具有较大的发展前景，且受资企业具有引领市场发展方向的潜力；受资企业应具有能力较强的管理团队，能保证其商业计划的顺利执行和企业目标的实现，且具有强烈的企业家精神和创新管理能力；受资助企业所开发的技术应具有广泛的应用性和一定的专有性，难以被竞争对手模仿复制。

投资阶段限制：一般而言，对 YOZMA 基金的投资阶段并无明确的限制，但提倡向处于早期阶段的高技术创新企业进行投资。投资额度限制：对受资企业的初始投资限定在 100 万 ~600 万美元，同时可保留一定的附加资本用于后续投资。政府资本的退出安排：YOZMA 计划的显著特征及其成功之处在于事先确定了政府资本的退出计划。在子基金成立之初，合约规定基金的其他 LP 可在基金成立的五年内以原始价格加上一定的利息收购政府在子基金中所持有的股份。超过 5 年后再收购时，需要追加额外的利息成本。到 1998 年，政府资本已全部退出 YOZMA 子基金，从而实现了 YOZMA 基金的完全商业化运作。

4. YOZMA 计划的运行效果

YOZM 计划一共成立了 10 只私有创业投资子基金（YOZMA 基金自身也在 1998 年实现了私有化），所有 YOZMA 基金募集的资本总额为 26300 万美元（包含政府投入的 10000 万美元）。在 1993 ~2008 年间，这些基金一共对 164 家创新企业进行了投资，通过 IPO 和 M&A 方式的退出率达到 56%，远高于同期创业投资的平均退出率。与 YOZMA 基金高退出率相对应的是，在最初成立的 10 只 YOZMA 子基金中，有 6 只基金的内部收益率超过了 100%。如此高的收益率证明 YOZMA 计划的设计和实施是非常成功的。除此较高的投资收益率外，YOZMA 计划还实现当初预定的三大目标。

（1）触发了以色列创业投资产业的兴盛。

随着 YOZMA 计划的实施，1993 年以色列的创业投资出现了巨大的飞跃，YOZMA 基金和私人创业投资基金当年融资额高达 1.62 亿美元，远高于 1992 年的 2700 万美元。在此之后，无论是从融资规模还是从创业投资基金成立数量上看，以色列的创业投资产业都出现了快速的增长，并使其发展成为一个重要的产业。正是 1993 ~1996 年间 YOZMA 基金 2.5 亿美元的融资推动了以色列创业投资达到其临界值，从而触发了 90 年代后半期以色列创业投资产业的蓬勃发展。

（2）显著促进了高技术创新企业的快速成长。

在 YOZMA 计划实施之前的 3 年，以色列新成立的高技术企业约为 200 家，仅 10% 左右的新建企业曾受到 VC 资助；而在开始实施 YOZMA 计划的头 3 年（1993～1995），新成立的高技术企业数量大幅上升为 439 家，而 VC 对创新企业的资助比例更超过了 55%；至 2000 年网络泡沫破灭前，新成立高技术企业的数量一直稳步上升，创业投资对高技术企业的资助比例也一直在 50% 左右波动。

从以色列高技术企业的上市情况看，在 90 年代之前，很少有以色列高技术企业能在美国 NASDAQ 市场上市，然而得益于 YOZMA 计划的资助，以色列高技术产业，特别是计算机信息技术（ICT）产业集群逐渐形成，因此在 1993～2000 年间，在美国上市的以色列企业数量显著增长，而其中许多上市企业直接由 YOZMA 基金所资助，特别是在 1998～2000 年间，这一比例更高达 50%。另外，1993 年前，在美国上市的企业仅有 20% 左右由 VC 资助，而在 YOZMA 计划实施后，从 1993～2000 年，由 VC 资助的比例上升到了 50% 左右。由此可以看出，通过促进本国创业投资产业的发展，YOZMA 计划进一步对以色列企业的成长起到了关键作用。

（3）实现了技术创新投入由国家为主向市场为主的转变。

从 1969 年开始，以色列就开始建立了对企业 R&D 活动的扶持计划，其中更设立了首席科学家办公室（OCS）负责具体的运作。OCS 每年的资助预算由财政拨付，对企业 R&D 的扶持也采用无偿拨款方式。在 1993 年 YOZMA 计划实施前，OCS 的财政拨款是高技术企业所能得到的主要外部资助。然而随着 YOZMA 计划的实施，以色列创业投资产业得到飞速发展，对高技术企业的资助也逐渐由政府主导的拨款模式转变为以创业投资公司股权投资为主的市场化资助模式，从而使更多的高技术企业得以发展壮大，并使资助效果有效提高。

（二）新西兰 NZVIF 计划

1. NZVIF 计划的设立目的

在 NZVIF 计划设立之前，新西兰政府于 1964 年组织私人银行、储备银行和政府三方合作成立了“开发金融公司（DFC）”，DFC 曾实施了“应用技术计划”和“小企业创业投资基金计划”以支持企业技术创新。DFC 因资产严重贬值于 1989 年破产清盘。1993 年新西兰政府再次发起成立资本规模为 2500 万纽元的绿石基金，基金可以进行创业投资，但主要投资处于后期阶段的创新项目和进行管理层收购。二者均未能有效促进新西兰创业资本市场的发展，因此在 2002 年新西兰政府以以色列 YOZMA 计划为蓝本，正式推出 NZVIF 计划。

设立 NZVIF 计划的主要目的有四个：一是增加早期阶段创新项目的投资规模；二是培养更多熟悉早期阶段创业投资技能和经验的本土创业投资人才；三是为皇家研究院、大学和私营部门创新研究成果的商业化提供帮助；四是帮助更多的新西兰本土企业获得国际化专家、网络和市场知识的支持，从而打通通往全球化的成功路径。

2. NZVIF 的计划的主要特点管理模式

NZVIF 采用类似 YOZMA 的母基金形式，母基金初始规模为 1 亿纽元，2006 年又追加了 6 千万纽元。NZVIF 计划由研究、科学和技术部下设的一个咨询委员会负责组织实施，母基金为具有独立董事会的国有公司，以股权投资形式与创业投资公司合作成立创业投资基金（VIF），规定基金中政府资本与私人资本的配套比例为 1∶2，即政府每投入 1 纽元，基金经理必须募集 2 纽元私人资本。政府不干预创业投资基金的投资决策，但规定只能对处于种子期的创新企业进行投资（后放松至扩张阶段初期）。创业投资公司提取固定的基金管理费和投资收益分成。与 YOZMA 一样，NZVIF 还设定了政府资本的退出机制，即每只 VIF 基金的其他投资者在基金成立的第五年末拥有以投资成本加利息购买 NZVIF 母基金股权的选择权。

2001 年开始启动 NZVIF 计划的第一轮投资，通过竞争方式确定接受 NZ-VIF 投资的私人投资基金。在新成立的 VIF 基金中，政府对每只基金的投资规模限制在 2 千 5 百万纽元以下。截至 2013 财年，NZVIF 一共成立了 9 家 VIF 基金。

2005 年，NZVIF 计划还进一步筹划设立共同投资种子基金（SCIF），其主要目标是通过专注于种子期和早期阶段的创业投资促进新西兰天使投资市场的发展。种子基金所投资的企业应是正从事市场拓展或创新技术开发的企业/R&D 密集型企业。

共同投资种子基金的初始规模为4000 万纽元，投资方式为共同投资，即与 NZVIF 选定的共同投资伙伴以 1∶1 的比例共同投资于所选定的企业。基金的运作期限设定为 12 年，预期的投资完成期限为 5 ~ 6 年。基金与每家合作伙伴的共同投资额不超过 400 万纽元（在对合作关系进行评估后，可以再追加 400 万纽元）；每一家企业或企业集团的投资不能超过 25 万纽元（特殊情况下可追加 25 万纽元）。截至 2013 财年，NZVIF 已与 14 家机构建立了合作伙伴关系。

3. NZVIF 计划的运作效果

（1）吸引了更多私人资本进入创业投资市场。在 NZVIF 计划实施后，新西兰国内创业投资规模已由 2003 年的 4 千万新元稳步增长至 2007 年的 8 千万新元（金融危机之后，新西兰创业投资市场受到严重冲击，2012 年的创业投资规模巨幅下降至 2700 万新元），同时在 SCIF 计划的刺激下，天使投资的年增长率达到了 8%。NZVIF 计划实施以来，财政资本的累计投入达到了 1. 08 亿新元，私人资本投入近 8 亿新元，其中 3. 75 亿新元直接由财政资本拉动，其杠杆放大效应非常明显。

（2）有力促进了国内创业投资产业的发展。在 NZVIF 计划实施之前，新西兰国内几乎没有专业化的创业投资基金，也缺乏具有专业技能的创业投资人才。NZVIF 计划实施之后，目前新西兰已有了 9 家专业化的创业投资基金，16 家天使投资基金，这些基金全部都是在 NZVIF 计划的资助下成立的。

（3）专注于早期阶段的项目投资，促进了高成长性企业的快速增长。NZVIF 计划一直坚持投资于早期阶段的创新企业和项目，实施以来，对 140 家以上处于种子期和初创期的企业进行了投资，并进一步吸引了更多私人资本投向这些企业（这些企业多处于软件与服务、生物技术、通信等高技术行业）。在 NZVIF 计划的资助下，这些企业产生了良好的经济效率，员工人均创造的收入为 17 万新元（2013 年为 19 万新元），超过全国 14 万新元的均值。在 NZVIF 投资的企业中，年收入超过 1000 万新元的企业有 8 家，其中 2 家超过 5000 万新元，1 家接近 1 亿新元，3 家已经公开上市。

（三）澳大利亚 IIF 计划

1984 年，澳大利亚直接出资设立了全国第一家创业投资基金，并由政府进行直接运营，但效果不佳。1992 年，市场化的创业投资基金开始成立，但直至 1996 年，创业投资规模不到 5 亿美元，仅占全球规模的 0.5% 左右，且投向早期阶段创新企业的资金几乎可以忽略不计。1996 年，产业研究和发展委员会决定改变这一现状，在对当时全球主要创业投资模式进行认真评估后，确定美国 SBIC 计划的运作模式最适合澳大利亚国情。故从 1997 年起，由政府出资先后成立了接近 20 家创业投资引导基金（多数已关闭，截至 2013 年仅剩“创业投资有限合伙基金（VCLP）”和“早期阶段创业投资基金有限合伙基金（ESVCLP）”继续运行），其中创新投资基金（IIF）计划最具影响性（2014 年宣布关闭）。

IIF 计划的设立主要目标有三个：一是为早期阶段（包括种子期、初创期和扩张初期）创新型小企业提供创新成果转化所必需的资本和管理技能；二是在澳大利亚培育专注于早期阶段创新投资的创业投资产业，并使其具有自我筹资能力，从而形成可持续发展局面；三是提升基金管理人才从事早期阶段创业投资的经验和技能。

IIF 的运作模式与 YOZMA 基金类似，由 IIF 与创业投资公司合作成立创业投资基金。IIF 根据基金拟定规模，以股权投资形式提供 50% 的配套资本，剩余 50% 由基金管理者负责募集私人资本。为吸引私人资本进入，政府在收益分配中制定了有利于私人投资者的分配政策。具体规定为：在进行基金投资收益分配时，首先补偿私人投资者和政府初始投入的本金和利息，若有盈利，则政府只分享 10% 的利润，剩余 90% 私人投资者和创业投资基金共同分配。若有亏损，则政府与私人投资者按其出资比例共担风险。为保证未来新成立创业投资基金中政府资本的来源，政府还从已回收的资本中提取一部分成立了一只循环基金。

IIF 计划下的创业投资基金只能对从事科技成果转化的小企业进行投资，并且所投资对象还必须是处于种子期、初创期或扩张初期等早期阶段、大部分资产和雇员位于澳大利亚境内、过去两年的平均销售收入不高于 400 万澳元，且任意一年的销售收入和净资产均不高于500万澳元的小企业。

如表3-6所示，IIF计划自实施以来一共进行了三轮募集，共成立了16家创业投资基金，资本募集总额为6.44亿澳元（其中政府资本3.61亿澳元，私人资本2.83亿澳元），超过100家高新技术企业获得过IIF基金的资助，并为投资者带来了4.8亿澳元的投资回报（截至2013年底）。

表3-6　　IIF计划的实施情况（截至2013年）

募集轮次		IIF1	IIF2	IIF3	合计
创业投资基金成立数量		5	4	7	16
资本募集（百万澳元）	政府	130	91	140	361
	私人投资者	67	66	150	283
	合计	197	157	290	644
投资回报（百万澳元）	政府	105	51	0.9	156.9
	私人投资者	266	56	1.1	323.1
	合计	371	107	2	480

资料来源：http://www.business.gov.au/；*Venture Capital in Australia*。

对IIF计划的详细评估（Murray，2010）表明：

（1）IIF计划中成立的创业投资基金，其投资于早期阶段创新企业的比例显著高于非IIF基金，且从投资企业中成功退出的比例也要高于非IIF基金；与非IIF基金相比，IIF基金更加专注于高新技术产业投资。

（2）由于IIF基金的投资领域具有高风险性，非IIF基金一般不愿进入，因此IIF计划并没有产生挤出效应，多数受IIF计划资助的企业很难从其他渠道获得企业所需资本。并且与非IIF基金相比，IIF基金为企业提供了更多的增值服务。

（3）不同基金经理管理下的IIF基金收益率存在很大的差异，基金经理的选择是决定基金收益的关键的因素；由于专注于早期阶段的创业投资，IIF基金管理人的创业投资技能普遍得提升。

（4）IIF计划的设立目标过于宏大，在实际运作中没有能够做到有效应对创业投资领域所面临的高度挑战，因此，IIF计划并没能达到促进澳大利亚创业投资产业繁荣的设定目标。

（四）境外创业投资引导基金的特征及其启示

表3-7列出境外其他典型引导基金的概况。

表3-7　　境外其他典型引导基金概况

基金名称	设立目标	基金规模	投资对象	激励措施
澳大利亚PSF计划	通过向大学和公共研发机构提供资金和管理增值服务，促进研发成果的产业化和“产学研”结合	下设A&B、GBS、Sciventure和Starfish四只创业投资子基金，总规模为10410万澳元	从事科技成果的产业化的企业	为私人投资者和创业投资公司制定更加优惠的收益分配制度
澳大利亚ESVCLP计划	促进澳大利亚的创投机构的发展，为基金经理提供资本结构世界一流创业投资基金	基金为有限合伙制，规模1亿澳元，政府和私人资本各占50%	专注于种子期、起步期和扩张初期创新企业投资	LP从ESVCLP获得的收益和资本得利免税；基金管理者有税收优惠
新加坡技术创业投资基金（TIF）	与全球知名创业投资基金和创业投资家合作，促进新加坡创业投资产业的全球性扩张	由早期阶段基金、战略基金和综合基金构成，总规模10亿美元，后增加到13亿美元	专注于种子期和起步期创新项目投资；向国外顶级创投基金投资等	对创业投资公司实施税收减免
法国国家创业投资引导基金	解决创新企业的融资困境，促进创新企业发展；促进法国创业投资产业发展	参股商业化创业投资基金（已超过100家）和创业投资母基金（7家）。资本管理规模接近100亿欧元	为创新型企业和国家科技成果推广署认定的科技成果转化企业投资	政府资本与私人资本地位赞同，按出资比例分享风险与收益
芬兰FII基金	通过创业投资和私募股权投资刺激芬兰商业，促进就业和经济增长，提升芬兰创业资本市场的发展和国际化	对企业直接投资（1.64亿欧元）；参股各类创业投资基金和创业投资基金母基金（资本管理规模合计7.3亿欧元）	早期阶段创新企业	政府资本与私人资本地位赞同，按出资比例分享风险与收益
台湾创业投资种子基金	促进台湾创业投资产业发展，培养本土科技与经营管理人才	前后设立了四期，总规模344亿新台币	创新企业及创业投资基金	税收优惠

通过对境外典型引导基金的分析可以发现，引导基金制度的核心在于吸引私人资本进入创业投资领域，并弥补商业化创业投资引导基金的不足，为处于早期阶段的创新型企业提供资本。为充分发挥中国创业投资引导基金的作用，以下经验和教训值得借鉴：

1. 明确引导基金的定位

境外引导基金制定的核心特点之一是弥补商业性创业投资引导基金的不足，致力于缓解早期阶段创新企业的融资困境，增强中小企业的创新能力和国际竞争力。这种定位可有效避免引导基金对商业性创业投资基金的挤出效应，从而形成多层次创业资本市场。

2. 充分发挥政府资本的杠杆放大作用

发挥引导基金中政府资本的杠杆放大作用，吸引更多私人资本进入创业投资市场是各国设计引导基金运作机制的重点关注内容。多数引导基金均采用税收优惠、亏损补偿、收益补偿等方式增加对私人资本的吸引力，因此对中国创业投资引导基金制度而言，如何设计恰当的优惠方案以放大财政资本的杠杆效应是一个值得进一步研究的问题。

3. 强化引导基金的引导作用

国外引导基金在实际运行中，多通过法律法规或经济激励强化引导基金的引导作用，这些引导作用主要体现在：一是引导私人资本进入创业投资领域，扩大本国创业资本来源；二是大力引导与国外创业投资机构的合作，促进本国创业投资产业和创业投资人才的成长；三是引导创业资本投向早期阶段创新企业或政府拟扶持的特定行业，弥补商业性创业资本偏重于投向成长期、成熟期企业的不足。

4. 避免多个引导基金之间的冲突

在设立创业投资引导基金计划时，应对不同引导基金的设立目标进行合理定位，确保不同目标能够形成有效互补局面，避免引导基金之间的无谓竞争和相互挤出。

5. 关注创新和创业投资人才的培养

国外政府在引导基金的设计和运作中高度关注创新和创业投资人才的培养和引进，在合作伙伴选择、投资导向、收益分配等方面为创新人才、创业投资人才和创新管理人才的发展建成起系统的激励机制，从而对推动企业技术创新和本国创业投资产业的发展起到了重要作用。

五、本章小结

本章对主要创新型国家（地区）促进企业技术创新的主要财政政策工具，即税收优惠、直接资助（补贴）和设立创业投资引导基金，促进私人资本投入企业创新活动等进行了分析，总结其主要特征、关键制度设计及典型做法，以期为中国相关政策工具的设计提供借鉴意义。尽管从实践上看，不同政策工具所达到的目标、适用范围、实施效果似乎呈现出明确的分界，然而从理论上看，以下几个问题并未得到一致的结论，甚而至于没有得到足够的关注。而为了设计出合适的财政政策工具为我所用，又必须对这些问题给出明晰的答案。

（1）理论上，企业创新资本来源途径具有多样化特征，可以来源于银行信贷、企业自有资本、天使资本、创业投资资本和政府财政资本，那么政府财政资本在其中的职能是什么？它与其他资本来源的区别和分界是什么？只有回答了上述问题，才能解决财政资助的对象选择问题。

（2）目前各国政策制定的实践和学术研究的重心集中在财政政策工具如何解决企业创新资源投入不足问题上，即如何扩大一国企业技术创新的规模。而与之紧密相关的问题是，不同政策工具或同一政策工具不同资助方案设计均可能影响到企业的行为选择，从而影响到技术创新的效率。因此，如何在扩大创新规模的同时提高创新效率应该成为政策设计的重要考虑范畴。

（3）与之相联系，就税收优惠而言，目前各国关注的是研发投入的税收减免，本质上是一种事前激励手段；另一种是对创新产出的税收优惠，属于事后激励。那么两种不同的税收优惠政策对企业技术创新规模和影响是否存在差异？应该如何设计合理的税收优惠政策？同理，财政直接支持政策出有不同的实现手段，不同手段所产生的政策效果有何区别，如何针对不同的目标设计合适的资助手段？不同税收优惠政策和直接补贴政策的实施效果有何差异？

（4）在创业投资引导基金制度中，如何设计相应的政策激励工具促进私人资本的进入？如何促进创业投资引导基金的引导作用，促进更多的资本投入到早期阶段的创新企业或创新项目？如何激励创业投资家愿意为创新企业提供更多的增值服务以确保创新提高？

第四章
中国促进企业技术创新的主要财政科技政策

改革开放以来，中国政府高度重视科技事业的发展，从 1978 年至今，中国科技政策大致经历了四次战略性调整：1978 年 3 月，邓小平在全国科学大会开幕式上发表讲话，正式提出“科学技术是第一生产力”，中国科技创新工作全面启动；1985 年中共中央发布了《关于科学技术体制改革的决定》，确立了中国科技政策从国防导向转向经济导向，从计划经济体制转向市场经济体制，全面落实“经济建设必须依靠科学技术，科学技术工作必须面向经济建设”战略指导思想。同期科技发展战略也进行了相应调整：一是面向经济建设，大力推动实现经济、社会发展目标的科技支撑计划，如“863”计划、“星火”计划等；二是跟踪高科技发展，侧重高新技术研究开发计划；三是推进基础研究和应用研究的“攀登”计划；1995 年，中共中央、国务院颁布了《关于加速科学技术进步的决定》，再次对科技体制改革和科技政策进行了顶层设计，并提出了“科教兴国”战略，使经济增长方式实现从粗放型到集约型的转变。同期的科技政策表现出资源向重大项目集中的特征，先后实施了“中国科学院知识创新工程”、“教育部 21 世纪教育振兴计划以及世界一流大学计划”（“985”计划）和“科技部国家重点基础研究计划”（“973”计划）、国家自然科学基金杰出青年基金项目等科教计划；2006 年中国政府颁布了《国家中长期科学和技术发展规划纲要（2006～2020 年）》，并作出《关于实施科技规划纲要、增强自主创新能力》的决定，明确提出今后 15 年科技工作的指导方针是“自主创新，重点跨越，支撑发展，引领未来”。同时国务院印发实施了《规划纲要》若干配套政策，从科技投入、税收激励、金融支持、政府采购、引进消化吸收再创新、创造和保护知识产权、人才队伍、教育和科普，科技创新基地与平台等很多方面给予保障措施，营造鼓励自主创新的政策环境。至此，作为国家创新体系建设中的有机构成部分，中国已经形成了促进经济创新发展的全面政策支撑体系。

企业是技术创新的主体，是知识转化为生产力的载体。伴随着中国科技政策的战略性调整，政府对企业技术创新活动的政策支持体系也日渐完善，先后颁布实施了多项法规和专项资助计划，利用税收优惠、直接资助、间接资助等多种手段促进企业技术创新。本章将对中国扶持企业技术创新的政策措施进行比较分析，总结其特点，发现其不足，以期为相关政策工具的改进提高合适的建议。

一、税收优惠政策

（一）现行税收优惠政策体系

经过多次税制改革，中国政府不断调整优化促进企业自主创新的税收优惠政策，目前所涉及的优惠税种涉及企业所得税、个人所得税、增值税、营业税、关税等多个税种，税收优惠覆盖面非常广泛。这些广泛的税收优惠措施可以根据其对企业创新活动阶段的影响划分为两类：即基于创新投入的税收优惠和基于创新产出的税收优惠。两者的主要区别在于，基于创新投入的税收优惠主要是为了降低企业创新要素的投入成本，属于前端优惠；而基于创新产出的税收优惠主要是使企业能够从创新活动中获得更多的收益，属于后端优惠。表 4－1 和表 4－2 分别列出了相关的主要税收优惠政策。需要注意的是，尽管地方政府没有制定税收优惠政策的权限，但许多地方政府均出台了相应的地方性配套政策措施，通过返还地方收缴的部分或全部税款，执行了比中央政府更加优惠的税收政策。鉴于各地行政配套措施繁多，本章不作具体分析。

表 4－1　　基于创新投入的税收优惠政策

	税收优惠内容	相关法规
加计扣除	企业 R&D 费用未形成无形资产计入当期损益的，按 R&D 费用的 50% 加计扣除；形成无形资产的，按无形资产成本的 150% 摊销，摊销年限不得低于 10 年；当年不足以扣除的，最长可结转 5 年扣除	《中华人民共和国企业所得税法》、国家税务总局《企业研究开发费用税前扣除管理办法（试行）》（国税发〔2008〕116 号）
税前抵扣	软件企业专项用于软件产品研发和扩大再生产并单独进行核算，可以作为不征税收入，在计算应纳税所得额时从收入总额中减除	财政部、国家税务总局《关于进一步鼓励软件产业和集成电路产业发展企业所得税政策的通知》（财税〔2012〕27 号）
	对社会力量资助非关联的科研机构和高等学校研究开发新产品，新技术，新工艺所发生的研究开发经费，经主管税务机关审核确定，其资助支出可以全额在当年度应纳税所得额中扣除。当年度应纳税所得额不足抵扣的，不得结转抵扣	财政部　国家税务总局关于贯彻落实《中共中央　国务院关于加强技术创新，发展高科技，实现产业化的决定》有关税收问题的通知（财税〔1999〕273 号）
	个体户研究开发新产品、新技术、新工艺所发生的开发费用，以及研究开发新产品、新技术而购置单台价值在 5 万元以下的测试仪器和试验性装置的购置费准予扣除	国家税务总局《个体工商户个人所得税计税办法（试行）》（国税发〔1997〕043）
加速折旧	企业用于研究开发的仪器和设备，单位价值在 30 万元以下的，可一次或分次计入成本费用，在企业所得税税前扣除。单位价值在 30 万元以上的，允许其采取双倍余额递减法或年数总和法实行加速折旧	财政部、国家税务总局《关于企业技术创新有关企业所得税优惠政策的通知》（财税〔2006〕88 号）
	企业外购的软件，凡符合固定资产或无形资产确认条件的，可以按照固定资产或无形资产进行核算，其折旧或摊销年限可以适当缩短，最短可为 2 年（含）	财政部、国家税务总局《关于进一步鼓励软件产业和集成电路产业发展企业所得税政策的通知》（财税〔2012〕27 号）

续表

	税收优惠内容	相关法规
税收抵免	进口规定科技开发用品免征进口关税和进口环节增值税、消费税；采购国产设备全额退还增值税	财政部、海关总署、国家税务总局《科技开发用品免征进口税收暂行规定》（令〔2007〕44号）；财政部、商务部、海关总署、国家税务总局《关于继续执行研发机构采购设备税收政策的通知》（财税〔2011〕88号）
	对符合规定条件的国内企业为生产国家支持发展的重大技术装备或产品而确有必要进口部分关键零部件及原材料，免征关税和进口环节增值税	财政部等六部委《关于调整重大技术装备进口税收政策的通知》（财关税（2014）2号）
	企业购置并实际使用相关专用设备的投资额的10%可以从企业当年的应纳税额中抵免；当年不足抵免的，可在以后5个纳税年度结转抵免	《中华人民共和国企业所得税法》、《中华人民共和国企业所得税法实施条例》

资料来源：根据中国相关税收法规整理所得。

表4－2　　基于创新产出的税收优惠政策

优惠税种	税收优惠内容	相关法规
增值税	一般纳税人销售其自行开发生产的计算机软件产品，可按法定17%的税率征收后，对实际税负超过6%的部分实行即征即退	财政部　国家税务总局关于贯彻落实《中共中央　国务院关于加强技术创新，发展高科技，实现产业化的决定》有关税收问题的通知（财税〔1999〕273号）
	属生产企业的小规模纳税人，生产销售计算机软件按6%（2000年6月调整为3%）的征收率计算缴纳增值税；属商业企业的小规模纳税人，销售计算机软件按4%（2009年全部下调为3%）的征收率计算缴纳增值税	财政部　国家税务总局关于贯彻落实《中共中央　国务院关于加强技术创新，发展高科技，实现产业化的决定》有关税收问题的通知（财税〔1999〕273号）
	电子出版物属于软件范畴，应当享受软件产品的增值税优惠政策	国家税务总局《关于明确电子出版物属于软件征税范围的通知》（国税函〔2000〕168号）

续表

优惠税种	税收优惠内容	相关法规
增值税	自2000年6月24日起至2010年底以前，对增值税一般纳税人销售其自行生产的集成电路产品（含单晶硅片），按17%的法定税率征收增值税后，对其增值税实际税负超过6%的部分实行即征即退政策。所退税款由企业用于研究开发集成电路产品和扩大再生产，不作为企业所得税应税收入，不予征收企业所得税	财政部、国家税务总局、海关总署《关于鼓励软件产业和集成电路产业发展有关税收政策问题的通知》（财税〔2000〕25号）
	2010年12月31日前，对属于增值税一般纳税人的动漫企业销售其自主开发生产的动漫软件，按17%的税率征收增值税后，对其增值税实际税负超过3%的部分，实行即征即退政策	财政部、国家税务总局《关于扶持动漫产业发展有关税收政策问题的通知》（财税〔2009〕65号）
	核力发电企业生产销售电力产品，自核电机组正式商业投产次月起15个年度内，统一实行增值税先征后退政策，返还比例分三个阶段逐级递减	财政部、国家税务总局《关于核电行业税收政策有关问题的通知》（财税〔2008〕38号）
	对企业生产销售特定再生资源产品分别实行免征增值税、增值税即征即退、增值税即征即退50%、增值税先征后退等优惠政策	财政部、国家税务总局《关于资源综合利用及其他产品增值税政策的通知》（财税〔2008〕156号）、《关于再生资源增值税政策的通知》（财税〔2008〕157号）
营业税	为了鼓励技术引进和推广，对科研单位取得的技术转让收入免征营业税	财政部、国家税务总局《关于对科研单位取得的技术转让收入免征营业税的通知》（［94］财税字第010号）
	科研机构的技术转让收入继续免征营业税，对高等学校的技术转让收入自1999年5月1日起免征营业税	财政部、国家税务总局《关于促进科技成果转化有关税收政策的通知》（财税〔1999〕45号）
	对单位和个人（包括外商投资企业，外商投资设立的研究开发中心，外国企业和外籍个人）从事技术转让，技术开发业务和与之相关的技术咨询，技术服务业务取得的收入，免征营业税	财政部、国家税务总局关于贯彻落实《中共中央　国务院关于加强技术创新，发展高科技，实现产业化的决定》有关税收问题的通知（财税〔1999〕273号）

续表

优惠税种	税收优惠内容	相关法规
营业税	符合条件的科技园自用以及无偿或通过出租等方式提供给孵化企业使用的房产、土地，免征房产税和城镇土地使用税；对其向孵化企业出租场地、房屋以及提供孵化服务的收入，免征营业税	财政部、国家税务总局《关于国家大学科技园有关税收政策问题的通知》（财税〔2007〕120 号）
	符合条件的孵化器自用以及无偿或通过出租等方式提供给孵化企业使用的房产、土地，免征房产税和城镇土地使用税；对其向孵化企业出租场地、房屋以及提供孵化服务的收入，免征营业税	财政部、国家税务总局《关于科技企业孵化器有关税收政策问题的通知》（财税〔2007〕121 号）
	对经认定的技术先进型服务企业离岸服务外包业务收入免征营业税	财政部、国家税务总局、商务部、科学技术部、国家发改委《关于技术先进型服务企业有关税收政策问题的通知》（财税〔2009〕63 号）
所得税等	国家需要重点扶持的高新技术企业，减按 15% 的税率征收企业所得税	《中华人民共和国企业所得税法》
	经认定的动漫企业自主开发、生产动漫产品，可申请享受国家现行鼓励软件产业发展的所得税优惠政策	财政部、国家税务总局《关于扶持动漫产业发展有关税收政策问题的通知》（财税〔2009〕65 号）
	集成电路线宽小于 0.8 微米（含）的集成电路生产企业，所得税执行两免三减半政策；集成电路线宽小于 0.25 微米或投资额超过 80 亿元的集成电路生产企业，经认定后，减按 15% 的税率征收企业所得税，其中经营期在 15 年以上的，在 2017 年 12 月 31 日前自获利年度起计算优惠期，第 1 年至第 5 年免征企业所得税，第 6 年至第 10 年按照 25% 的法定税率减半征收企业所得税；中国境内新办的集成电路设计企业和符合条件的软件企业，经认定后，所得税执行两免三减半政策；国家规划布局内的重点软件企业和集成电路设计企业，如当年未享受免税优惠的，可减按 10% 的税率征收企业所得税	财政部、国家税务总局《关于进一步鼓励软件产业和集成电路产业发展企业所得税政策的通知》（财税〔2012〕27 号）
	对我国境内新办软件生产企业经认定后，自开始获利年度起，第 1 年和第 2 年免征企业所得税，第 3 年至第 5 年减半征收企业所得税。对国家规划布局内的重点软件生产企业，如当年未享受免税优惠的，减按 10% 的税率征收企业所得税	财政部、国家税务总局、海关总署《关于鼓励软件产业和集成电路产业发展有关税收政策问题的通知》（财税〔2000〕25 号）

续表

优惠税种	税收优惠内容	相关法规
所得税等	科研机构、高等学校服务于各业的技术成果转让、技术培训、技术咨询、技术服务、技术承包所取得的技术性服务收入暂免征收企业所得税。自1999年7月1日起，科研机构、高等学校转化职务科技成果以股份或出资比例等股权形式给予个人奖励，获奖人在取得股份、出资比例时，暂不缴纳个人所得税	财政部、国家税务总局《关于促进科技成果转化有关税收政策的通知》（财税〔1999〕45号）
	在20个服务外包示范城市，对经认定的技术先进型服务企业，减按15%的税率征收企业所得税其发生的职工教育经费按不超过企业工资总额8%的比例据实在企业所得税税前扣除超过部分，准予在以后纳税年度结转扣除	财政部、国家税务总局、商务部、科学技术部、国家发改委《关于技术先进型服务企业有关税收政策问题的通知》（财税〔2009〕63号）
	自2006年1月1日起，国家高新技术产业开发区内新创办的高新技术企业，自获利年度起两年内免征企业所得税，免税期满后减按15%的税率征收企业所得税。企业开办初期有亏损的，可以依照税法规定逐年结转弥补，其获利年度以弥补后有利润的纳税年度开始计算	财政部、国家税务总局《关于企业技术创新有关企业所得税优惠政策的通知》（财税〔2006〕88号）
	创业投资企业采取股权投资方式投资于未上市的中小高新技术企业2年以上的，可以按照其投资额的70%在股权持有满2年的当年抵扣该创业投资企业的应纳税所得额；当年不足抵扣的，可以在以后纳税年度结转抵扣	《中华人民共和国企业所得税法实施条例》
	企业从事符合条件的环境保护、节能节水项目的所得，自项目取得第一笔生产经营收入所属纳税年度起，第1年至第3年免征企业所得税，第4年至第6年减半征收企业所得税	《中华人民共和国企业所得税法实施条例》
	企业以《资源综合利用企业所得税优惠目录》规定的资源作为主要原材料，生产国家非限制和禁止并符合国家和行业相关标准的产品取得的收入，减按90%计入收入总额	
	企业购置并实际使用《环境保护专用设备企业所得税优惠目录》《节能节水专用设备企业所得税优惠目录》《安全生产专用设备企业所得税优惠目录》规定的环境保护、节能节水、安全生产等专用设备的，该专用设备的投资额的10%可以从企业当年的应纳税额中抵免；当年不足抵免的，可以在以后5个纳税年度结转抵免	
	企业符合条件的技术转让所得不超过500万元的部分，免征企业所得税；超过500万元的部分，减半征收企业所得税	

续表

优惠税种	税收优惠内容	相关法规
所得税等	集成电路生产企业的生产性设备，内资企业经主管税务机关核准；投资额在3000万美元以上的外商投资企业，报由国家税务总局批准；投资额在3000万美元以下的外商投资企业，经主管税务机关核准，其折旧年限可以适当缩短，最短可为3年	财政部、国家税务总局、海关总署《关于鼓励软件产业和集成电路产业发展有关税收政策问题的通知》（财税〔2000〕25号）
	央直属科研机构以及省，地（市）所属的科研机构转制后，自1999~2003年5年内，免征企业所得税和科研开发自用土地的城镇土地使用税	财政部、国家税务总局关于贯彻落实《中共中央　国务院关于加强技术创新，发展高科技，实现产业化的决定》有关税收问题的通知（财税〔1999〕273号）

资料来源：根据中国相关税收法规整理所得。

（二）现行税收优惠政策存在的主要问题

1. 偏重于后端优惠，对创新投入的优惠力度不足

从表4-1和4-2很容易看出，中国现行的税收优惠政策更倾向于对创新产出的优惠，对创新投入的优惠相对较弱。这一直觉判断可以从表4-3得到进一步的验证。由表4-3可以看出两个明显的事实，一是税收优惠已经成为中国政府扶持企业技术创新的主要政策工具，这一趋势已经超过上一章所分析的多数国家。就2015年而言，税收优惠与政府财政直接投入的比例高达2.75∶1；二是基于产出的税收优惠力度远高于基于投入的税收优惠。就已有统计资料而言，2009~2015年对高新技术企业的税收减免显著高于对研发投入的税收减免，说明政府更偏重于对创新产出的激励。

表4-3　企业R&D税收优惠与政府直接财政投入　单位：亿元

项目	2000年	2001年	2002年	2003年	2004年	2005年	2006年	2007年
R&D经费中的政府资金	43.2	41.1	53.7	51.8	64.8	81.9	105.4	144.3
R&D费用加计扣除减税	25.3	21.7	16.6	35.5	65.1	74.6	93.2	93.5

续表

项目	2000 年	2001 年	2002 年	2003 年	2004 年	2005 年	2006 年	2007 年
高新技术企业减免税	na	na	na	na	na	na	na	na
项目	2008 年	2009 年	2010 年	2011 年	2012 年	2013 年	2014 年	2015 年
R&D 经费中的政府资金	192.7	212.6	261.7	374.2	316.1	359.8	376.3	419.1
R&D 费用加计扣除减税	111.2	150.4	178.2	252.4	298.5	333.7	379.8	449.3
高新技术企业减免税	na	260.5	346.3	539.6	527.5	585.5	613.1	702.3

资料来源：《工业企业科技活动统计资料（年鉴）》2006～2016 年。

从第三章的分析可以看出，就我们所分析的国家（地区）而言，他们更加注重对创新投入的税收优惠。出现这一区别的原因在于，政策制定者认为，创新市场的失灵主要体现在创新资源的配置不足，由于创新投入的私人收益小于社会收益，因此政府的作用在于通过税收优惠降低企业创新投入的成本，从而间接提高创新投入的收益，最终使全社会的创新投入达到社会最优。然而并不能由此就认为我国的税收优惠政策出现了偏差，从后文的分析我们可以看到，创新市场的失灵并不仅仅体现在资源的投入上，财政资本的投入还将面临事后的信息不对称问题，即获得资助的企业可能低效率使用财政资金，而基于创新产出的优惠则可有效避免这一问题。换句话说，基于投入和基于产出的税收优惠所能达到的目标是不一样的。简而言之，基于投入的优惠能够有效刺激创新资源的投入，而基于产出的优惠可以有效提高创新资源的使用效率。就中国企业创新投入的现状而言，中国仍然面临创新资源投入不足的问题，因此基于投入的税收优惠是必要的。一个显然的原因在于，基于产出的激励仅对有创新产出的企业有利，因而初创企业通常无法享受。而这部分企业往往受融资约束的影响最大，因而最需要基于投入的激励。问题在于现有税收优惠的力度是否足够满足企业的需要？

表 4－4 对 2013 年 30 个国家企业单位创新资本投入所享受的税收优惠强度进行了排序。从中可以看出两点，一是中国基于投入的税收优惠强度横向比较不高。对大企业的优惠强度排名第 16，对小企业的优惠强度排名第 19；二是缺乏对于中小企业创新投入的特别税收优惠措施。与其他国家一样，中小企业也是中国技术创新的主体，并且在现行金融体系融资能力更弱，因此，

他们更应获得税收优惠。未来中国创新税收激励政策应该针对中小企业制定特别税收优惠政策。

表 4-4　30 个国家企业创新投入的税收优惠强度比较（2013 年）

国家	大企业		中小企业	
	优惠力度	排序	优惠力度	排序
葡萄牙	0.49	1	0.62	1
法国	0.28	7	0.51	2
西班牙	0.38	2	0.38	3
智利	0.35	3	0.35	4
荷兰	0.14	15	0.34	5
匈牙利	0.33	4	0.33	6
加拿大	0.18	12	0.33	7
爱尔兰	0.29	5	0.29	8
芬兰	0.28	6	0.28	9
英国	0.08	20	0.28	10
巴西	0.26	8	0.26	11
韩国	0.10	19	0.26	12
挪威	0.22	9	0.25	13
南非	0.22	10	0.22	14
捷克	0.20	11	0.20	15
澳大利亚	0.12	17	0.18	16
比利时	0.15	13	0.15	17
日本	0.14	14	0.15	18
中国	0.14	16	0.14	19
奥地利	0.12	18	0.12	20
美国	0.07	21	0.07	21
波兰	0.00	22	0.00	22
墨西哥	-0.01	23	-0.01	23
丹麦	-0.01	24	-0.01	24

续表

国家	大企业		中小企业	
	优惠力度	排序	优惠力度	排序
瑞典	-0.01	25	-0.01	25
瑞士	-0.01	26	-0.01	26
卢森堡	-0.01	27	-0.01	27
斯洛伐克	-0.01	28	-0.01	28
德国	-0.02	29	-0.02	29
新西兰	-0.02	30	-0.02	30

资料来源：根据 *OECD Science, Technology and Industry Scoreboard* 2015 数据整理。

2. 对“产学研”协同创新的税收激励不足

知识生产与知识转化的脱节是各国技术创新活动中或多或少都存在的共性问题，因此许多国家都力图通过税收优惠的方式缓解这一问题。最典型的做法就是对企业与大学和科研院所进行合作研发的支出给予更加优惠的税收待遇，如采用更高的加计扣除比例或更高的税收抵免率等。而中国目前没有相应的特别税收优惠条款，从而对于企业进行“产学研”合作的激励不足。

3. 税收激励政策的“特惠制”特征削弱了政策的实施效果

现行税收优惠政策具有显著的特惠制特征，即税收优惠政策仅适用于特定的企业、特定的行业或特定的区域，不能惠及所有从事技术创新的企业。例如，许多优惠政策仅适用于高新技术企业，传统企业的技术创新活动得不到相应的扶持；而从行业特征看，软件和集成电路行业所享受的一些税收优惠排除了其他高技术行业；从区域特征看，东西部企业之间存在差距、园区内外企业之间存在差距、高新区内外企业之间存在差距。未来税制改革的方向应该屏除企业、行业和区域基准，统一以创新活动作为税收优惠的对象。这样做不但可以实现税收优惠制度的公平性，更能消除税收优惠政策被一些不从事创新活动的企业所滥用。

4. 税收优惠政策缺乏规范性和统一性

多数税收优惠政策是以条例、通知、补充说明等方式出现的，缺乏统一性和规范性，税收优惠政策的导向性不够明确。一些优惠政策只有原则性规定，政策弹性空间大，随意性强，增加了企业享受税收优惠的成本；还有一些优惠政策变动频繁，缺乏长期稳定性，从而影响企业长期预期的形成，不利于发挥税收优惠政策的激励效应。

二、财政科技投入与专项科技计划

直接财政科技投入可以衡量一国政府对于创新活动的支持力度，也与企业的技术创新活动紧密相关。但财政科技投入的资助对象除了企业外，还包括高校和科研机构，因此为分析政府直接财政资助对企业技术创新的扶持力度，有必要在财政科技资助的总体范畴内考察这一问题。

（一）中国财政科技投入现状

改革开放以来，随着科学技术是第一生产力的观点为全社会广泛认同，全社会创新资源的投入力度不断加强，政府对创新活动进行直接扶持的财政科技拨款也呈不断上升趋势。期间随着对创新规律的认识不断深入，政府的财政资助政策也在不断进行调整并呈现出以下特点：

1. 财政科技投入规模不断扩大，但仍有增长空间

图4－1给出了1980～2015年间中国财政科技拨款及其占当年公共财政支出比重的变动情况。从图中可以看出，在1980～2015这36年间，中国财政科技拨款由64.59亿元上升到7005.8亿元，名义增长率高达107.5倍，年均复合增长率（名义）达到14.33%，无论从规模还是从增速上都体现出了惊人的变化。但财政科技投入的高速增长并不意味着政府对科技创新活动的支持与经济规模相适应。从财政科技拨款占公共财政支出的比重上看，中国

在这 36 年间总体而言呈下降趋势，尽管在 2000 年达到最低值后缓慢上升，但至今仍未达到 20 世纪 90 年代中期之前的水平。这说明对创新活动的财政扶持仍有增长空间。

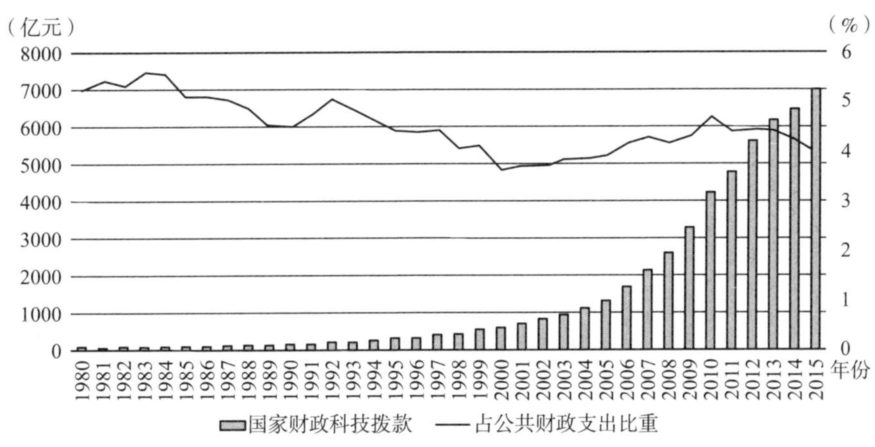

图 4－1　中国历年财政科技拨款变动情况

资料来源：《中国科技统计年鉴 2016》。

图 4－2 进一步比较了中国与美国、英国、德国、日本、韩国、全部

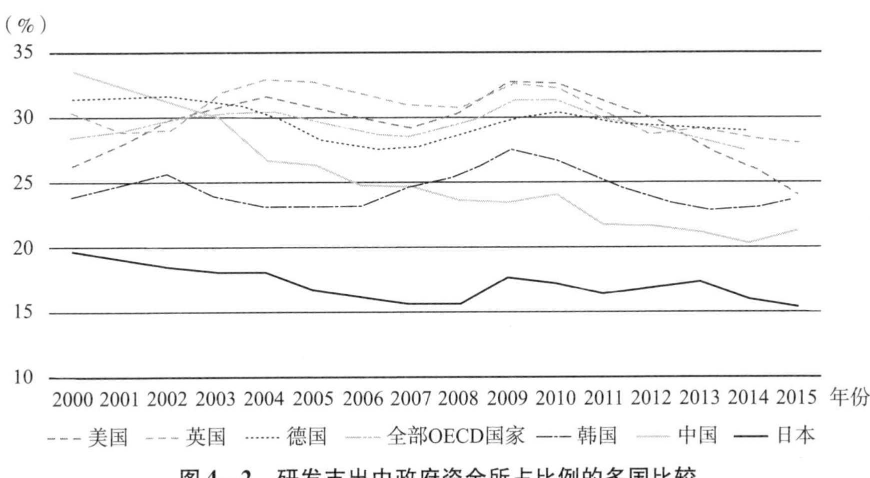

图 4－2　研发支出中政府资金所占比例的多国比较

资料来源：OECD 统计数据库。

OECD 国家研发支出中政府资金所占比例。从中进一步可以看出，21 世纪以来，除中、日两国外，其余国家在对研发活动的支持上虽然有波动，但基本保持稳定，而中国则出现了明显的下降趋势。从 2007 年开始，全国研发支出来源于政府资金的比例仅高于日本而低于其他创新大国和强国。如果说这种趋势一方面反映出企业已经成为了中国创新活动的主体，然而对比其他国家的经验（这些国家均强调市场机制），是否可以从另一方面认为中国政府在创新活动中存在缺位现象呢?

2. 基础研究和应用研究投入欠缺，政府干预创新资源投入失灵的力度不足

表 4 –5 分析了 27 个国家（地区）全部 R&D 支出和企业 R&D 支出的最新构成。从表中可以发现一个非常明显的特点：无论是从企业 R&D 支出还是从全部 R&D 支出看，中国在基础和应用研究上的投入均居于上述国家（地区）的最低水平，由此可以反映出二个事实：一是政府在干预创新资源市场失灵方面的力度不足，存在一定程度的缺位现象。由于基础研究和应用研究具有较高的技术外溢效应，私人资本普遍缺乏投入激励，因此政府应该成为基础研究和应用研究投入的主体；二是中国政府在激励企业进行基础研究和应用研究方面所采取的税收和补贴政策效果不佳。虽然政府应该成为基础研究和应用研究的投入主体，但并不妨碍政府引导企业加大这方面的投入。原因在于，作为知识生产的基础研究和应用研究通常与知识转化的试验发展研究存在脱节现象，这一脱节现象单纯依靠政府加大对高校和科研机构的投入并不能完全解决，因为大学和科研机构不是追求利润最大化的利益主体，其所选择的研究方向或项目很难完全顺应市场的需要，因此许多国家在财政资助政策的设计中注重企业 R&D 活动的前向延伸，即鼓励企业根据市场需求对竞争前关键技术进行研发而非单纯从事产品的开发和推广，同时也鼓励大学和科研机构与企业合作进行技术研发。综合而言，上表所反映的事实表明，就中国的现状而言，政府对基础研究和应用研究的资助力度非常欠缺，同时对于“产学研”合作的引导不足。

表 4-5　　各国 R&D 支出的构成对比分析　　单位：%

国家	年份	全部 R&D 支出分类			企业 R&D 支出分类		
		基础研究	应用研究	试验发展	基础研究	应用研究	试验发展
中国	2015	5. 05	10. 79	84. 16	0. 10	3. 03	96. 87
智利	2015	36. 70	39. 30	24. 00	12. 33	39. 75	47. 92
罗马尼亚	2014	35. 28	44. 04	20. 68	15. 53	53. 62	30. 85
波兰	2014	33. 53	19. 74	46. 73	5. 01	16. 06	78. 94
捷克	2014	30. 97	34. 98	34. 05	2. 90	41. 79	55. 30
墨西哥	2015	28. 25	30. 08	41. 67	4. 30	14. 71	80. 99
荷兰	2014	27. 43	46. 20	26. 37	10. 51	45. 34	44. 15
新西兰	2013	25. 18	39. 11	35. 75	6. 90	32. 34	60. 83
意大利	2014	24. 89	47. 02	28. 09	8. 43	48. 21	43. 37
法国	2014	24. 39	37. 59	34. 75	6. 04	42. 62	51. 34
南非	2013	23. 78	47. 28	28. 94	8. 22	51. 67	40. 11
葡萄牙	2014	23. 21	39. 37	37. 42	2. 60	32. 98	64. 42
西班牙	2014	22. 71	40. 45	36. 84	4. 78	37. 85	57. 37
澳大利亚	2008/2013	20. 00	38. 60	41. 40	6. 33	32. 54	61. 12
比利时	2013	19. 93	38. 67	41. 35	11. 05	39. 97	48. 98
新加坡	2014	19. 67	32. 07	48. 25	10. 66	30. 11	59. 23
丹麦	2013	19. 25	37. 58	43. 17	6. 03	33. 39	60. 58
奥地利	2013	18. 87	35. 55	43. 92	6. 41	34. 63	58. 96
韩国	2015	17. 23	20. 84	61. 94	12. 44	19. 34	68. 22
美国	2015	17. 19	19. 42	63. 39	6. 29	15. 30	78. 41
英国	2014	16. 91	43. 33	39. 76	6. 51	40. 88	52. 62
俄罗斯	2015	15. 46	19. 86	64. 68	1. 42	12. 23	86. 36
日本	2015	11. 91	19. 86	63. 69	6. 67	17. 20	75. 86
以色列	2014	9. 83	9. 37	80. 80	1. 50	7. 50	91. 00
芬兰	2014	NA	NA	NA	4. 17	14. 43	81. 40
土耳其	2014	NA	NA	NA	9. 59	17. 31	73. 10
德国	2013	NA	NA	NA	5. 72	49. 37	44. 92

资料来源：根据 OECD 统计数据库相关资料整理所得。

3. 财政科技投入中地方政府所占比重持续增加

图 4－3 给出了 1990～2015 年间政府财政科技拨款中中央政府和地方政府所占比例的变动情况。从中可以看出，中央政府财政科技投入的比重总体而言呈下降趋势，从 2007 年开始，地方政府财政科技投入超过中央（2009 年微弱低于中央），说明地方政府已经成为财政科技投入主体。这一变动趋势一方面可以说明地方政府越来越看重科技创新对区域经济增长的作用；另一方面也有助于解释中国当前基础研究和应用研究投入不足的原因。对地方政府而言，基础研究和应用研究由于见效周期长且具有外部性，地方政府通常不愿意进行投入。有限的财政资源一般会投向能够短期见效的新产品开发和推广，由此使得中央政府成为基础研究和应用研究的惟一投入主体。然而在财政科技投入中，中央政府的份额在不断下降，由此出现基础研究和应用研究投入总量虽然在不断增长，但其占研发总投入的相对比例却不升反降。

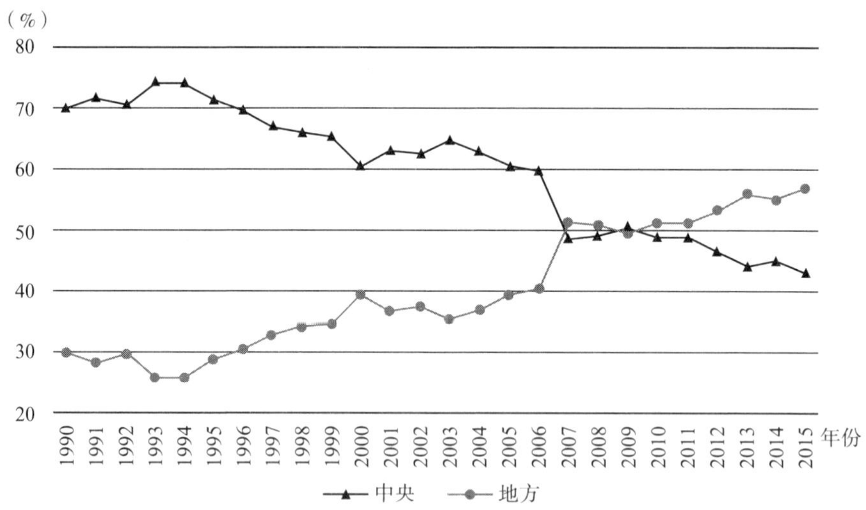

图 4－3　财政科技拨款中地方与中央政府所占比例变动情况

资料来源：《中国科技统计年鉴 2016》。

4. 地方财政科技投入和对企业的财政科技资助存在地域差异

图 4－4 描绘了 2015 年地方财政科技拨款占地方公共财政支出的比例。

从中可以看出，由于各地经济发展水平不一，地方财政对于科技创新活动的支持力度也不一致。东部地区由于经济比较发达，财政保障能力充足，因此对创新活动的财政科技投入力度最高，2015 年达到3.33%，高于全国2.27%的平均水平，其中北京更超过了 5%。当年全国地方财政科技拨款超过 100 亿元的省市一共有 9 个，其中东部地区 7 个，中部地区 2 上。而广东一地的财政科技投入高达570 亿，超过西部地区总和（492 亿）。西部地区由于财政基础和产业基础较为薄弱，因此对区域创新的支持强度也较低，2015 年西部地区财政科技拨款占公共财政支出的比例仅为 1.16%，远低于全国平均水平。

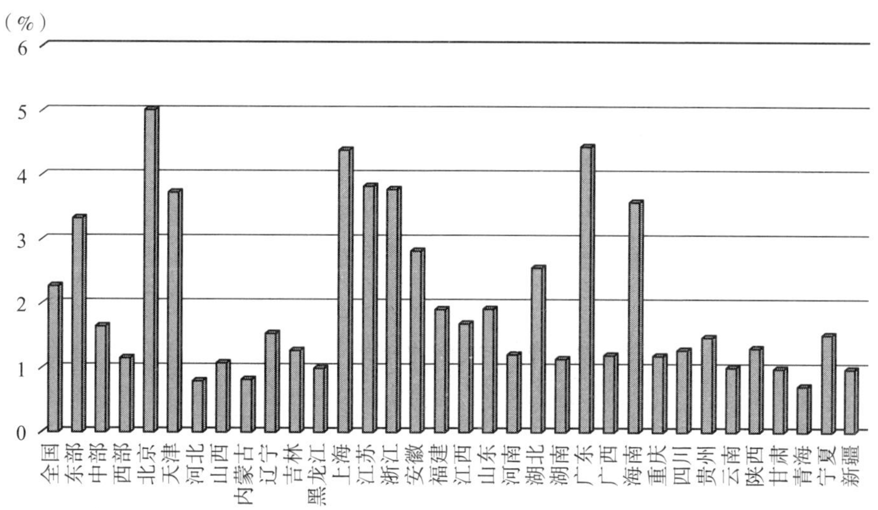

图 4－4　地方财政科技拨款占地方公共财政支出的比例（2015 年）

资料来源：根据各地 2016 年统计年鉴整理所得。

图 4－5 描绘了 1997～2015 年间东中西部地区地方财政科技拨款占公共财政支出比例的动态变动情况，一个值得关注的问题是，长期以来，东部地区地方政府对创新活动的财政扶持强度呈持续递增趋势，而西部地区则呈持续下降趋势，中部地区在经历了相当长一段时间的持续下降趋势后，目前在一个较低的水平保持平稳状态。由此所反映出来的一个事实是，经济发展程度越高的地区，科技与经济之间的双边良性促进作用越明显，而在经济欠发

达地区，科技与经济之间可能尚未形成互为推动的紧密协作关系。

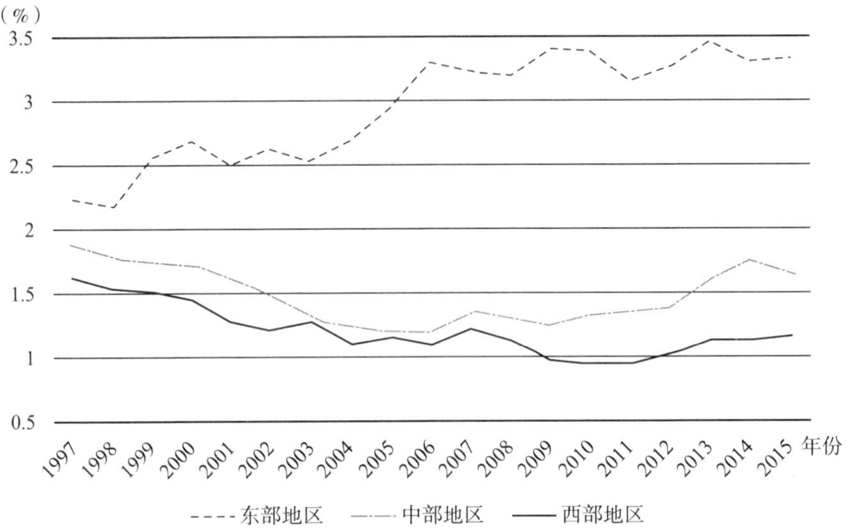

图 4-5　1997~2015 年东中西部地区地方财政科技拨款的变动趋势

资料来源：根据各地历年统计年鉴整理所得。

这一推断可为个事实所佐证，根据《中国科技统计年鉴 2016》的数据测算，东中西部地区 2015 年规上工业企业 R&D 经费内部支出中政府资金所占比重分别为 3.21%、5.19% 和 9.22%，这一差异可能反映的一个事实是，经济发展程度越高的地区，企业自主创新的意愿越强，政府资金对企业创新投入的拉动作用越强；而经济欠发达地区，企业自主创新意愿不足，需要政府更加强力的推动，而囿于地方财力，政府的推动作用有限，由此可能陷入一种恶性循环状态。然而这种区域之间创新不平衡状态能否单纯依靠中央政府实施不倾斜性区域优惠政策得到解决是一个值得深入研究的新课题。

（二）主要科技资助计划及其存在的问题

直接财政资助政策所面临的首要问题是资助对象的选择。随着 20 世纪 80 年代以来科技体制的改革，中国开始通过科技计划的方式，在科技经费的资助中引入竞争，此后为实现近期或中远期优先科技目标，科技管理部门又不断推出新科技计划。据不完全统计，进入新世纪以来，中央财政用于主要科技计划的支出大幅度飙升，由2000年的43.5亿元上升至2015年的540.8亿元（见图4－6），科技计划已经成为财政科技投入的主要方式。

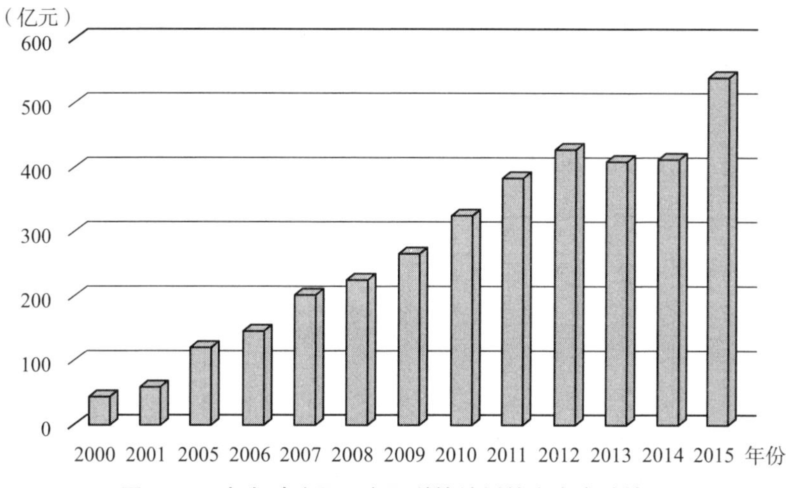

图4－6 中央财政用于主要科技计划的支出变动情况

资料来源：《中国科技统计年鉴》（2001～2016年）。

中国现有科技计划主要由科学技术部和国家自然科学基金委员会组织实施。其中科技部组织实施的科技计划最多，目前已超过20个。这些计划主要由国家科技攻关计划、国家科技支撑计划、863计划和973计划等主体计划和研究开发条件建设计划、科技产业化环境建设计划等两个环境建设计划构成。其中两个环境建设计划又由若干具体计划构成。国家自然科学基金委员会所管理的国家自然科学基金目前已经形成了包括面目项目、重点项目、重大项目、重大研究计划项目、杰出青年科学基金项目、国际合作和交流项目等在内的完整资助体系。图4－7给出了中国主要专项科技计划框架，各计划的设立时间、设立目标、资助领域及资助对象、资金来源、项目管理等相关信息可由中华人民共和国科学技术部网站获取（http：//www.most.gov.cn/kjjh/）。

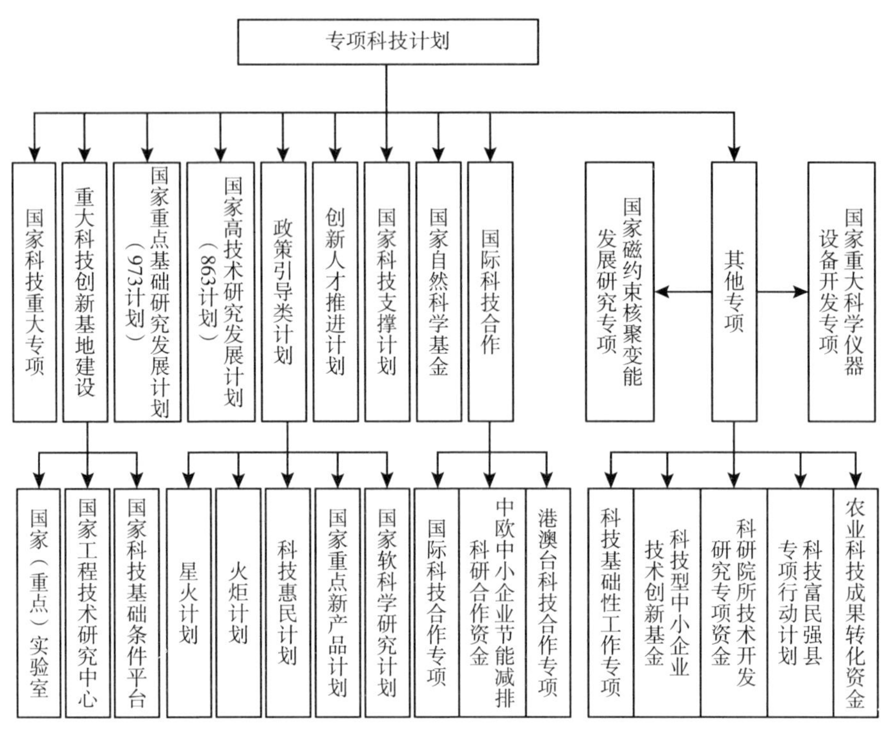

图 4-7　中国主要专项科技计划示意

为分析科技资助计划对企业创新活动的影响，表 4-6 简单概述了中国现行主要科技计划，并给出了近年来中央财政拨款情况。

表 4-6　国家主要科技计划中央财政拨款　　单位：亿元

项目		2001 年	2005 年	2010 年	2013 年	2014 年	2015 年
863 计划		7.32	39.86	51.15	52.03	51.53	19.69
科技支撑计划/科技攻关计划		10.53	16.24	50.00	61.26	65.11	69.50
基础研究计划	国家自然科学基金	15.98	27.01	103.81	161.62	194.03	258.43
	国家重点基础研究发展计划（973 计划）	6.00	10.00	27.18	28.28	29.91	26.85
	国家重大科学研究计划	0.00	0.00	12.82	12.27	13.55	16.63

续表

项目		2001 年	2005 年	2010 年	2013 年	2014 年	2015 年
科技基础条件建设	科技基础条件平台专项	0.00	5.73	0.00	2.74	2.74	2.74
	国家重点实验室建设计划	1.30	1.34	27.59	28.91	30.45	114.81
	国家工程技术研究中心	0.50	0.60	1.05	0.99	0.99	0.99
	科技基础性工作专项	2.00	0.00	1.55	2.39	1.80	2.30
	国际科技合作重点项目计划	1.00	1.80	13.02	7.54	13.80	13.69
	科研院所技术开发专项	1.58	1.86	2.50	3.00	3.00	
星火计划		1.00	1.17	2.00	1.88	1.89	1.80
火炬计划		0.70	0.70	2.20	2.07	2.07	2.00
国家重点新产品计划		1.40	1.40	2.00	1.87	1.86	
科技型中小企业技术创新基金		7.83	9.88	42.97	51.21		11.36
农业科技成果转化资金		4.00	3.00	5.00	5.00		
合计		61.15	120.60	344.84	423.06	412.73	540.78
其中：涉及企业的科技计划拨款		32.78	72.25	155.32	175.32	122.46	104.35
占全部科技专款的比例		53.61	59.91	45.04	41.44	29.67	19.30

资料来源：历年《中国科技统计年鉴》。

进一步分析可以看出，中国当前所实施的科技计划具有以下特征，同时也存在相应的不足之处。

1. 定位明确，覆盖完善，但计划之间存在交叉重合，忽视服务业创新

所有科技计划目标明确，强调自主技术研发，鼓励自主创新，提高国家创新能力。科技计划覆盖了基础研究、应用研究、试验发展与技术扩散、科技基础设施和环境建设、人才培养、国际合作等广泛的领域。比较而言，中

国科技计划更加强调应用研究和试验发展，对基础研究的关注相对较弱。一些科技计划所重点支持的领域存在交叉重合，例如四个主体科技计划（863、973、国家科技支撑计划、国家重大科学研究计划）都覆盖了相同的研究领域（信息技术、先进制造业、生物、制药、资源与环境、新材料、能源等）。此外，科技计划强调国家关键产业高新技术产品开发及生产技术发展，很少关注服务业创新。而根据 OECD 国家的经验，知识密集型服务业的发展对于促进企业生产力的增长，促进知识的生产和转移方面具有不可替代的作用，因此未来科技计划应该关注服务业技术创新。

2. 对于“政产学研用”合作创新网络体系的培育不足

中国科技计划的资助对象越来越多元化，在大多数科技计划的主要资助对象仍然集中于高等院校和科研机构。尽管政府早已认识到鼓励“产学研”合作的重要意义，并且一直将其作为科技体制改革的首要目标，但主体科技计划中仅“863”计划和国家科技支撑计划较多涉及“产学研”合作，企业逐渐成为这两个科技计划的实施主体（见表 4－7）。由于各创新主体之间的合作是决定国家创新效率的重要因素，因此许多国家都通过专项科技计划鼓励“产学研”合作、培育创新网络体系，而中国绝大多数科技计划并未将不同创新主体之间的有效合作作为项目申报评审和验收考核的标准，因此对“产学研”合作的重视缺乏具体操作措施。

表 4－7　以企业为主体的国家科技计划实施情况对比（2000 年与 2012 年）

年份	项目	“863”计划	国家科技支撑计划	火炬计划	星火计划	合计
2000	实施项目数（项）	1625	3005	2797	1889	9316
	当年落实项目资金（万元）	14.88	35.33	362.35	155.49	568.05
	政府资金	6.32	13.48	7.16	7.61	34.57
	政府资金占比（%）	42.48	38.16	1.98	4.89	6.09
	科研机构项目资金占比（%）	31.90	37.60	1.81	2.15	4.92
	高等学校项目资金占比（%）	22.00	19.50	0.37	0.34	2.12
	企业项目资金占比（%）	38.10	32.80	97.00	89.10	89.30

续表

年份	项目	"863"计划	国家科技支撑计划	火炬计划	星火计划	合计
2012	实施项目数（项）	2629	1915	5733	3852	14129
	当年落实项目资金（万元）	123.19	83.24	877.70	167.61	1251.7
	政府资金	51.00	23.28	19.74	7.09	101.11
	政府资金占比（%）	41.40	27.96	2.25	4.23	8.08
	科研机构项目资金占比（%）	8.66	12.03	0.19	3.79	2.29
	高等学校项目资金占比（%）	23.22	17.46	0.06	3.28	3.93
	企业项目资金占比（%）	65.79	67.97	98.48	87.56	91.77

资料来源：根据《中国科技统计年鉴》数据整理所得（2013 年因统计口径变化，火炬计划和星火计划不再公布资金使用部门。2014 年后主要科技计划实施主体及资金来源信息不再公布，故本表只使用了 2012 年数据）。

3. 对传统行业中小企业的创新激励不足

和其他国家一样，中国实施了促进中小企业技术创新的专项科技计划，如科技型中小企业技术创新基金、火炬计划等。但这这些科技计划有一个共同的特点，其重点支持对象是高新技术企业，而忽视了对大量传统中小企业的创新激励。如科技型中小企业技术创新基金主要为科技型中小企业的创新项目提供资金资助，火炬计划的一项职能是为支持小型高技术企业的创立。其他国家的专项科技计划也曾存在类似的问题，但目前这些国家已经意识到对高新技术企业的扶持意味着排队了占绝大多数的传统中小企业，因此目前美国和欧盟的许多国家主要通过对传统中小企业进行政府技术采购来弥补这一不足。此外，现有支持中小企业的科技计划主要是为中小企业的技术创新提供资金支持，但对中小企业而言，其技术创新活动不但面临资金约束问题，在其他资源，例如技术创新人才、创新技能等方面同样面临资源短缺问题，因此支持中小企业的专项科技计划应该提供考虑为中小企业提供其短缺的创新服务。

4. 财政科技资金的多头管理降低了使用效率

当前用于支持企业技术创新的财政科技资金主要由科技部、发改委。商务部、财政部等多个部门管理，除了上述专项科技计划主要由科技部负责外，还有许多产业基金、专项计划由其他部门负责组织实施。由于部门之间的沟通协调不足，各管理部门科技资助的侧重点和目标存在交叉重复，由此导致财政科技资金的重复投入和支持强度不足的现象并存，降低了财政资金的使用效率。例如，据统计，我国大型仪器设备的总量与欧盟大致相当，但其利用率不足 25%，而发达国家的利用率却能达到 170% ~200%[①]。同时，由于不同部门支持领域存在重合，就为部分单位或个人就同一项目进行重复申报提供了可能的空间，从而造成科研项目重复支持。与此同时，财政资金的分散管理也导致对同一领域不同项目的支持强度减弱，不利于形成关键性、突破性成果。

5. 资金来源结构多元化，财政资金的引导作用日益增强

专项科技计划的资金来源日益多元化，中央政府、地方政府、企业和金融机构在分工比较明确。引导基础研究的科技计划主要来源于中央财政拨款，应用研究计划则由中央、地方政府和企业共同承担，而技术扩散或产业化项目则主要由企业及银行贷款承担（见表 4 -7）。对比表 4 -7 中 2000 年与 2012 年企业作为主要参与方的四个科技计划可以发现，政府财政资本所占的比重均低于社会资本来源并且存在下降趋势，一方面说明财政资本的引导作用日益增强；另一方面有利于对企业形成激励约束机制，从而提高财政资金的使用效率。

6. 项目管理水平日益提高，但仍然存在改进空间

改革开放以来，科技计划的项目管理体制日益强调公平公开，所有科技计划均建立了公开的项目申报制度、公平竞争的项目评审制度和严格的项目管理评估制度，但在具体实施中，仍然存在进一步强化的空间：一是

---

① 贾康等：《建设创新型国家的财税政策与体制变革》，中国社会科学出版社，2011 年，第 1 版。

科技经费管理缺乏有效的监督机制，虽然每个专项科技计划均有配套的资金管理办法，然而在具体实施过程中主要是由计划相关主体进行自主监控，资金管理的效果不明显，财政资金的使用效率得不到保障。近年来，科技管理部门开始逐渐引入第三方独立机构进行项目资金审计，预期这一局面将得到有效改善；二是科技计划的实施效果评价制度尚待进一步健全。当前的科技计划（项目）评估主要是一种内部审核，缺乏公开性和透明性。由于科技计划（项目）评估的复杂性和困难性，短期内建立起科技的评价体系和评价标准并不现实，因此未来应该加强评估的制度化建设，强化计划（项目）全过程信息的收集和公开，利用学术研究、第三方独立评估机构等社会力量，从不同方面对计划（项目）的实施情况进行评估，从而充分利用外部力量的约束强化科技计划监督，提高财政资金的使用效率。

三、政府采购

（一）中国政府采购促进企业技术创新的历程及立法

与发达国家200多年的政府采购经验相比，中国的政府采购政策起步较晚，但近年来发展迅速。采购规模已由1998年的31亿元增长至2014年的17305亿元，政府采购在GDP中的占比相应由0.04%提高至2.72%。在政府采购快速发展的同时，为保证政府采购的公平和效率，并利用政府采购促进国内企业技术创新，中国政府采购规则及立法也在不断完善中。从纵向看，中国政府采购制度的实施大致经历了试点、推广、制度化与法制化三个阶段。而利用政府采购促进自主创新则主要体现在第三个阶段上。

1996～1998年是中国开始实施政府采购政策的试点阶段，主要是探索政府采购的背景、程序用具体采购步骤。1996年，财政部确定深圳和上海作为政府采购的先行试点区，1997年1月，深圳市颁布中国第一部地方性政府采购法规——《深圳特区政府采购条例》，同年，财政部向全国人大常委会提请审议《中华人民共和国政府采购法》。1998 年，全国人大授权财政部负责组织实施全国政府采购工作，同时，全国各省市自治区也开始在中央政府的领导下开展地方政府采购的组织实施工作。

1999～2001 年是政府采购全面推广阶段。中国在政府采购立法和推广方面取得了巨大的进展。1999 年 8 月 30 日，第九届全国人民代表大会常务委员会第十一次会议通过了《中华人民共和国政府采购法（草案）》，并批准于 2000 年 1 月 1 日起开始实施。2001 年中国正式加入 WTO，并承诺将开始 WTO 成员《政府采购协议》（GPA）谈判。

为了使政府采购工作范围清晰、分类科学，准确地反映我国政府采购工作的基本内容和发展方向，便于对政府采购信息进行统计加工和分类检索，同时，为编制年度政府采购目录和政府采购预算提供依据，2000 年 9 月，财政部下发《关于印发〈政府采购品目分类表〉的通知》。同年，为加强政府采购信息网络建设，在全国范围内建立起统一、规范的政府采购信息发布渠道，提高政府采购工作的公开性和透明度，财政部创办了“中国政府采购网”，并于 2000 年 12 月 31 日正式开通。

从 2002 年开始，中国政府采购进入了制度化和法制化轨道。2002 年 6 月 29 日，第九届全国人民代表大会常务委员会第二十八次会议审议通过了《中华人民共和国政府采购法》，并批准于 2003 年 1 月 1 日起正式实施。此后，《中华人民共和国行政许可法》《中华人民共和国招标投标法实施条例》《政府采购货物和服务招标投标管理办法》《政府采购信息公告管理办法》等一系列国家和地方政府采购的配套法律、法规、政策等相继颁布实施，政府采购的法规体系基本建立。

根据《中华人民共和国政府采购法》，实施政府采购的基本目标是“为了规范政府采购行为，提高政府采购资金的使用效益，维护国家利益和社会公共利益，保护政府采购当事人的合法权益，促进廉政建设”，而对政府采购促进国内企业自主创新的关注不够。随着政府采购进程的实施，越来越多的人意识到，利用政府采购促进本国企业技术创新是各国的通行做法，因此，在 2006 年 2 月国务院发布的《国家中长期科学和技术发展规划纲要（2006～2020 年）》中，正式将“实施促进自主创新的政府采购”列入九大政策措施。同时，在国务院发布实施的《〈国家中长期科学和技术发展规划纲要（2006～2020年）〉的若干配套政策》，进一步明晰了“建立财政性资金采购自主创新产品制度、改进政府采购评审方法，给予自主创新产品优先待遇、建立激励自主创新的政府首购和订购制度、建立本国货物认定制度和购买外国产品审核制度、发挥国防采购扶持自主创新的作用”等具体措施。

2007年4月，为落实《〈国家中长期科学和技术发展规划纲要（2006～2020年）〉的若干配套政策》，财政部同时颁布了《自主创新产品政府采购预算管理办法》《自主创新产品政府采购评审办法》《自主创新产品政府采购合同管理办法》三个文件。2007年底，中国政府向WTO秘书处提交了加入GPA申请和初步出价清单，正式启动加入GPA的谈判。上述政策的实施引起了GPA成员国的强烈关注，认为中国政府采购违背了WTO和GPA所规定的非歧视性原则，从而多方向中国政府施压。为保证GPA谈判的顺利进行，财政部于2011年6月发布《关于停止执行〈自主创新产品政府采购预算管理办法〉等三个文件的通知》，决定于2011年7月1日起停止执行上述三个文件，从而使中国利用政府采购促进企业技术创新的政策制定似乎陷入低潮。

然而正是西方国家的施压使中国各级政府更加重视政府采购在促进自主创新中的作用，因此在熟悉了GPA规则并借鉴其他国家的经验后，中央和地方政府迅速制定了相应的政策措施，以在WTO和GPA框架下发挥政府采购的创新促进功能。2011年12月财政部、工业和信息化部等印发《政府采购促进中小企业发展暂行办法》及《中小企业划型标准规定》，规定在政府采购预算中必须预留30%以上的采购金额面向中小企业进行采购，其中，预留给小微企业的比例不低于60%，并且在采购过程中给予小微企业6%～10%的价格折扣。

地方政府也开始出台一些创新型政府采购的政策措施，如《广东省自主创新促进条例》（2011年）、《海淀区新技术新产品（服务）政府采购和应用推广实施办法（试行）》（2013年）、《江苏省企业技术进步条例》（2014年）、《关于在中关村国家自主创新示范区深入开展新技术新产品政府采购和推广应用工作的意见》（2014年）等，充分利用政府首购、优先采购等方式，加大政府采购对企业技术创新的支持力度。

（二）中国政府采购及其促进企业技术创新的现状①

从纵向比较看，中国政府采购呈现出如下特征。

1. 政府采购规模及其占 GDP 的比重不断增加

由图 4-8 可以看出，2001 年中国政府采购规模为 653.16 亿元，占全年 GDP 比重为 0.596%，到 2014 年，全国政府采购规模快速上升至 17305.14 亿元，占 GDP 的比重也上升至 2.72%。13 年间政府采购平均每年增长 28.67%，远高于同期 GDP 增速。进一步从区域看（见图 4-9），东部地区政府采购在全部地方政府采购总额中的占比要显著高于中西部地区，但其占比呈现递减趋势。2011 年东部地区政府采购金额占全国 31 个省市自治区政府采购总额的 64.67%，而 2012 年这一比例已下降至 51.47%。中部和西部地区政府采购占比大致相当，并且从长期而言呈现出上升趋势，其中西部地区增速要高于中部地区。

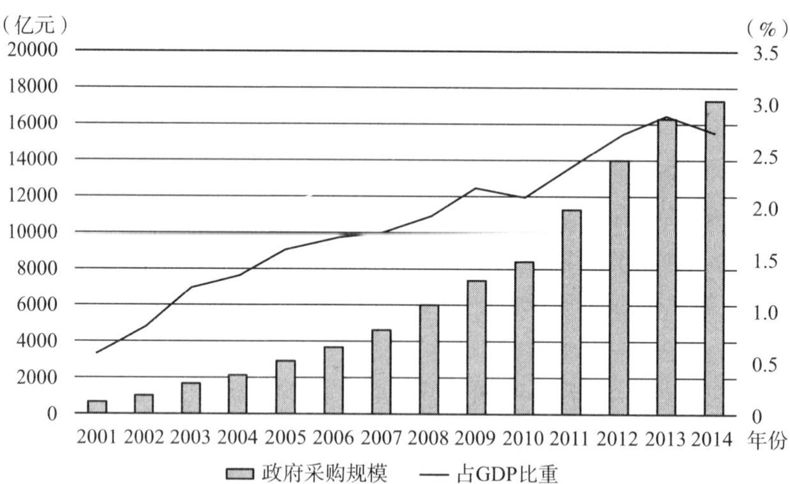

图 4-8　中国政府采购规模及 GDP 占比变动情况（2001～2014 年）

① 若未加特别说明，本小节数据均来源于历年《中国政府采购年鉴》。同时因部分省份 2013 年后政府采购数据缺失，故本节部分内容所能使用的最新分析数据将截至 2012 年。

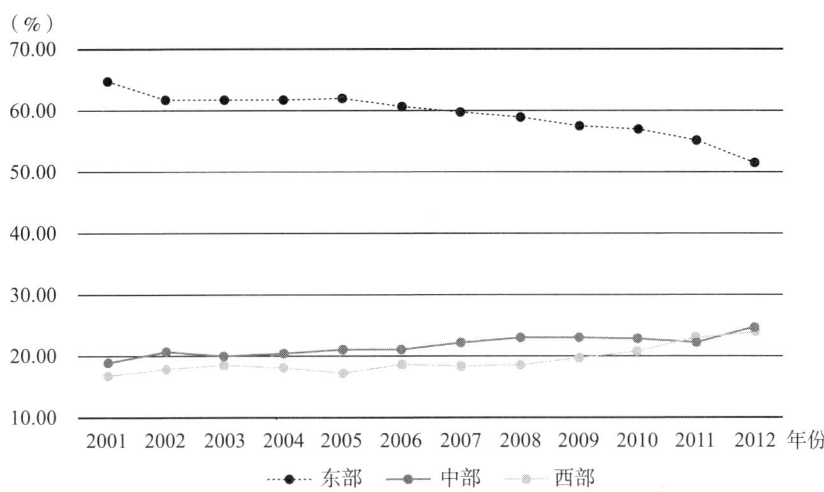

图 4-9　东中西部地区政府采购在地区采购总额中的占比分析

而从区域政府采购在区域 GDP 中的占比看，东中西部均表现出显著的上升趋势。总体而言，西部地区尽管政府采购规模最小，但在 GDP 中的占比反而最高。并且近年来，中部和西部地区政府采购占 GDP 的比例增速要高于东部地区。(如图 4-10 所示)

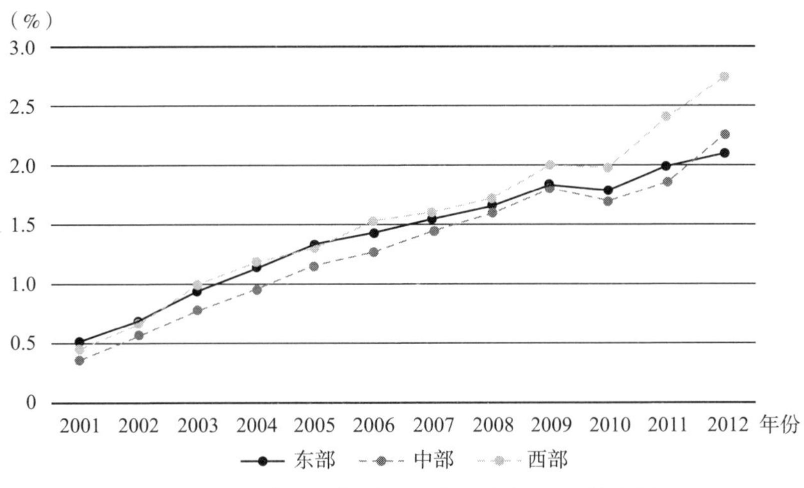

图 4-10　东中西部地区政府采购占 GDP 的比例

从中央采购和地方采购的比例关系看，地方政府采购占比呈现出逐年递增趋势（见图4－11）。主要原因是，随着政府采购规模的扩张，一方面地方政府积极扩展政府采购范围；另一方面采购资金也逐步由财政资金向单位自筹资金、银行贷款、市场融资等方面扩展，资金范围逐步实现预算内外及自筹资金全覆盖，从而从源头上扩展了地方政府采购的范围。由于地方政府对于利用政府采购促进本地企业技术创新有强烈的需求，因此地方采购占比的提高有利于促进企业创新。

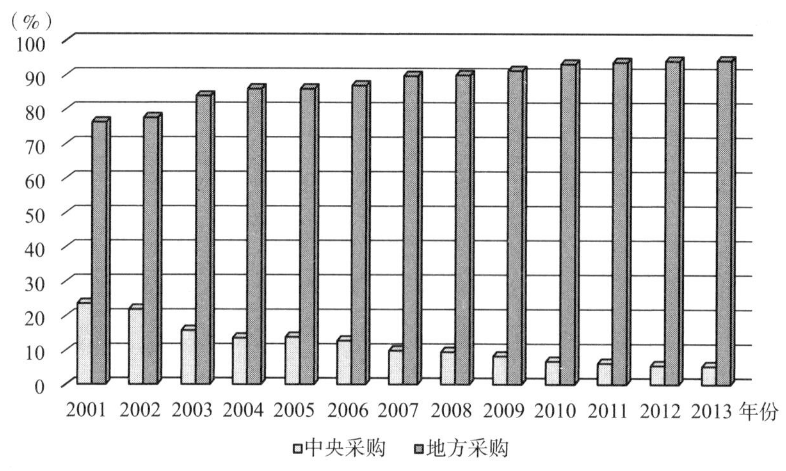

图4－11　中央采购和地方采购占比分析

2. 工程类和服务类采购比例逐年增长

从图4－12可以看出，在政府采购对象中，工程类采购比例呈现出明显的上升趋势，且从2006年开始超过货物类采购，成为政府采购的最大宗对象。而货物类采购则呈现出显著下降势头，服务类采购在政府采购中的占比最小，且在2011年前大致保持在一个稳定的水平上，但从2012年开始呈现出上升趋势。

工程类采购比例的提高与宏观经济政策转向和政府职能转换有关。进入新世纪以来，随着宏观经济政策加大刺激内需的力度，以及各级政府对民生事业的关注，政府在城乡公共基础设施、公共服务场馆、中小学危房改造等方面的投入不断增加，相应的政府采购规模也不断扩大。

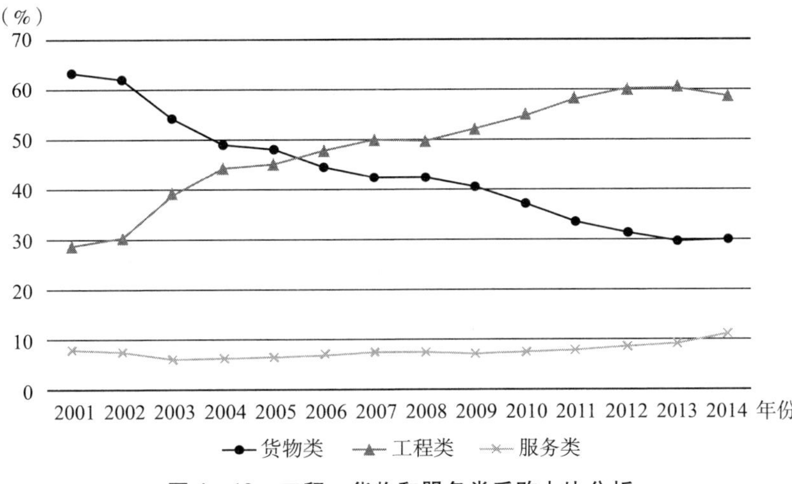

图 4－12　工程、货物和服务类采购占比分析

而《国家基本公共服务体系“十二五”规划》明确了公民享有的基本公共服务项目及国家基本标准，还提出了基本公共服务均等化的建设目标，要求政府大力采购社会服务。相应地，政府采购服务类项目的类型也从传统的专业服务快速扩展到公共服务领域，从而使服务采购在规模和在总采购规模中的占比呈现出上升趋势。但总体而言，其在政府采购中的占比仍然比较微小。

3. 集中采购和公开招标采购比例不断提高

从图 4－13 可以看出，政府集中采购和公开招标采购历年均在全国政府采购总额的 60% 以上，从而成为中国政府采购的主要采购方式。集中采购比率的提高主要是因为中央和地方政府不断完善政府采购目录，从而使纳入采购目录的产品和服务类目不断增加。同时，集中采购比例的提高也有利于统一执行政府采购促进企业技术创新的相关政策措施，因此对于促进企业技术创新具有下面意义。而公开招标采购可以创造一个公平的采购环境，从而充分发挥技术创新企业在产品质量和成本方面的优势，因此同样对促进企业技术创新具有下面影响。

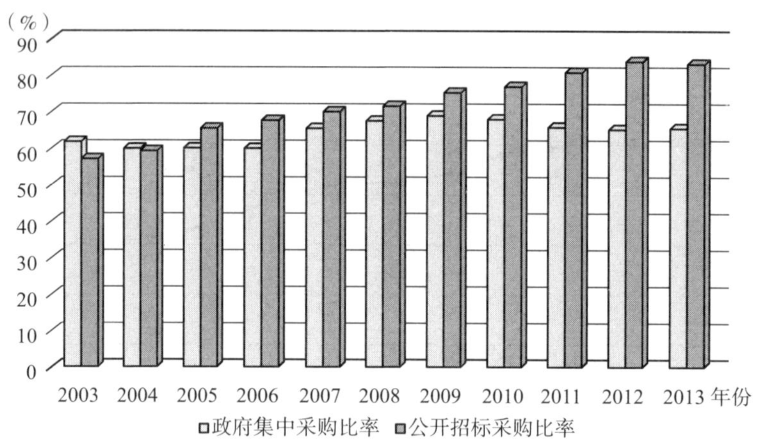

图 4-13 政府集中采购和公开招标采购占比分析

4. 对本国产品、中小企业、节能环保产业的促进作用日益体现

支持本国产品是各国政府采购初中的通行做法。中国的政府采购也充分体现了这一点。根据《中国政府采购年鉴》公布的数据（2007 年、2008 年相关数据未公布），在 2003～2012 年间，政府采购中授予外国企业的合同金额在采购总额中的占比逐年下降，从 2003 年 5.89% 下降至 2012 年的 2.3%（见图 4-14），对本国产品的保护作用体现明显。但在加入 GPA 后，对本国产品能否保持如此高的比例值得关注。

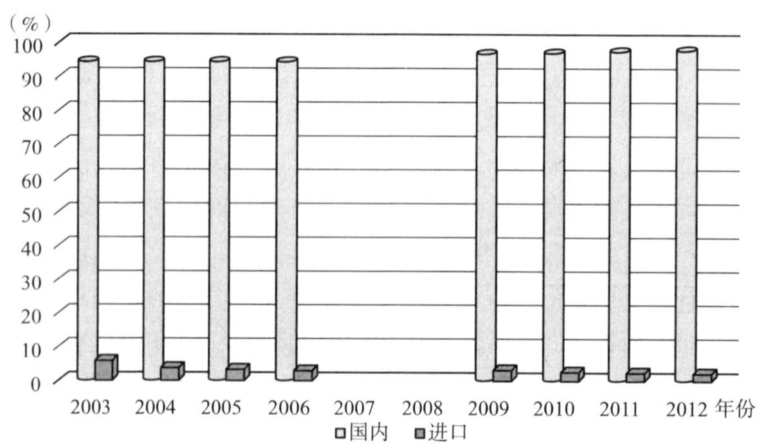

图 4-14 本国和外国产品采购金额占政府采购总额的比例

自2011年《政府采购促进中小企业发展暂行办法》颁布实施后，利用政府采购促进中小企业发展也取得了良好的进展。从表4－8可以看出，自2011年以来，政府采购中用于中小企业的采购金额逐年增长，且其在政府采购总额中的占比一起高于75%。由于中小企业是一国技术创新的主体，因此，利用政府采购对中小企业进行高强度的扶持有利于促进企业技术创新。

表4－8　　中国政府采购中用于中小企业的采购金额及比重

项目	2011年	2012年	2013年	2014年
中小企业采购额（亿元）	9016.5	10830.0	12454.0	13179.8
占总采购额的比重（%）	79.6	77.5	76.0	76.2

2006年财政部发布《关于环境标志产品政府采购实施意见》，2007年国务院发布了《关于建立政府强制采购节能产品制度的通知》，因此，利用政府采购促进节能环保产品产业发展也取得了良好的进展。

从表4－9可以看出，自2008年以来，政府采购中用于节能节水、环保产品的采购金额不断增加，其中，节能节水产品采购金额由2008年的131.9亿元上升至2014年的2100亿元，6年间增长了大约15倍，且节能节水产品采购在同类产品采购中的比重已超过80%；环保产品采购金额则由2008年的171.2亿元增加至2014年的1762.4亿元，6年间的增长幅度超过9倍。由于节能环保产业属于技术密集型产业，因此政府采购对产业的扶持将极大促进其技术创新。

表4－9　　政府采购中用于节能节水和环保产品的采购金额及比重

项目	2008年	2009年	2010年	2011年	2012年	2013年	2014年
节能节水产品采购金额（亿元）	131.9	157.2	721.5	910.6	1280.7	1839.1	2100.0
占同类产品采购比重（%）	64.0	64.6	77.6	82.21	84.6	86.0	81.7
环保产品采购金额（亿元）	171.2	144.9	601.7	739.8	939.6	1434.9	1762.4
占同类产品采购金额比重（%）	69.0	73.8	55.4	59.59	68.3	82.0	75.3

（三）政府采购促进企业技术创新存在的问题

根据主要国家政府采购促进企业技术创新有经验，并结合中国创新型政府采购政策的实施现状，当前我国利用政府采购促进企业技术创新还存在以下不足：

1. 政府采购占 GDP 的比例仍然偏低

政府采购规模的扩大，对创新企业创新产品的需求也将越大，从而促进企业技术创新的能力也就越强。2000 年以来，尽管中国政府采购规模迅速扩张，但与其他国家相比，政府采购在经济总量中的占比仍然偏低。从表 4－10 可以看出，2007～2015 年间，中国政府采购规模占 GDP 的比重由 1.75% 提高到了 3.06%，而同期 33 个 OECD 国家政府采购占 GDP 的比重平均在 11.72%～13.18%。OECD 国家之外的俄罗斯和南非也远超中国。

表 4－10　　主要国家政府采购金额占 GDP 的比重　　单位：%

国家	2007 年	2010 年	2011 年	2012 年	2013 年	2014 年	2015 年
中国	1.75	2.10	2.40	2.69	2.88	2.72	3.06
澳大利亚	12.14	13.08	12.85	12.49	12.44	12.87	13.15
奥地利	12.24	13.52	13.04	13.02	13.25	13.34	13.51
比利时	12.25	13.73	13.99	14.34	14.15	14.56	14.43
加拿大	12.23	14.59	13.79	13.5	13.34	12.80	13.44
捷克	14.98	16.09	15.24	14.52	14.39	13.71	14.52
丹麦	12.60	14.48	14.26	15.00	14.73	14.5	14.16
爱沙尼亚	13.10	13.48	13.34	14.72	13.83	13.6	14.06
芬兰	14.40	17.20	17.24	17.87	18.46	18.41	17.54
法国	13.94	15.07	14.78	14.99	15.11	14.83	14.58
德国	12.95	14.83	14.60	14.71	14.99	14.90	15.05
希腊	13.52	12.44	10.73	10.31	9.79	10.70	11.10
匈牙利	13.39	13.91	13.26	13.28	14.13	14.91	16.02

续表

国家	2007 年	2010 年	2011 年	2012 年	2013 年	2014 年	2015 年
冰岛	14. 28	14. 29	12. 98	13. 22	13. 33	14. 56	13. 81
爱尔兰	11. 43	11. 53	10. 03	9. 47	9. 09	9. 46	7. 30
以色列	13. 86	13. 31	13. 36	13. 49	13. 60	14. 46	14. 23
意大利	10. 41	11. 24	10. 80	10. 63	10. 66	10. 48	10. 36
日本	13. 33	15. 05	15. 36	15. 61	16. 22	16. 51	16. 22
韩国	12. 31	13. 18	12. 94	12. 83	12. 80	12. 48	12. 54
卢森堡	11. 28	13. 24	12. 39	12. 51	12. 37	11. 98	11. 96
墨西哥	4. 52	5. 79	5. 62	5. 23	5. 16	5. 45	5. 15
荷兰	19. 13	21. 38	20. 96	20. 99	20. 76	20. 34	20. 18
新西兰	14. 39	15. 08	14. 71	14. 61	14. 56	14. 75	14. 69
挪威	11. 20	12. 61	12. 18	11. 74	12. 29	12. 97	13. 85
波兰	12. 34	14. 03	13. 48	12. 52	11. 91	12. 30	12. 17
葡萄牙	10. 67	13. 33	11. 45	10. 21	9. 76	9. 57	9. 83
斯洛伐克	12. 33	14. 14	13. 92	13. 10	13. 17	14. 64	17. 28
斯洛文尼亚	11. 97	13. 66	13. 10	12. 87	13. 17	13. 73	13. 38
西班牙	12. 00	13. 26	12. 23	10. 64	10. 11	10. 13	10. 46
瑞士	14. 47	16. 11	16. 10	16. 37	16. 53	16. 35	16. 00
瑞典	7. 67	8. 31	8. 33	8. 47	8. 37	8. 57	8. 76
土耳其	11. 79	11. 82	10. 82	NA	NA	10. 62	10. 85
英国	13. 41	15. 25	14. 42	14. 21	14. 15	14. 01	13. 70
美国	10. 58	11. 63	11. 14	10. 69	10. 11	9. 50	9. 35
OECD 平均	11. 72	13. 00	12. 60	12. 33	12. 15	13. 12	13. 18
俄罗斯	13. 17	11. 21	12. 32	11. 51	NA	9. 33	NA
南非	13. 27	15. 60	15. 67	16. 38	16. 71	12. 04	NA

资料来源：OECD 统计数据库及历年《中国政府采购年鉴》。

尽管上述统计数据的差异部分来源于统计口径的不同，中国法律规定的政府采购是国家机关、事业单位和社会团体使用财政性资金的购买行为。而在西方国家，政府采购范围比中国宽泛，不仅包括政府预算购买货物、工程和服务项目，也包括铁路、市政工程、电力、通信、机场、停车场、港口等公共基础设施项目。但由于中国公共基础设施项目采购不含在政府采购之内，不受政府采购法规的约束，因此其促进企业技术创新的功能也相应会受到削弱。

2. 适应 GPA 规则的创新型政府采购配套法规尚待健全

为发挥政府采购促进自主创新的功能，发达国家通常都制定了完善的政府采购配套法规。在中国加入 GPA 谈判并停止执行三个利用政府采购促进企业政府采购的法规后，中国在 GPA 规则下创新型政府采购的配套法规体系尚存在许多空白。因此各级政府部门应该在中国正式加入 GPA 之前，充分利用国外政府采购的经验和 GPA 规则下的例外条款，制定或完善利用政府采购促进企业技术创新的法律法规，进一步明晰本国企业自主创新产品首购和优先购买的范围及操作条款，以用制定涉及国防安全、公共秩序、人类健康、知识产权等 GPA 例外领域的政府采购政策法规等。

3. 对企业自主创新的促进范围还可以进一步扩大

中国当前政府采购促进企业技术创新的作法主要体现在对中小企业的扶持和强制采购节能环保产品方面，而对其他高新技术产业或产品、技术研发成果等的政府采购缺乏明确的操作规定，关于自主创新产品的认定也因加入 GPA 谈判而处于停滞状态，并且在政府采购实践中，各级政府对采购资金的节约非常重视，从 2001 年以来，采购资金的节约率均在 10% 以上。而在对创新产品，特别是中小企业自主创新产品进行首购和优先采购时，按照惯常的做法，通常需要为其支付高于市场平均价格的价格，以增加创新产品的市场推广能力。如何在 GPA 规则下进一步突出政府采购对企业技术创新的促进作用也是未来各级政府应该关注的问题之一。

四、创业投资引导基金

税收优惠和政府直接投入主要是弥补因创新投入的边际成本和边际产出

不等所造成的市场失灵问题，除此之外，因创新过程中的信息不对称同样会导致市场失灵问题，但这种市场失灵问题难以通过政府进行直接干预所解决，因此通行做法是培育专业性的创业投资机构来缓解这一问题。无论是税收优惠还是政府直接投入，两种政策工具都面临着合适补贴对象的选择问题。税收优惠理论上具有普惠性，然而在实际操作中，对于初创型创新企业而言，由于尚未产生应税收入，本来最需要得到政府资助的这一群体却往往难以享受优惠；政府直接投入本可以解决这一问题，但政府却又缺乏选择资助对象的专业技能；而创业投资机构不但具有选择合适投资对象的专业技能，又能为企业的技术创新活动提供专业服务，因此通过政府之手壮大一国创业投资规模是促进企业技术创新的有效手段，而通过成立创业投资引导基金又是一国政府干预创业投资市场最有效的手段。

（一）国内创业投资引导基金设立现状

中国对创业投资行业的扶持始于 1985 年，当时的主流做法是设立国有独资创业投资公司并直接从事创业投资。在实际运作中，由于国有创业投资机构缺乏创业投资专业技能，且作为追求社会目标而非利润最大化的行为主体，在创业投资过程中难以建立完善的激励机制和风险约束机制，从而导致投资效率低下，并且对私人创业资本形成挤出效应，因此从 2002 年开始，部分地区开始试点创业投资引导基金模式。

2002 年 1 月，国内第一家创业投资引导基金——中关村创业投资引导资金借鉴以色列 YOZMA 基金的成功经验而正式成立并开始运作。2005 年 11 月，《创业投资企业管理暂行办法》颁布实施，首次以政府法规形式提出成立“创业投资引导基金”，此后，北京海淀区、上海浦东新区、苏州工业园区等地相继设立创业投资引导基金。截至 2006 年底，全国共设立创业投资引导基金 7 支，基金规模超过 40 亿元。

从 2007 年开始，《财政部国家税务总局关于促进创业投资企业发展有关税收政策的通知》《科技型中小企业创业投资引导基金管理暂行办法》等政策法规相继颁布，国内引导基金进入高速发展阶段。从科技部到地方省、市、县级政府甚至开发区管委会都开始设立创业投资引导基金。在 2007 ~ 2008 年间，全国新成立了引导基金 27 支，基金总规模超过了 140 亿元。

为规范引导基金的设立和运作，2008 年 10 月，国家发改委等发布了《关于创业投资引导基金规范设立与运作的指导意见》，进一步明确政府引导基金的性质和宗旨，解决了引导基金运行中的一些操作性问题，从而使国内引导基金进入规范运作阶段。自《指导意见》颁布实施以来，全国新设立引导基金的数量和规模均呈快速增长态势，并出现了多家规模超过 30 亿元的大型政府引导基金。其中于 2015 年 1 月成立的国家新兴产业创投引导基金规模将达到 400 亿元，从而成为全国最大的创业投资引导基金。据投中研究院估计，截至 2014 年，国内引导基金设立数量 209 家，基金设立规模接近 1300 亿元。表 4 – 11 给出了政府出资规模超过 1 亿元的创业投资引导基金的设立情况。

表 4 – 11　　国内主要创业投资引导基金设立情况简表

设立时间	基金名称	政府出资规模（亿元）	主要投资方向
2006 年	上海浦东新区创业风险投资引导基金	10	生物医药、集成电路、软件、新能源与新材料、科技农业等领域的高科技企业
2006 年	无锡新区创业投资引导基金	5	重点投资于信息产业、新能源与环保产业、文化创意产业、生物医药、新材料、现代服务业等新兴领域
2006 年	北京市海淀区创业投资引导基金	5	支撑高新技术企业发展的多元化投融资体系建设，加快推进海淀区高新技术产业化进程
2006 年	苏州工业园区创业投资引导基金	10	重点鼓励社会资本开展天使投资，做大天使投资规模，促进创新型、科技型创业企业加速成长
2007 年	吉林省创业投资引导基金	10	着力投资于列入省老工业基地调整改造规划中的高技术或科技含量大的项目，特别是能突出吉林省特色的科技项目
2007 年	天津滨海新区创业风险投资引导基金	20	重点投资于信息技术、生物技术和现代医药、新材料、现代制造、新能源、环境保护等新兴技术领域内的高成长型高新技术企业

续表

设立时间	基金名称	政府出资规模（亿元）	主要投资方向
2007 年	科技型中小企业创业投资引导基金	1	专项用于引导创业投资机构向初创期科技型中小企业投资
2008 年	广州开发区创业投资引导基金	10	重点投资于开发区内处于种子期、初创期及成长期的科技型中小企业
2008 年	武汉市科技创业投资引导基金	1	引导创业风险投资机构及其他社会资本向高技术产业和初创期科技型中小企业投资
2008 年	湖北省创业投资引导基金	1	主要投资于种子期、初创期、早中期科技型中小企业
2008 年	陕西省创业投资引导基金	10	发挥政府引导投资方向的作用，引导创业投资企业向创业前期和重建期的中小企业投资，提升我省中小企业的自主创新能力
2008 年	杭州市创业投资引导基金	10	重点投向杭州市域内电子信息、生物医药、新能源、新材料、环保节能、知识型服务业、高效农业等符合杭州市高新技术产业发展规划的领域中从事高新技术产品研发、生产和服务，成立期限一般在5 年以内的非上市公司
2008 年	常州市创业投资引导基金		主要投资于常州市高新技术产业及产业发展规划中确定的其他重点产业
2008 年	西安高新区创业投资引导基金	5	主要投资于区内高新技术企业
2008 年	绍兴市创业投资引导基金	2	重点支持对象为在绍兴市区范围内注册设立的投资电子信息、生物医药、新能源、新材料和高效农业等符合绍兴市高新技术产业发展规划领域的高新技术企业
2008 年	北京市中小企业创业投资引导基金	12	重点投资于符合北京城市功能定位和相关产业政策、产业投资导向的创业期科技型、创新型中小企业

续表

设立时间	基金名称	政府出资规模（亿元）	主要投资方向
2008 年	诸暨市创业投资引导基金	1	重点投向诸暨市域内电子信息、生物医药、新能源、新材料以及先进制造业、现代服务业和高效农业等符合诸暨市产业发展导向目录的领域。投资于从事高新技术产品研究、开发、生产和服务，成立期限在 5 年以内的非上市公司
2008 年	山西省创业风险投资引导基金	8	鼓励和支持山西省科技型中小企业和高新技术产业的发展，强科技自主创新能力
2008 年	深圳市创业投资引导基金	30	引导社会资本投向生物、互联网、新能源、新材料、新一代信息技术和文化创意等战略性新兴产业中的初创期、早中期创新型企业（项目），推动自主创新和科技成果转化
2008 年	重庆市科技创业风险投资引导基金	10	主要投资于重庆市内的信息技术、生物医药、新材料、装备制造、新能源、环境保护等领域的科技成果转化、高新技术产业化项目和创新型科技企业
2008 年	杭州市萧山区创业投资引导基金	1	重点投向萧山区域内电子信息、生物医药、先进制造、新能源、新材料、环保节能、现代服务业、高效农业等高新技术产业领域内主要从事高新技术产品研究、开发、生产和服务，成立期限在 5 年以内的非上市公司
2008 年	南京市政府创业投资引导基金	2	主要投资于南京市高新技术产业及产业发展规划中确定的其他重点产业
2009 年	蚌埠市创业（风险）投资引导基金	1	在蚌埠市范围内注册设立的创业企业，投资于早期创新型企业的投资比例不得少于年投资总额的 50%
2009 年	黑龙江省创业投资政府引导基金	2	促进区域创业风险投资体系发展，引导创业投资机构向科技型企业投资
2009 年	昆明市创业投资引导基金	10	重点引导创业投资基金投向新能源、新材料、先进制造、环保节能、生物医药、旅游开发、高效农业、现代服务业等符合昆明市高新技术产业发展规划的领域

续表

设立时间	基金名称	政府出资规模（亿元）	主要投资方向
2009 年	浙江省创业风险投资引导基金	5	重点引导创投基金或创业投资企业投向电子信息、生物医药、先进制造、新能源、新材料、环保节能、高效农业、现代服务业等符合浙江省高新技术产业发展规划的领域，引导创业投资企业重点投资处于初创期、既有风险又具成长性的科技型中小企业创新创业
2009 年	珠海创投引导基金	1	发挥财政资金的杠杆放大效应，引导社会资金投资于高新区内的初创期高新技术企业和高新区扶持、鼓励发展的高新技术企业
2009 年	内蒙古自治区创业投资政府引导基金	2.6	引导基金以参股和跟进投资的方式与创业投资企业合作投资成长型、创新型企业
2009 年	广东省创业投资引导基金	10	推动创新资源集聚，培育 80 ~ 100 家高新技术创新企业和总部企业，加快产业结构调整升级
2009 年	河北省科技型中小企业创业投资引导基金	1	在河北省境内从事创业投资的创业投资企业、具有投资功能的中小企业服务机构（以下统称创业投资机构），及初创期科技型中小企业
2009 年	江苏省宿迁市创业投资引导基金	1	
2009 年	杭州经济技术开发区创业投资引导基金	2	引导社会资金投资创业创新企业，重点支持高端装备制造、新能源新材料、新一代信息技术、生物医药、节能环保等五大高新技术领域
2009 年	山东省省级创业投资引导基金	10	主要投资于山东省行政区域内重点高新技术领域的未上市中小企业，优先扶持种子期、起步期等初创期科技型中小企业和中小高新技术企业加快发展，培育壮大一批拥有自主知识产权、具有竞争优势的高新技术企业
2009 年	安徽省创业投资引导基金	10	省引导基金支持并参股设立的创业风险投资基金，须投向试验区以及安徽省其他地区的早期创新型企业，投资比例不得少于年投资总额的 50%

续表

设立时间	基金名称	政府出资规模（亿元）	主要投资方向
2009年	嘉兴市创业投资引导基金	1	引导社会资金对初创期科技型中小企业和高新技术产业进行投资
2009年	石家庄市创业投资引导基金	3	重点投向石家庄市辖区内电子信息、生物医药和医疗器械、新材料、新能源与节能、环境保护、先进制造、高效农业等高新技术领域内的创业企业
2009年	北京股权投资发展基金	50	引导创业投资机构投资于符合文化创意产业重点支持方向的处于创业早期的文化创意企业
2010年	成都高新区创业投资引导基金	15	
2010年	上海创业投资引导基金	30	发挥财政资金的杠杆放大效应，引导民间资金投向上海重点发展的产业领域，特别是战略性新兴产业，并主要投资于处于种子期、成长期等创业早中期的创业企业，促进优质创业资本、项目、技术和人才向上海集聚
2010年	扬州市创业投资引导基金	1.5	动更多社会资本投向政府鼓励项目以及符合国家产业政策的领域，投向处于种子期、初创期的中小创新创业企业
2010年	西安市创业投资引导基金	10	主要投资于西安市内从事节能环保、新一代信息技术、生物、高端装备制造、新能源、新材料和新能源汽车七大类产业，且其产品技术水平居国内领先，并能对我市相关产业发展有重大影响和带动作用，并在2~3年内能形成较大生产规模的项目
2010年	湖南省创业投资引导基金	10	
2010年	闵行区创业投资引导基金	5	引导社会创业资本投资于我区新能源、生物医药、先进装备、航天航空、电子信息、新材料等重点产业领域，提升区域产业能级；鼓励创业投资企业投向急需资金的早期、中期创新型企业，提高区域创新能力

续表

设立时间	基金名称	政府出资规模（亿元）	主要投资方向
2010 年	北京市石景山区创业投资引导基金	2	引导基金所扶持的创业投资企业，以一定比例资金投资于创业早期企业或需要政府重点扶持和鼓励的高新技术等产业领域的创业企业
2010 年	连云港市级创业投资引导基金	1.5	重点投资于连云港市境内高新技术领域的未上市中小企业，并优先扶持初创期科技型中小企业
2010 年	温州经济技术开发区创业投资引导基金	5	重点投向电子信息、生物医药、新能源、新材料、环保节能、先进装备制造业、知识型服务业等符合开发区产业发展规划的领域
2011 年	江苏省新兴产业创业投资引导基金	10	从事新兴产业相关领域内高科技产品的研发、生产和服务，成立期限在 5 年以内的非上市创新型企业
2011 年	青岛高新区创业投资引导基金	1	一是发挥政府引导投资方向的作用，吸引创业投资企业加大对高新区落地的处于创业前期中小企业尤其是对科技型中小企业的投资，提升小企业自主创新能力；二是促进与各级引导基金融合，引导社会资本重点投向生物与医药，逐步向高端装备制造与节能环保、电子信息等符合高新区产业定位的战略性新兴产业放开
2011 年	青岛市创业投资引导基金	5	鼓励创业投资企业主要投资于本市行政区域内符合《国家重点支持的高新技术领域》的未上市中小企业，优先扶持处于种子期、创建期的科技型中小企业和中小高新技术企业
2011 年	鞍山高新区政府引导基金	2	
2011 年	国家科技成果转化引导基金	NA	主要用于支持转化利用财政资金形成的科技成果，包括国家（行业、部门）科技计划（专项、项目）、地方科技计划（专项、项目）及其他由事业单位产生的新技术、新产品、新工艺、新材料、新装置及其系统等

续表

设立时间	基金名称	政府出资规模（亿元）	主要投资方向
2012 年	广西创业投资引导基金	10	优先投资于广西区内的企业
2012 年	南京河西新城科技创业投资引导基金	10	优先投资于建邺区内的新能源、新材料、生物技术与新医药、节能环保、软件和服务外包、物联网和新一代信息技术、新型服务业、新型农业等新兴产业
2012 年	宁波市天使投资引导基金	2	发挥财政资金的杠杆效应和引导作用，通过引导基金的跟进投资，鼓励天使投资机构（人）对具有专门技术或独特概念的原创项目或具有发展潜力的创新型初创企业实施投资、提供高水平创业指导及配套服务，助推创新型初创企业快速成长
2012 年	贵州省创业投资引导基金	6	重点投资于政府扶持和鼓励产业领域中的种子期和创业早中期企业，且有侧重的专业投资领域
2012 年	长沙高新区创业投资引导基金	1	主要投资于在高新区注册成立，税务关系在高新区，主要从事高新技术产品研究、开发、生产和服务，成立期限在 5 年以内的非上市公司
2012 年	苏州市新兴产业创业投资引导基金	2	重点投资于符合苏州市功能定位和相关产业政策、产业投资导向的初创期科技型、创新性中小企业
2012 年	南通市新兴产业创业投资引导基金	1	引导社会资本投向南通市新兴产业（重点投向海洋工程、新能源、新材料、生物和新医药、智能装备、节能环保、软件和服务外包七大新兴产业），投资于种子期、成长期等早中期从事新兴产业相关领域内高科技产品的研发、生产和服务的未上市企业
2012 年	宁波市创业投资引导基金	10	引导社会资金主要进入对初创期企业和高新技术企业进行投资的创业投资领域
2012 年	北京创造战略性新兴产业创业投资引导基金	30	引导社会资金主要投向北京市战略性新兴产业中处于创业早中期阶段的非上市企业

续表

设立时间	基金名称	政府出资规模（亿元）	主要投资方向
2012 年	常熟市新兴产业创业投资引导基金	3	有效引导创业投资资金投向常熟市的新能源、新材料、汽车零部件、高端装备制造业、生物技术与新医药、节能环保、软件和服务外包、物联网和新一代信息技术等新兴产业
2012 年	东莞市产业升级转型及创业投资引导基金	20	重点引导产业创业投资企业投向高端新型电子元器件产业、集成电路（IC）产业、物联网产业、光伏产业、LED 产业、装备制造业、生物医药产业、高技术服务业以及传统产业的高技术改造等
2012 年	大连市创业投资引导基金	6	引导社会资本投向处于初创期和早中期的创新型企业，培育和发展高技术产业，特别是战略性新兴产业
2013 年	广东省战略性新兴产业创业投资引导基金	20	引导创业投资企业投资处于初创期和早中期创新型企业
2014 年	沈阳市创业投资引导基金	5	重点扶持处于初创期和早中期的创新型企业，大力支持以先进装备制造业为代表的战略性新兴产业，以及文化传媒、高新技术、现代服务业、现代农业等重点产业
2014 年	海南省创业投资引导基金	10	引导社会资本投资处于种子期、初创期、早中期的创业企业，主要包括电子信息、生物与新医药、新材料、新能源、新能源汽车等战略性新兴产业、高新技术产业和现代服务业，以及科技型农业、旅游、文化创意、海洋等海南特色产业
2014 年	深圳市龙岗区创业投资引导基金	5	发挥财政资金的杠杆放大效应，引导社会资金加大对龙岗区战略性新兴产业等产业领域的投资，重点投资于小微型创新企业和中小型创新企业
2015 年	甘肃省战略性新兴产业创业投资引导基金	5	重点支持新材料、新能源、生物产业、信息技术、先进装备制造、节能环保、新型煤化工、现代服务业等 8 个重点领域的骨干企业和产学研结合的创新平台

续表

设立时间	基金名称	政府出资规模（亿元）	主要投资方向
2015 年	湖南省新兴产业发展基金	50	对先进装备制造、新材料、文化创意、生物、新能源、信息、节能环保等战略性新兴产业进行扶持，并逐步探索纳入省内其他新兴产业
2015 年	辽宁省产业（创业）投资引导基金	100	引导社会资本投向经济结构调整、产业升级、创新驱动类投资项目，鼓励对初创期企业投资，支持中小微企业发展，鼓励境内外投资者向本省投资
2015 年	内蒙古自治区新兴产业创业投资引导基金	5	集中投资于新材料、先进装备制造、生物、新能源、煤炭清洁高效利用、电子信息、节能环保产业和高技术服务业等战略性新兴产业传统产业的高技术改造
2015 年	闵行区创新创业投资引导基金	10	一是支持符合闵行产业导向、在行业内处于领先地位以及发展潜力大的企业，主要是战略性新兴产业、生产性服务业等；二是中小科技创新企业和小微科技企业
2015 年	大连高新区新兴产业创业投资引导基金	5	支持天使投资和创业投资机构投资大连高新区种子期、初创期创新创业企业和新兴产业
2015 年	北京经济技术开发区科技创新投资引导基金	7.5	重点投资于符合开发区定位和相关产业政策、产业投资导向的创业期科技型、创新型中小企业
2015 年	广东省重大科技专项创业投资引导母基金	7.5	重点投资于广东省内重大科技专项领域科技型企业（项目），投资于初创期和早中期创新型企业比例不低于基金注册资本和承诺出资额的 60%
2015 年	国家新兴产业创业投资引导基金	400	重点支持处于“蹒跚”起步阶段的创新型企业。为突出投资重点，还可以参股方式与地方或行业龙头企业相关基金合作，投向新兴产业早中期、初创期创新型企业

从引导基金设立的地域分布看，根据《投中专题研究：2015 年政府引导

基金专题研究报告》，截至2015年国内共成立455支创业引导基金，目标设立规模达9800亿元。其中，华北地区累计成立156支引导基金，披露基金规模6425.4亿元，居各地区之首；其次，为华南地区，已成立引导基金58支，披露基金规模943.4亿元，另外华北和西南地区引导基金设立比较活跃，基金设立数量分别为131和33支，披露基金规模分别为911.5亿元和478.7亿元；华中、西北和东北差异较小，基金规模均在300亿~400亿元（见表4-12）。

表4-12　　　　创业投资引导基金的地域分布（截至2015年）

地域	引导基金规模（亿元）	引导基金数量（支）
华北	6425.4	156
华南	943.4	58
华东	911.5	131
西南	478.7	33
华中	386.9	33
西北	337.1	21
东北	323.9	23

上述引导基金的地域分布与各地经济发展水平高度相关，华东、华北和华南地区属于经济发展相对活跃地区，引导基金设立多是从创业氛围活跃的角度考量，恰逢李克强总理的“大众创业、万众创新”概念提出，带动更多的创业者创业积极性，其余地区发展相对滞后，引导基金的设立意图更多的撬动社会资本投入到市场中去，活跃当地投资氛围。

（二）国内创业投资引导基金的定位和目标

1. 扩大创业投资规模

解决创业企业融资难问题是政府设立引导基金的目的和关键所在。通过财政资本的介入，利用政府作用和财政资本的担保作用，吸引民间资本、国外资本进入创业投资领域，通过杠杆效应显著扩大创业资本供给的规模，扩大创业资本的融资渠道，这是解决创业企业融资难问题的有效途径之一。由于政府资本存在让利于社会资本的机制，能够降低社会资本的风险，因此可以吸引诸多机构投资者进入创业投资领域，这有助于改善我国现阶段创业投资产业不发达的现状，有利于支持立足本土的创业资本基金和管理团队的形成。

2. 扶持创新型中小企业

政府引导基金有一个较强的政策导向——扶植极具创新能力的中小企业。目前，国内很多创业投资机构及海外基金均出现投资企业阶段不均衡的特点，多倾向于投资中后期的项目，特别是已经能看到上市前景（Pre－IPO）的企业。而处于种子期与初创期的企业具有很高的风险，但却很难吸引到资金的投入。通过设立政府引导基金，引导社会资金投资处于初创期的企业，从而可以培养一批极具创新能力、市场前景好的初创期企业快速成长，为商业化创业投资机构进一步投资规避一定的风险，引导其后续投资将企业做强做大，建立起政府资金和商业资金相互促进、相互依赖的创业投资体系。

3. 促进区域经济发展

财政资本的介入意味着创业投资引导基金具有一定的公共资源属性，需要承载政府特定政策目标。政府设立引导基金的目标之一，是弥补商业性创业资本的不足，即引导创业资本投向商业性创业资本不愿意进入，而政府又需要进行扶持的行业、企业或项目。通过对政府特定目标的扶持，有利于推动区域重点企业和发展和产业结构的转型升级，从而促进区域经济的发展。

4. 促进创业投资产业发展

财政资金的介入，一方面可以通过杠杆放大作用吸引更多社会资本进入创业资本市场，从而增加创业资本规模，推动创业投资产业发展壮大；另一方面，引导基金有助于推动本地创业资本与国内外先进创业投资机构的合作，通过他们的专业技能提高创业投资效率，推动本地科技产业以及创业投资产业的发展。

（三）国内创业投资引导基金的管理和运作模式

引导基金以“母基金”方式运作，主要用于吸引有经验的创业投资机构（GP）和其他社会资本（LP）共同出资成立创业投资子基金并进行市场化运作。母基金不直接从事创业投资活动并且不直接干预子基金的经营决策。

1. 引导基金的资金来源

从中国现行引导基金的运作实践看，各地创业投资引导基金的资本来源主要分两种：一是完全由地方财政资金构成；二是由地方财政与政策性银行联合出资设立。目前，绝大多数引导基金是由地方政府财政独立出资设立的，只有早期设立的少部分引导基金属于后者。例如，苏州工业园区、天津滨海新区、吉林省及山西省创业投资引导基金均由政府联合国家开发银行共同出资设立；而成都银科创业投资引导基金和重庆市科技创业投资引导基金则由地方政府与中国进出口银行共同出资设立。

2. 引导基金的管理模式

中国已有引导基金的管理模式主要分为“委托管理”和“自我管理”两类：

（1）委托管理模式：即政府委托专业投资管理机构负责当地创业投资引导基金的运作，政府不对其经营决策进行直接干预。委托管理模式的优点在于，专业化的投资管理机构具有更多的创业投资经验，其管理方式更为规范，能够明显提高创业投资的效率。例如，“上海杨浦区人民政府引导基金”就是委托美国 SVB 金融集团进行管理；而国内的深圳创业投资集团因其出色的投资业绩，也成为各地政府竞相委托的引导基金管理机构。

委托管理会存在事后监督和管理费支出等问题。为实现引导基金的社会目标，避免引导基金退化为追求利润最大化的商业性创投基金，委托管理方式下引导基金的管理费多采用固定费率模式，即以所管理基金规模的一定比例（通常为 2%）提取固定管理费，一般不对管理机构设定业绩分成激励。

（2）直接管理模式：即政府直接成立相关法人主体进行创业投资引导基金的管理和运作。直接模式能够避免委托管理模式存在的事后监督问题，可以很好地保证政府引导基金的政策性。目前地方政府引导基金采用这种模式的较多。但这种模式面临管理团队专业能力的限制，并会因行政特征明显等体制问题而影响基金的运作效率。

3. 创业投资引导基金的投资模式

无论是从国际经验还从国内引导基金的运作实践看，阶段参股、跟进投资、融资担保、风险补助和投资保障构成了引导基金的主要投资模式。

（1）阶段参股：参股是引导基金的主要运作模式。根据《关于创业投资引导基金规范设立与运作的指导意见》，创业投资引导基金主要通过参股方式，与私人投资者和创业投资机构共同发起成立创业投资子基金。在实践运作中，为保证子基金的运作效率，财政资本通常根据子基金的募资情况和投资情况分阶段投入。在当前我国引导基金的实际运作中，阶段参股已成为其主要的投资模式。

（2）跟进投资：跟进投资是指在子基金确定了投资对象后，母基金出于实现政府特定目标的需要（如为了扶持早期阶段的创新项目或政府拟重点发展的行业），可在子基金投资的基础上进行追加投资。在实际操作过程中，需要注意的是，跟进投资的资金只能占整个引导基金总额中很小的比例。

（3）融资担保：是指引导基金不直接对拟扶持企业进行股权投资，而是通过对企业的信贷提供担保增强创新企业的债务融资能力。在实际操作中，引导基金在为企业提供信用担保的同时，通常要求企业将其一定比例的股权作为抵押物让渡给创业投资引导基金。就中国当前引导基金的实际运作而言，融资担保所占的比例非常微小。

（4）风险补助：指根据创业投资企业投资于早期科技型中小企业的实际投资额的一定比例给予一次性补贴。在实际操作中，风险补助一般不超过投资金额的5%。

（5）投资保障：投资保障是一种直接补贴创业企业的模式，一般针对有投资价值、但有一定风险的初创期中小企业。其具体操作是，在子基金对这类企业进行投资后，再由引导基金按一定比例对企业进行再投资。投资保障主要是为了缓解创业投资机构因担心风险，想投而不敢投的问题，对于科技中小企业比较适用。

4. 引导基金的投资限制

（1）子基金的投资地域限制

多数引导基金均要求参股子基金应将一定比例的资金投资于本地项目。如北京市中小企业创业投资引导基金规定，其发起成立的创业投资子基金必须将引导基金出资额 2 倍以上的资本投资于本市初创期中小企业；而湖北省创业投资引导基金则规定，每一支子基金均需将其 60% 以上的资本投资于湖北省内企业。对项目资源不够丰富的地区而言，投资地域限制会严重削弱子基金的项目选择能力，因此在实际运作中，部分引导基金对于投资地域的限制逐步放宽。如在成立之初，青岛市创业投资引导基金要求子基金投资于本市企业的资本规模必须超过基金规模的 70%，而目前仅要求投资于本市企业的资本总额不得低于政府对子基金的出资额。

（2）子基金的投资方向

对子基金的投资方向限制各地差异不大，均鼓励或强制要求子基金投资于本地政府未来需要大力发展的产业，通常为高新技术产业、战略性新兴产业等。表 4 - 11 给出了各地主要引导基金的投资方向。由于多数地方政府的投产行业限制与创业资本的主要投资领域重合，因此，这类限制基本不会对子基金的运作形成障碍。

（3）子基金的投资阶段限制

尽管设立目标不一致，各地对子基金投资阶段的限制也不一致。但出于引导基金的社会目标及政策导向性，几乎所有引导基金均规定必须将一定比例的资本投资于处于早期阶段的创新项目或创新型中小企业。

（四）中国创业投资引导基金运作中存在的问题

引导基金虽然规避了政府直接从事创业投资的风险，同时也带来了更为复杂的委托代理关系，从而使目前创业投资引导基金的运作存在一些难以规避的问题，具体表现在：

1. 多重委托—代理关系易引发利益冲突

在商业性创业投资基金的运作中，参与方主要包括私人投资者、创业投资机构和创业企业，委托代理关系比较简单。而在创业投资引导基金的运作中，政府的介入将使引导基金运作中的委托代理关系变得更加复杂，即由“私人投资者→创业投资机构→创业企业家”延长为“政府→引导基金管理机构（母基金）→创业投资机构（子基金）→创业投资家→创业企业家”。委托代理链条的延长意味着创业投资过程中的信息不对称问题将更加严重，由此产生的道德风险和逆向选择问题可能大幅度降低引导基金的运作效率。

2. 政府与私人投资者和创业投资家之间存在目标冲突

在引导基金的运作中，私人投资者和创业投资家追求利润最大化，而政府则追求特定政策目标的实现，如促进本地重点产业的发展、扶持本地初创型高技术企业的技术创新活动等。一般而言，出于风险收益的考虑，政府拟扶持的行业、企业、项目等通常都是商业性创业资本不愿意进入的。不同参与主体之间的目标协调是引导基金运作中的一个突出问题。就我国现行引导基金的运作而言，通过对北京、天津、杭州、重庆等地区经验的对比可以发现，由于引导基金对于区域产业发展的特殊作用，各地区对于发起成立引导基金的积极性很高，但具体运作中，对于创业投资机构和私人投资者的义务规定较多，对其激励补偿机制却较少涉及，导致社会资金参与积极性不高；对政府产业政策目标方向规定较为明确，但实施手段不足；对于规避政府资本风险的监督控制手段较多，激励托管单位、管理团队自觉防范风险的措施不足。

3. 引导基金的引导作用尚待加强

设立创业投资引导基金的根本目的之一是引导更多的创业资本投向处于尚种子期和成长期的创新项目或企业。为实现这一目标，目前国外成熟的引导基金对此都有严格的规定。然而就我国现行引导基金而言，各地通常只规定一定比例的资本必须投资于政府指定项目，其余部分则由创业投资基金自行确定投资项目，由此导致引导基金对早期阶段创新项目或企业的投资比例偏低，并可能导致的问题是政府资本对商业性创业投资资本形成挤出效应。

五、本章小结

本章对中国现行促进企业技术创新的税收优惠政策、财政科技投入政策（重点分析了专项科技计划）和创业投资引导基金制定的实施情况进行了分析。本章的主要发现包括：

（1）税收优惠已经超过直接财政补贴成为政府扶持企业技术创新的主要财政政策工具。且税收优惠主要偏重于对创新产出的优惠，而对创新投入的税收优惠力度不足，且缺乏针对中小企业创新投入的特别税收优惠措施，也未出台激励“产学研”协同创新的特别税收优惠条款。此外，税收优惠的特惠制特征及其规范性和统一性的不足也在一定程度上限制了政策的实施效果。

（2）改革开放以来，中国直接财政科技投入高速增长，绝对规模巨大，但财政科技拨款占财政支出的比例总体呈下降趋势，财政科技资金对企业技术创新的资助强度低于 OECD 国家平均水平，且对基础研究和应用研究的投入力度及引导作用欠缺，致使基础研究和应用研究投入占全部 R&D 支出及企业 R&D 支出的比例远低于 OECD 国家水平。此外，作为财政资助重要实施手段的专项科技计划也存在交叉重合，多头管理，对服务业创新、中小企业技术创新和“产学研”协同创新激励不足等问题。

（3）自 1996 年中国开始政府采购试点以来，政府采购规模及其占 GDP 的比例不断增加，利用政府采购促进本国企业、特别是中小企业技术创新的重要性得到了广泛的认同，也取得了一定的成效。但与发达国家相比，中国在 GPA 规则下利用政府采购促进企业技术创新的配套法律法规体系尚不完善，政府采购的规模还有很大的提升空间，同时利用政府采购政策促进企业自主创新的针对性也可以进一步加强。

（4）自创业投资引导基金制定实施以来，中国各级政府已经成立了数量众多的引导基金，并成功建立起了市场化的管理体制。但总体而言，创业投资引导基金的规模仍然偏小，且地区分布不均衡，引导基金对早期阶段创新项目或创新企业的投资比例偏低，引导基金的引导作用和运作机制存在进一步优化提升的空间。

第五章
中国企业技术创新现状

在国家创新体系建设中，企业承担着将创新知识引入市场的重要角色。然而在计划经济体制下，中国的技术创新活动主要由公共研发机构承担，为满足自身研发需求，企业更多依赖于国外技术引进（Liu and White，2001）。自 1978 年开始市场化改革以来，中国的创新体系发生了巨大的变化，企业作为创新主体的地位逐步确立，其创新投入和创新能力迅速提升，但与发达国家相比仍然存在不足，因此本部分拟对中国企业技术创新现状进行横向和纵向比较分析，从中发现不足，从而提出未来扶持企业技术创新财政政策的主要目标。

一、企业技术创新投入

按照 Lichtenberg（1984）的观点，与产品生产类似，创新过程同样是一个投入创新要素、获取创新产出的过程。而创新资本和人力则是主要的创新投入要素，其投入数量决定了创新活动的规模，而创新生产函数形式则决定了创新活动的投入产出效率。近年来，中国企业创新要素投入主要存在以下特征：

（一）企业创新投入增速明显，总量居世界前列

进入新世纪以来，中国企业创新资本和人力投入快速增长，总量居于世

界前列。图 5－1 和 5－2 分别给出了 2000～2015 年间中国企业 R&D 经费内部支出和 R&D 人员全时当量的变动情况及实际增速。

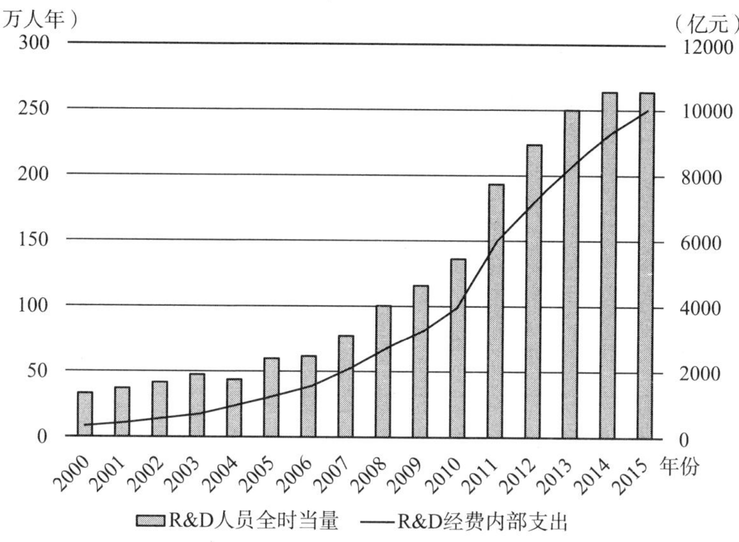

图 5－1　中国企业 R&D 资本和人力投入现状（2000～2015 年）

资料来源：根据逐年《中国科技统计年鉴》整理所得。

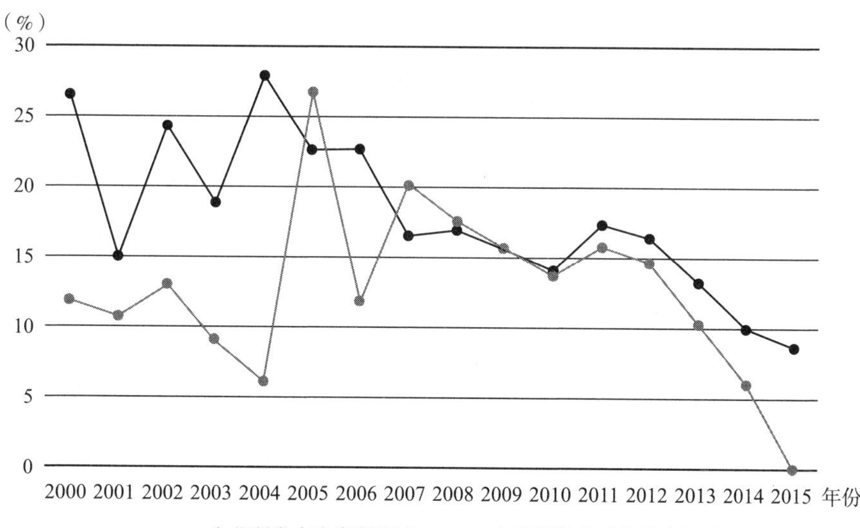

图 5－2　中国企业 R&D 资本和人力投入实际增速（2000～2015 年）

资料来源：OECD 统计数据库。

从图中可以看出，自2000年以来，中国企业R&D资本和人力投入在多数年份均保持两位数的高速增长速度，但至2012年后增速明显下降。进一步由图5-3可以看出，在经过多年的高速增长后，截至2015年，中国企业研发人力投入高达274万人年，超过美国居世界第一（美国缺乏研发人员全时当量数据，但据发改委公布的研究成果，早在2010年中国的研发人力投入已经超过美国）；以当年购买力平价汇率（PPP）计算，中国企业2015年R&D经费支出达到3139.5亿美元，仅次于美国3596.5亿美元而位居世界第二。

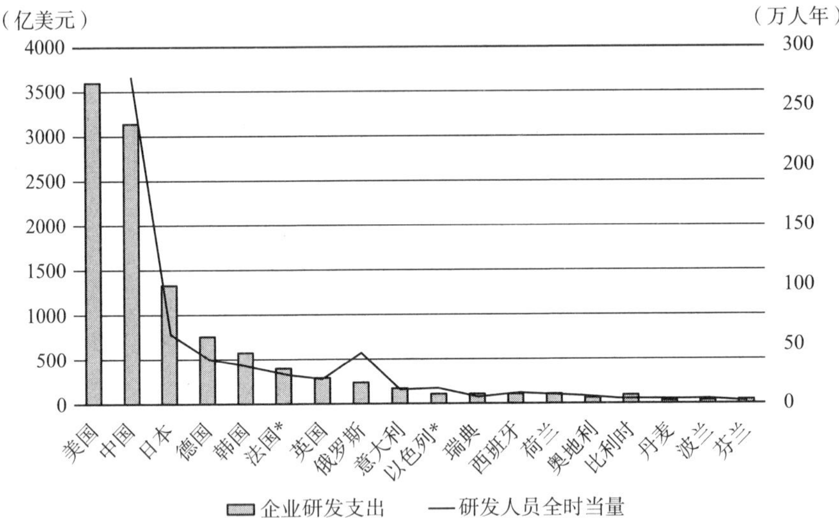

图5-3 主要创新型国家研发资本和人力投入对比分析（2015年）

资料来源：OECD统计数据库（*表示R&D人员全时当量为2014年数据）。

（二）企业已成为创新投入主体

图5-4给出了1991~2015年间中国企业研发资本和人力投入占全国研发资本和人力总投入的比例。从中可以看出，企业作为创新活动主体的地位是逐步确立的。从2000年开始，企业研发资本投入占比开始超过50%，随后稳步增长，到2015年已达到76.79%；研发人力投入占比的变动趋势一样，从2000年开始超过50%，到2015年达到77.44%。

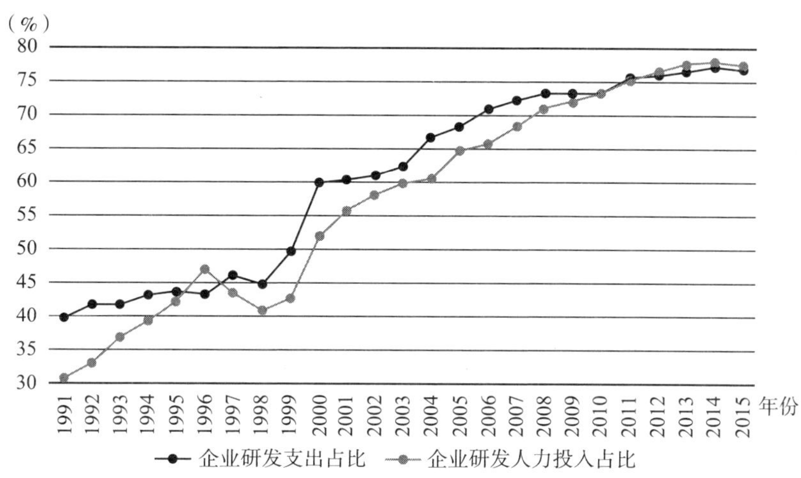

图 5－4　企业研发资本和人力投入占比分析（2000～2015 年）

资料来源：OECD 统计数据库。

表 5－1 进一步比较了 2015 年主要创新型国家企业研发投入占全部研发投入的比例，从中可以发现，在所对比的 42 个国家和地区中，2015 年中国企业研发支出占比在以色列、日本、中国台湾和韩国之后，位居第 5 位，超过美、英、德、法等国。这一方面说明中国企业是当之无愧的创新主体；另一方面是否也暗示其他创新主体与企业之间的协同存在不足？

表 5－1　　2015 年主要国家企业研发资本投入占比分析　　单位：%

国家和地区	比例	位次	国家和地区	比例	位次	国家和地区	位次	排名
以色列	85.36	1	比利时	71.95	9	法国	65.10	17
日本	78.49	2	美国	71.52	10	冰岛	64.66	18
中国台湾	77.81	3	奥地利	70.82	11	丹麦	63.96	19
韩国	77.53	4	瑞典	69.52	12	新加坡*	61.17	20
中国	76.79	5	OECD 平均	68.83	13	俄罗斯	59.21	21
斯洛文尼亚	76.26	6	德国	67.74	14	澳大利亚**	56.31	22
匈牙利	73.44	7	芬兰	66.67	15	荷兰	55.57	23
爱尔兰*	72.12	8	英国	65.73	16	意大利	55.30	24

续表

国家和地区	比例	位次	国家和地区	比例	位次	国家和地区	位次	排名
捷克	54.30	25	葡萄牙	47.12	31	智利	34.31	37
挪威	54.25	26	波兰	46.57	32	希腊	33.34	38
西班牙	52.54	27	新西兰**	46.41	33	墨西哥	30.94	39
卢森堡	51.02	28	爱沙尼亚	46.04	34	斯洛伐克	27.95	40
加拿大*	49.89	29	南非**	45.92	35	拉脱维亚	24.75	41
土耳其*	49.78	30	罗马尼亚	44.00	36	阿根廷*	20.06	42

资料来源：OECD 统计数据库。
说明：** 和 * 分别表示 2013 和 2014 年数据。

（三）企业创新资源投入存在地域和所有制差异

图 5－5 给出了东中西部大中型工业企业（或规模以上工业企业）技术创新投入的占比情况。由于统计口径的变动，2000～2010 年采用的是大中型工业企业，2011～2015 年采用规模以上工业企业（后文同）。

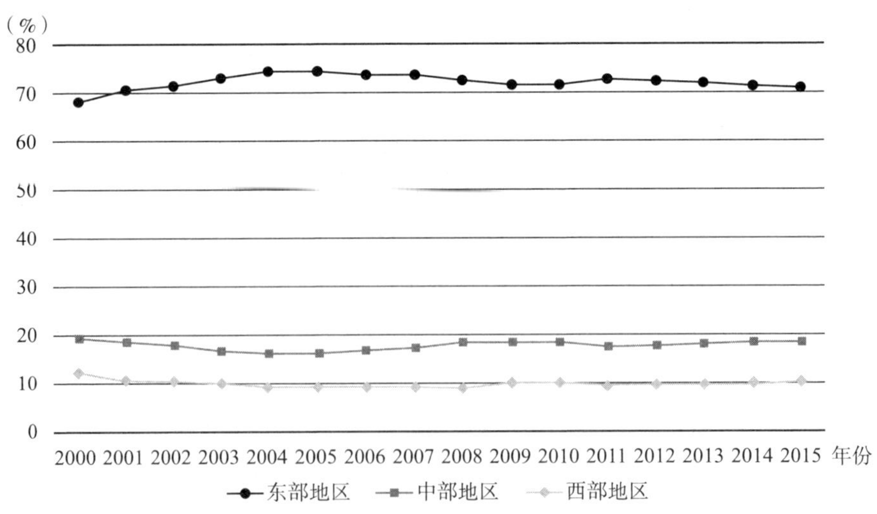

图 5－5 东中西部企业技术创新支出占比分析

注：若非特别说明，本小节所用数据均根据各年《中国科技统计年鉴》《工业企业科技资料》《中国统计年鉴》和各省逐年统计年鉴整理所得，后文不再一一标注。

由上图可以看出，工业企业科技创新投入资金投入主要集中在东部地区，中西部地区的科技创新投入在2000年前存在显著的下降趋势，进入21世纪后基本保持平稳，但70%以上的技术创新投入基本集中在东部地区。

创新资源投入的分布不均说明企业的创新活动主要集中在东部地区，但这并不意味着从平均意义上东部企业的技术创新密度也高于中西部地区。图5-6给出了全国和东中西部地区有科技创新活动的企业占全部企业的比例（同样，因统计口径的变动，图5-6分为了两个部分，2000~2010年表示大中型工业企业，2011~2015年表示规模以上工业企业）。从图中可以发现一个显著的的事实，即从事创新活动的企业占比存在显著的下降趋势，这一趋势直到2008年金融危机后才得到遏制。金融危机之后，全国上下成型了一个基本的共识，即只有技术创新才是驱动经济持续增长的恒久动力，因此，在全国大力倡导技术创新以及在宏观经济政策大力扶持技术创新的环境下，尽管期间存在波动，但总体而言，2008年后从事技术创新活动企业的占比开始出现显著的上升趋势。有创新活动的企业占比开始出现回升趋势。

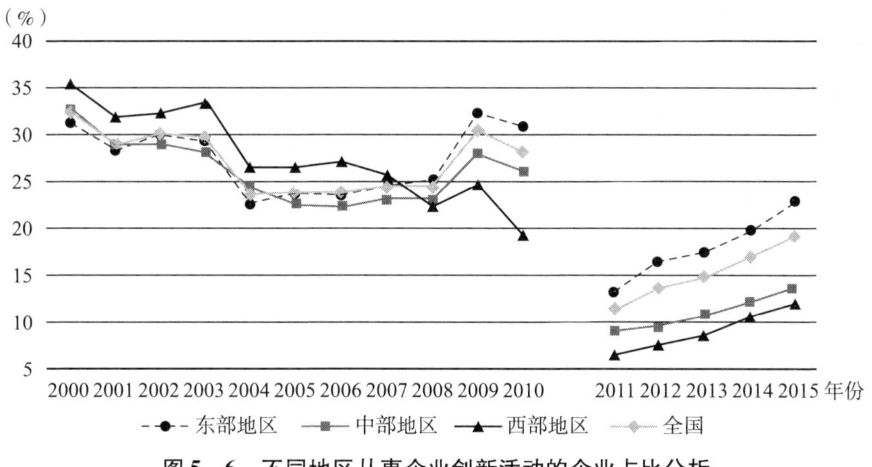

图5-6　不同地区从事企业创新活动的企业占比分析

从图中还可以看出，若以规模以上工业企业计，则该指标值显著低于大中型工业企业，说明中国企业的技术创新活动更多集中于规模较大的企业。进一步从区域角度看，自2008年后，东部地区从事创新活动的企业占比高于全国平均水平和中西部地区，而西部地区则从2007年前的全国最高水平下降为全国最低水平，说明在金融危机后，西部企业在实施创新驱动发展战略方面处于落后地位。由前述分析所知，一直以来中国企业创新活动的投入呈现出高速增长态势，而从事创新活动的企业占比却又呈现出显著下降趋势，由此可以得到的合理推断是单个企业的创新投入必将出现显著上升态势。

图5－7给出了不同地区单个有创新活动企业的平均创新资本投入的变动情况，从中可以看出，若以大中型企业计算，东中西部以及全国有创新活动企业的平均研发投入强度均呈显著上升趋势，且呈现出东中西部的梯次结构，但这种地区间差异在金融危机后逐渐缩小。但若以规模以上工业企业计，则这种上升趋势不复存在，反而呈现出微弱的下降趋势。这进一步说明中国企业的技术创新投入强度依然与企业规模高度正相关。

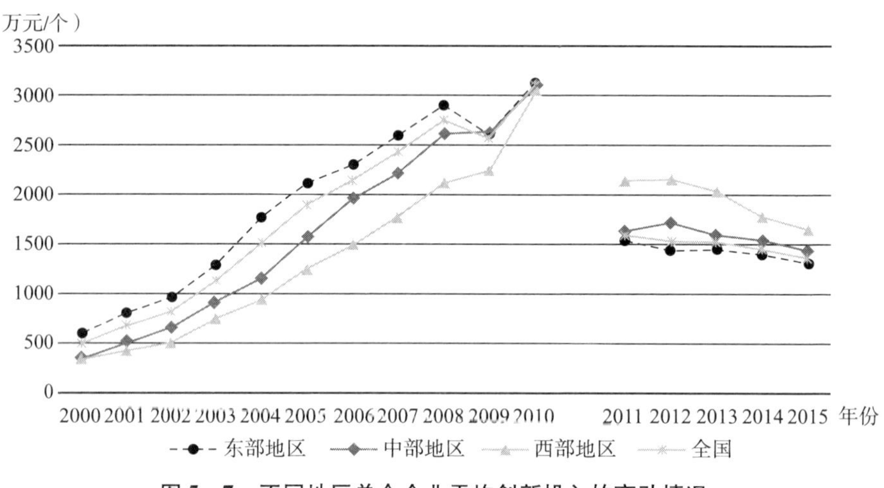

图5－7　不同地区单个企业平均创新投入的变动情况

出现上述现象的一个重要原因在于，随着技术水平的不断发展，技术创新的复杂性越来越高，对创新活动的资本投入要求也越来越高，越来越多的小型企业将无法承受创新活动的风险和成本。而从上一章的分析可以看出，中国政府对企业创新活动的财政支持更偏重于后端激励，即主要利用税收优惠手段对创新产出进行激励，而对创新投入成本削减的激励不足。由于难以承担创新投入的巨大成本，众多中小企业将被隔离于创新之外。由此得到的政策启示是：政府或许应该加大对企业，特别是中小企业创新投入的激励强度，从而促进更多的企业从事技术创新活动。

图5－8进一步比较了不同所有制企业创新投入构成比例的动态变动情况。从中可以看出，有限责任和股份有限公司一直是企业技术创新投入的主体，其在2000～2015年间的投入占比平均超过50%，并在2012年后呈快速上升趋势，至2015年已达59.2%；其次是港澳台和外商投资企业，在所考察的16年间，其技术投入占比平均为25.2%，但从2007年达到最高值30.61%后开始缓慢下降，至2013年后又开始回升。而国有企业技术创新投入占比则呈现出持续且显著下降的趋势，由2000年的33.86%下降至2015年的3.87%；其他内资企业（包括集体企业、股份合作企业、联营企业和私营企业等）在中国企业技术创新中的地位逐步提高，其技术创新投入在2013年曾达到21.4%，基本接近外资企业，但2014及2015两年却出现急速下降趋势。

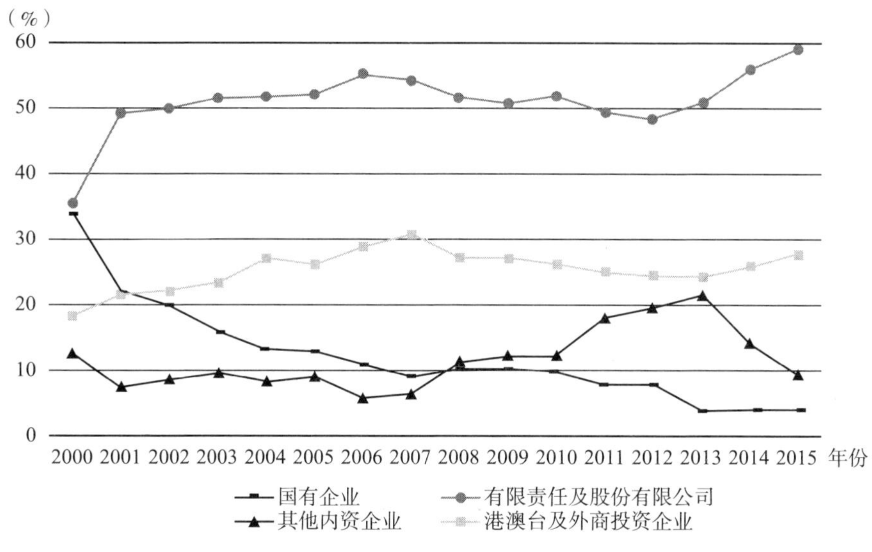

图5－8 不同所有制企业创新支出占比变动情况

随着中国经济市场化改革的深入，国有企业不断退出竞争性领域，因此创新投入结构随所有制的变化很可能是企业数量的变化引起的。图5－9给出了 2000~2015 年不同所有制单位企业 R&D 投入强度变化情况，从中可以看出，2010 年前，所有类型企业 R&D 投入强度均呈上升趋势，其中国有企业和有限责任及股份有限公司增长速度要高于外资企业和其他内资企业。而从 2010 年后，国有企业的研发投入强度在经历了 1 年的下降后迅速回升，并于 2014 年达到历史最高水平，而其余三类企业在经历年了 2010~2011 年间的衰退后尚未见到明显的回升趋势，且较历史最高水平存在较大的差异。由图还可以看出，四类企业中，国有企业研发投入强度远高于其他三类企业，2015 年达到了 5568 万元/家，居于第二位的有限责任公司和股份有限公司仅为 2176 万元/家，而以集体企业和私营企业为主的其他内资企业为 655 万元/家，仅为国有企业的 1/9 左右。

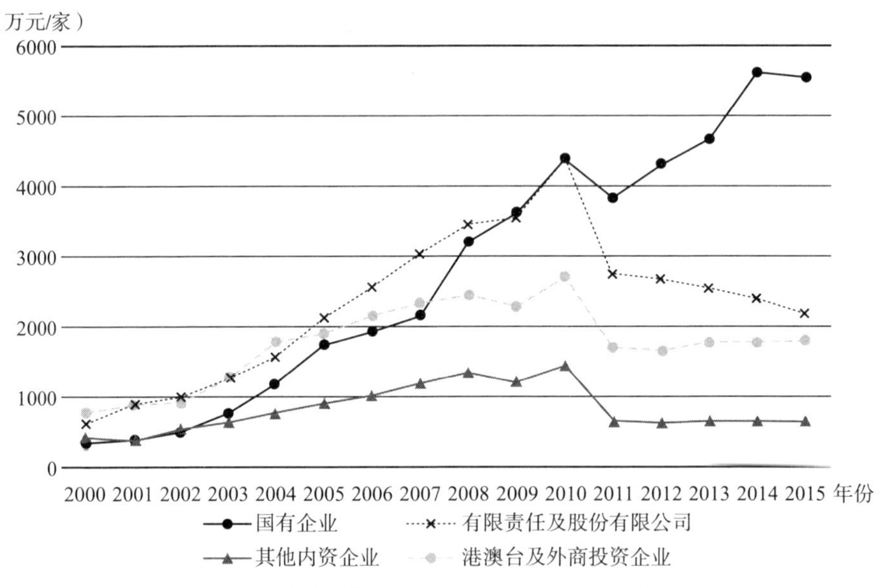

图 5-9 不同所有制单位企业 R&D 投入变动情况

然而若以 R&D 支出占主营业务收入比例衡量企业的研发投入强度（如图 5-10 所示），则我们可以发现，有限责任公司和股份有限公司 R&D 投入强度要高于其他三类企业，但在金融危机之后其创新投入强度明显回落，至低点后基本保持平稳，再未上升至历史最高水平。外资企业和国有企业在考察期间的波动性较小，且两者创新投入强度相近。而以集体企业和民营企业为主的其他内资企业在2000～2011年间总体则呈现出下降趋势，特别是2010～2011年间降幅明显。但2011年后则呈现出明显回升趋势。但总体而言，四类企业在近两年的投入强度均未及历史较高水平值。

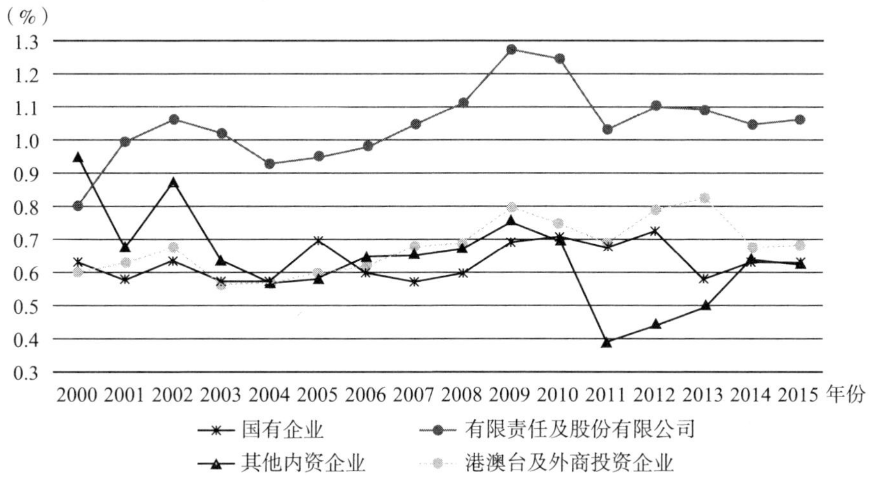

图5－10 不同所有制企业单位主营业务收入R&D投入比较

综合上述分析可以看出，无论是从研发投入结构和研发投入强度看，市场化经营的有限责任公司和股份有限公司是中国技术创新投入的主要力量，而港澳台企业和外商投资企业创新投入的强度已经超过国有企业，而以集体企业和私营企业为主的其他内资企业的技术创新投入占比和强度均低于其他类型企业。

（四）企业研发机构已经成为企业技术创新的中坚力量

企业办研发机构作为企业技术创新和成果转化的重要载体，其发展规模和水平在很大程度上决定了企业的技术创新能力和核心竞争力。从国家层面看，在两个专项计划（国家（重点）实验室和国家工程技术研究中心）涉及对企业研发机构建设的扶持，而全国各省均有专项计划用于支持企业建设申报省级重点实验室、工程技术研究中心等，因此企业研发机构已为企业技术创新的中坚力量。

1. 有 R&D 活动的企业科研机构设立比率高

图 5 - 11 给出了中国企业 2000 ~ 2015 年研发机构设立情况。其中 2000 ~ 2010 年的统计口径为大中型企业，2011 ~ 2015 年则变化为规模以上企业。由图可知，以大中型企业计，设立研发机构的企业占全部企业的比例平均约 25.8%，而其在有 R&D 活动企业中的占比则平均达到了 93.4%，因此可以看出研发机构是企业 R&D 活动的主体。进一步可以看出，每个从事 R&D 活动的企业，其研发机构的平均设立数量达到了 1.17 个。而以规模以上企业计，则上述三个指标均出现了不同程度的下降，说明企业规模越大，越愿意设立研发机构。约 20% 的企业有 R&D 活动但却没有专门的研发机构。

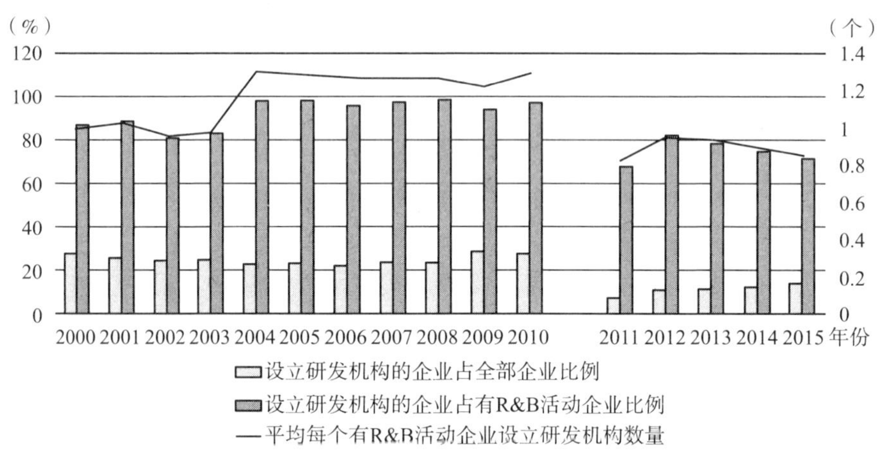

图 5 - 11　企业研发机构设立情况（2000 ~ 2013 年）

2. 企业科研机构设立地区和所有制差异明显

图 5 - 12 给出了不同区域设立了研发机构的企业占有 R&D 活动企业比例的变动情况。

从图 5 - 12 可以看出，其一，以大中型企业口径计，全国及各区域设立了研发机构的企业占比均呈上升趋势，其中，西部地区上升趋势更为明显，即使在金融危机后也未受到太大影响。其二，若以大中型企业计，则西端地区自 2006 年后已超过其余地区及全国平均水平，而东部地区几乎长期处于最低水平，并且与全国平均水平差异不大，主要原因在于东部地区企业数量多，所占权重大。而中部地区2005年前后的上升和下降趋势均非常明显，截至2010年已从2000~2006年的全国最高水平下降至最低水平。其三，若以规模以上企业计，则东部地区平均水平最高，且与中西部地区差异较大，而中部地区仍然最低。这说明在中西部地区，特别是中部地区，小企业设立研发机构比例要远低于东部地区，即研发机构设立主要以大企业为主。其四，中西部地区大中型企业部分年份的指标值大于100%，说明这些年份一些设有研发机构的大中型企业并未从事技术创新活动，即研发机构存在闲置情况。

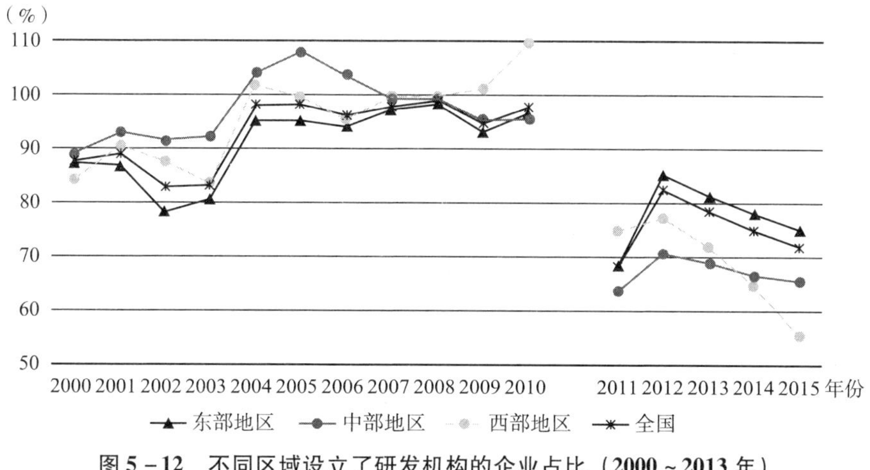

图5-12 不同区域设立了研发机构的企业占比（2000~2013年）

图5-13给出了2000~2015年不同所有制企业研发机构设立情况，从中可以看出，在大中型企业中，以私营企业、集体企业、股份合作企业为主的其他内资企业研发机构设立比例最高，但研发机构未有效从事研发活动（指标大于100%）的比例也最高。港澳台及外商投资大中型企业研发机构设立增速明显，至2006年已经超过国有企业。无论是从大中型企业还是规模以上企业计，近年来国有企业研发机构设立比例均呈下降趋势并处于最低水平。

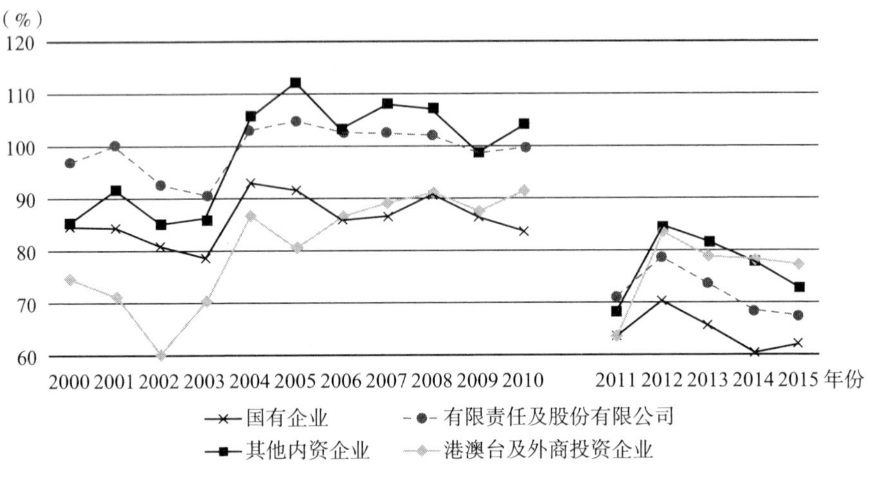

图 5－13　不同所有制企业研发机构设立情况分析（2000～2015 年）

3. 企业科研机构经费支出占比呈下降趋势

图 5－14 和 5－15 分别给出了不同地区、不同所有制情形下企业研发机构科技经费内部支出占企业全部 R&D 经费支出比例的变动情况。从中可以看出：第一，从全国大中型企业看，机构研发经费支出占了企业全部研发支出的比例最低年份为 79.2%，最高年份达到了 95.1%。进一步说明企业研发机构是企业研发活动的主体。但从纵向看，这一比例总体呈现下降趋势，至 2009～2010 年间保持短暂稳定。第二，若从规模以上企业看，则这一比例显著下降，同样说明企业规模越大，研发机构创新支出占比越高；第三，分区域看，自 2004 年开始，西部地区大中型企业研发机构经费支出占比高于全国平均水平及东、中部地区，一些年份甚至接近 100%，说明西部地区大中型企业的技术创新活动主要由企业研发机构进行；但若以规模以上企业计，则东部地区该比例值最高。西部地区研发机构经费支出占比呈现出显著下降趋势，至 2015 年处于全国最低水平。第四，从分所有制情况看，内资企业研发机构经费支出占比总体而言呈下降趋势，其中国有企业降幅最大。而外资企业则呈上升趋势，且自金融危机后，无论是从大中型企业还是从规模以上企业角度年，外资企业该指标值均居于最高水平，有限责任及股份有限公司紧随其后。

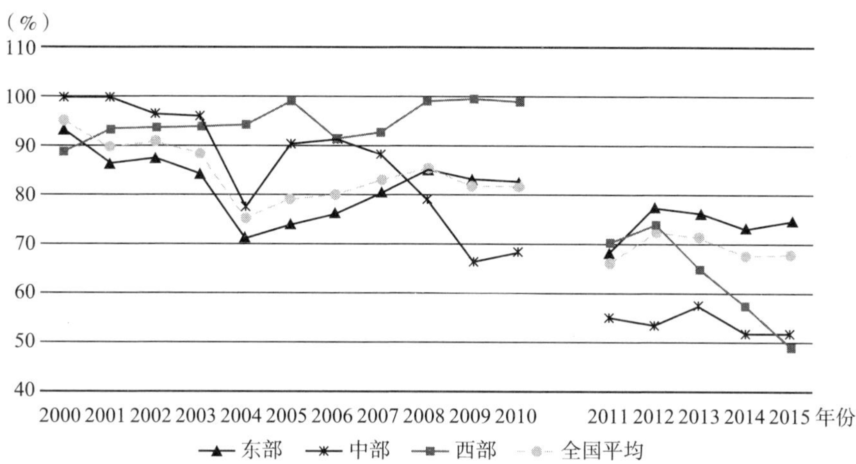

图 5－14 企业研发机构科技经费内部支出占比分析（分区域）

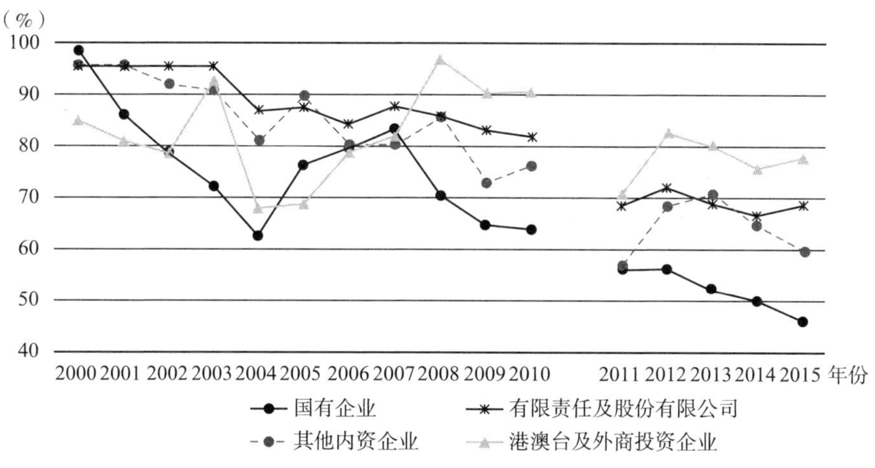

图 5－15 企业研发机构科技经费内部支出占比分析（分所有制）

4. 企业科研机构人员素质不断提高

图 5－16 和图 5－17 分析了企业研发机构硕士及以上人员在机构科技活动人员中的占比变动情况。

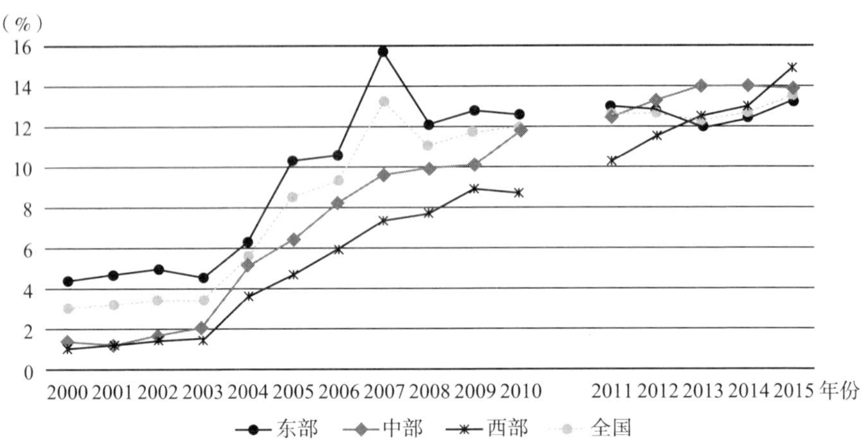

图 5－16 企业研发机构硕士及以上人员占比分析（分区域）

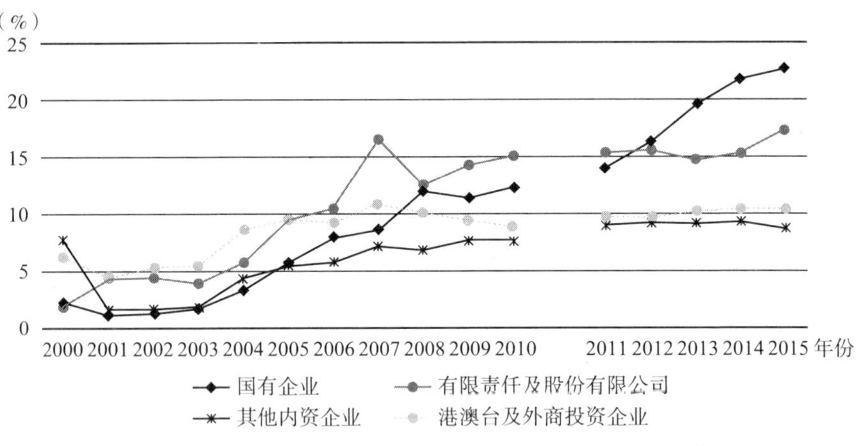

图 5－17 企业研发机构硕士及以上人员占比分析（分所有制）

由图可知：第一，在 2008 年前，无论是从大中型企业还是从规模以上企业看，企业研发机构中高素质人员的占比一直呈显著上升趋势，而从 2008 年开始，这一上升趋势则显著减弱，并且大中型企业和规模以上企业之间看不出明显差异。第二，分地区看，东部地区大中型企业研发机构人员素质要高于中西部地区，但规模以上企业则以中部地区为最；西部地区大中型企业研发机构中高层次人才的比例最低，并且与东部和中部地区的差距并无缩小趋势。但若从规模以上企业看，至 2013 年，西部地区与东部地区差异已经消除，至2015年已超过中部地区位居全国之首；东部地区在金融危机后的指标值呈下降趋势，至2013年方触底回升。而中西部地区则持续上升，说明其对高层次研发人才的吸引力在持续增强，企业研发人才分布逐渐走向于均衡。第三，分所有制看，大中型国有企业、有限责任及股份有限公司研发机构对高素质人才的吸引力最高且持续增强；从规模以上企业看，国有企业对高层次研发人才的吸引力近年来一枝独秀；而从2008年开始，外资企业研发机构硕士经上人员占比呈小幅下降趋势，之后保持平稳，增幅不明显，其对人才的吸引力与其他内资企业基本持平，均低于全国平均水平。

（五）研产合作水平较高

与企业相比，高校和科研院所通常具有更高的研发能力，因此，中国政府一直鼓励企业与高校和科研院所之间建立紧密的合作关系，而企业也通过研发合作的形式将研发费用投入到大学和科研机构中。图5－18给出了高校和科研院所科研经费支出中来自于企业投入的比例。从中可以看出，长期以来，高校科研经费支出超过1/3的比例来自于企业资金。

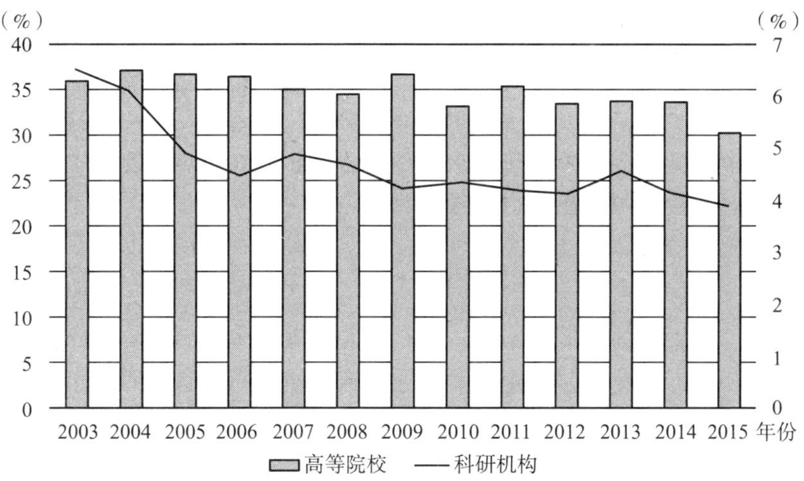

图5－18　高校和科研机构R&D经费内部支出中来自于企业资金的比例

资料来源：OECD统计数据库。

由图 5 - 19 可以进一步看出，这一比例在主要创新型国家中是最高的，几乎是 OECD 国家平均水平的 6 倍。这一高比例数据可能反映出两个事实，一是政府对高校研发经费投入不足，迫使高校不得不拓宽研发资金来源，而企业则是其资金来源的主要对象；二是企业与高校之间的研产合作水平可能并非人们感觉中的低下，但如果研产之间的合作水平真的如此之高，而中国企业整体技术创新水平并没有达到令人满意的水平，导致这种差距的原因何在？可能的解答有两个，一是尽管高校科研经费来源于企业的比例很高，但由于高校科研经费总体支出较低，因此研产合作的总体规模并不高；二是高校研发水平低下，尽管研发合作程度较高，但合作的水平及合作的产出却并不高。结合前文及后文的分析我们可以发现，这两种原因均可能存在。

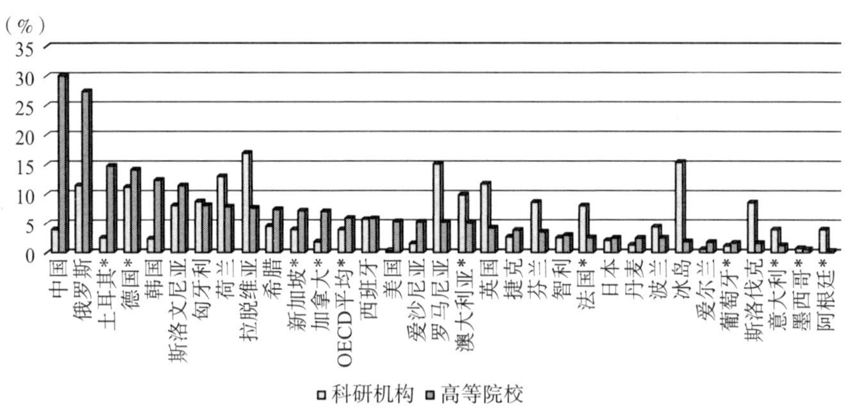

图 5 - 19　高校和科研院所研发经费中来自于企业比例的国际比较（2015 年）

资料来源：OECD 统计数据库（＊表示 2014 年数据）。

从图 5 - 18 和图 5 - 19 中还可以看出，2005 年前，科研院所研发经费支出中来自于企业资金的比例经历了一个较大幅度的下降过程，之后降幅大幅度变小。主要原因在于在此期间中国所实施的科研机构体制改革，部分科研机构转制为企业或并入企业，科研机构数量大幅度减少所致。但从国际横向比较看，企业与科研机构之间的合作水平较低，在所比较的 32 个国家中，中国居于第 19 位，与 2015 年 OECD 国家的平均水平相当。其中的主要原因在于，改制后科研院所的研发经费主要来源于财政拨款，但其中可能也反映了一个事实，即企业与研发机构之间的研发合作水平有进一步提升的空间。

二、企业技术创新产出

一般而言，企业技术创新活动的产出主要以新产品销售收入（或在进行国际比较时采用高技术产业增加值）、发明专利申请数量等。与企业技术创新投入类似，中国企业技术创新产出也呈现出类似特征。

（一）企业技术创新产出持续增长

图5－20给出了2001～2015年中国企业科技活动产出，包括新产品销售收入和发明专利申请数量的变动情况。从图中可以看出，大中型企业新产品销售收入从2000年的7536亿元上升至2010年的72864亿元，11年间增长了约8.5倍，年均名义复合增长率超过22%；发明专利申请数量则由2000年的2771项增加至2010年的72522项，增长约25倍，年均复合增长率接近34.5%。而规模以上企业2011～2015年间的新产品销售收入名义增长了50%，

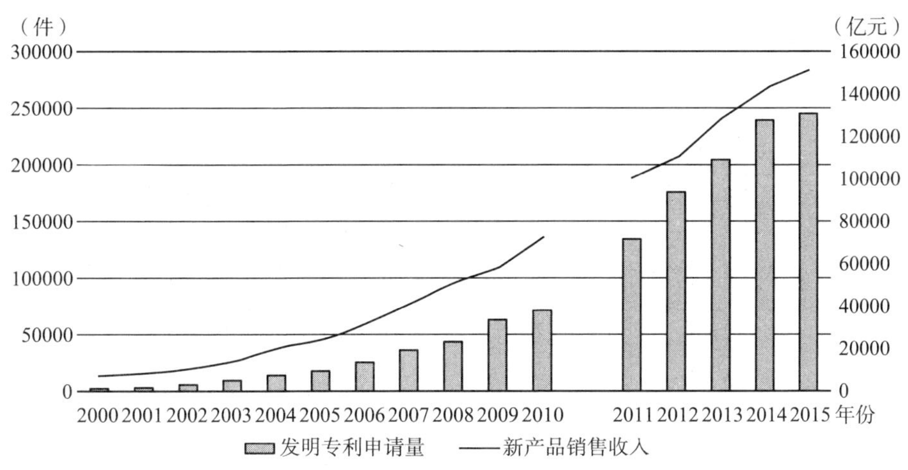

图5－20　企业技术创新产出增长率变动分析

发明专利申请数量则增长了82.2%。2000~2010年企业技术创新产出的增长速度显著高于R&D资本和人力投入同期增长速度（R&D经费内部支出名义年均复合增长率为24.7%，R&D全时人员当量年均复合增长率为13.8%），从而显示同期企业技术创新的投入产出效率呈递增趋势。而2011~2015年，以规模以上企业计，R&D资本和人员投入名义增长率分别为67.1%和36.1%，要高于新产品销售收入增长率，但低于发明专利申请增长率，因此不能直接看出创新效率变动趋势。

（二）企业技术创新产出地域分布不均衡

图5-21给出了东中西部地区在新产品销售收入和发明专利申请数量两个企业创新产出的占比分布及变动情况。从中可以看出，与创新资本投入一样，以新产品销售收入和发明专利申请所度量的创新产出同样呈现出向东部地区集聚的情况，并且集聚程度较创新资本投入更高，由此可能说明单位资本投入的创新产出东部地区更高，即东部企业创新效率可能要高于西部地区。此外，无论是从新产品销售收入还是发明专利申请数量看，西部地区创新产出所占份额最低，但与中部地区一样，近年来创新产出份额呈现出微弱上升趋势，可能表明中西部地区企业创新能力在逐渐增强。

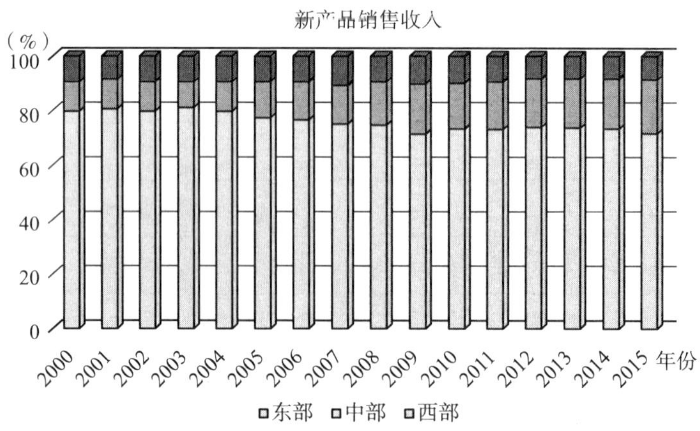

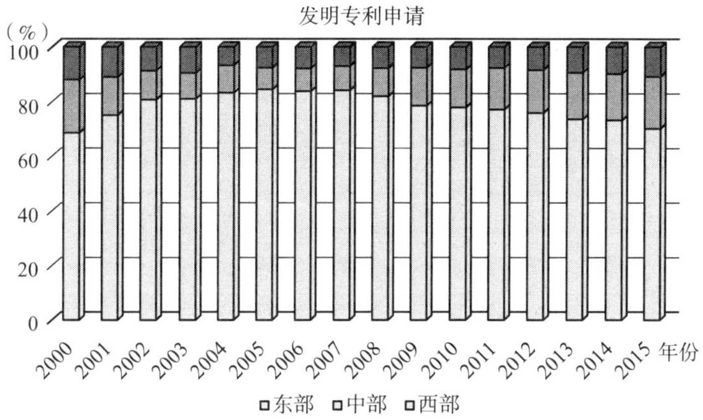

图 5－21　企业创新产出的地域分布

（三）不同所有制企业技术创新产出差异明显

图 5－22 和图 5－23 分析了不同所有制企业在新产品销售收入和发明专利申请数量上的占比变动情况，从中可以看出：

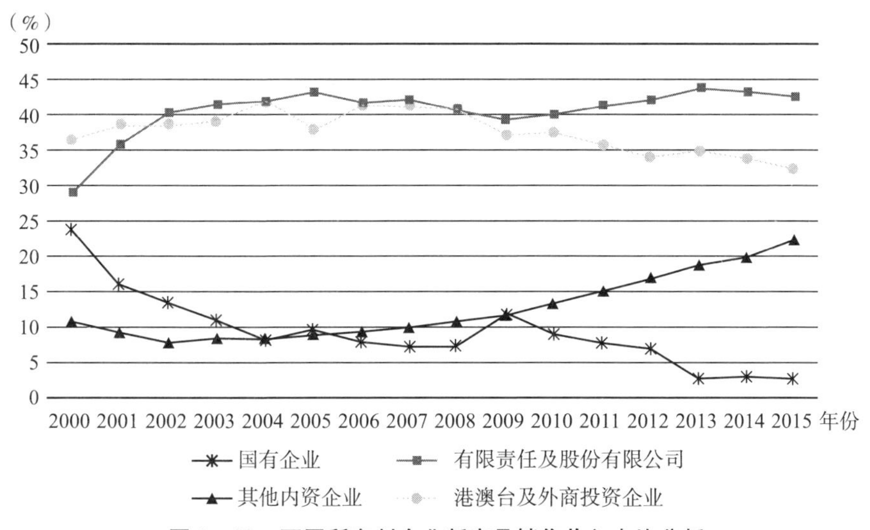

图 5－22　不同所有制企业新产品销售收入占比分析

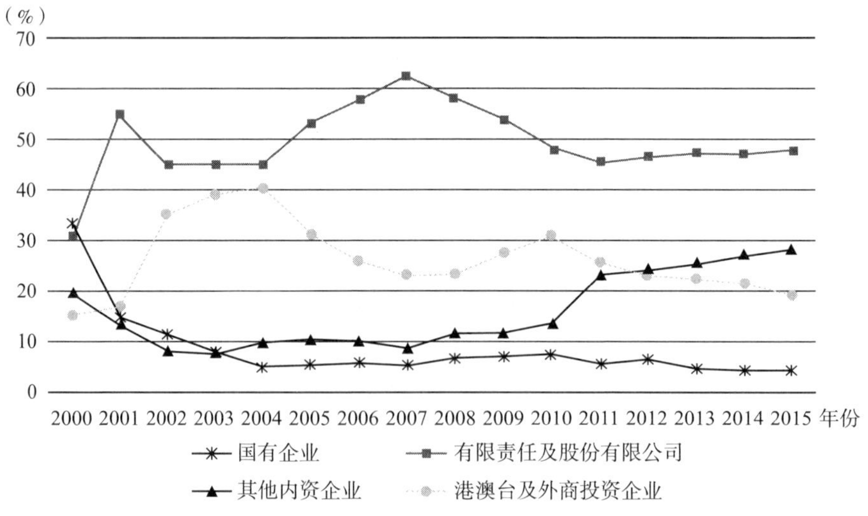

图 5 - 23　不同所有制企业发明专利申请数量占比分析

第一，与创新投入占比一致（见图 5 - 9），有限责任及股份有限公司、外商投资企业在创新产出中所占份额最高，但从新产品销售收入指标看，二者在创新产出方面的差异要小于创新投入，即从该指标看，外商投资企业创新的投入产出效率更高。

第二，随着国有企业创新投入占比的下降，反映到创新产出上，无论是新产品销售收入还是发明专利申请数量，国有企业均呈现出显著下降趋势，但新产品销售收入的下降速度要高于发明专利申请，可能暗示国有企业技术研发效率要高于技术转化效率。

第三，其他内资企业（主要为集体企业、私营企业、股份合作企业等）创新产出份额存在明显的上升趋势，但其上升速度与创新投入相比并不显著差异，说明这类企业在样本考察期内的创新效率可能并不存在显著的差异。

三、中国企业技术创新所面临的问题

从当前中国企业技术创新的现状看，制约企业技术创新能力的因素主要体现在以下四个方面：

（一）企业创新资本投入强度不足

尽管近年来企业创新资本投入规模高速增长，但与中国经济规模相比，企业创新投入强度，即研发支出占产业增加值的比例仍然偏低，存在进一步提升的空间。图5－24将中国与美国、英国、法国、德国、日本、韩国和全部OECD国家的企业研发投入强度进行了动态对比分析。从变动趋势看，样本考察期内，中国企业研发投入强度增速明显，但次于韩国，与日本大致相当。从绝对量看，截至2015年，中国企业的研发投入强度略超过英国，但与其余国家相比还存在较大的差距，因此中国企业要实现创新追赶，未来必须持续增加研发投入强度。

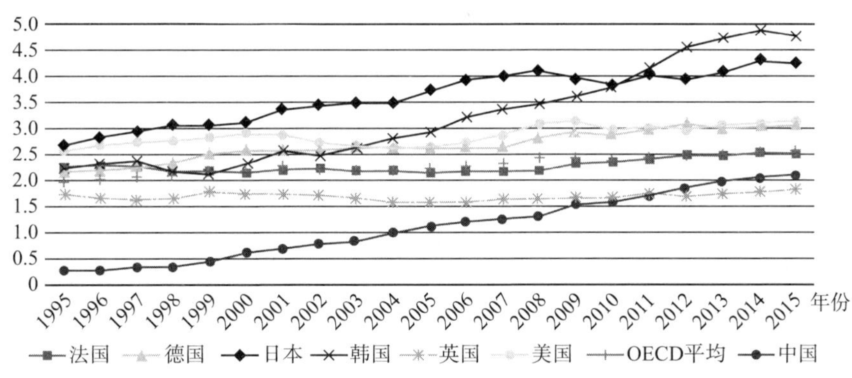

图5－24 不同国家企业研发投入强度的动态比较

资料来源：OECD统计数据库。

企业研发投入强度不足可能由两个原因所致，一是企业自身投入不足；二是政府对企业研发投入不足。图5－25进一步对比了上述国家企业研发投入中政府资本所占比例。从中可以发现，样本分析期内，各国政府对企业研发投入的资助力度需有波动，但总体而言呈下降趋势。金融危机期间，美国、英国和OECD国家对企业的研发资助强度有一个明显的上升过程，但除英国外，这一刺激时期短暂。中国、德国和日本政府对企业的研发资助强度非常平稳，并且处于较低水平。截至2015年，中国该指标的数值略高于日本与德国，但低于其余国家，不及英国的一半。结合图5－24 可以看出，不能单纯认为中国企业研发投入强度不足是由于政府对企业的扶持力度不足，在剔除了政府补贴因素后，中国企业的研发投入强度仍然低于其他四国，因此政府补贴和企业投入意愿不足共同拉低了企业研发投入强度，因此未来财政科技政策的设计在加大企业研发补贴同时，还必须考虑如何激励企业进行更高强度的研发投入。

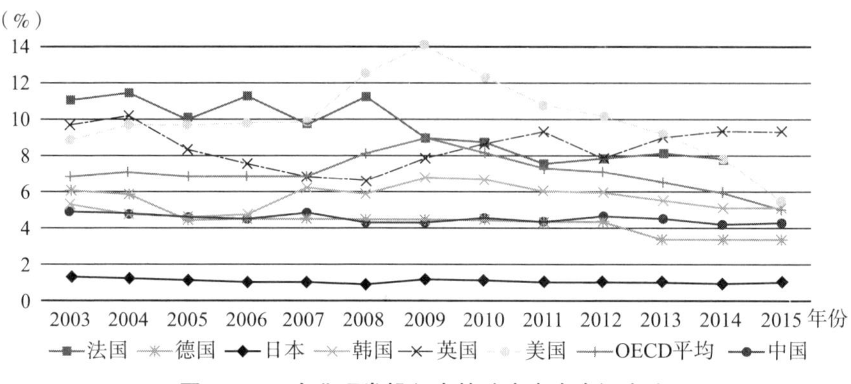

图5－25　企业研发投入中的政府资本来源占比

资料来源：OECD 统计数据库。

（二）创新资本和人力要素的投入配比关系不合理

与产品生产一样，在成本既定的前提下，主要创新投入要素，即创新资本和人力投入之间必须满足恰当的配比关系才能实现创新产出最大化目标。任何一种投入要素过于充实均将影响创新投入产出效率。图 5－26 对比分析了对比分析了中国与英、法、德、日、韩五国单位研发人员全时当量所支配的研发支出（万美元，以 2010 年 PPP 美元计算）。

从图中可以看出，中国企业单位研发人员每年所支配的研发资本数量远远低于其余五国，尽管在样本考察期内，中国企业从 1995 年的 2.37 万 PPP 美元/人年增加到了 2015 年的 9.94 万 PPP 美元/人年，但与最低的英国相比（13.33 万 PPP 美元/人年），差距仍然巨大，并且从 2004 年开始，中国企业该指标的增长速度较之前的时期有所下降，与日本、韩国和德国的增长速度大致相当。因此未来在加大企业研发投入力度的同时，还必须提高研发人员的创新效率，从而实现创新资本和人力资源之间的最佳配比，提高企业技术创新效率。

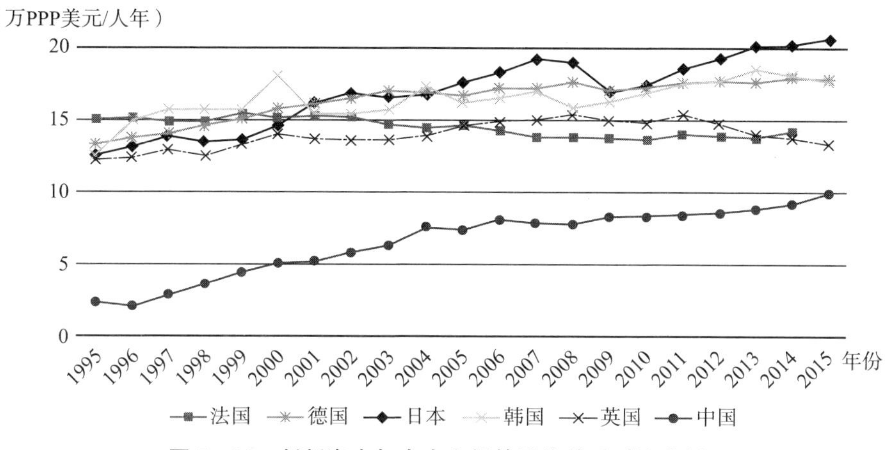

图 5-26 创新资本与人力之间的配比关系对比分析

资料来源：OECD 统计数据库。

（三）对基础研究和应用研究的创新投入严重不足

从国家创新体系建设的角度看，一国创新能力既包括知识的生产，还包括知识的转化过程。从一般意义上讲，大学和科研机构主要从事知识的生产，而企业则主要从事知识的转化。当知识生产能力很强，且与知识转化环节联系紧密的时候，让企业专注于知识的转化是合理的。然而，在信息不对称的情况下，知识生产是否符合市场需要，并顺利转化为社会需求的产品，这在当前是实践中是一个尚未解决的难题。如果没有先进的知识生产能力，那么企业通常只能进行低水平创新，要实现高水平的技术创新，除了与知识生产单元实际紧密的联合外，另一个可行的选择是，由企业投入部分资源，自己从事关键知识的生产。

图 5-27 对比分析了中、美、法、日、韩五国企业研发支出中基础研究、应用研究和试验发展经费支出占比的动态变化。从中可以看出，上述五国中，韩国企业基础研究支出占比最高，并且近年呈快速上升趋势；与之对应的是，其应用研究支出占比呈下降趋势，而试验发展支出近年则基本稳定在 70% 左右。中国企业基础研究和应用研究支出占比远远低于上述四国，并且还一直呈现出下降趋势，由此导致企业试验发展支出显著高于上述四国并呈现上升趋势，且近五年的均值达到令人触目的 97%，而紧随其后的美国这一数值仅为 78.5%。

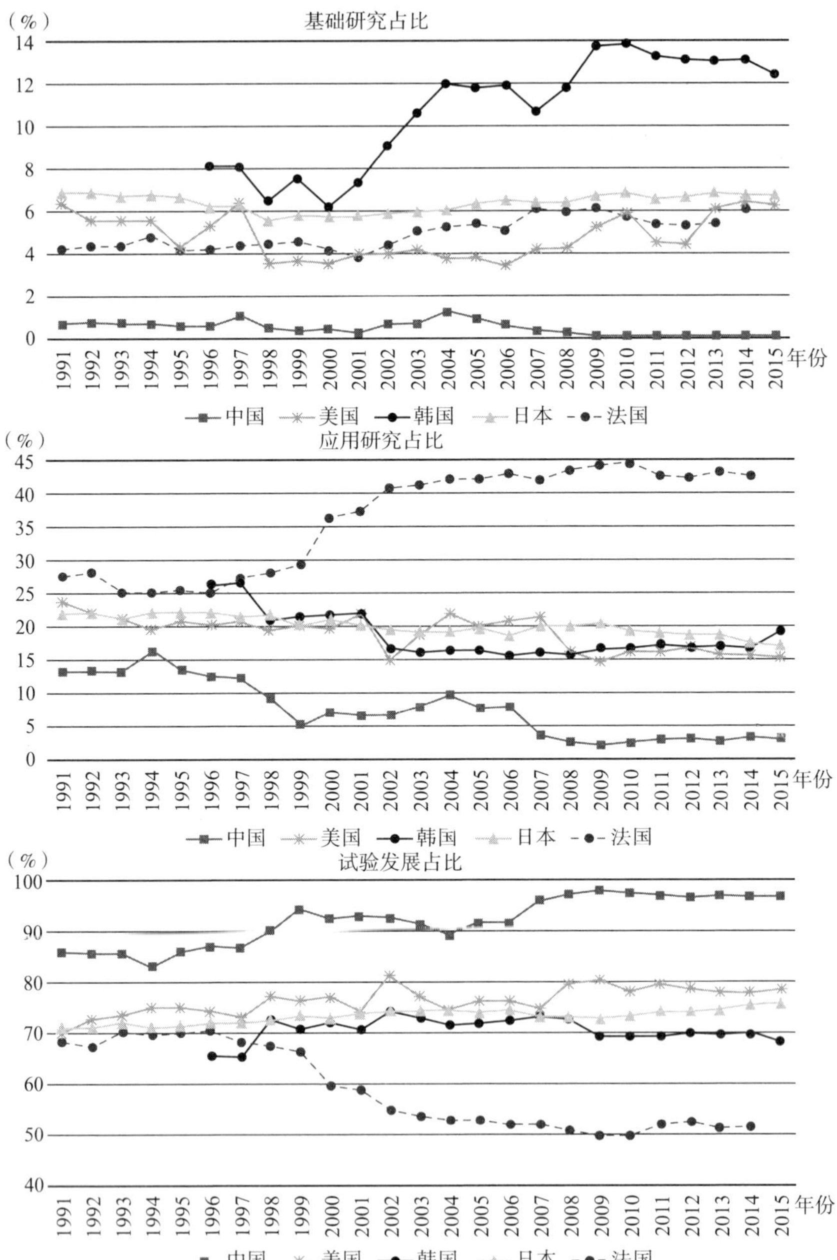

图 5－27　企业研发支出中基础研究、应用研究和试验发展支出占比

资料来源：OECD 统计数据库。

上述数据表明，中国企业几乎不从事知识生产而将全部研发投入集中在知识的转化上。如果高校和科研机构能够大规模进行知识生产并与企业进行高效协作，那么很难认定上述现象是不合理的。然而从图 5－28 中可以看出，在全部研发投入中，中国用于基础研究的占比基本稳定在 5% 左右的水平，而应用研究占比则呈现出显著下降趋势，2015 年低至 10.78%，在上述五国中，中国基础研究和应用研究占比仍然最低，而试验发展占比 2015 年高达 84.29%，较第二高水平的美国高出近 20 个百分点。

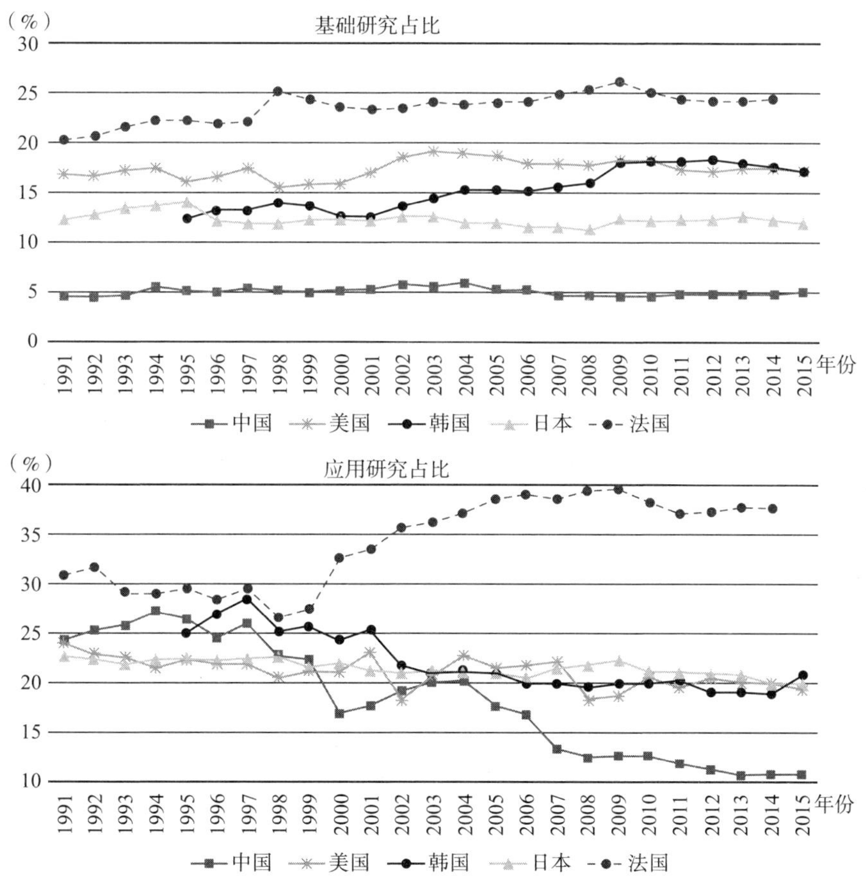

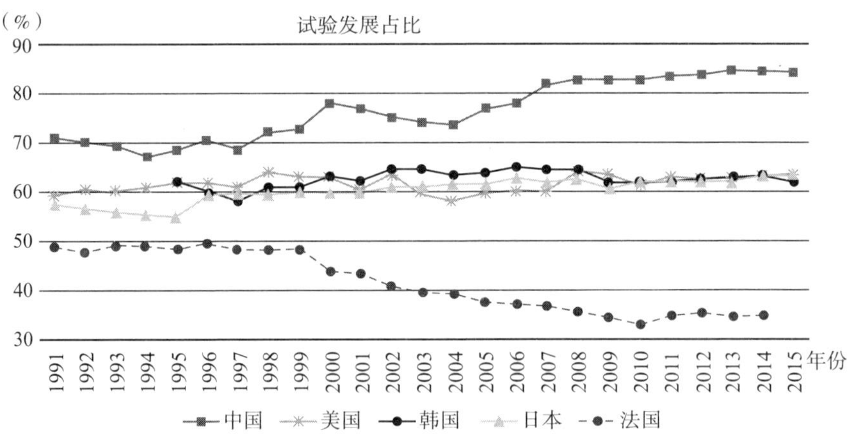

图 5－28　全部研发支出中基础研究、应用研究和试验发展支出占比

资料来源：OECD 统计数据库。

对知识生产的低水平投入所造成的直接后果是，企业和国家层面的原始创新能力较弱，难以实现以创新促进经济转型的目标。因此，未来财政科技政策的目标之一应是促使更多的资源投入知识的生产环节。

(四) 创新效率偏低

多数时候我们强调扩大创新投入规模，因为人们潜在假定，对创新资源的使用是有效率的。然而在真实世界中，一方面，由于创新投入来源的多样性，特别是来自政府的无偿财政投入并不需要付出报偿，因此，这部分资金并不能保证能够被高效率使用；另一方面，创新产出还取决于如果创新人力资本的创新能力，如果人力资本的边际产出过低，那么即使有充实的创新资本投入，也不能保证获得满意的创新产出。正如前面的分析已经指出，在创新资本和人力之间理论上存在一个最优配比关系，如果偏高这一最优比例，资源的使用也不能获得最优的产出。

目前尚没有一种理论能够界定出最优的创新投入产出关系，因此创新效率的比较通常只能在不同研究对象之间进行相对比较。由于创新活动的多投入、多产出特征，详细的比较需要涉及比较专业的技术。本章拟先进行单因素分析，从直观上把握中国企业在技术创新效率方面所具有的特征及其存在的问题。

由于企业技术创新只是国家创新系统的一个有机构成部分，因此企业的技术创新效率与高校、科研机构的知识生产效率存在紧密联系。故与前述分析一致，我们将从国家创新系统这一更高的层面考察企业技术创新效率问题。本部分所采用的分析框架仍然采用最简单的知识生产和知识转化过程，即假定知识的生产主要由高校和科研机构负责，其产出主要以科技论文表征，而另一个知识产出指标——专利，因为涉及企业，因此在考察专利产出时，我们将采用全部研发投入作为其投入指标；知识的转化主要由企业进行，其产出指标主要采用高新技术产业增加值和高新技术产业出口值表示。

图5-29首先比较了中国、美国、英国、德国、法国、日本、韩国七个国家的知识生产效率，所采用的代理指标为高校与科研机构每百万美元研发支出（以2010年PPP美元计）所生产的科技论文数量（篇）。其中，研发支出数据来源于OECD数据库，而科技论文数量则来源于美国自然科学基金委员会《Science and Engineering Indicators 2016》。

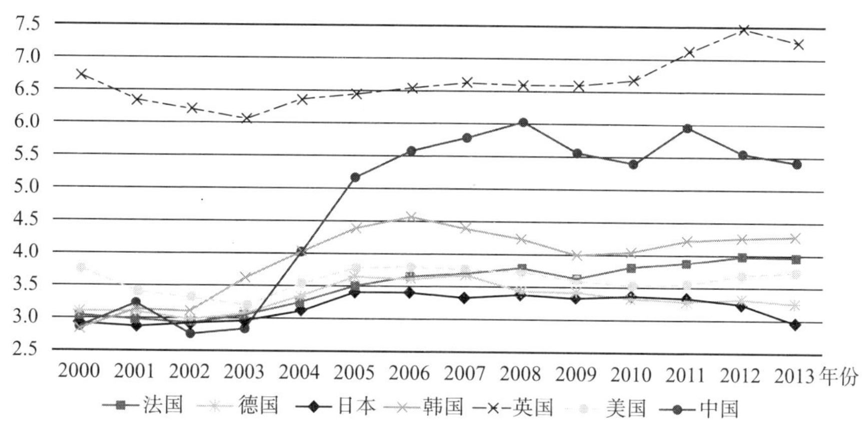

图5-29 不同国家科技论文产出效率比较（单位：篇/百万2010年PPP美元）

从图中可以看出，在所考察的六个国家中，中国和英国的科技论文产出效率总体而言呈现出上升趋势，其中，中国在2003年后增速明显；而其余四国的科技论文产出效率增速微弱。上述六国中，英国科技论文产出效率最高，中国次之，但在2008年和2011年达到两个高点后呈下降趋势，且与英国的差距仍然明显。

专利申请量是另一个衡量知识生产的重要指标，由于专利申请涉及高校、科研机构和企业，因此专利产出的资本投入我们以一国全部研发支出计算（以2010年PPP美元计），而专利申请量可以采用PCT专利申请量，也可以采用三方专利簇数量计，后者更能衡量专利产出的质量。图5-30和图5-31分别给出了PCT专利和三方专利簇产出效率（件/亿美元）的对比分析。

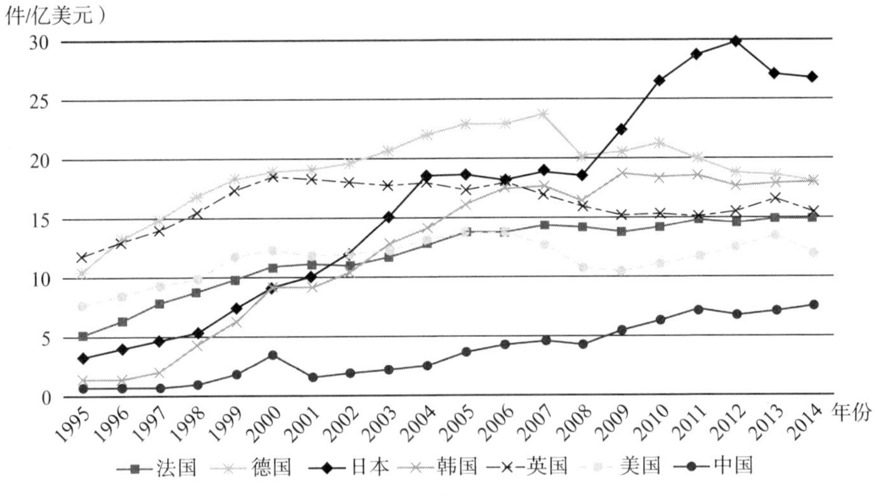

图5-30 PCT专利产出效率的对比分析

资料来源：OECD统计数据库。

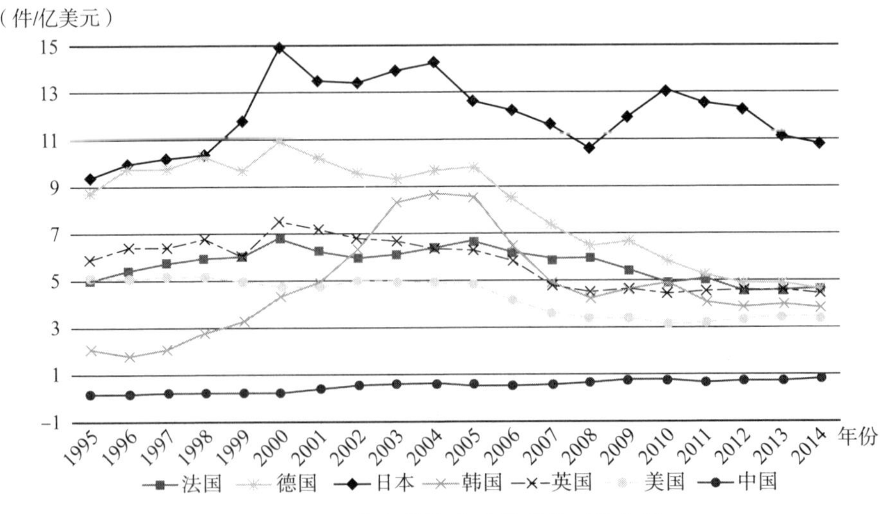

图5-31 三方专利簇产出效率的对比分析

资料来源：OECD统计数据库。

由图5－30可以看出，各国PCT专利产出效率均呈上升趋势，其中以日本的增长趋势最为显著。中国的PCT专利产出效率居于六国之末，且与一些国家的差距存在扩大趋势。截至2015年末，与PCT专利产出效率最高的日本相比，中国仅为其1/4左右，而与中国最接近的美国相比，中国的PCT专利产出效率也仅为其63%左右。若考虑到专利产出的质量，则由图5－31可知，中国的三方专利簇产出效率同样位于六国最末水平，且与其他国家的差距更大。截至2015年，中国三方专利簇产出效率仅为日本（效率最高）的7%，为美国（效率次低）的22%。因此，与其他创新大国和强国相比，中国的专利产出效率，特别是高质量专利产出效率还存在巨大的差异。

除知识生产效率外，知识转化效率是影响企业创新效率的另一个关键环节。由于高技术产业出口值既可以衡量企业技术创新规模，还可以衡量企业技术创新的质量，因为只有高质量的技术创新才可能具有全球竞争力。因此，用企业单位研发支出对应的高技术产业出口值来衡量知识转化效率是适宜的。图5－32给出了上述六个国家相应指标值的对比分析。从中可以看出，中国企业的知识转换效率在2009年处于绝对优势地位，但在2009年后这种优势有所缩小，但仍位居六国之首。除了因金融危机带来的贸易因素变化外，也与其余国家迅速进行经济结构调整，开辟新的技术创新领域有关。

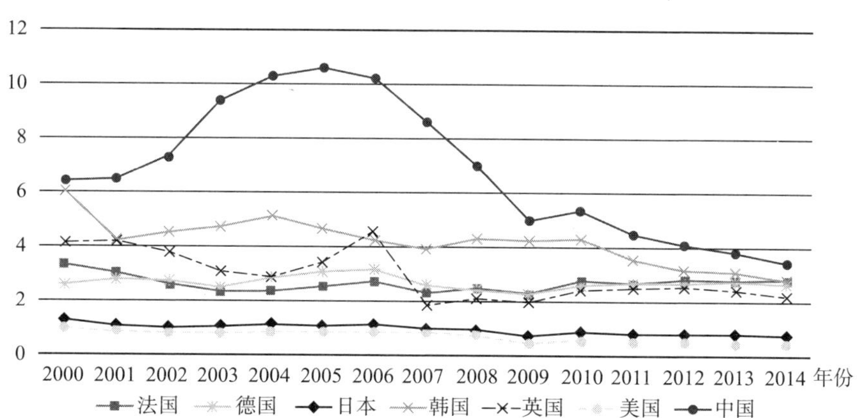

图5－32 不同国家知识转化效率（单位研发支出对应技术产业出口值）的对比分析

资料来源：OECD统计数据库及世界银行数据库。

总体而言，进入21世纪以来，中国高校与科研机构知识生产效率具有明显的上升趋势，以科技论文指标度量的知识生产效率还具有较强的比较竞争优势，但考虑到知识生产质量后，这一效率优势不现明显。而以企业为主导的知识转化效率则呈现出显著下降趋势，在金融危机之后表现更加明显。

上述分析所反映出的事实与前述关于中国基础研究和应用研究在创新投入中的占比分析是一致的，其直接结论是，由于中国在知识生产方面的低投入和低创新质量，直接影响了知识转化的效率和质量。因此，在中国经历了长时期的模仿创新后，未来科技政策的目标应偏向于激励知识生产，鼓励原始创新。

四、本章小结

通过对中国企业技术创新现状的分析，我们可以发现，改革开放以来，中国企业创新资本和人力投入调整增长，创新人力投入规模居于世界第一，资本投入规模居于世界第二，企业已成为当之无愧的创新主体；与之对应的是，创新产出也呈调整增长趋势。然而同样值得注意的是，中国企业创新投入强度仍然偏低，特别是对基础研究和应用研究的投入严重不足，并且从国家创新体系的角度看，知识生产的效率逐渐提高，但知识生产质量仍然严重不足；而知识转化效率呈下降趋势，金融危机后尤为明显。因此未来促进企业技术创新的财政科技政策应当兼顾以下三重目标：一是应吸引更多的创新资本，包括政府资本、企业资本和社会资本投入技术创新领域，进一步提高创新资本投入规模和强度；二是增大对高校和科研机构的研发投入，激励更多企业资本进入基础研究和应用研究环节，提高知识生产的资本投入和效率；三是在关注扩大创新规模的同时，更应该通过政策工具的设计影响创新参与者的行为选择，高效利用财政资本和社会资本，提高企业技术创新的投入产出效率。

第六章 成本补贴政策促进企业技术创新的机制分析

在第四章和第五章中，通过比较不同国家政府扶持企业技术创新的财政政策工具及中国财政科技政策运行的现状，我们确定了未来财政科技政策设计应达到的主要目标。从本章开始，我们将重点分析世界范围内使用最广泛的三类财政政策工具，即对创技术新投入的成本补贴政策、对创新产出的税收优惠政策（及与之等价的产出补贴政策）和政府采购政策将对企业技术创新规模和效率的影响，从而结合财政科技政策目标确定扶持企业技术创新的合适政策工具。

一、引　　言

现代经济增长理论认为，一国经济保持长期增长的动力来自于技术创新，但因为技术创新过程中严重的信息不对称，以及技术创新成果的正外部性，使得创新要素市场存在广泛的“市场失灵”现象，因此从第三章的分析可以看到，各国政府无不采用多种财政政策工具对企业的技术创新活动进行扶持，其中，税收优惠（包括创新投入的税收优惠和创新产出的税收优惠）、财政直接投入和政府采购是其中使用最广泛、扶持力度最大的三类政策工具。就中国而言，尽管财政扶持的强度与一些国家相比还存在差距，但财政扶持的规模快速增加。

从第五章的分析我们知道，中国政府扶持企业技术创新的财政政策工具应该兼顾多重目标，其一是通过对企业成本进行补贴，降低其创新投入的边际成本，从而引导企业进行更多的技术创新活动，以达到扩大企业创新活动规模之目标；其二是在扩大企业技术创新规模的同时，激励企业提高创新资源使用效率，从而提高企业技术创新效率。就学术界已有的研究而言，如何利用财政科技政策扩大企业技术创新规模已经得到了充分的关注，然而对第二重目标，即财政科技政策如何促进企业技术创新效率的提高则缺乏就有的重视。而在中国企业技术创新的实践中，毋庸讳言的是，滥用甚至骗取国家财政补贴的案例不时出现，因此财政科技政策的设计除了保证更多资源投入企业技术创新活动之外，还必须重视如何激励企业高效率使用创新资源，从而提高技术创新效率。因此，财政科技政策的设计应兼顾规模和效率两重目标。

总结第二章国内外学者的相关研究成果，目前创新成本补贴政策对企业技术创新规模影响的研究主要集中在两个方面：一是补贴政策选择问题，即政府需要确定在何种情形下对企业的技术创新活动进行扶持，应选择什么样的财政政策工具等。如斯彭斯（Spence，1984）研究了市场竞争程度与企业技术创新之间的关系，其研究表明，对企业技术创新投入成本进行补贴可以有效促进企业从事更多的技术创新活动，最优的成本补贴比例应该随市场竞争程度的变化进行动态调整，即市场竞争程度越强，创新活动的外溢效应越高，对企业创新投入的补贴比例也应越高。罗曼诺（Romano，1989）进一步认为，对创新投入成本的最优补贴比例还与知识产权保护程度和财政资本的社会成本相关；辛路彭（Hinloopen，1997，2000）在德阿斯普雷蒙和雅克明（d'Aspremont and Jacquemin，1988）经典研发溢出模型的基础上引入了税收优惠和研发成本补贴政策，理论研究表明，对创新企业的研发成本补贴和税收优惠政策可以激励企业进行更多的研发投入，从而提高企业的创新产出和社会总体福利。国内学者的相关研究也得出了类似的结论，如霍继军等（2004）认为，当企业进行双寡头研发竞争时，对企业创新成本进行补贴政策可以激励企业进行更多的创新投入并提高社会福利，从而在创新市场失灵的情况下实现次优的社会目标。郑绪涛和柳建平（2008）对比分析了不同情形下税收优惠和直接补贴政策的搭配问题，认为对创新投入的事前补贴政策可以有效弥补技术创新活动的外溢效应给企业带来的损失，而事后补贴（即针对创新成果的补贴）则主要解决因创新产品市场竞争不充分所带来的社会福利损失，而事前和事后补贴政策的有效搭配可以实现帕累托最优的创新规模。

二是对政府补贴政策的实施效果进行实证检验及评价，其中大量的文献集中在政府财政资本投入的成本效益方面，即政府投入是否有效促进了私人资本投入，是否对私人资本产生了挤出效应？霍尔和里宁（Hall and Reenen，2000），戴维、霍尔和图勒（David，Hall and Toole，2000）对相关研究文献进行了详细综述，结合之后的研究文献，第二章的分析表明，超过60%的研究文献认为政府补贴对企业创新投入产生了“挤入效应”，约20%的研究认为政府补贴对创业创新投入产生了显著的“挤出效应”，剩余20%的文献则认为两者之间并无显著联系。国内学者的多数实证研究表明，中国政府扶持企业创新活动的财政科技政策对于企业创新投入和产出都具有显著的激励作用。

多数现在研究文献都潜在假定政府的创新补贴政策是激励中性的，即假定企业都按利润最大化目标高效使用政府财政资助资本。然而真实世界并非如此，不同财政政策工具对创新主体的行为影响并不相同，从而对政府资助资本的使用效率也存在差异。尽管学界对不同财政政策工具对企业技术创新效率的影响研究并不多，但已有部分文献开始涉及这一研究议题。谢伟等（2008）的研究认为，对企业创新成本的直接财政补贴对企业创新活动的效率并无显著影响，即财政补贴政策是激励中性的；陈修德和梁彤缨（2010）高技术产业研发效率影响因素的实证分析得到了相同的结论。而白俊红等（2009）和余泳泽等（2010）的研究则认为，政府对创新支出的直接财政补贴政策显著降低了企业技术创新效率。上述研究尽管涉及财政科技政策的实施效果问题，然而就文献调研所知，关于财政科技政策对技术创新主体的微观影响机制及其激励效应的系统分析文献目前尚未出现，且已有实证研究文献通常仅关注直接财政补贴政策，而对同等重要的税收优惠政策并未纳入实证模型之中，因此，税收政策对企业技术创新规模和效率的影响目前尚属空白。

在企业理论中，曾经有一种观点认为，创业企业家在进行创新活动时，由于有自有资本投入，企业家势必投入全部的努力确保创新项目成功，因此激励问题并不重要，重要的是确保创业企业家拥有创新活动的剩余索取权。然而我们认为，这种观点只在一种非常特殊的情形下才成立，原因在于：

第一，对处于成熟运营阶段的企业而言，所有权和经营权的分离意味着创新活动的投资者和创新活动的管理者和执行者是分离的，创新活动的投资者追求创新投入的收益最大化（等价于追求创新活动成功概率最大化），而管理者和创新活动的执行者追求个人收益的最大化，为协调不同参与人的目标，激励工具是不可或缺的。事实上，对创业企业家剩余索取权的保障本身就是一个强激励工具。

第二，对处于初创期的企业而言，当且仅当创新活动的投资者、管理者和执行者三者同一时，由于创新活动的投入和成果由同一人独担，激励问题得到了天然解决，不再重要；而在多数情况下，创新活动的执行者是不可能由出资人（和管理人）一人独当，因此为激励执行者付出尽可能高的努力确保创新活动成功，必须对其施加适当的激励。

第三，在所有情况下，一旦政府决定对企业的创新活动进行补贴，特别是进行事前的直接成本补贴，那么激励问题将显得特别重要。因为政府的直接补贴通常是无偿的，如果缺乏恰当的激励机制，那么骗取政府补贴或浪费政府补贴的现象将广泛存在。

正是基于上述认识并针对已有研究的不足，我们认为，为兼顾财政科技政策的双重目标，必须对不同财政科技政策工具的激励效应进行细致分析，从而确定能够同时兼顾扩大企业技术创新规模和效率的合适政策工具，因此本章拟从激励理论的研究视角出发，在一个统一的分析框架内研究不同财政科技政策，包括创新成本直接补贴、创新成本税前加计扣除政策对企业创新活动规模和效率的不同影响。现有研究在考察财政科技政策对企业创新规模的影响时，多采用企业创新投入变量作为衡量企业技术创新规模的代理指标。由于涉及财政资本的挤出效应问题，要从理论上精确分析财政科技政策的净效应将变得异常困难，因此与已有研究不同的是，我们将从另外一个角度，即以从事创新活动的企业数量，或以企业进行创新项目开发的数量来衡量企业创新活动规模。这一变化的有利之处在于，它无须分析政策财政科技政策的净效应，从而有效回避挤出效应问题。其不利之处在于其无法对财政科技投入的“成本—效益”进行精确分析，然而在本章所采用的分析框架内，

"成本—效益"分析并无必要，因为政策制定者的目标是追求全社会福利的最大化，即追求财政科技投入的效益最大化。

二、创新成本直接补贴政策的激励效应

从第四章的分析可知，目前各国政府补贴企业创新成本的政策工具主要分为两类，一是政府对企业的创新活动进行直接财政投入，从而降低企业创新投入成本；二是对企业创新投入进行所得税前加计扣除，从而通过税收返还的形式降低企业创新投入成本。本部分将就两类政策工具对企业创新活动规模和效率的激励效应进行对比分析。

从理论上讲，对企业创新投入进行直接补贴又可细分为两种情况，一是定额补贴，即无论企业创新投入规模如何，政府将给予其一固定数量的补贴；二是按比例补贴，即政府按企业创新投入的一定比例给予财政补贴。

（一）定额补贴

企业拟从事一创新项目开发，所需资本投入数量为 I，为对企业的技术创新活动进行扶持，政府决定对企业的创新投入给予固定数量的补贴 $\Delta \in (0, I)$，此时企业自身实际投入的创新资本为 $I - \Delta > 0$。由于政府对企业创新活动的财政补贴来自于扭曲性税收，因此进一步假定 $\lambda > 0$ 为单位税收所带来的额外社会成本，即每单位财政资本的社会总成本为 $1 + \lambda$，故政府对企业创新投入补贴的社会总成本为 $(1 + \lambda)\Delta$。

创新项目的开发具有风险性，若项目开发成功，则企业在项目生命周期内能获得扣除生产成本后的可验证的净收益 $R > I$（即 R 为未扣除研发成本的创新项目的商业利润）。政府对企业创新活动的财政扶持可获得两重好处，一是获得创新成果的所产生的技术外溢效应；二是对企业技术创新活动的赢利征收所得税，假定所得税率为 t。创新项目开发成功的概率 $p(e_1)$ 依赖于企业技术开发团队不可验证的努力投入 e_1，假定 $p'(e_1) > 0$，$p''(e_1) < 0$，即研发人员努力投入水平越高，项目成功的概率越大，但努力投入的边际效应

是递减；进一步假定研发人员努力投入的货币成本函数为 $g(e_1)$，且满足 $g'(e_1)>0$，$g''(e_1)\geqslant 0$。

政府和企业都是风险中性的，这样可以将我们的分析聚焦于激励问题而忽略风险补偿。进一步假定企业不进行创新项目开发的保留收益等于零。若创新项目开发成功，则企业所能获得的净收益为 $(1-t)R-(I-\Delta)-g(e_1)$；若项目开发失败，则企业的净收益为 $-(I-\Delta)-g(e_1)$。故在定额补贴情形下，企业从事创新项目开发的期望净收益为 $E\pi_{B1}=(1-t)Rp(e_1)-(I-\Delta)-g(e_1)$。

同理，当创新项目开发成功时，政府所能获得的净收益为 $tR+K-(1+\lambda)\Delta$；若开发失败，政府净收益为 $-(1+\lambda)\Delta$，则政府对企业进行创新投入进行直接补贴所能获得的期望净收益为 $E\pi_{G1}=(tR+K)p(e_1)-(1+\lambda)\Delta$。全社会期望净福利为 $E\pi_{S1}=E\pi_{B1}+E\pi_{G1}=(R+K)p(e_1)-I-\lambda\Delta-g(e_1)$。

政府的决策目标是设定最优补贴数量 Δ，在满足企业激励相容约束和参与约束的前提下实现全社会福利的最大化，即：

$$\underset{\Delta}{Max}(R+K)p(e_1)-g(e_1)-I-\lambda\Delta$$

$$\text{s.t.}\quad e_1^*=\arg\max_{e_1}(1-t)Rp(e_1)-(I-\Delta)-g(e_1)\quad (IC^B)\quad (P_1)$$

$$E\pi_{B1}=(1-t)Rp(e_1)-(I-\Delta)-g(e_1)\geqslant 0\quad (IR^B)$$

规划问题（P_1）可利用逆向归纳法进行求解。利用激励相容约束条件 IC^B，可得出创新项目开发人员最优努力水平 e_1^* 应满足的一阶条件为：

$$(1-t)Rp'(e_1^*)=g'(e_1^*)\tag{6-1}$$

根据函数 $p(\cdot)$ 的凹性和函数 $g(\cdot)$ 的凸性，由式（6-1）可解出唯一的最优努力投入水平为：

$$e_1^*=e_1^*(R,\ t)\tag{6-2}$$

显然，由式（6-2）知，企业的最优努力水平与政府补贴 Δ 无关，由此意味着创新项目的成功率、企业和政府的期望收益以及全社会福利均不会因为政府补贴额的变化而变化。换言之，政府对企业创新投入的定额补贴政策是激励中性的，其对创新活动的效率不会产生任何影响。

这一结论的经济含义很明显，对企业而言，政府的定额补贴是无偿的，无论创新项目的开发是否成功，均不影响企业获得政府补贴，因此对企业而言，补贴是一个外生给定的常数，其对企业的行为选择，也即努力投入水平不会产生影响。

将 $e_1^* = e_1^*(R, t)$ 代入政府目标函数，可知全社会期望福利水平为 Δ 的线性递减函数，因此从全社会福利的角度看，不对企业进行创新投入补贴是最优的。原因在于，政府补贴本质上是一种财政转移支付，政府补贴资本来源于税收，如果征税不存在额外的社会成本 λ，即当 $\lambda = 0$ 时，政府的目标函数—全社会总福利与政府补贴无关，此时无论政府设定何种水平的补贴额 Δ，对社会福利均无影响。然而除人头税外，任何税收均是扭曲性的，必然存在额外的社会成本 $\lambda > 0$，此时政府对企业进行了转移支付 Δ，但并没有提高创新项目成功的概率，即政府并没有从补贴中获得额外的税收收益，但却承担了超过补贴金额的社会成本 $\lambda\Delta$，因此从全社会角度看，补贴行为产生了数额为 $\lambda\Delta$ 的福利净损失，故政府最优的策略应是取消对创新活动的定额补贴。

特别需要记住的是，这是一个针对单个企业进行分析所得到的局部分析结论。进一步将企业的最优努力水平代入其的参与约束条件，并利用包络定理对企业的期望收益关于政府补贴 Δ 求一阶偏导可得：$\partial E\pi_{B1}^* / \partial\Delta = 1 > 0$，即随着政府补贴额度的增加，企业从事创新活动的期望净收益越大，从而企业的参与约束条件越容易得到满足，也就意味着将有更多的企业从事技术创新活动；而从事创新活动的企业越多，全社会所能获得的期望技术外溢效应 $Kp(e_1^*)$ 就越大。由此可解释政府对企业创新投入进行定额补贴的必要性。通过以上分析，我们可得：

结论1：对企业创新投入进行定额补贴是激励中性的，它对企业创新活动的效率不会产生影响，但能促使更多企业从事技术创新活动（或促进企业进行更多的创新项目开发），从而有效提高全社会创新活动规模。

（二）比例补贴

在比例补贴政策下，政府对企业的创新投入 I 按某一固定比率 $\theta \in (0, 1)$ 进行补贴，则企业的实际创新投入为 $(1-\theta)I$。假定创新人员的努力投入为 e_2，则当项目开发成功时，创新企业所能获得的净收益为 $(1-t)R - (1-\theta)I - g(e_2)$；失败时的净收益为 $-(1-\theta)I - g(e_2)$。故创新成本比例补贴政策下企业的期望净收益为 $E\pi_{B2} = (1-t)Rp(e_2) - (1-\theta)I - g(e_2)$。同理，创新项目开发成功时政府的净收益为 $tR + K - (1+\lambda)\theta I$，失败时的净收

益为 $-(1+\lambda)\theta I$，即比例补贴政策下政府的期望净收益为 $E\pi_{G2}=(tR+K)p(e_2)-(1+\lambda)\theta I$。全社会期望净福利为 $E\pi_{S2}=E\pi_{B2}+E\pi_{G2}=(R+K)p(e_2)-(1+\lambda\theta)I-g(e_2)$。

比例补贴下政府的目标是设定最优的补贴比例 θ，在满足企业激励相容约束和参与约束的前提下实现全社会福利的最大化，即求解下列规划问题（P_2）：

$$\underset{\theta}{Max}(R+K)p(e_2)-(1+\lambda\theta)I-g(e_2)$$

$$\text{s. t.}\quad e_2^*=\arg\max_{e_2}(1-t)Rp(e_2)-(1-\theta)I-g(e_2)\quad (IC^B)\quad (P_2)$$

$$E\pi_{B2}=(1-t)Rp(e_2)-(1-\theta)I-g(e_2)\geqslant 0\quad (IR^B)$$

利用规划问题（P_2）中 IC 约束，易知创新企业家的最优努力投入水平 e_2^* 满足：

$$(1-t)Rp'(e_2^*)=g'(e_2^*) \tag{6-3}$$

由式（6-3）可解出创新企业家的最优努力投入水平：

$$e_2^*=e_2^*(R,\ t) \tag{6-4}$$

显然，与式（6-1）和式（6-2）进行比较，可以发现式（6-3）和式（6-4）与其不存在任何区别。同理，将 $e_2^*=e_2^*(R,\ t)$ 代入政府目标函数，可知政府目标同样为 θ 的线性减函数，而将其代入企业的期望收益函数并利用包络定理关于 θ 求一阶偏导可得 $\partial E\pi_{B2}^*/\partial\theta=I>0$，因此对比定额补贴政策可以看出，比例补贴政策与定额补贴政策具有完全相同的特征，即在比例补贴政策下可得：

结论2：与定额补贴政策一样，对企业创新投入进行比例补贴同样是激励中性的，它不会影响企业创新活动的效率，但有助于提高全社会创新活动规模。

三、创新成本所得税前加计扣除政策的激励效应

创新成本所得税前加计扣除同属于创新成本补贴政策，它是指企业在交纳所得税时，可在应纳税额中按照$\varsigma>1$ 的比例扣除创新投入成本，从而给予企业 $t\varsigma I$ 额度的成本减免。因此从形式上看，加计扣除本质政策与比例补贴

政策是一致的，区别在于补贴时机的差异。然而在具体实施中，加计扣除政策通常呈现出复杂的特征，本章拟就两种情况进行具体分析：一是考虑成熟企业，除了所从事的创新项目外，企业还有其他应税收入，因此无论创新项目的开发是否成功，创新投入成本均可通过加计扣除政策获得部分补贴；二是考虑初创企业，如果创新项目开发失败，则没有其他应税收入抵扣创新投入成本。出于分析的简单，我们假定，如果能够进行税前抵扣，则无论是否递延，所有创新投入均可完全进行抵扣。同时，在真实世界中，企业所得税率与加计扣除率的乘积通常小于1，即 $t\varsigma<1$。

（一）成熟企业的加计扣除政策

对成熟企业而言，若其从事创新项目开发并享受创新投入加计扣除政策，则当创新项目开发成功时，企业所获得的净收益为 $(1-t)R-(1-t\varsigma)I-g(e_3)$（假定此时企业从事创新活动的努力投入水平为 e_3），失败时企业可以通过其他应税收入抵扣创新投入成本（假设其他经营收入的所得税率为 t_1），则创新项目开发失败时企业的净收益为 $-(1-t_1\varsigma)I-g(e_3)$，故企业从事创新项目开发的期望收益为 $E\pi_{B3}=[(1-t)R+(t-t_1)\varsigma I]p(e_3)-(1-t_1\varsigma)I-g(e_3)$。

同理，创新项目开发成功时的政府净收益为 $tR+K-t\varsigma I$，失败时的净收益为 $-t_1\varsigma I$，即政府的期望收益为 $E\pi_{G3}=[tR+K-(t-t_1)\varsigma I]p(e_3)-t_1\varsigma I$；全社会期望净福利为 $E\pi_{S3}=E\pi_{B3}+E\pi_{G3}=(R+K)p(e_3)-I-g(e_3)$，政府的决策问题由如下规划问题（$P_3$）表示：

$$\underset{\varsigma}{Max}(R+K)p(e_3)-I-g(e_3)$$

$$\text{s. t.}\quad e_3^*=\arg\max_{e_3}[(1-t)R+(t-t_1)\varsigma I]p(e_3)-(1-t_1\varsigma)I-g(e_3)\quad (IC^B)\quad (P_3)$$

$$E\pi_{B3}=[(1-t)R+(t-t_1)\varsigma I]p(e_3)-(1-t_1\varsigma)I-g(e_3)\geqslant 0\quad (IR^B)$$

由企业激励相容约束可求解其最优努力水平 e_3^* 应满足的一阶条件为：

$$[(1-t)R+(t-t_1)\varsigma I]p'(e_3^*)=g'(e_3^*)\tag{6-5}$$

由式（6-5）可求解出企业的最优努力投入水平：$e_3^*=e_3^*(R,\ \varsigma,\ t,\ t_1)$

$$\tag{6-6}$$

将式（6-6）代入式（6-5）并将等式两边同时对ς求导可得：

$$\frac{\partial e_3^*}{\partial \varsigma}=\frac{(t-t_1)Ip'(e_3^*)}{g''(e_3^*)-[(1-t)R+(t-t_1)\varsigma I]p''(e_3^*)} \tag{6-7}$$

由于$(1-t)R+(t-t_1)\varsigma I>(1-t)\varsigma I+(t-t_1)\varsigma I=(1-t_1)\varsigma I>0$，因此式（6－7）的符号满足如下关系式：

$$\frac{\partial e_3^*}{\partial \varsigma}\begin{cases}>0 & 若\ t>t_1\\ =0 & 若\ t=t_1\\ <0 & 若\ t<t_1\end{cases} \tag{6-8}$$

式（6－8）表明，对成熟企业而言，加计扣除政策将表现出复杂的激励特征。当创新项目的产出和其他经营收入承担的所得税率一致时，加计扣除政策是激励中性的；而若创新项目享受的所得税率高于其他经营收入的所得税率，则加计扣除政策对企业技术创新效率具有正向激励作用，意即此时给予创新项目投入更高的加计扣除率，企业努力投入水平将更高，创新项目成功概率相应也越高，从而创新活动的效率亦越高；反之，若创新项目享受的所得税率低于其他经营收入的所得税率，则加计扣除政策对企业技术创新效率具有负向激励作用。

这一结论背后的经济原理与激励理论的基本原则是一致的。激励理论认为，有效的激励规则应该是对成功给予奖励，而对失败施加惩罚。对企业而言，若创新项目成功后的收益承担了更高的所得税率，那么项目成功时企业创新成本将获得更高的补贴，而其项目开发失败，则创新成本只能获得较低的补贴，这一特征与有效激励的基本原则是一致的，因此，此时的加计扣除政策可以有效促进企业技术创新效率。反之，若创新项目的所得税率低于其他经营收入的所得税率，则表明项目成功时企业只能获得较低的成本补贴，而项目失败时反而能获得较高的成本补贴，这与激励理论的基本原则背道而驰，故而此时的加计扣除政策将具有反向激励作用。

进一步，将最优努力水平 $e_3^*=e_3^*(R,\ \varsigma,\ t,\ t_1)$ 代入企业期望收益函数并对加计扣除率ς求导可得：$\partial E\pi_{B3}^*/\partial\varsigma=tIp(e_3^*)+t_1I(1-p(e_3^*))>0$，即对成熟企业的创新成本加计扣除政策有助于扩大技术创新规模。

为求解最优加计扣除率，将 $e_3^*=e_3^*(R,\ \varsigma,\ t,\ t_1)$ 代入规划问题（P_3）的目标函数并关于ς求一阶导可得：

$$\frac{\partial E\pi_{S3}^{*}}{\partial \varsigma}=[K+t(R-\varsigma I)+t_1\varsigma I]p'(e_3^{*})\frac{\partial e_3^{*}}{\partial \varsigma}\begin{cases}>0 & 若\ t>t_1\\ =0 & 若\ t=t_1\\ <0 & 若\ t<t_1\end{cases}\quad(6-9)$$

式（6－9）表明，若 $t>t_1$，则社会最优的加计扣除率应尽可能高；若 $t=t_1$，则社会福利与加计扣除率无关；若 $t<t_1$，则最优加计扣除率应为0。由此可得：

结论3：对成熟企业而言，创新成本的加计扣除政策可以有效提高全社会创新活动规模，但其激励效应不定。若创新项目收益承担的所得税率高于其他经营收益，则加计扣除政策可以有效提高企业创新活动效率，此时应设定尽可能高的加计扣除率；若创新项目收益和其他经营收益所得税率相同，则加计扣除政策是激励中性的，且社会福利水平与加计扣除率无关；若创新项目所得税率低于其他经营收益，则加计扣除政策具有负向激励效应，社会最优的加计扣除率为零。

结论3的政策含义是，对成熟企业而言，同时对企业的创新活动实施所得税减免和创新成本加计扣除政策是低效率的，两者只能实施其一。

（二）初创企业的加计扣除政策

对初创企业而言，若创新项目开发成功，则企业所能获得的净收益同样为 $(1-t)R-(1-t\varsigma)I-g(e_4)$（假定此时企业从事创新活动的努力投入水平为 e_4），若项目开发失败，则企业因为没有其他应税收入进行开发成本抵扣，因此企业的净收益变为 $-I-g(e_4)$，故对初创企业而言，其从事创新项目开发的期望收益为 $E\pi_{B4}=[(1-t)R+t\varsigma I]p(e_4)-I-g(e_4)$。创新项目开发成功时政府的净收益为 $Rt+K-t\varsigma I$，失败时为0，故政府的期望净收益为 $E\pi_{G4}=(tR+K-t\varsigma I)p(e_4)$。全社会期望净福利为 $E\pi_{S4}=E\pi_{B4}+E\pi_{G4}=(R+K)p(e_4)-I-g(e_4)$，政府的决策问题为：

$$\underset{\varsigma}{Max}(R+K)p(e_4)-I-g(e_4)$$

$$\text{s. t.}\quad e_4^{*}=\arg\max_{e_4}[(1-t)R+t\varsigma I]p(e_4)-I-g(e_4)\quad(IC^B)\quad(P_4)$$

$$E\pi_{B4}=[(1-t)R+t\varsigma I]p(e_4)-I-g(e_4)\geqslant 0\quad(IR^B)$$

首先，由 IC 约束的一阶条件易知，最优努力水平 e_4^{*} 应满足：

$$[(1-t)R+t\varsigma I]p'(e_4)=g'(e_4) \tag{6-10}$$

由式（6－10）可解出企业最优努力投入水平：$e_4^*=e_4^*(t,\ R,\ \varsigma)$

$$(6-11)$$

显然，由式（6－11）可以看出，对初创企业而言，创新成本的加计扣除政策不再是激励中性的。将式（6－11）代入式（6－10）并对等式两边同时关于参数ς求导得：

$$\frac{\partial e_4^*}{\partial \varsigma}=\frac{tIp'(e_4^*)}{g''(e_4^*)-[(1-t)R+t\varsigma I]p''(e_4^*)}>0 \tag{6-12}$$

式（6－12）的经济含义是，对无其他经营收入的初创型企业而言，创新成本加计扣除比率越高，企业努力投入水平就越高，从而创新项目开发成功的概率越高。因为对初创型企业而言，由于没有其他经营收入抵扣创新成本，故当且仅当创新项目开发成功时，企业才能享受到创新成本加计扣除所带来的补贴。换句话说，对初创型企业而言，加计扣除政策实际上是对创新项目开发成功的奖励。而当项目开发失败时，则无法获取相应的补贴，相当于对企业施加了相应的惩罚。

将 $e_4^*=e_4^*(t,\ R,\ \varsigma)$ 代入企业的期望收益函数，并利用包络定理关于加计扣除率ς求一阶偏导可得：$\partial E\pi_{B4}^*/\partial\varsigma=tI>0$。上式表明，加计扣除率$\varsigma$越高，企业从事创新项目开发的期望收益越高，其从事技术创新活动的参与约束条件就越容易得到满足，企业越愿意从事创新项目开发，故从全社会角度看，企业技术创新规模也就越大。由此可得：

结论4：对无其他经营收入的初创型企业而言，创新成本的加计扣除政策比率越高，企业创新活动的效率越高，同时全社会创新活动的规模越大。

进一步求解社会福利最大化时的最优加计扣除比率。将 $e_4^*=e_4^*(t,\ R,\ \varsigma)$ 代入目标函数并关于ς求一阶导数可得$\frac{\partial E\pi_{S4}}{\partial\varsigma}=[K+(R-\varsigma I)t]p'(e_4^*)\frac{\partial Ee_4^*}{\partial\varsigma}$。显然，当$\varsigma<\frac{R}{I}+\frac{K}{It}$时，$\frac{\partial E\pi_{S4}}{\partial\varsigma}>0$，而当$\varsigma>\frac{R}{I}+\frac{K}{It}$时，$\frac{\partial E\pi_{S4}}{\partial\varsigma}<0$，故最优加计扣除率为$\varsigma^*=\frac{R}{I}+\frac{K}{It}$。显然，最优加计扣除率具有如下特征，它随创新项目期望产出水平 R 和外部溢出效应 K 的增加而增加，随项目开发投入 I 和所得税率 t 的增加而减小。

四、本章小结

本章在激励理论的框架下分析了不同创新成本补贴政策对企业技术创新规模和效率的影响。所得到的主要结论是：

（1）创新成本的直接补贴政策（无论是定额补贴还是按比例补贴）都是激励中性的，对企业技术创新效率不会产生影响，但可以有效扩大企业技术创新规模。

（2）创新成本加计扣除政策则表现出复杂的激励特征。总体而言，对无其他经营收入的初创型企业而言，加计扣除政策既能有效扩大企业技术创新规模，也有助于提高企业技术创新效率。对有其他经营收入的成熟企业而言，创新成本加计扣除政策有助于扩大企业技术创新规模，但其激励效应随差异化的所得税率和加计扣除率而变化：若针对创新项目收益的所得税率高于其他经营收益承担的税率，则加计扣除政策有助于提高企业技术创新，反之则会降低企业技术创新效率；而当两者相等时，加计扣除政策是激励中性的。因此对成熟企业而言，所得税减免和创新成本加计扣除政策不应同时实施。

第七章
税收优惠促进企业技术创新的机制分析

第六章所分析的创新成本直接补贴政策本质上是一种事前激励政策。从激励理论的角度看，事前补贴通常是激励无效率的。而创新成本所得税前加计扣除政策对无其他经营收益的初创企业而言，只有在其创新成功后才能享受，因此本质上是基于成果的激励，因此是激励有效的。但对有其他经营收益的成熟企业而言，创新成本加计扣除政策的激励效应与所得税密切相关。尽管在此我们已经将所得税纳入了模型分析，但对所得税的研究并不系统。同时在政策实施的实践中，成本补贴和所得税优惠通常是同时实施的。因此，本章将结合中国财政科技政策的实践，首先系统分析所得税优惠对企业技术创新规模和效率的影响，然后对创新成本补贴和所得税优惠结合时的激励效应进行进一步分析，并在此基础上设计了一种不对称加计扣除政策，表明其可以有效规避其负向激励特征，从而为后续政策设计提供理论依据。

一、引　　言

与创新成本补贴政策不同，对企业技术创新产出的税收优惠（通常为所得税优惠）本质上是基于创新成果的优惠。即如果企业技术创新失败将无法享受此优惠。同理，基于产出的补贴，即购置补贴政策的实施效果与所得税优惠是一致的，两者均将使创新企业的供给曲线向右下方移动，从而在需求不变的情形下使均衡价格下降，均衡的产量上升。正因为两种政策工具的等价性，本研究报告将集中于所得税优惠，所得研究结论同样适用于产出补贴。

从第二章的综述中可以看出，国外学者关于税收优惠促进企业技术创新的研究文献主要集中于对创新投入的税收优惠政策上，而关于创新产出的税收优惠政策研究文献并不多见，已有文献也主要集中于创业投资领域。考虑到创业投资家能为创新企业提供增值服务，从而有效提高企业技术创新效率，因此，相关文献的研究结论可以为理解所得税优惠促进企业技术创新提供支持。同时，该领域的研究文献还有一个重要特点，即他们将所得税优惠政策与企业技术创新效率紧密联系在一起，从而有效克服了本领域已有文献仅能关注财政科技政策与企业技术创新投入（即规模）的不足。

正因为创业投资家能帮助企业提高创新项目开发的成功率，因此，这类文献通常将创新项目开发的成功率模拟为创新企业家和创业投资家双方努力投入的函数，从而将问题的分析纳入双边道德风险的分析框架内。科什勒格（Keuschnigg，2003）与科什勒格和尼尔森（Keuschnigg and Nielsen，2004a）率先在 C－D 函数的假定下分析了所得税优惠政策对创业投资活动的影响，认为所得税的存在会降低创业企业家和创业投资家努力投入的激励，从而降低创新项目成功率。科什勒格和尼尔森（Keuschnigg and Nielsen，2003a）对成功时投资成本不抵扣，失败时部分抵扣的所得税政策进行了分析，在创业企业家只有努力和卸责两种选择和成功概率为指数函数的假定下，证明了降低所得税率和抵扣比例的收入中性政策可以激励创业投资家的努力投入，但会减少创新活动规模。除此之外，还有一些文献研究了公司收入税、资本利得税等对创业投资活动的影响，其基本结论是，这些税收的存在会降低创新企业的价值，从而会减少对它的投资（Keuschnigg and Nielsen，2004b，2005，2006）；而波特伯（Poterba，1989）、冈珀斯和勒纳（Gompers and Lerner，1998）、詹科夫等（Djankov et al，2009）等的实证研究也证实了上述结论。

国内部分学者也涉及所得税优惠政策的激励效应问题。如郑绪涛和柳建平（2008）对比分析了不同情形下事前和事后税收优惠和直接补贴政策的搭配问题，认为对创新投入的事前补贴政策可以有效弥补技术创新活动的外溢效应给企业带来的损失，而事后补贴（即针对创新成果的补贴，通常为所得税优惠）则主要解决因创新产品市场竞争不充分所带来的社会福利损失，而事前和事后补贴政策的有效搭配可以实现帕累托最优的创新规模。

如果综合已有文献的核心思想，并结合激励理论的基本原则，我们可以合理推测，对企业技术创新产出的所得税优惠（和产出补贴）本质上是一种事后激励，当企业创新成功时，所得税优惠（和产出补贴，下同）本质上是对企业的创新行为进行了奖励；而当创新失败时，这种奖励无法获取。而有效激励的基本原则要求，必须对成功施加奖励而对失败施加惩罚，因此所得税优惠政策与激励理论的基本原则是一致的，从而可以认为，该政策的实施有助于提高企业技术创新效率；同时，与不实施所得税优惠政策相比，企业可以获取更高的期望收益，从而更容易满足其参与约束，因此，所得税优惠政策还将兼具扩大企业技术创新规模之目标。

更进一步，就中国政府扶持企业技术创新的实践看，所得税优惠和创新成本补贴政策是同时实施的。由此所带来的问题是，由于创新成本补贴政策在企业技术创新失败时减轻了其惩罚，因此对企业技术创新效率将产生负面影响。由此带来的问题是，如果与所得税优惠政策同时实施，那么同政策的激励效率有可能相互抵消，因此如何规避上述问题也将成为本章的主要研究问题之一。

二、所得税优惠政策的激励效应

在进行创新成本补贴政策分析，我们假定所得税率保持不变。以下将放松这一假定，分析所得税率的变动对企业技术创新规模和效率的影响。首先假定政府不对创新投入进行任何形式的补贴，只通过所得税率的变化影响企业的创新行为。此时，若创新项目开发成功，则企业所能获得的收益为 $(1-t)R-I-g(e_5)$（假定企业努力投入水平为 e_5），而开发失败时企业的收益为 $-I-g(e_5)$，故企业从事创新项目开发所能获得的期望收益为 $E\pi_{B5}=(1-t)Rp(e_5)-I-g(e_5)$。

同理，若创新项目开发成功，则政府获得的收益为 $tR+K$；反之，开发失败时政府收益为0，故政府的期望收益为 $E\pi_{G5}=(tR+K)p(e_5)$，全社会的总福利为 $E\pi_{S5}=E\pi_{B5}+E\pi_{G5}=(R+K)p(e_5)-I-g(e_5)$。则政府的决策问题为：

$$\underset{t}{Max}(R+K)p(e_5)-I-g(e_5)$$

$$\text{s. t.}\quad e_5^* = \arg\max_{e_5}(1-t)Rp(e_5)-I-g(e_5)\quad (IC^B)\quad (P_1)$$

$$E\pi_{B5}=(1-t)Rp(e_5)-I-g(e_5)\geqslant 0\quad (IR^B)$$

由激励相容约束可知企业最优努力投入水平 e_5^* 应满足的一阶条件为：

$$(1-t)Rp'(e_5^*)=g'(e_5^*)\tag{7-1}$$

由式（7-1）可求解出创业企业家努力投入水平的唯一最优解：

$$e_5^*=e_5^*(t,\ R)\tag{7-2}$$

将式（7-2）代入式（7-1），两边同时对 t 求导可得：

$$\frac{\partial e_5^*}{\partial t}=\frac{Rp'(e_5^*)}{(1-t)Rp''(e_5^*)-g''(e_5^*)}<0\tag{7-3}$$

式（7-3）的经济含义是，所得税率越高，企业最优努力投入水平越低，创新项目开发成功的概率也越低。原因在于，当企业创新项目开发成功时，政府将无偿分享企业的创新产出，而创新项目开发失败时，政府和企业均一无所有，因此，所得税本质上是对企业创新成功施加的一种惩罚。从企业角度看，企业承担了创新项目开发的全部成本，但却只能部分享受创新产出，由于边际成本大于边际产出，追求收益最大化的企业势必将减少努力投入程度，因此对企业的创新活动而，所得税具有负向激励性，它将降低企业技术创新的效率。

进一步，将式（7-1）代入企业期望收益函数，并利用包络定理对企业期望收益关于所得税率求一阶导数可得 $\partial E\pi_{B5}^*/\partial t=-Rp(e_5^*)<0$，即所得税率与企业从事创新活动的期望收益呈反向变动关系，税率越高，企业期望收益越低，参与约束条件越不易满足，从事技术创新活动的企业数量越少（或同一企业拟开发的创新项目数量越少）。由此可得：

结论1：所得税的存在既不利于提高企业技术创新效率，也不利于扩大企业技术创新规模。

结论1的另一层含义是，如果财政科技政策目标既经兼顾创新效率和创新规模，那么降低创新企业所得税是一种可行的办法。事实上，将 $e_5^*=e_5^*(t,\ R)$ 代入规划问题（P_1）的目标函数，并求解满足全社会福利最大化的最优所得税率。因 $\frac{\partial E\pi_{S5}}{\partial t}=[(R+K)p'(e_5^*)-g'(e_5^*)]\frac{\partial e_5^*}{\partial t}=(tR+K)p'(e_5^*)\frac{\partial e_5^*}{\partial t}<0$，

故社会福利最大化的最优所得税应设定为零。

上述结论表明，对创新项目的征税表面上看只是一种转移支付，不应该存在社会福利的损失，然而结论1认为，这种直觉的看法是错误的，税收扭曲了企业的努力投入水平，从而降低了创新项目开发的成功率，并使全社会总福利下降。

三、税收和补贴政策叠加情形下的激励效应分析

在真实世界中，创新成本直接补贴、所得税前加计扣除和所得税优惠通常是同时实施的，因此不同政策之间是否存在挤出效应是本部分拟研究的主要问题。

（一）创新投入成本补贴政策与所得税优惠

以定额补贴为例。当定额补贴和所得税优惠政策联合使用时，政府的决策问题相应变为：

$$\underset{\Delta,\ t}{Max}(R+K)p(e_1)-g(e_1)-I-\lambda\Delta$$

$$\text{s. t.}\quad e_1^* = \arg\max_{e_1}(1-t)Rp(e_1)-(I-\Delta)-g(e_1)\quad (IC^B)\quad (P_2)$$

$$E\pi_{B1}=(1-t)Rp(e_1)-(I-\Delta)-g(e_1)\geqslant 0\quad (IR^B)$$

与第六章中的规划问题（P_1）相比，此时政府的决策变量增加了所得税率 t，其余均保持不变。显然，规划问题（P_2）对应的一阶条件与六章中式（6-1）完全相同，因此，最优努力水平 $e_1^*=e_1^*(R,\ t)$ 的解与六章中式（6-2）无异。将 $e_1^*=e_1^*(R,\ t)$ 代入一阶条件并关于所得税率 t 求导可解得：

$$\frac{\partial e_1^*}{\partial t}=\frac{Rp'(e_1^*)}{(1-t)Rp''(e_1^*)-g''(e_1^*)}<0 \qquad (7-4)$$

将最优努力水平 $e_1^*=e_1^*(R,\ t)$ 代入 $E\pi_{B1}$ 并利用包络定理对 t 求导可得：

$$\partial E\pi_{B1}^*/\partial t=-Rp(e_1^*)<0 \qquad (7-5)$$

进一步将 $e_1^*=e_1^*(R,\ t)$ 代入政府目标函数，并对 t 求导可得：

$$\partial E\pi_{S1}^{*}/\partial t=(tR+K)p'(e_1^{*})\partial e_1^{*}/\partial t<0 \qquad (7-6)$$

综合式（7－4）～(7－6）可以看出，当定额补贴与所得税优惠同时使用时，两种政策的效应是彼此独立的。其对企业技术创新规模和效率的影响与结论1并无差异。此时社会福利最大化的最优政策组合是既无税收，也无补贴。当比例补贴政策和所得税优惠政策叠加时，所得到的结果与第六章所得结论完全一致，因此本章不再赘述。

（二）成熟企业创新投入加计扣除与所得税优惠

对于有其他经营收益的成熟企业而言，若同时对企业施加所得税优惠和创新投入加计扣除政策，则政府的决策问题将变为：

$$\underset{t,\ \varsigma}{Max}(R+K)p(e_3)-I-g(e_3)$$

$$\text{s. t.}\quad e_3^{*}=\arg\max_{e_3}[(1-t)R+(t-t_1)\varsigma I]p(e_3)-(1-t_1\varsigma)I-g(e_3)\quad (IC^B)\quad (P_3)$$

$$E\pi_{B3}=[(1-t)R+(t-t_1)\varsigma I]p(e_3)-(1-t_1\varsigma)I-g(e_3)\geqslant 0\quad (IR^B)$$

重述规划问题（P_3）的一阶条件：

$$[(1-t)R+(t-t_1)\varsigma I]p'(e_3^{*})=g'(e_3^{*}) \qquad (7-7)$$

由式（7－7）可求解出企业的最优努力投入水平

$$e_3^{*}=e_3^{*}(R,\ \varsigma,\ t,\ t_1) \qquad (7-8)$$

将式（7－8）代入式（7－7）并就等式两边同时关于税率t求导可得：

$$\frac{\partial e_3^{*}}{\partial t}=-\frac{(R-\varsigma I)p'(e_3^{*})}{g''(e_3^{*})-[(1-t)R+(t-t_1)\varsigma I]p''(e_3^{*})}<0 \qquad (7-9)$$

将式（7－9）代入企业期望收益函数并关于所得税率t求导可得：

$$\partial E\pi_{B3}^{*}/\partial t=-(R-\varsigma I)p(e_3^{*})<0 \qquad (7-10)$$

式（7－9）和（7－10）表明，所得税的存在不仅会降低企业技术创新规模，还会削弱技术创新效率。为求解最优所得税率和最优加计扣除率，将式（7－8）代入规划问题（P_3）的目标函数，则可得社会福利最大化的一阶条件为：

$$\begin{cases} \dfrac{\partial E\pi_{S3}}{\partial \varsigma}=[K+t(R-\varsigma I)+t_1\varsigma I]p'(e_3^*)\dfrac{\partial e_3^*}{\partial \varsigma}\begin{cases} >0 & 若\ t>t_1 \\ =0 & 若\ t=t_1 \\ <0 & 若\ t<t_1 \end{cases} \\ \dfrac{\partial E\pi_{S3}}{\partial t}=[K+t(R-\varsigma I)+t_1\varsigma I]p'(e_3^*)\dfrac{\partial e_3^*}{\partial t}<0 \end{cases} \quad (7-11)$$

显然，方程组（7－11）中的第二个方程表明，社会福利最大化的所得税率应为0，而当创新项目的所得税率为0时，则由方程组（7－11）中的第1个方程知，只要成熟企业其他经营收益需要缴纳所得税，则最优的加计扣除率也应为零。故得：

结论2：对成熟企业而言，所得税的存在具有负向激励效应，既不利于扩大技术创新规模，也不利于提高技术创新效率。零所得税是实现社会福利最大化的最优政策。

（三）初创企业创新投入加计扣除与所得税优惠

对无其他经营收入的初创型企业而言，当加计扣除政策与所得税优惠政策联合使用时，政府的决策问题为：

$$\underset{t,\ \varsigma}{Max}(R+K)p(e_4)-I-g(e_4)$$

$$\text{s. t.}\quad e_4^*=\arg\max_{e_4}[(1-t)R+t\varsigma I]p(e_4)-I-g(e_4)\quad (IC^B)\quad (P_4)$$

$$E\pi_{B4}=[(1-t)R+t\varsigma I]p(e_4)-I-g(e_4)\geqslant 0\quad (IR^B)$$

重写规划问题（P_7）的一阶条件和企业的最优努力投入水平：

$$[(1-t)R+t\varsigma I]p'(e_4)=g'(e_4) \quad (7-12)$$

$$e_4^*=e_4^*(t,\ R,\ \varsigma) \quad (7-13)$$

将式（7－13）代入式（7－12）并对所得税率 t 求导可得：

$$\frac{\partial e_4^*}{\partial t}=\frac{(R-\varsigma I)p'(e_4^*)}{(1-t)Rp''(e_4^*)-g''(e_4^*)}<0 \quad (7-14)$$

注意，由于假定项目开发成功时，收益足以抵扣加计扣除成本，因此式（7－14）中 $R-\varsigma I>0$。进一步，将 $e_4^*=e_4^*(t,\ R,\ \varsigma)$ 代入企业期望收益函数，并利用包络定理关于所得税率 t 求导可知 $\partial E\pi_{B4}^*/\partial t=-(R-\varsigma I)p'(e_4^*)<0$。因此，结合第六章式（6－12）和结论4可知，对无其他经营收益的初创

型企业而言，所得税与创新成本加计扣除政策的激励效应刚好相反。

将 $e_4^* = e_4^*(t, R, \varsigma)$ 代入规划问题（P_4）的目标函数，求解社会福利最大化时最优所得税率和最优加计扣除率应满足的一阶条件为：

$$\begin{cases} \dfrac{\partial E\pi_{S4}}{\partial \varsigma} = [K + (R - \varsigma I)t]p'(e_4^*)\dfrac{\partial Ee_4^*}{\partial \varsigma} = 0 \\ \dfrac{\partial E\pi_{S4}}{\partial t} = [K + (R - \varsigma I)t]p'(e_4^*)\dfrac{\partial Ee_4^*}{\partial t} = 0 \end{cases} \tag{7-15}$$

对方程组（2615）而言，由于$\dfrac{\partial E\pi_{S4}}{\partial t} < 0$（而不可能等于0），因此最优所得税率 $t^* = 0$。然而当所得税率为 0 时，加计扣除政策已无存在的必要。因此：

结论 3：对无其他经营收入的初创型企业而言，社会福利最大化的最优政策应是实施所得税免除而非创新投入的加计扣除政策。

结论 3 意味着，对无其他经营收入的初创型企业而言，零所得税政策的激励效应要强于创新投入加计扣除政策。原因在于，加计扣除政策只是部分减少了企业的负担，从而增加了企业创新产出的分享份额，然而所得税免除政策却能使企业享有创新产出的全部份额，因此两相比较，零所得税政策的激励效应要强于加计扣除政策。

四、税收和补贴政策叠加情形的拓展分析

第六章中的而结论 4 实质上分析了差别加计扣除率对初创型企业的影响。尽管在现实世界上，没有国家对成熟企业实施差别所得税前抵扣政策，然而由结论 4 我们猜测，如果引入这一政策可能会对企业产生一定的正向激励作用。同时，本部分还拟将创新成本直接补贴和所得税优惠集中进行考虑。

假定政府将对企业创新投入进行定额补贴（结合前面的分析，定额补贴与比例补贴具有相同的特征，因此此次若改为比例补贴并不会得到新的结论），补贴额度为 $0 < \Delta < I$。同时政府还将对企业的创新投入成本实施差别化的加计扣除政策，即当创新项目开发成功时，政府将对创新投入成本实施 $\varsigma_1 > 1$ 的加计扣除优惠，而若失败，则加计扣除率为$\varsigma_2 > 1$（此处我们并未假

定$\varsigma_2 < \varsigma_1$，后文将证明，最优的加计扣除政策必然要求$\varsigma_2 < \varsigma_1$成立）。进一步简化假定，创新项目开发成功时的收益足够进行创新投入加计扣除，即$R-\varsigma_1 I>0$，则在此假定下，若项目开发成功，则创新企业的净收益为$(1-t)R-(1-t\varsigma_1)(I-\Delta)-g(e)$（此时假定企业的努力投入为$e$；若开发失败，则企业净收益为$-(1-t\varsigma_2)(I-\Delta)-g(e)$。故创新企业从创新项目开发中所能获得的期望净收益为：

$$E\pi_B=[(1-t)R+t(\varsigma_1-\varsigma_2)(I-\Delta)]p(e)-(1-t\varsigma_2)(I-\Delta)-g(e)$$

出于符号简化的目标，令$M=(1-t)R+t(\varsigma_1-\varsigma_2)(I-\Delta)$。很明显，为使分析有意义，$M>0$必须成立，否则企业不可能从事创新项目开发。易知当创新项目开发成功时，政府所能获得的净收益为$t[R-\varsigma_1(I-\Delta)]+K-(1+\lambda)\Delta$，而失败时则为$-t\varsigma_2(I-\Delta)-(1+\lambda)\Delta$。故政府资助创新项目开发所能获得的期望净收益为$E\pi_G=[tR-t(\varsigma_1-\varsigma_2)(I-\Delta)+K]p(e)-t\varsigma_2(I-\Delta)-(1+\lambda)\Delta$，而全社会期望总福利为：$E\pi_S=E\pi_B+E\pi_G=(R+K)p(e)-g(e)-I-\lambda\Delta$。故政府的决策问题将由如下的规划问题（$P_9$）表示：

$$\underset{t,\ \varsigma_1,\ \varsigma_2,\ \Delta}{Max}\ (R+K)p(e)-g(e)-I-\lambda\Delta$$

$$\text{s. t.}\quad e^*=\arg\max_e Mp(e)-(1-t\varsigma_2)(I-\Delta)-g(e)\quad (IC^B)\quad (P_5)$$

$$E\pi_B=Mp(e)-(1-t\varsigma_2)(I-\Delta)-g(e)\geqslant 0\quad (IR^B)$$

根据激励相容约束条件，可得企业最优努力投入e^*的一阶条件为：

$$[(1-t)R+t(\varsigma_1-\varsigma_2)(I-\Delta)]p'(e)=g'(e)\qquad(7-16)$$

由式（7－16）可解得：$e^*=e^*(t,\ \varsigma_1,\ \varsigma_2,\ \Delta,\ R)$　　(7－17)

将式（7－17）代入式（7－16）并对所得税率对t求导可得：

$$\frac{\partial e^*}{\partial t}=\frac{[-R+(\varsigma_1-\varsigma_2)(I-\Delta)]p'(e^*)}{g''(e^*)-Mp''(e^*)}\qquad(7-18)$$

由于$-R+(\varsigma_1-\varsigma_2)(I-\Delta)\leqslant -R+\varsigma_1 I-\varsigma_1\Delta<0$，故$\frac{\partial e^*}{\partial t}<0$　　(7－19)

同理：$\frac{\partial e^*}{\partial \varsigma_1}>0$，$\frac{\partial e^*}{\partial \varsigma_2}<0$，$\frac{\partial e^*}{\partial(\varsigma_1-\varsigma_2)}>0$，$\frac{\partial e^*}{\partial \Delta}\begin{cases}<0 & if\quad \varsigma_1>\varsigma_2\\ =0 & if\quad \varsigma_1=\varsigma_2\\ >0 & if\quad \varsigma_1<\varsigma_2\end{cases}$　　(7－20)

由式（7－19）和（7－20）可得：

结论4：所得税的存在将降低创新项目开发成功的概率；而创新成本差

异化的加计扣除规则对创新效率具有正向激励作用，且加计扣除率差异越大，其激励作用越强；但创新成本直接补贴政策与差异化的所得税抵扣政策激励冲突。

对结论4而言，差异化的加计扣除政策顺应了激励理论的基本原理，即对企业的创新成功给予更高的奖励，而对其失败则施加一定惩罚，因此这一政策具有正向激励效应，这与事前的猜测相符。另外，导致差异化加计扣除政策与创新成本直接补贴政策出现激励冲突的原因在于：若创新项目开发成功，则企业从创新成本直接补贴和加计扣除政策中所能获得的收益为 $(1-t\varsigma_1)\Delta$，若开发失败，则其获得的补贴收益为 $(1-t\varsigma_2)\Delta$，故企业从事创新项目开发能够获得的期望补贴收益为：

$$[(1-t\varsigma_2)-t(\varsigma_1-\varsigma_2)p(e)]\Delta \tag{7-21}$$

由式（7-21）所知：

（1）若$\varsigma_1=\varsigma_2=\varsigma$，则企业从事创新项目开发的期望补贴收益为一常数 $(1-t\varsigma)\Delta$，它相当于政府对企业的一次总付转移，与创新项目开发是否成功无关，故而不会对企业的努力投入水平产生影响，因此，这种对称性加计扣除政策是激励中性的。

（2）若$\varsigma_1>\varsigma_2$，则创新项目开发成功概率越高，企业获得的期望补贴收益就越少，故为获取更多的补贴收入，企业降低减少努力投入水平的激励；而当$\varsigma_1<\varsigma_2$时情况正好相反。由此，创新项目直接补贴政策与差异化的加计扣除政策将出现激励冲突。

结论4所蕴含的政策含义是，对成熟企业而言，实施创新成本差异化的所得税前加计扣除政策是激励有效的。而从政策操作层面看，若规定企业创新投入成本只能利用该创新项目的产出进行所得税前抵扣，则该政策将与针对初创企业的加计扣除政策等价，即当且仅当创新项目开发成功时才能进行所得税前加计扣除，而当开发失败时，加计扣除率自动下降为零。由于这一政策本质上是对成功进行了额外的奖励，因此，符合激励机制设计的基本原则，从而有助于提高企业技术创新效率。

结论4表明，当$\varsigma_1<\varsigma_2$时，与第六章结论1不同的是，创新成本定额补贴政策同样能对企业技术创新效率产生正向激励，但我们即将证明，如果企业创新活动的外部溢出效应足够大，那么无论是政府还是创新企业均不希望实

施这一政策。

结论5：若创新项目的外部溢出效应 $K>t(I-\Delta)$，则企业、政府均不愿实施$\varsigma_1<\varsigma_2$的加计扣除政策。

证明：假定$\varsigma_1>\varsigma_2$时，创新企业的最优努力投入水平为 e_1^*，而当$\varsigma_1<\varsigma_2$时为 e_2^*，令 $\xi=|\varsigma_1-\varsigma_2|$，则由式（7－16）知，$e_1^*$ 满足$[(1-t)R+t\theta(I-\Delta)]p'(e_1^*)=g'(e_1^*)$，而 e_2^* 由$[(1-t)R-t\theta(I-\Delta)]p'(e_2^*)=g'(e_2^*)$ 决定。显然，$(1-t)R-t\theta(I-\Delta)>0$ 必然成立，否则企业从事创新项目开发的净收益必定为负。

首先，利用反证法证明 $e_1^*>e_2^*$ 必然成立。因为若 $e_1^*\leqslant e_2^*$，则由 $g(e)$ 的凸性，必有 $g'(e_2^*)\geqslant g'(e_1^*)$，即$[(1-t)R-t\theta(I-\Delta)]p'(e_2^*)\geqslant[(1-t)R+t\theta(I-\Delta)]p'(e_1^*)$，故必有 $p'(e_2^*)>p'(e_1^*)$ 成立。又因 $p(e)$ 为凹函数，则必有 $e_2^*<e_1^*$，与假设矛盾。故 $e_1^*>e_2^*$ 必然成立。

以下将进一步证明，就企业、政府和社会福利而言，$\varsigma_1>\varsigma_2$均优于$\varsigma_1<\varsigma_2$。

首先，就企业而言，将最优努力投入水平 $e^*=e^*(t,\varsigma_1,\varsigma_2,\Delta,R)$ 代入企业的期望收益函数，并利用包络定理对$\varsigma_1-\varsigma_2$求导可得：

$$\frac{\partial E\pi_B^*}{\partial(\varsigma_1-\varsigma_2)}=[t(I-\Delta)]p(e^*)>0 \qquad (7-22)$$

式（7－22）表明，创新企业的期望收益为$\varsigma_1-\varsigma_2$的增函数，当$\varsigma_1>\varsigma_2$时，$\varsigma_1-\varsigma_2$为正，而当$\varsigma_1<\varsigma_2$，$\varsigma_1-\varsigma_2$为负，故 $E\pi_B^*(e_1^*)>E\pi_B^*(e_2^*)$ 必然成立，即创新企业更愿意接受$\varsigma_1>\varsigma_2$的加计扣除政策。

其次，就政府而言，由于：

$$\frac{\partial E\pi_G^*}{\partial(\varsigma_1-\varsigma_2)}=[K-t(I-\Delta)]p(e^*)+[tR-t(\varsigma_1-\varsigma_2)(I-\Delta)+K]p'(e^*)\cdot$$

$\frac{\partial e^*}{\partial(\varsigma_1-\varsigma_2)}$故当 $K>t(I-\Delta)$ 时，必有$\frac{\partial E\pi_G^*}{\partial(\varsigma_1-\varsigma_2)}>0$ 成立，即对政府而言，实施$\varsigma_1>\varsigma_2$的加计扣除政策同样较$\varsigma_1<\varsigma_2$能获得更高的期望收益。

最后，因社会总福利$\frac{\partial E\pi_S^*}{\partial(\varsigma_1-\varsigma_2)}=[(R+K)p'(e^*)-g'(e^*)]\cdot\frac{\partial e^*}{\partial(\varsigma_1-\varsigma_2)}$，而 $R+K-M=tR+K-t(\varsigma_1-\varsigma_2)(I-\Delta)\geqslant tR+K-t(I-\Delta)>0$，故 $R+K>M$ 必然成立。由式（7－27）可知，$\frac{\partial E\pi_S^*}{\partial(\varsigma_1-\varsigma_2)}>[Mp'(e^*)-g'(e^*)]\cdot\frac{\partial e^*}{\partial(\varsigma_1-\varsigma_2)}=0$。

即从社会福利角度看，$\varsigma_1 > \varsigma_2$的加计扣除政策优于$\varsigma_1 < \varsigma_2$，由此结论 5 得证。

结论 5 的经济含义是：若实施$\varsigma_1 < \varsigma_2$的加计扣除政策，则为获取更多的补贴收益，创新企业将提高努力投入水平，但这种激励效应是间接的，因为实施$\varsigma_1 < \varsigma_2$将直接降低创新企业的努力投入水平，由于直接效应大于间接效应，因此$\varsigma_1 < \varsigma_2$将导致企业努力投入水平降低，并低于$\varsigma_1 > \varsigma_2$下的努力投入，并使企业、政府和全社会的福利同时减少。

以下将分析相关政策对企业技术创新规模的影响，根据结论 95，下文的分析将假定$\varsigma_1 > \varsigma_2$。首先，利用包络定理，将创新企业的期望收益关于定额补贴额 Δ 求导可得$\partial E\pi_B^* / \partial\Delta = 1 - t[\varsigma_1 p(e^*) + \varsigma_2(1 - p(e^*))] \geqslant 1 - t > 0$，即创新成本定额补贴政策有助于扩大创新活动规模。

同理，将企业期望收益 $E\pi_B^*$ 分别关于ς_1和ς_2求导可得：

$$\frac{\partial E\pi_B^*}{\partial\varsigma_1} = t(I - \Delta)p(e^*) > 0,\quad \frac{\partial E\pi_B^*}{\partial\varsigma_2} = t(I - \Delta)[1 - p(e^*)] > 0$$

即创新成本加计扣除率越高，企业创新规模越大。最后，企业期望收益 $E\pi_B^*$ 关于 t 求导可得

$$\frac{\partial E\pi_B^*}{\partial t} = [-R + (\varsigma_1 - \varsigma_2)(I - \Delta)]p(e^*) + \varsigma_2(I - \Delta) \tag{7-23}$$

由式（7－23）可知，$\frac{\partial E\pi_B^*}{\partial t}$的符号难以确定。将$\frac{\partial E\pi_B^*}{\partial t}$再对 t 求导可知：

$$\frac{\partial E\pi_B^{*2}}{\partial t^2} = [-R + (\varsigma_1 - \varsigma_2)(I - \Delta)]p'(e^*) \cdot \frac{\partial e^*}{\partial t} > 0$$

即创新企业的期望收益是所得税率 t 的凸函数，因为所得税率的变化会对企业的期望收益产生两方面的影响：随着所得税率的增加，企业从创新产出中获得的收益逐渐减少，但从创新成本加计扣除中获得的补贴收益却越多。当所得税率低于某一临界值时，前者的效应强而后者的效应弱，因此，此时随着所得税率的提高，企业的期望净收益将逐渐减少；而当所得税率继续提高，超过某一临界值后，前者的效应将弱于后者，从而使得企业的期望净收益随所得税率的提高而增加。然而企业期望收益的增加是获取政府的转移支付获取的，其代价是创新效率的牺牲，因此，为保证企业获得相同的期望收益，选择较低而不是较高的所得税率是社会最优的，由此：

结论 6：创新投入直接补贴、所得税前加计扣除和所得税优惠政策均能

有效扩大企业技术创新规模。

为求解社会福利最大化目标下的最优的政策组合，将最优努力投入水平 e^* 代入规划问题（P_5）的目标函数并对 t 求导可得：

$$\frac{\partial E\pi_S}{\partial t} = [(R+K)p'(e^*) - g'(e^*)] \cdot \frac{\partial e^*}{\partial t} \tag{7-24}$$

根据结论 5 的证明，若 $K > t(I-\Delta)$，则 $R+K>M$ 成立，故在式（7-24）中，$(R+K)p'(e^*) - g'(e^*) > 0$ 必然成立。又因 $\partial e^*/\partial t < 0$，则有 $\partial E\pi_s/\partial t < 0$ 成立。故社会福利最大化下的最优所得税率应为 $t^* = 0$。而当 $t^* = 0$ 时，创新成本的加计扣除政策不再起作用。此时外部溢出效应条件退化为 $K>0$。

将 $E\pi_s$ 对 Δ 求导可得：$\frac{\partial E\pi_s}{\partial \Delta} = [(R+K)p'(e^*) - g'(e^*)] \cdot \frac{\partial e^*}{\partial \Delta} - \lambda < 0$

(7-25)

故由式（7-25）所知，社会福利最大化目标下的最优定额补贴额为 $\Delta^* = 0$，即不对创新投入进行直接补贴是社会最优的。综上所述：

结论 7：若企业的技术创新活动存在外溢效应，则社会福利最大化目标下的最优政策组合是既不对创新所得征收所得税，也不对创新投入进行直接补贴。

在上述政策组合下，政府所能获得的期望收益为 $E\pi_G = Kp(e^*) > 0$。

五、本章小结

本章讨论了所得税优惠政策及所得税优惠与创新成本补贴政策的组合对企业创新活动规模和效率的影响，进一步结合第六章的分析，所得到的主要结论及其对应的政策含义如下：

（1）对企业技术创新收益征收所得税，其实质是对企业创新项目开发成功进行了惩罚，从而与激励理论的基本原则相悖，因此所得税的存在不但会削弱企业从事技术创新活动的意愿，还将抑制企业技术创新效率的提高，因此对企业技术创新规模和效率均将产生不利影响。

（2）当创新成本定额补贴和比例补贴政策与所得税优惠叠加使用时，其政策效应彼此独立，即所得税优惠政策对企业技术创新效率的影响不受创新成本定额补贴和比例补贴政策的影响，且三者均有助于壮大企业技术创新规模。

（3）若实施差异化的加计扣除政策，即当创新项目成功（失败）时给予更高（更低）的抵扣比率，则差异化的加计扣除政策具有正向激励作用，有助于提高企业技术创新效率。

上述结论所表达出的最显著的政策含义是：

（1）财政科技政策的设计应针对不同的企业侧重于采用不同的政策工具。对较少受到资本约束的成熟企业而言，基于创新产出的事后所得税优惠（事后补贴）要优于基本创新投入（成本）的事前补贴政策。因为针对产出的所得税优惠不仅有助于扩大企业技术创新规模，还能提高企业技术创新效率；而基于事前的成本补贴仅能达到扩大企业技术创新规模的目的，同时事前补贴还将使政府面临信息不对称情形下合适补贴对象的选择问题。而对深受创新资本约束的初创型企业而言，事前补贴和事后补贴的联合使用均是必要的，单纯使用事前补贴政策对创新效率的激励不足（仅加计扣除政策能达到这一目的），尽管理论上事后补贴能兼顾规模和效率问题，但对初创型企业而言，由于创新资本约束问题，而单纯使用事后补贴政策事实上难以达到扩大创新规模之目的。

（2）创新成本所得税前加计扣除政策与所得税优惠政策的搭配使用极易对加计扣除政策的激励效率产生负面影响。因此从政策操作层面看，同一对象不宜同时享受两种税收优惠政策。为避免所得税优惠对加计扣除政策的不利影响，可采用与所得税优惠效率等价的替代方法，如在不降低企业名义所得税率的前提下，实行所得税按净优惠税率即征即返，或对企业创新产出实行比例补贴等。

第八章 政府采购促进企业技术创新的机制分析

除前述创新成本补贴和所得税优惠政策外，政府采购也是促进企业技术创新的主要政策工具。对政府采购政策的创新激励作用研究始于20世纪80年代，研究核心主要集中在通过政府采购增加技术供给进而促进企业技术创新方面。进入21世纪之后，随着对技术创新政策的研究逐渐从供给政策转向需求政策，政府采购政策得到了越来越多学者的关注，但与前述税收和补贴政策的研究相比，由于缺乏成熟的分析工具，关于政府采购对企业技术创新激励作用的研究文献仍然不足。因此，本章的主要研究目的是试图在激励理论的统一分析框架下，分析政府采购对企业技术创新规模和效率的影响。

一、引　　言

从创新促进政策的分类看，政府采购主要是利用政府对基础设施和公共服务的需求来引导、激励企业进行技术创新，属于对技术创新的需求方，因此通常将政府采购政策归入需求侧政策。从各国政府促进企业技术创新的实践看，政府采购是最主要的创新需求侧政策，并在实践中居于重要地位。学界关于政府采购促进技术创新的机理已经进行过充分的研究，主要形成了三种理论：

一是基于创新补贴的政府采购理论：该理论主要基于创新活动的正外部性所导致的市场失灵。传统竞争理论认为，由于竞争的驱动，市场自会对创新资源进行最优配置，政府不应进行干预。然而罗默（Romer，1986）的研究指出，由于企业技术创新存在溢出效应，因此企业从创新活动中所获得的私人收益将低于社会收益，从而导致市场竞争均衡下的创新投入低于社会最优水平，因此应通过政府补贴的方式改进这一次优均衡结果。基于这一理论，从创新补贴的角度看，政府采购主要是通过扩大创新企业市场需求来达到其创新促进作用的。因为在技术创新的早期阶段，创新产品通常缺乏足够的市场需求，从而难以发挥生产的规模经济性，导致产品价格无法降低，从而进一步减少市场需求，形成恶性循环。因此施莫克勒（Schmookler，1966）与埃德勒和杰罗格鲁（Edler and Gerorghiou，2007）等学者认为，为了使创新企业获得足够的收益从而促进技术创新，必须使创新产品的价格下降到一定的水平，而为了实现这一目标，在创新产品推出之初就必须形成足够的需求（临界需求）。但对普通消费者而言，由于信息不对称，其对创新产品的质量、性能等缺乏足够的了解，因此难以通过市场力量形成有效需求，而政府采购却可以方便地实现这一目标。具体而言，政府采购促进企业技术创新的作用可体现在：①如果政府采购规模足够大，则仅政府采购自身就可以达到创新产品推广的临界需求，从而使企业能够从技术创新中获取踣的收益；②通过政府对创新产品的首先使用可以形成示范效应，从而使消费者了解产品的质量、性能，减弱供需双方关于新产品的信息不对称，从而进一步扩大新产品市场需求，进而达到促进企业技术创新之目的。

二是基于创新网络的政府采购理论：基于创新补贴的政府采购理论将企业的技术创新过程视为一黑箱，并认为企业的技术创新是线性的，即只要有创新投入就必然有适合市场需求的创新产出。而新熊彼特学派则认为，企业的技术创新活动是一个由市场、技术和科学研究等多种因素相互作用构成的复杂系统，创新失败的根本原因在于因创新系统失灵所造成的技术不能在创新系统中迅速产生并扩散，而创新系统失灵主要包括创新基础设施失灵、创新制度失灵、创新能力失灵和创新主体之间的互动失灵。其中互动失灵又可进一步细分为强网络失灵和弱网络失灵。前者是指创新主体之间的相互作用过于强烈，一些创新主体会被系统中的另一些创新主体引导致错误的方向上，从而导致创新失败；后者则指创新主体之间缺乏必要的联系，从而使相互之间的学习、交流及知识和技术的扩散难以有效进行。在此理论基础上，新熊彼特学派认为，政府采购特别有助于克服创新主体之间的弱网络失灵，从而达到促进企业技术创新之目的。其作用机制在于：政府采购能够为供需双方提供一个可集中进行互动交流的平台的渠道。因为在政府采购实践中，中央和地方政府通常都设有专门的政府采购中心，并建有完善的采购交易和技术交流平台，这一平台不仅能为新技术、新产品的需求和供给方提供了方便的交流沟通渠道，还可以促进不同企业了解技术标准、技术发展现状等，从而为技术扩散创造条件。

三是基于创新培育的政府采购理论：该理论认为，任何一个创新技术均需要经历形成、成长、成熟和衰退这样一个完整的生命周期过程，从供给侧角度看，创新政策在不同阶段应具有不同特点，如在技术形成期应致力于降低市场进入壁垒、对创新活动进行补贴等以尽力缩短形成期；在成长和成熟期，则应加强创新产权保护，维护创新企业的市场优势，并尽可能延长这一时期。然而供给政策所面临的难题是，他难以解释在市场上占主导地位的产品通常并不一定是技术最好的产品，而厄特巴克（Utterback，1975）则通过引入“主导设计”概念，对此现象从需求侧给出了一种解释。所谓主导设计，是指在技术上具有领先优势，同时又能为市场广为接受的满意产品。主导设计一旦形成，阻止竞争企业进入的市场壁垒将迅速形成，因此，创新政策的设计目标必须有利于主导设计的争夺。拜斯（Beise，2003）进一步认为，主导设计的形成依赖于一个有效的先导市场，该市场必须具有如下特征：一是有足够的市场需求；二是对创新需求偏好，但这种偏好不能过于特殊，否则将阻碍创新产品的市场扩散。

依据这一理论，政府采购有助于先导市场的形成，特别是能为先导市场提供较高的需求偏好。原因在于：①随着经济的发展和社会的不断进步，人们对公共服务和基础设施的需求越来越呈现出多样化特征，而为满足人民日益多样化的需求，政府在基础设施和公共服务采购领域中对创新的需求将越来越强烈。②对行政管理和服务效率的更高要求将进一步刺激政府对技术创新的需求，发达国家的经验表明，为满足这一需求，政府通常将成为技术创新的先驱用户。

从政府采购与企业技术创新的实践上看，根据第二章的文献综述分析可以看出，多数研究文献认为政府采购政策的实施确实有助于促进企业技术创新，然而也有学者指出，已有研究文献主要集中于国防领域，这些研究结论能否推广至一般行业需要持谨慎态度。从中国政府采购的实践看，有两个问题值得进一步研究，一是相当长的时期内，政府采购的目标是成本导向而非创新导向，即政府采购的主要目标是降低采购成本而非扶持企业技术创新，那么在此政策背景下，政府采购能否促进技术创新将是本章研究的主要问题之一；二是已有文献实际上主要关注的是政府采购对企业技术创新规模的影响，而对创新效率则较少涉及。因此，政府采购与企业技术创新效率之间的关系将是本章拟研究的第二个问题。

二、政府采购对企业技术创新规模的影响

本部分我们将首先分析第一个问题，即基于成本导向的政府采购政策是否能达到促进企业技术创新之目的。从直观上看，由于政府采购有助于提高企业的市场需求，因此只要政府拟采购物品存在替代品，即市场不是完全垄断，那么即使采购政策不是创新导向的，企业为赢得政府采购合约，在保证产品质量不低于竞争对手的前提下，必然会进行降低生产成本的创新投入，从而激励企业扩大创新规模之目标。以下将同样在激励理论的框架下对此进行分析。

（一）模型假设

（1）政府拟对某一特定行业的产品进行政府采购，采购数量为 K。假定该行业由两家企业 1 和 2 构成，其产品完全同质，且两企业生产产品的初始边际成本均为 c。

（2）政府采购政策的实施本质上增加了该行业的市场需求，从而使每个企业的市场需求曲线均向右上方移动。结合中国政府采购的现状，成本削减是政府重点关注的问题之一。因此，政府采购数量在企业间的分配遵循鼓励企业降低成本的原则，即政府必须确定最优采购份额的分配（s，$1-s$），以激励企业进行降低生产成本的研发投入。

（3）企业为降低生产成本必须进行研发投入，假定两企业事后单位成本分别降低 e_1 和 e_2，为达到此目标，进一步假定所需的研发投入分别为 $he_1^2/2$ 和 $he_2^2/2$。上述假设有三重含义：一是两企业的研发效率不存在差异，均由参数 h 确定，h 越大，表示取得同行成果所需付出的成本越大，因此研发效率越低；二是研发投入的边际效应递减，即为进一步降低生产成本，企业必须进行更多的研发投入；三是单位产品成本降低情况可作为研发投入的代理指标，即成本降低越多，研发投入越多。同时为使后续分析结果有意义，要求 $h<4/3$。

（4）两企业进行研发竞争，不存在研发合作和研发溢出，且在产品市场上进行古诺竞争。企业不进行研发活动的外部保留收益均标准化为0。

（二）模型分析

上述假定下，企业1、2的利润函数分别为：

$$\pi_1=[a+sK-q_1-q_2-(c-e_1)]q_1-he_1^2/2$$

$$\pi_2=[a+(1-s)K-q_1-q_2-(c-e_2)]q_2-he_2^2/2$$

政府的决策问题是：设计最优的政府采购分配合约（s，$1-s$），在满足企业参与约束和激励相容约束的条件下使全社会福利最大化（这里的全社会福利由消费者剩余 $(q_1+q_2)^2/2$ 和企业利润 $\pi_1+\pi_2$ 构成。即：

$$\begin{cases}\underset{s}{\mathrm{Max}}TS=(q_1+q_2)^2/2+\pi_1+\pi_2 \\ \text{s. t.}\begin{array}{ll}\underset{q_i,\,e_i}{\arg}\ \pi_1=[a+sK-q_1-q_2-(c-e_1)]q_1-he_1^2/2 & (IR^1) \\ \underset{q_j,\,e_j}{\arg}\ \pi_2=[a+(1-s)K-q_1-q_2-(c-e_2)]q_2-he_2^2/2 & (IR^2) \\ \pi_1=[a+sK-q_1-q_2-(c-e_1)]q_1-he_1^2/2\geqslant 0 & (IC^1) \\ \pi_2=[a+(1-s)K-q_1-q_2-(c-e_2)]q_2-he_2^2/2\geqslant 0 & (IC^2)\end{array}\end{cases}\quad (P_1)$$

规划问题（P_1）可利用逆向归纳法求解。首先在给定最优政府采购合约和最优成本降低额的情况下，两企业进行古诺产量博弈以确定均衡的产量。由激励相容约束（IR^1）和（IR^2）可知，其一阶条件分别为：

$$\begin{cases}a+sK-2q_1-q_2-(c-e_1)=0 \\ a+(1-s)K-2q_2-q_1-(c-e_2)=0\end{cases}\tag{8-1}$$

联立求解可得均衡的古诺产量为：
$$\begin{cases} q_1^* = \dfrac{a-c+(3s-1)K+2e_1-e_2}{3} \\ q_2^* = \dfrac{a-c+(2-3s)K+2e_2-e_1}{3} \end{cases} \tag{8-2}$$

其次是将式（8－2）代入企业利润函数，由企业确定最优的成本降低值 e_1 和 e_2：

$$\begin{cases} \underset{e_1}{Max}\ \pi_1 = \left[\dfrac{a-c+(3s-1)K+2e_1-e_2}{3}\right]^2 - \dfrac{he_1^2}{2} \\ \underset{e_2}{Max}\ \pi_2 = \left[\dfrac{a-c+(2-3s)K+2e_2-e_1}{3}\right]^2 - \dfrac{he_2^2}{2} \end{cases} \tag{8-3}$$

求解式（8－3）的一阶条件为：

$$\begin{cases} 4[(a-c)+(3s-1)K]+(8-9h)e_1-4e_2=0 \\ 4[(a-c)+(2-3s)K]+(8-9h)e_2-4e_1=0 \end{cases} \tag{8-4}$$

联立求解放组（8－4）可得两企业最优的成本削减值为：

$$\begin{cases} e_1^* = \dfrac{12[(4-3h)(a-c)+3Kh+Ks(4-9h)]}{16-(8-9h)^2} \\ e_2^* = \dfrac{12[(4-3h)(a-c)+2(2-3h)K-Ks(4-9h)]}{16-(8-9h)^2} \end{cases} \tag{8-5}$$

由前文可知，e_1 和 e_2 可作为研发投入的代理指标，根据式（8－5）可以发现：

$$e_1^*+e_2^* = \frac{12(4-3h)[2(a-c)+K]}{16-(8-9h)^2} \tag{8-6}$$

由式（8－6）可以看出：

（1）两企业的创新总投入与采购合约（s，$1-s$）无关。这一结论的成立依赖于企业研发效率相同的假定。原因在于，当企业研发效率相同时，由式（8－5）可知，$\dfrac{\partial e_1^*}{\partial s}=\dfrac{12K(4-9h)}{16-(8-9h)^2}$，$\dfrac{\partial e_2^*}{\partial s}=-\dfrac{12K(4-9h)}{16-(8-9h)^2}$，即采购合约的变化只会改变对不同企业的激励，但两企业间的激励是互补的，增加 s 会使企业 1 增加相应的研发投入，但同时却会使企业 2 减少等量的研发投入，从而使研发总投入保持不变。如果企业研发效率存在差异，那么为保证研发投入最大化，我们将得到一个平凡的结论，即政府应全部采购研发效率最高的企业的产品。

（2）$\frac{\partial e_1^*}{\partial K}>0$，$\frac{\partial e_2^*}{\partial K}>0$，$\frac{\partial(e_1^*+e_2^*)}{\partial K}>0$，由此可得：

结论1：政府采购能扩大企业技术创新投入，从而扩大企业技术创新规模。

结论1实际上从理论上对达尔佩（Dalpe，1994）、罗尔夫斯坦姆（Rolfstam，2012）的论点给出了证明。他们认为，无论政府采购政策是否以促进企业技术创新为导向，其执行结果均会对企业创新产生影响。结论1的政策含义是，一些学者认为中国政府采购政策主要以降低采购成本为目标，缺乏对企业技术创新的专门激励，因此认为政府采购可能存在创新激励不足问题。而结论1则表明，即使以采购成本削减作为单一目标，政府采购仍然可以有效促进企业进行以降低生产成本为目标的技术创新投入。

（3）$\frac{\partial(e_1^*+e_2^*)}{\partial h}<0$，即企业研发效率越高，研发总投入越高。这一结论背后的含义很简单。企业研发效率越高，进行研发活动的边际成本就越低。在边际收益既定的前提下，利润最大化的研发投入就越高。

（4）结合式（8-2）和式（8-6）可知，$q_1^*+q_2^*=\frac{[2(a-c)+K]+(e_1^*+e_2^*)}{3}$。从中可以看出：$\frac{\partial(q_1^*+q_2^*)}{\partial s}=0$，$\frac{\partial(q_1^*+q_2^*)}{\partial K}=\frac{1}{3}\left[1+\frac{\partial(e_1^*+e_2^*)}{\partial K}\right]>0$，$\frac{\partial(q_1^*+q_2^*)}{\partial h}=\frac{1}{3}\frac{\partial(e_1^*+e_2^*)}{\partial h}<0$即两企业最优产量之和与政府采购合约（$s$，$1-s$）无关；政府采购将使两企业总产量增加；企业研发效率越高，最优总产量增加越多。进一步分析还可以发现，总产量的增加来源于两方面，一是因政府采购所市场需求，若政府采购增加1单位，则两企业总产量将增加1/3单位；二是在降低采购成本的政策导向下，企业因降低生产成本所增加的产量。这进一步说明，成本导向的政府采购政策同样能激励企业进行降低成本的创新活动。

最后将式（8-5）代入政府目标函数，并关于目标函数求一阶导数即可求出最优政府采购合约。事实上，利用两企业的对称性，很容易求解出最优分配合约为（0.5，0.5），两企业的最优研发投入为$e_1^* = e_2^* = \dfrac{6(4-3h)[2(a-c)+K]}{16-(8-9h)^2}$。同时利用包络定理易知$\dfrac{\partial \pi_1^*}{\partial K} > 0$，$\dfrac{\partial \pi_2^*}{\partial K} > 0$，企业的参与约束更容易满足。因此政府采购可以激励更多企业从事更多的创新活动。

三、政府采购对企业技术创新效率的影响

第二节主要讨论了政府采购对企业技术创新规模的影响。为考察政府采购对企业技术创新效率的影响，必须在模型中引入市场需求的不确定性，并将其与企业研发项目的成功概率相联系。

从直觉上看，影响政府采购促进企业技术创新效率的关键因素在于采购政策的创新导向性。设想市场上有两个生产同质产品的企业，一家企业拟进行技术创新，另一家企业维持现状进行生产。如果政府采购政策是非创新导向或存在不公平现象，不进行技术创新的企业如果更有可能获得更高份额的采购合约，那么拟进行创新的企业在建立了不好的预期后，将可能减少进行技术创新的努力投入，从而降低创新效率。

（一）模型假设

（1）政府拟对某一特定行业的产品进行政府采购，采购数量为K。假定该行业由两家企业1和2构成，其产品完全同质，且两企业生产产品的初始边际成本均为c。

（2）企业1拟进行降低生产成本的创新活动。设其进行技术创新活动的努力投入水平为$e \in [0, 1]$，且努力投入的货币成本为$he^2/2$。企业的技术创新活动存在风险，在努力投入水平为e的前提下，假定项目成功概率为$p(e) = e \in [0, 1]$。项目成功后，企业1的单位生产成本可下降c_0，失败时生产成本不变。为使后续分析结果有意义，要求相关参数具有良好的定义且满足$h > 8c_0^2/9$。

（3）出于地方保护主义或寻租等诸多原因，政府采购政策并非创新导向

的，采购市场存在一定的不公平性。令政府采购合约为（λ，$1-\lambda$），即企业1获得采购份额 λ，其余部分为企业2所得；上述采购合约中的 λ 即为市场公平性或创新导向性指标。λ 越大，表明政府采购政策越是创新导向的，或者采购市场越公平。

（4）假定企业1的研发活动不存在溢出效应，两企业在产品市场上进行古诺产量竞争，且外部保留收益均标准化为0。

（二）模型分析

在上述假定下，若企业1研发成功，所获利润为：

$$\pi_1^1=[a+\lambda K-q_1-q_2-(c-c_0)]q_1-he^2/2$$

若研发失败，所获利润为：

$$\pi_1^2=(a+\lambda K-q_1-q_2-c)q_1-he^2/2$$

故企业1进行研发活动的期望利润为：

$$E\pi_1=[a+\lambda K-q_1-q_2-(c-ec_0)]q_1-he^2/2 \tag{8-7}$$

而企业2的利润为：$\pi_2=[a+(1-\lambda)K-q_1-q_2-c]q_2$ （8-8）

两企业首先根据利润最大化准则确定最优产量：

$$\begin{cases}\arg\limits_{q_1} E\pi_1=[a+\lambda K-q_1-q_2-(c-ec_0)]q_1-he^2/2\\ \arg\limits_{q_2}\pi_2=[a+(1-\lambda)K-q_1-q_2-c]q_2\end{cases}$$

一阶条件为：$\begin{cases}a+\lambda K-2q_1-q_2-(c-ec_0)=0\\ a+(1-\lambda)K-q_1-2q_2-c=0\end{cases}$

联立求解可得古诺均衡产量为：$\begin{cases}q_1^*=[(a-c)+(3\lambda-1)K+2ec_0]/3\\ q_2^*=[(a-c)+(2-3\lambda)K-ec_0]/3\end{cases}$

（8-9）

将式（8-9）代入企业1的期望利润函数式（8-7）求解企业1的最优努力投入：

$$\operatorname*{Max}_{e} E\pi_1=\left[\frac{(a-c)+(3\lambda-1)K+2ec_0}{3}\right]^2-\frac{he^2}{2}$$

令 $\mathrm{d}E\pi_1/de=0$，可得企业1的最优最优努力投入水平和项目成功概率为：

$$p = e^* = \frac{4c_0[(a-c)+(3\lambda-1)K]}{9h-8c_0^2} \quad (8-10)$$

由式（8-10）易知，$\frac{\partial p}{\partial \lambda} = \frac{\partial e^*}{\partial \lambda} > 0$ 且 $\partial p/\partial \lambda = \partial e^*/\partial \lambda > 0$，同时对式（8-10）利用包络定理关于 λ 求导可得：$\partial E\pi_1/\partial \lambda = 2Kq_1^* > 0$。但式(8-10)同时表明，如果 $\lambda < 1/3$，则$\frac{\partial p}{\partial K} = \frac{\partial e^*}{\partial K} < 0$。由此可得：

结论 2：创新导向（或公平）的政府采购政策不但有利于提高企业的技术创新效率，而且有利于扩大技术创新规模。但若政策的创新导向性（或采购政策的公平性）低于某一临界，则政府采购政策反而将抑制企业技术创新效率的提高。

结论 2 的经济含义很明显。如果政府采购政策越具有创新导向性，则企业进行技术创新所能获得的收益就越大，也就越愿意提高创新活动的努力投入水平，从而提高技术创新效率。同时，在采购政策的创新导向性既定的前提下，由于$\frac{\partial^2 p}{\partial \lambda \partial K} = \frac{\partial^2 e^*}{\partial \lambda \partial K} > 0$，因此，提高政府采购规模 K 同样可以增加企业进行创新活动的收益，故政策的创新导向性和采购规模在提高企业技术创新效率上具有互补性。同时采购政策的创新导向越强，企业 1 的期望利润越高，其参与约束更容易满足，也越愿意进行技术创新。但如果采购政策的创新导向性（或公平性）低于某一临界值，那么企业为争取政府采购进行技术创新活动所增加的市场需求将低于其努力投入的成本，从而企业将不愿意进行技术创新。

结论 2 的政策含义十分明显，并非制定了创新导向的政府采购政策就一定能提高企业技术创新效率。政策的导向性（或公平性）必须达到某一临界值才能够达到提高企业迎新效率之目标。因此在采购政策的实施实践中，必须大力落实政府采购的公平性和创新导向性。

将式（8-9）和式（8-10）代入企业 2 的利润函数，可得均衡时企业 2 的利润为：

$$\pi_2^* = q_2^{*2} = \left[\frac{(a-c)+(2-3\lambda)K-e^*c_0}{3}\right]^2 \quad (8-11)$$

式（8－11）清楚地表明，企业2的利润将受企业1研发行为的影响。若企业1投入的研发努力水平越高，创新项目成功概率越大，则即使政府采购政策偏向于企业2，其利润也将下降。同时，由式（8－11）还可以看出，若 $\lambda > 2/3$，则政府采购政策将对企业2造成不利影响。由此可得：

结论3：若政府采购政策的创新导向性（或公平）性足够高，那么不进行创新活动的企业将会因采购政策的存在而受损。

结论3的政策含义是：维护一个公平的政府采购环境，或增强政府采购政策的创新导向性，则在竞争压力的驱动下，政府采购将对所有企业的技术创新活动产生正向激励。

四、本章小结

本章在激励理论的分析框架下讨论了政府采购政策对企业技术创新规模和效率的影响，所得到的主要结论如下：

（1）由于政府采购能够提高企业创新产品和技术的市场需求，因此无论是否是否实施创新导向的政府采购政策，在市场竞争的压力下，政府采购均有助于使更多企业进行技术创新，并促使企业进行更多的研发投入，从而扩大企业技术创新规模。

（2）如果政府采购的创新导向性（或公平性）高于某一临界值，则政府采购政策不但能有效扩大企业技术创新规模，还能有助于企业提高技术创新效率；反之，若采购政策的创新导向性（或公平性）低于该临界值，则政府采购将抑制企业的技术创新效率。同时，采购政策的创新导向性（或公平性）将自动激励企业进行技术创新。

上述结论的政策含义是：从扩大企业技术创新规模而言，成本导向的政府采购政策同样是有效的。但从提高企业技术创新效率的角度看，一个公平的政府采购环境和创新导向的采购政策均是必须的，特别是在GPA框架下，在创新导向采购政策的实施存在一定阻碍的情况下，维护公平的采购环境将部分弥补创新导向政策的不足。

第九章

财政政策促进企业技术创新的实证检验：基于区域视角

第六至八章从激励的角度分析了政府对企业创新投入进行直接补贴、所得税前加计扣除、所得税优惠和政府采购政策对企业技术创新规模和效率的影响。其主要理论结论可概括为四个：一是所得税是政府对企业技术创新产出的强制分享，它既不利于扩大企业技术创新规模，也不利于提高企业技术创新效率；二是创新成本直接补贴政策（包括定额补贴和比例补贴）有助于扩大企业技术创新规模，但不会影响企业技术创新效率；三是创新投入所得税前加计扣除政策均有助于扩大企业技术创新规模，但其具有复杂激励特征。简而言之，对没有其他经营收入的初创型企业而言，加计扣除政策有助于提高企业技术创新效率，而对有其他经营收入的成熟企业而言，现行加计扣除政策不会影响企业技术创新效率。四是政府采购政策有助于扩大企业技术创新规模，但仅当采购政策的创新导向性（或公平性）超过某一临界水平时才会对企业技术创新效率形成正向促进作用。从本章直至第十一章，我们将从区域、行业、企业三个层面对上述理论分析结论进行实证检验。

一、样本选择及数据来源

本节拟利用中国分省大中型工业企业技术创新数据进行相关实证分析。由于样本数据缺失较多，在样本选择过程中剔除了西藏和海南，从而将分析样本限定在其余 29 个省市自治区（为简化表述，以下将简称为各省）。由于从 2011 年开始，统计口径由大中型企业转变为规模以上工业企业，故样本考察时期则确定为 2000 ~ 2010 年。相关指标数据主要来自于各年《工业企业科技活动统计资料》《中国科技统计年鉴》《中国统计年鉴》《建国 60 年统计资料汇编》和各省（区、市）逐年统计年鉴。

二、财政科技政策对企业技术创新效率的影响

（一）研究方法选择

现有文献所用效率评价方法主要包括以随机前沿分析（SFA）为代表的参数法，和以数据包络分析（DEA）为代表的非参数法两种，两种方法各有其优点和不足。随机前沿分析法（SFA）的长处在于：通过在模型中设定非效率因素，SFA 可以同时完成效率评价和效率影响因素分析，并且还能考虑随机因素对效率评价的影响。其不足之处在于，SFA 只能设定单一产出指标，并且需要人为设定投入和产出变量之间的函数关系。

数据包络分析法（DEA）一方面可以克服 SFA 方法的不足，它可以设定多个产出变量，并且无须设定投入产出变量之间的函数关系；但另一方面 DEA 法也失去了 SFA 法所具有的优点：其一，DEA 无法引入随机因素对效率评价的影响；其二，在使用 DEA 方法时，效率评价和效率影响因素分析无法一步完成，必须分离为两步，即首先进行效率评价，得到各决策单元的相对效率值，然后将其作为因变量，以效率影响因素作为自变量，再使用受限因变量的 Tobit 回归模型（Timmer，1971）进行影响因素分析。就本章的实证研究而言，由于企业创新产出难以用单一指标进行准确衡量，故拟采用 DEA - Tobit 两步法进行相关分析。

（二）创新效率评价指标选择

综合现有文献的研究，本节将选择 R&D 人力和资本投入作为各省企业技术创新的投入指标。其中，R&D 人力以投入以研发人员全时当量（RDFTE，

单位：人年）计。而 R&D 资金投入则以当年各省企业内部 R&D 支出计（RDFund，单位：亿元）。

由于当年 R&D 投入为一流量指标，根据格里利谢斯（Griliches，1980）的观点，当年 R&D 资本投入并不会在当年完全消耗，部分 R&D 资金会资本化并影响后续年份的创新产出，因此目前惯常的做法是将 R&D 资金投入转化为 R&D 资本存量（RDK，单位：亿元）。具体转换方法是：

首先，将各省企业 R&D 内部支出进行价格平减。各省企业 R&D 资本内部支出主要分为经常性支出和资本性支出两部分，其中，经常性支出部分根据各地城市居民 CPI 指标进行价格平减，而资本支出则根据各省固定资产投资价格指数进行平减，价格平减基准年份统一确定为 2005 年。

其次，将各省企业可比价格 R&D 内部支出利用永续盘存法转换为逐年 R&D 资本存量。具体转换方法为：令 $K_{i,t}=(1-\delta)K_{i,t-1}+R_{i,t}$，其中，$K_{i,t}$表示 i 省第 t 年的研发资本存量，$R_{i,t}$表示 i 省第 t 年的 R&D 经费内部支出，δ 为研发资本折旧率，一般取 15%。基年的研发资本存量 $K_{i,0}=R_{i,0}/(g_i+\delta)$，其中，$g_i$ 为 i 省在样本考察期内研发资金投入（以不变价计算）的年均复合增长率。

企业创新产出指标确定为三个，即发明专利申请量（Patent，单位：件）、新产品国内销售收入（NPGSale，单位：亿元）、新产品出口收入（NPExport，单位：亿元）。其中各省企业新产品国内销售收入以各省工业品出厂价格指数进行价格平减，统一转换为 2005 年可比价格。而新产品出口收入原始数据以美元计，因此首先以当年全国平均汇率转换为人民币计价，再以各省工业品出厂价格指数转换为 2005 年可比价格。表 9－1 给出了相关投入产出指标的描述性统计结果。

表 9－1　相关投入产出变量的描述性统计结果

变量名	单位	均值	标准差	最小值	最大值
RDFTE	人年	31632.43	49215.28	762.00	424563.20
RDFund	亿元	73.40	125.43	0.70	890.69
RDK	亿元	223.95	384.95	2.35	2840.10
Patent	件	1605.06	4348.07	2.00	44200.00
NPGSale	亿元	1037.69	1538.57	2.24	12440.20
NPExport	亿元	277.68	640.52	0.00	5217.23

（三）区域企业技术创新的DEA效率评价分析

在进行企业技术创新效率评价时，由于创新投入通常并不能在当年立即获得相应的创新产出，即创新投入和创新产出之间存在时滞。就本章所选择的样本而言，稳健性分析表明，选择1～3年的时滞不会对本章的主要结论产生影响，因此遵从多数研究文献做法，本部分将创新投入与产出之间的时滞确定为2年。

同时根据库珀等（Cooper et al，2001）的研究，为得到比较可靠的评价结果，投入、产出指标数 m 和 s 与决策单元数 n 之间应满足 $n \geqslant \max\{m \times s, 3(m+s)\}$。就本章所选择样本和投入产出指标而言，上述条件显然满足。表9－2给出了29个省市自治区大中型企业技术创新的静态DEA效率评价结果。

由表9－2可以看出，各省大中型企业技术创新规模和技术创新效率并非完全重合，一些创新规模较大的省份，其创新效率并不一定就高；而一些创新规模弱小的省份，如宁夏、青海，其创新投入向创新产出的转化效率相对较高。出现这一结果的可能原因在于，对于宁夏、青海等创新规模弱小的省份，其创新资本和人力投入较少，导致其创新投入要素尚处于边际报酬递增阶段，从而使其创新效率显得较高；而对于诸如北京、山东等创新规模较大的省份，创新投入要素可能已经处于边际报酬递减阶段，从而拉低其平均创新效率。

图9－1进一步给出了2000～2010年东中西部地区和全国企业技术创新效率的动态变化情况，从中可以看出，就全国而言，2000～2008年间企业平均创新效率基本保持稳定，但从2009年开始，随着金融危机的爆发，中国政府愈加重视技术创新对经济的推动作用，伴随着对技术创新投入的增加，企业技术创新效率也出现了明显的增长趋势。就东中西三个区域而言，样本考察期内，东部地区企业的技术创新效率一直显著高于全国平均水平，且总体而言呈现出上升趋势；中部地区企业的平均创新效率虽然一直低于全国平均水平，但在样本考察期内呈现出显明的上升趋势，与全国平均水平的差异日益缩小；而西部地区企业的平均创新效率则呈现先显著下降，而后缓慢回升的状态，并且从2003年开始低于全国平均水平，从2007年开始回升，至2010年与中部地区平均水平持平。

表 9－2　　各省大中型企业技术创新的 DEA 效率评价

地区	2000 年	2001 年	2002 年	2003 年	2004 年	2005 年	2006 年	2007 年	2008 年	2009 年	2010 年	平均	排序
天津	0. 8867	0. 8641	0. 8952	0. 8743	0. 8640	0. 9273	0. 9462	0. 8899	0. 8987	0. 9700	1. 0000	0. 9106	1
上海	0. 9877	1. 0000	1. 0000	1. 0000	1. 0000	0. 9774	0. 9942	0. 9477	0. 9516	0. 9970	1. 0000	0. 9869	2
浙江	0. 8360	0. 8343	0. 8453	0. 8437	0. 8436	0. 8420	0. 8396	0. 8437	0. 8471	0. 8560	0. 8683	0. 8454	3
广东	0. 8452	0. 8472	0. 8449	0. 8471	0. 8512	0. 8490	0. 8394	0. 8354	0. 8306	0. 8343	0. 8365	0. 8419	4
青海	1. 0000	1. 0000	1. 0000	0. 9201	0. 9025	0. 8732	0. 8703	0. 8531	0. 8439	0. 8515	0. 8489	0. 9058	5
江苏	0. 8525	0. 8520	0. 8466	0. 8346	0. 8381	0. 8343	0. 8413	0. 8456	0. 8425	0. 8625	0. 8722	0. 8475	6
宁夏	0. 9130	0. 8646	0. 8933	0. 9087	0. 9667	0. 8978	0. 8976	1. 0000	0. 9370	0. 9204	0. 8906	0. 9172	7
福建	0. 8393	0. 8348	0. 8340	0. 8294	0. 8269	0. 8280	0. 8243	0. 8240	0. 8236	0. 8349	0. 8299	0. 8299	8
吉林	1. 0000	1. 0000	1. 0000	0. 9627	1. 0000	1. 0000	0. 9215	0. 9806	0. 9862	0. 9799	0. 9771	0. 9825	9
重庆	0. 9152	0. 8960	0. 9088	0. 8940	0. 8953	0. 9494	1. 0000	0. 9353	0. 9654	0. 9955	1. 0000	0. 9414	10
北京	0. 9100	0. 9607	0. 9884	0. 9859	1. 0000	1. 0000	0. 9764	0. 9282	0. 9437	1. 0000	1. 0000	0. 9721	11
湖南	0. 8606	0. 8437	0. 8591	0. 8488	0. 8641	0. 8586	0. 8652	0. 8751	0. 8929	0. 9795	1. 0000	0. 8861	12
山东	0. 9203	1. 0000	0. 9515	0. 9373	0. 9162	0. 9141	0. 9143	0. 8761	0. 8600	0. 9053	0. 9051	0. 9182	13
内蒙古	0. 8609	0. 8536	0. 8504	0. 8507	0. 8498	0. 8494	0. 8433	0. 8347	0. 8527	0. 8573	0. 8688	0. 8520	14
广西	0. 8817	0. 8671	0. 8828	0. 8703	0. 8699	0. 8831	0. 8927	0. 9678	0. 9298	0. 9481	0. 9825	0. 9069	15
新疆	0. 8358	0. 8381	0. 8442	0. 8467	0. 8550	0. 8585	0. 8541	0. 8549	0. 8494	0. 8658	0. 8595	0. 8511	16
云南	0. 8352	0. 8299	0. 8386	0. 8454	0. 8385	0. 8553	0. 8623	0. 8672	0. 8729	0. 8935	0. 8965	0. 8578	17
安徽	0. 8693	0. 8610	0. 8736	0. 8656	0. 8627	0. 8753	0. 8748	0. 9729	0. 9306	0. 9916	1. 0000	0. 9070	18

续表

地区	2000 年	2001 年	2002 年	2003 年	2004 年	2005 年	2006 年	2007 年	2008 年	2009 年	2010 年	平均	排序
贵州	0. 8556	0. 8883	0. 9388	0. 9693	1. 0000	1. 0000	0. 9852	0. 9974	1. 0000	1. 0000	1. 0000	0. 9668	19
四川	0. 8627	0. 8895	0. 8704	0. 8635	0. 8911	0. 8914	0. 9010	0. 9088	0. 9149	0. 9156	0. 9158	0. 8932	20
甘肃	0. 9238	0. 9193	0. 9232	0. 9133	0. 9052	0. 9054	0. 9056	0. 9080	0. 9256	0. 9489	0. 9103	0. 9171	21
湖北	0. 8611	0. 8605	0. 8515	0. 8456	0. 8600	0. 8577	0. 8587	0. 8632	0. 8533	0. 8758	0. 8974	0. 8623	22
江西	0. 8629	0. 8561	0. 8502	0. 8507	0. 9062	0. 8681	0. 8716	0. 8788	0. 8985	0. 9017	0. 9027	0. 8770	23
河南	0. 9415	0. 9065	0. 8887	0. 8741	0. 8818	0. 9117	0. 8784	0. 8731	0. 8534	0. 8997	0. 9024	0. 8919	24
辽宁	0. 8142	0. 8164	0. 8177	0. 8215	0. 8273	0. 8266	0. 8250	0. 8314	0. 8370	0. 8549	0. 8526	0. 8295	25
河北	0. 8684	0. 8576	0. 8569	0. 8608	0. 8793	0. 8596	0. 8552	0. 8376	0. 8418	0. 8496	0. 8706	0. 8579	26
山西	1. 0000	1. 0000	0. 9768	0. 9416	0. 9451	0. 9653	0. 9892	0. 9577	1. 0000	0. 9158	0. 8986	0. 9627	27
黑龙江	0. 9949	0. 9428	0. 9679	0. 9615	0. 8970	0. 8726	0. 8985	0. 8742	0. 8851	0. 9017	0. 9781	0. 9249	28
陕西	0. 9427	0. 9627	0. 9109	0. 9048	0. 8812	0. 8688	0. 8698	0. 8550	0. 8745	0. 8848	0. 8695	0. 8932	29
全国平均	0. 8958	0. 8947	0. 8969	0. 8887	0. 8937	0. 8931	0. 8930	0. 8937	0. 8946	0. 9135	0. 9184		
东部平均	0. 9046	0. 9163	0. 9257	0. 9172	0. 9227	0. 9328	0. 9311	0. 9212	0. 9225	0. 9514	0. 9605		
中部平均	0. 8574	0. 8466	0. 8548	0. 8553	0. 8644	0. 8590	0. 8576	0. 8830	0. 8737	0. 8972	0. 8977		
西部平均	0. 9157	0. 9101	0. 9013	0. 8870	0. 8888	0. 8819	0. 8839	0. 8764	0. 8844	0. 8909	0. 8952		

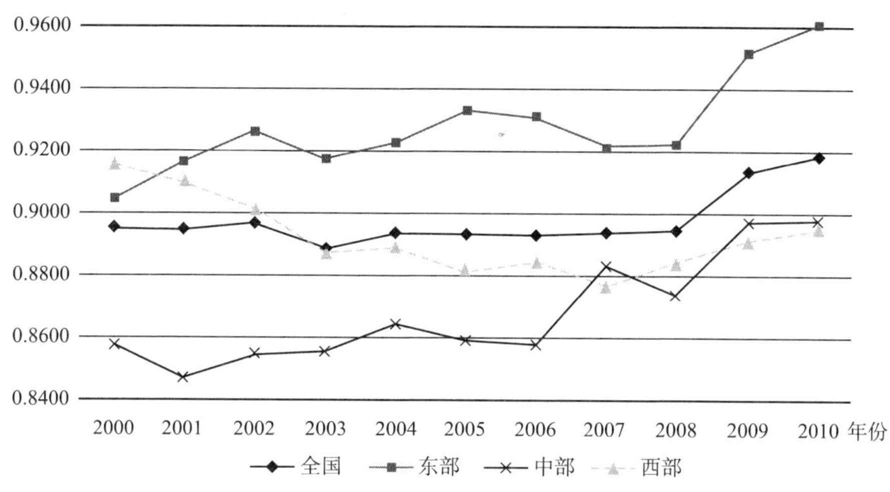

图9-1 中国东中西部地区企业技术创新效率的比较

（四）区域业技术创新效率的Malmaquist指数分析

企业技术创新效率的变化主要由资源驱动和技术驱动，通过对各省企业创新效率进行Malmquist指数分解，可以对各省企业全要素技术创新效率的构成及动态变化进行分析，从中寻找影响企业全要素技术创新效率的短板，进而有针对性地进行改进。企业全要素创新效率（TFPCH）的变化由技术进步变化（TECH）和技术效率变化（EFFCH）共同决定。其中技术进步变化（TECH）衡量所有决策单元相邻两年技术前沿面的移动情况。若TECH>1，则表明生产前沿而向前移动，创新生产技术出现了进步。在DEA分析中，由于决策单元对所使用的技术具有记忆性，因此一般认为不应出现技术退步现象。故为避免Malmquist指数分析中出现技术退步，通常采用序列DEA方法，即在构造各年技术前沿面时，应将过往年份的信息均包含在其中，从而有效避免技术前沿面的退化。技术效率变化（EFFCH）反映的是单个决策单元对最优技术前沿面的追赶情况，可以衡量决策单元在资源配置和资源使用方面的综合效率。EFFCH>1表明决策单元出现了技术追赶效应，即缩小了与最优前沿面的距离。而技术效率变化可进一步分解为纯技术效率变化（PECH）和规模效率变化（SECH）。纯技术效率变化（PECH）主要度量在最优生产规模下决策单元要素投入的生产效率，即既有要素投入是否得到了充分利用，因此可用于衡量决策单元的创新资源配置效率；而规模效率变化反映的是实际生产规模与最优生产规模的差距，可用于衡量决策单元的创新资源使用效率。表9-3给出了各省（区、市）企业技术创新效率的Malmaquist指数分析结果。

表9-3　各省（区、市）企业技术创新的Malmaquist指数分析结果

地区	Effch	Techch	Pech	Sech	Tfpch	排序
陕西	1.172	1.083	1.181	0.993	1.269	1
贵州	1.113	1.098	1.097	1.015	1.222	2
青海	1.011	1.183	1.000	1.011	1.196	3
辽宁	1.056	1.130	1.055	1.001	1.194	4
安徽	1.060	1.116	1.059	1.001	1.183	5
湖南	1.060	1.107	1.060	1.000	1.174	6
宁夏	1.032	1.132	0.988	1.045	1.168	7
四川	1.064	1.088	1.061	1.002	1.158	8
广西	0.992	1.151	0.995	0.996	1.142	9
北京	1.025	1.112	1.024	1.001	1.139	10
吉林	0.938	1.204	0.938	0.999	1.129	11
湖北	1.001	1.112	0.946	1.058	1.113	12
江西	1.002	1.096	0.996	1.007	1.099	13
云南	1.003	1.095	1.000	1.003	1.098	14
河南	0.999	1.085	0.998	1.001	1.084	15
广东	1.041	1.040	1.000	1.041	1.083	16
河北	0.978	1.102	0.975	1.002	1.077	17
新疆	0.984	1.072	0.986	0.998	1.055	18
山东	0.942	1.119	1.000	0.942	1.054	19
江苏	0.994	1.059	1.057	0.941	1.053	20
内蒙古	0.936	1.123	0.927	1.010	1.051	21
天津	0.980	1.061	1.000	0.980	1.040	22
黑龙江	0.974	1.068	0.929	1.049	1.040	23

续表

地区	Effch	Techch	Pech	Sech	Tfpch	排序
上海	0.954	1.091	0.996	0.957	1.040	24
甘肃	0.956	1.085	0.967	0.988	1.037	25
重庆	0.954	1.082	0.955	0.999	1.032	26
山西	0.935	1.090	0.930	1.005	1.019	27
浙江	0.981	1.038	1.037	0.946	1.018	28
福建	0.969	1.040	0.957	1.012	1.007	29
全国平均	1.002	1.098	1.002	1.000	1.100	
东部平均	0.991	1.079	1.010	0.982	1.069	
中部平均	0.995	1.109	0.981	1.015	1.104	
西部平均	1.018	1.108	1.012	1.005	1.127	

从表9－3可以看出，在样本考察期内，全国大中型企业技术创新的平均全要素生产率存在约10%的增长，其增长态势与DEA效率刚好相反，即西部地区全要素生产率增长幅度最大，中部地区次之，东西地区最小。总体而言，导致全要素生产率增长的主要因素是技术进步，即技术前沿面的移动。其中中部和西部地区技术进步幅度大致相当，高于东部地区。而就技术追赶情况而言，东部地区由于相对技术水平最高，其与最优生产前沿面的差距平均而言在扩大，主要原因在于规模效率不足，即创新要素投入规模与最优规模之间存在差异，但我们无法判断是创新要素投入不足还是过于富集。和东部地区一样，中部省区的平均技术变化效率也小于1，但主要是由于纯技术效率不足所致，即既有创新投入资源的尚未得到有效利用；西部地区由于平均创新水平较低，因此既存在技术进步效应，也存在技术追赶效应，并且技术追赶效应是由纯技术效率和规模效率的同步提高共同驱动的。

（五）企业技术创新效率的影响因素分析

第六至八章集中于分析财政科技政策，即税收（含政策效果等价的产出补贴）、研发补贴、政府采购等公共政策对企业技术创新效率和规模的影响。

事实上，企业技术创新行为是政府引导与市场引领的共同结果。而在理论分析中，我们关注的焦点在于财政科技政策，因此将影响企业技术创新行为的外部因素，包括市场需求、基础设施、创新环境等作为既定因素排队在模型之外。而在进行实证检验时，计量模型必须真实描述现实世界，因此在实证检验中必须将上述因素作为控制变量纳入计量模型之中。实证分析的目的除了检验前述理论分析结论外，还将确定影响各省大中型企业技术创新效率的关键影响因素，从而也为财政科技政策的优化提供经验基础。

1. 变量选择

（1）被解释变量：

以各省企业逐年技术创新 DEA 效率值作为被解乏变量（DEA）。

（2）解释变量：

由于本节的核心目的之一是为也检验财政科技政策对企业技术创新效率的影响，因此选择政府财政科技政策作为实证检验模型的解释变量，具体包括：

①政府对企业研发支出的直接补贴比例（GovI，单位：%）：以企业研发内部支出来自于政府资金的比例计量。根据第六章的分析，预期该变量不会对被解释变量产生影响影响。

②研发成本加计扣除率（TaxDeduc，单位：%）：以研发成本加计扣除金额占企业当年研发经费内部支出比例计量。由于所选样本为各省大中型企业，按照第六章的分析，对这类成熟企业而言，现行加计扣除政策不会对企业技术创新效率产生显著影响。

③企业税率（Tax，单位：%）：以各省大中型企业当年纳税额除以当年利税总额计算。根据第六章的分析，预期企业税率越高，其技术创新效率越低。

④政府采购（Procure，单位：%）：以各省政府采购金额占当年地区生产总值的比例计量。根据第八分析并结合中国政府采购政策的实践，由于样本考察期内政府采购的主要目标是降低采购成本，政策的创新导向性并不明显。因此可以预期，政府采购政策对企业技术创新效率的提高不会产生显著影响。

（3）控制变量：

企业技术创新活动效率除受财政科技政策的影响外，还将受到市场需求、创新环境（主要包括经济环境、基础设施、创新网络、社会环境等）和企业自身特征等因素的影响，因此拟选择以下环境变量作为实证研究模型的控制变量：

①地区富裕程度（PerGDP，单位：万元/人）：以各地2005年可比人均GDP计量。地区富裕程度对企业技术创新效率可能存在两种相互冲突的影响。一方面，越富裕的地区，创新资源和人才越富集，创新网络和创新氛围也越优秀，因此企业的技术创新效率将越高；另一方面，贫穷地区企业在技术创新过程中能够吸取富裕地区的创新经验，从而形成创新的后悔优势和追赶效应。因此地区富裕程度对技术创新效率的影响难以确定。

②消费率（Consum，单位：%）：以各地当年消费占地区生产总值的比例计量。消费率可以从一个侧面反映市场对创新产品的需求情况。消费率越高，对创新产品的市场需求越强，企业技术创新成功率就越高。因此预期该变量对创新效率存在显著的正向影响。

③固定资产投资率（FixInv，单位：%）：以各地当年固定资产投资占地区生产总值的比例计量。一方面，与消费相同，固定资产投资的增加将增加对创新产品和技术的需求，从而促进企业技术创新效率的提高；但另一方面，就中国经济运行的现状而言，靠投资驱动而非创新驱动的经济增长模型又会对企业的技术创新产生抑制作用，因此该变量与企业技术创新效率之间的关系事前难以确定。

④服务业发展程度（Tertiary，单位：%）：以各省地区生产总值中第三产业的占比计量。服务业的发展一方面能为技术创新提供良好的支持条件；另一方面，产业结构的高级化意味着服务业在经济中的占比越来越高，而产业结构的高级化将对企业技术创新形成强烈需求，因此预期服务业的发展将显著促进企业技术创新效率。

⑤人均工资（Salary，单位：万元/人）：人均工资与企业技术创新效率之间存在双向因果联系。一方面，企业技术创新有助于提高劳动的边际产出，从而提高人均工资；另一方面，人均工资可以衡量人们从技术创新中所获得的收益，人均工资越高，通常表明人们从技术创新中所获得的收益分享比例越高，从而越愿意为技术创新付出更高的努力投入，导致企业技术创新效率越高。因此若以某一滞后期的人均工资作为自变量，可以预期其与技术创新

效率之间存在显著的正相关关系。

⑥贸易依存度（Trade，单位：%）：以各省进出口贸易总额占地区生产总值的比例衡量。贸易依存度越高，对外经济技术交流越密集，越有助于提高企业技术创新效率。

⑦金融支持力度（Finance，单位：%）：以各省期末贷款余额占地区生产总值的比例衡量。该值越高，说明金融对经济的支持力度越强。但从第六章的分析可以看出，信贷资本的特征决定其难以对企业技术创新形成直接的支持，因此预期金融支持不会影响企业技术创新效率。

⑧创新基础设施：以各省铁路密度（RailDen，公里/百平方公里）、公路密度 RoadlDen，公里/百平方公里）、信息化水平（以电话普及率（Tele，部/百人）衡量）、医疗卫生条件（分别用每万人拥有的病床数（Bed，单位：床/万人）和医师数（Docoor，单位：位/万人）衡量）。预期基础设施越完善，对企业技术创新效率的促进作用越强。

⑨城镇化水平（Urba，单位：%）：以各省城镇化率计量。预计城镇化水平越高，对技术创新的需求越强，从而显著促进企业技术创新效率。

⑩人力资本状况（HiEdu，单位：%）：以各省大专以上人口占总人口的比例衡量。预计人力资本素质越高，对企业技术创新效率的促进作用越强。

⑪创新合作（Exter，单位：%）：以企业研发外部支出占研发内部支出的比例衡量。“产学研”合作是促进企业技术创新效率的有效手段，因此预期该指标与创新效率之间存在显著正相关关系。

⑫创新社会环境（Envir，单位：%）：创新社会环境变量众多，主要包括政府行政效率、知识产权保护、法制环境、对企业创新的保护和支持、市场竞争环境的维护等等。由于数据获取的难度及可行性，一一辨识相关指标可能并不经济和科学，因此本部分拟用企业研发经费内部支出增长率作为其代理指标。其原因在于，良好的创新环境有助于吸引创新资源投入。一地创新环境的改善势必将吸引更多创新资源的投入，同时也有助于提高企业创新效率。因此预期该变量与创新效率存在显著正相关关系。

⑬企业办研发机构情况（RDInst，单位：%）。以设置了研发机构的企业数量除以有 R&D 活动的企业数量计。由第五章的分析可知，企业研发机构已经成为企业技术创新的主体力量，研发机构汇集了大量专业化人才，其专业

技能可以有效提升企业研发活动效率，因此可以预期，该变量与企业技术创新效率正相关。

⑭企业规模（Sale，单位：亿元）。以企业主营业务收入的自然对数计。关于企业规模与技术创新效率之间的关系存在争议，实证检验结果有正相关、负相关，也存在U型相关。基于数据的可获得性，本章的实证研究对象集中于我国大中型企业，由于大型企业主要为国有企业，竞争压力较小，从事研发活动的效率可能更低，因此可以预期企业规模与技术创新效率负相关。

2. 模型设定

由于前述 *DEA* 效率值均在区间［0，1］取值，因此计量模型拟设定为一受限因变量 Tobit 回归模型。同时，各影响因素对创新 *DEA* 效率的影响同样存在时滞，因此为与 *DEA* 分析一致，模型时滞设定为2年。具体模型如下：

$$DEA_{i,t}^{*} = \beta_0 + \sum_{m} \beta_m X_{mi,t-2} + \sum_{s} \beta_s Z_{si,t-2} + v_i + \varepsilon_{i,t} \tag{1}$$

模型（1）中 X 表示各解释变量，Z 表示各控制变量。$DEA_{i,t}^{*}$ 表示第 i 省企业第 t 年的潜在 *DEA* 效率值，其与真实 *DEA* 效率值之间的关系满足：

$$DEA_{i,t}^{*} = \begin{cases} 0 & 若\ DEA_{i,t}^{*} \notin [0,\ 1] \\ DEA_{i,t} & 若\ DEA_{i,t}^{*} \in [0,\ 1] \end{cases}$$

3. 回归结果及分析

表9－4给出了模型（1）的 DEA－Tobit 回归结果。

表9－4　企业技术创新效率影响因素的 DEA－Tobit 回归结果

变量	模型1－1		模型1－2		模型1－3	
	系数	*P* 值	系数	*P* 值	系数	*P* 值
GovI	0.00067	0.435	0.00049	0.587	0.00079	0.353
Tax	－0.00005	0.000	－0.00006	0.000	－0.00016	0.000
TaxDeduc	0.00007	0.812	0.0001	0.726	0.0001	0.694
Procure	－0.0020	0.659	－0.0020	0.647	－0.0009	0.846
LnPGDP	0.0693	0.040	0.0731	0.028	0.0676	0.047

续表

变量	模型 1-1		模型 1-2		模型 1-3	
	系数	P 值	系数	P 值	系数	P 值
Consum	0.0012	0.075	0.0012	0.058	0.0011	0.090
FixInv	-0.0007	0.022	-0.0006	0.058	-0.0007	0.025
Tertiary	0.0012	0.034	0.0013	0.047	0.0015	0.052
Salary	0.0170	0.050	0.0190	0.029	0.0165	0.056
Trade	0.00017	0.404			0.00015	0.469
Import			-0.0001	0.855		
Export			0.0005	0.335		
FDI	-0.0002	0.896	-0.0001	0.959	-0.0001	0.940
Finance	-0.0001	0.551	-0.0001	0.525	-0.0001	0.496
RailDen	0.0063	0.052	0.0062	0.049	0.0065	0.050
RoadDen	0.0002	0.047	0.0002	0.0073	0.0002	0.050
Tele	0.0004	0.237	0.0004	0.202	0.0004	0.241
Bed	0.0004	0.626	0.0003	0.682	0.0004	0.607
Doctor	0.0012	0.337	0.0012	0.367	0.0012	0.349
Urba	0.0009	0.082	0.0009	0.071	0.0008	0.075
Hiedu	0.0048	0.019	0.0048	0.015	0.0047	0.024
Exter	-0.00044	0.585	-0.0004	0.302		
EntExt					-0.0004	0.651
UIExt					-0.0005	0.493
Envir	0.0001	0.021	0.0001	0.018	0.0001	0.020
RDInst	0.00013	0.023	0.00013	0.017	0.00012	0.029
LnSale	-0.0198	0.083	-0.0223	0.042	-0.0183	0.114
截距	0.2767	0.269	0.2519	0.316	0.2737	0.280
Waldχ^2（P 值）	104.48（0.0000）		110.63（0.0000）		100.10（0.0000）	
Log likelihood	513.48		513.70		512.24	
Sigma_u（P 值）	0.0294（0.0000）		0.0264（0.0000）		0.0302（0.0000）	
Sigma_e（P 值）	0.0320（0.0000）		0.0323（0.0000）		0.0320（0.0000）	
ρ	0.4585		0.4010		0.4716	

上述回归结果中，模型 1 - 1 为标准模型回归结果，模型 1 - 2 则将对外贸易变量（trade）区分为进口（Import）和出口（Export）两个变量进行了回归，而模型 1 - 3 则将企业研发外部支出（Exter）分拆为对企业的外部支出（EntExt）和对高校及科研机构的外部支出（UIExt）两部分进行了回归。

比较上述三个模型的回归结果可以看出：

（1）与第六至八章的理论研究结果一致，实证结果表明，在三个模型中，政府直接投入变量的回归系数都不显著，表明政府对企业研发成本的直接补贴是激励中性的，它不会影响企业技术创新效率；而关于税率的回归系数皆为负且高度显著，说明对企业的税收将减少企业创新投入的边际收益，因此对企业创新效率将产生负向激励作用。第六章的理论研究表明，针对不同类型的企业，研发成本加计扣除政策具有不同的激励特征。就本部分的实证研究而言，由于所选择的样本均为大中型企业，即属于具有其他经营收益的成熟企业，故理论和实证研究结果均表明，对这类企业而言，加计扣除政策不会影响企业技术创新效率；而关于政府采购，在样本考察期内，中国各省政府采购的基本目标是降低采购成本，采购政策的创新导向性不足，实证分析表明，政府采购尚未对企业技术创新效率产生显著影响，并且回归系数符号为负，与第八章的理论研究结论一致。由此，从区域层面看，第六至八章关于财政政策促进企业技术创新效率的理论研究结果均得到了实证检验的支持。

（2）地区富裕程度（LnPGDP）对企业技术创新效率存在显著正向影响，显示富裕地区对优秀研发人才的吸引起到了重要作用，因此，欠发达地区要实现技术创新效率的追赶可能存在陷阱。一方面落后难以吸引高素质研发人才；另一方面人才的缺失又难以提高企业技术创新效率，从而使区域经济发展水平更加落后，也更难以吸引优秀人才。从政策含义上看，为打破这一恶性循环，欠发达地区必须在创新人才引进上采取超常规政策。

（3）三个模型中的消费率均在 10% 的显著性水平下显著促进了企业技术创新效率，而固定资产形成率则显著阻碍了技术创新效率的提高，即固定资产投资的市场需求效应要远弱于投资驱动的经济增长方式对企业技术创新的抑制作用。就政策含义而言，这一结果表明转变经济增长方式，以消费代替投资拉动经济增长有助于提高企业技术创新效率。

（4）与理论预期一致，服务业的发展能显著促进技术创新效率；而增加劳动力工资水平，让人力资本分享更高的创新收益也能显著提高企业技术创新效率。

（5）与事前预期不一致的是，对外贸易和FDI对企业技术创新效率并无显著影响。这与多数已有实证研究结论是一致的。其原因可能有二：一是在区域对外贸易中，大部分进出口商品为原材料和劳动密集型产品，且高技术产品出口份额的多数比例由外资企业所控制，其技术创新主要在母国进行，从而导致对外贸易与技术创新过程及结果的分离；二是伴随着对外贸易和FDI的技术引进可能导致东道国对国外技术形成路径依赖，从而削弱东道国技术创新能力。从回归结果可以看出，FDI回归系数尽管不具统计显著性，但回归符号为负，这种技术依赖效应值得关注和警惕。

（6）与事前预期一致，由于信贷资本难以直接进入企业技术创新领域，因此，实证结果表明其对企业技术创新效率没有显著影响。该变量回归符号为负，表明其对创新效率具有微弱的抑制趋势，这同样是由信贷资本的特征所决定的。由于贷款企业存在事实上的有限责任保护，若创新活动易于获得信贷资本支持，则部分高风险、低质量创新项目可能低效率利用信贷资本。

（7）在创新基础设施方面，回归结果表明，完善的交通基础设施、城镇化水平和区域人力资源的提高能显著提高企业技术创新效率，而通信、医疗基础设施对企业技术创新效率并无显著影响。

（8）值得关注的是，企业对外技术合作，包括企业间及与高校和科研机构的合作均未对企业技术创新效率产生显著的促进作用，并且相关变量的回归符号均为负。近20年来，学界关于中国“产学研”合作问题进行过深入的研究，并认为三者之间目标的不一致性是导致“产学研”合作低效的基本原因。具体体现在，职称评定是高校和科研机构的强激励机制，职称评定的考核标准导致研究人才“为研究而研究”的状况突出，科研成果与市场需求脱节现象严重，由此导致无论是政府还是企业的投入均难以高效地形成符合市场需求的科研产出。就财政科技政策的制定而言，如何促进“产学研”之间的协作效率应值得重点关注。

（9）与事前预期一致，当用企业创新投入的增长态势来衡量区域创新社会环境质量时，回归结果表明，形成有助于创新的良好社会环境对于企业技术创新效率具有显著的促进作用。

（10）与事前预期一致，区域企业办研发机构比例越高，创新效率越高。在三个模型中，有两个模型的企业规模与技术创新效率显著负相关，而有一个模型不显著，但三个模型的回归系数均为负，因此可以认为，企业规模与技术创新效率存在负相关关系，与事前预期一致。

综合比较各变量回归参数的数值可以看出，影响企业技术创新效率最重要的变量是针对企业的税率和劳动力工资。事实上，这两个变量是对创业企业家和研发人员激励作用最强的两个变量，因此在创新科技政策的制定中，必须充分考虑相关政策措施对创新主体的激励作用。同时上述实证分析进一步表明，除了第六至八章所分析的三类财政政策工具外，政府在创新基础设施、创新经济、社会环境等方面的付出也可能间接影响到企业技术创新效率，因此，培育良好的创新环境变是政府需要关注的问题之一。

三、财政科技政策对企业技术创新规模的影响

从第二章的综述分析可以看出，当前关于财政科技政策与企业技术创新规模之间关系的研究主要集中在政府财政科技投入是否有效促进了企业技术创新投入上，即政府投入是否存在“挤出”或“挤入”效应。众多研究表明，不同国家由于不同的制度背景或创新环境，关于这一问题并没有得出压倒性的明确结论。

本书的研究认为，政府财政科技投入是否有效促进企业技术创新投入并不惟一可以用来衡量财政科技政策对于企业技术创新规模影响的指标。事实上，如果技术创新投入不能有效转化为技术创新活动，那么技术创新投入可能就不再是创新规模的良好代理指标。基于这一考虑，同时也为了有效规避财政科技投入的“挤出效应”问题，本部分将遵循第六至八章的理论研究设定，选择“研发项目数量”和“新产品开发数量”分别作为企业技术创新规模的代理指标，并以此为基础进行影响因素分析。

（一）变量选择

1. 被解释变量

根据上述分析，本节拟选择工业企业“R&D 项目数量（RDProj，单位：

项)”和“新产品开发数量（NONPD，单位：项)”作为被解释变量。

2. 解释变量

与上一节技术创新效率影响因素分析一致，本节仍然选择相关的财政科技政策变量作为计量分析的解释变量，包括：

（1）政府对企业研发支出的直接补贴比例（GovI，单位：%）：根据第六章的分析，政府补贴有助于降低企业的创新成本，从而使其参与约束更容易得到满足，因此预期该变量与企业技术创新规模存在显著的正向相关性。

（2）研发成本加计扣除率（TaxDeduc，单位：%）：同理，加计扣除政策也有利于提高企业创新期望收益，因此预期其对企业技术创新规模具有正向相关性。

（3）企业税率（Tax，单位：%）：根据第七章的理论研究，税收的存在将显著降低企业技术创新的期望收益，从而使其参与约束更加难以满足，因此，预期税率越高，企业技术创新规模越低。

（4）政府采购总额（Procu。单位：亿元)：根据第八章的研究，无论政府采购政策是否创新导向的，只要有一个公平的采购环境，那么在市场竞争的压力下，政府采购可有效促进企业进行更多的技术创新活动。因此，预期该指标与因变量正相关。

3. 控制变量

在企业技术创新效率的影响因素分析中，我们列入了 14 类控制变量，这些变量同样将影响企业技术创新规模。除此之外，企业自身的资金约束将是影响其是否进行创新投入的关键因素，本节将用企业利润作为其代理指标。可以预期，利润越高，企业资金约束越弱，越能进行技术创新投入，因此，预期该变量与技术创新规模之间存在显著的正相关关系。表 9 - 5 列出了相关控制变量及其回归系数的预期符号。

表 9 - 5　　企业技术创新规模影响因素分析中的控制变量选择

序号	变量名称	变量符号	单位	预期符号
1	企业利润	Profit	亿元	+
2	人均地区生产总值	PGDP	万元/人	+

续表

序号	变量名称	变量符号	单位	预期符号
3	居民消费总额	Cons	亿元	+
4	固定资产投资占地区生产总值比例	FixInv	%	+
5	三产业占地区生产总值比例	Tertiary	%	+
6	人均工资	Salary	万元/人	+
7	对外贸易额	Trade	亿元	+
8	外商直接投资额	FDI	亿元	+
9	期末贷款余额占地区生产总值比例	Finance	%	+
10	铁路建设密度	RailDen	公里/百平方公里	+
11	公路建设密度	RoadDen	公里/百平方公里	+
12	电话拥有量	Tele	部/百人	+
13	每万人拥有的病床数	Bed	人/万人	+
14	每万人拥有的医生数	Doctor	人/万人	+
15	城镇化率	urba	%	+
16	大专以上人口占15岁以上人口比例	hiedu	%	+
17	研发外部支出占内部支出比例	Exter	%	+
18	创新社会环境变量	envir	%	+
19	有研发机构的企业数	EntRDI	个	+
20	企业规模（以主营业务收入计）	Sale	亿元	+

（二）模型设定

与技术创新效率影响因素分析一样，诸影响因素对企业技术创新规模的影响同样存在时滞，但这一时滞要小于对创新产出的影响，因此在计量模型设定中拟将时滞确定为1年。具体模型设定如下：

$$Y_{i,t} = \beta_0 + \sum_m \beta_m X_{mi,t-1} + \sum_s \beta_s Z_{si,t-1} + v_i + \varepsilon_{i,t} \quad (2)$$

模型（2）中的 $Y_{i,t}$ 为被解释变量，分别用“从事研发活动的企业数量（RDEnt，单位：家）”“研发项目数量（RDProj，单位：项）”“新产品开发数量（NONPD，单位：项）”的自然对数表示。$X_{mi,t-1}$ 为4个解释变量，

$Z_{si,t-1}$为表 9 -5 所设定的 18 个控制变量。

（三）回归结果及分析

模型（2）所使用的数据结构具有“短时序”“宽截面”特征（即“大N小T”型数据结构），因此在回归方法选择上应重点关注其截面特征。如表 9 -6 所示的相关检验结果表明，对模型（2）应选择固定效应回归，同时鉴于部分模型既存在组间异方差，也存在组间自相关，因此，在具体估计方法的选择上拟使用面板误差修正模型进行估计。表 9 -7 给出了相关估计结果。

表 9 -6　模型 2 的相关检验

模型	相关检验	检验方法	统计量值	P 值	检验结果
模型 2 -1	个体效应（固定）	F 检验	$F=11.38$	0.0000	存在显著的个体效应
	个体效应（随机）	BP 检验	$\chi^2=63.96$	0.0000	存在显著的个体效应
	随机/固定效应选择	Hausman 检验	$\chi^2=103.09$	0.0000	拒绝随机效应模型
	组间异方差	修正 Wald 检验	$\chi^2=469.71$	0.0000	模型存在组间异方差
	组间自相关	Pesaran 检验	2.305	0.0212	模型存在组间相关性
	组内自相关	Wooldridge 检验	$F=19.704$	0.0001	模型存在组内自相关
模型 2 -2	个体效应（固定）	F 检验	$F=11.97$	0.0000	存在显著的个体效应
	个体效应（随机）	BP 检验	$\chi^2=313.02$	0.0000	存在显著的个体效应
	随机/固定效应选择	Hausman 检验	$\chi^2=57.34$	0.0001	拒绝随机效应模型
	组间异方差	修正 Wald 检验	$\chi^2=1939.27$	0.0000	模型存在组间异方差
	组间自相关	Pesaran 检验	1.633	0.1025	模型不存在组间相关性
	组内自相关	Wooldridge 检验	$F=14.295$	0.0008	模型存在组内自相关
模型 2 -3	个体效应（固定）	F 检验	$F=14.53$	0.0000	存在显著的个体效应
	个体效应（随机）	BP 检验	$\chi^2=63.75$	0.0000	存在显著的个体效应
	随机/固定效应选择	Hausman 检验	$\chi^2=268.4$	0.0000	拒绝随机效应模型
	组间异方差	修正 Wald 检验	$\chi^2=524.37$	0.0000	模型存在组间异方差
	组间自相关	Pesaran 检验	0.909	0.3633	模型不存在组间相关性
	组内自相关	Wooldridge 检验	$F=2.76$	0.1080	模型不存在组内自相关

表 9－7　企业技术创新规模影响因素回归结果

模型	模型 2－1		模型 2－2	
被解释变量	*LnProj*		*LnNONPD*	
右端变量	系数	*P* 值	系数	*P* 值
GovI	0.0138	0.000	0.0134	0.007
Tax	－0.0298	0.000	－0.0479	0.000
TaxDeduc	0.0021	0.077	0.0020	0.020
Ln(Procu)	0.0555	0.029	0.1373	0.000
Profit	0.0002	0.008	0.0001	0.208
Ln(PGDP)	1.1223	0.000	1.242	0.000
Ln(Cons)	0.5478	0.000	0.3658	0.002
FixInv	0.0052	0.039	0.0045	0.086
Tertiary	0.0418	0.054	0.0281	0.023
Salary	0.0557	0.356	0.1549	0.279
Ln(Trade)	0.1370	0.002	0.0354	0.374
Ln(FDI)	0.1042	0.327	0.0014	0.236
Finance	0.00001	0.990	0.0004	0.746
RailDen	0.0786	0.000	0.1055	0.000
RoadDen	0.0005	0.514	0.0009	0.293
Tele	0.0061	0.004	0.0005	0.825
Bed	0.0253	0.000	0.0019	0.761
Doctor	0.0235	0.005	0.0075	0.427
Urba	0.0256	0.000	0.0341	0.000
Hiedu	0.0043	0.0662	0.0206	0.070
Exter	0.0047	0.001	0.0019	0.412
Envir	0.0001	0.069	0.0021	0.024
Ln(EntRDI)	0.4918	0.000	0.5285	0.0000
Ln(Sale)	0.1762	0.018	0.1078	0.200
截距	5.9306	0.000	8.1814	0.000
Waldχ^2（*P* 值）	2016.88（0.0000）		2013.12（0.0000）	

由表9－7首先可以看出：

（1）无论采用哪个变量作为企业技术创新规模的度量指标，4个政策变量的回归符号及显著性均与理论预期相符。具体而言，政府对企业创新成本的直接财政补贴政策、创新投入成本的加计扣除政策和政府采购政策均显著提高了企业技术创新规模，而针对企业收入的税收则对企业技术创新规模存在显著的负向影响，这与第六至八章的理论分析结论完全一致。

（2）二个模型的回归结果均表明，企业当期利润越高，其进行技术创新活动所受到的资本约束就越小，因此也越愿意在下期进行技术创新活动；与此类似，经济越发达的地区，企业技术创新规模相应越大，因此就创新规模而言，中国尚未进入区域收敛状态，贫穷地区与富裕地区的创新规模差距可能越拉越大，这一结论的政策含义是，实施倾斜性的财政科技政策对于弥补技术创新的地区差异可能是有利的。

（3）居民消费和固定资产投资对企业技术创新规模存在显著的促进作用。消费和固定资产投资的增加提升了对新技术和新产品的需求需求，从而有效刺激企业扩大技术创新规模。但这里需要注意的是，消费的增加对企业技术创新规模和效率均具有显著的正向促进作用，而固定资产投资仅扩大了企业技术创新规模，但对技术创新效率的提升并无显著影响。因此，结合表9－4企业技术创新效率影响因素的回归分析结果，进一步表明转变经济增长方式，以消费驱动代替投资驱动经济增长的重要意义。

（4）由于服务业的发展有助于降低企业从事技术创新活动的外部成本，因而二个模型的回归结果均表明，经济体系中的服务业占比越高，企业技术创新规模就越大，从而表明，服务业的发展对企业技术创新规模具有显著的促进作用。

（5）人均工资对于技术创新规模具有双重效应。一方面，劳动力工资率越高，创新激励越强；另一方面，人力成本的增加将减少企业的创新收益，从而抑制企业扩大技术创新规模的激励。回归结果表明，这两种效应在真实世界中会相互抵消，从而使劳动力工资与企业技术创新创新规模之间仅不存在显著的相关性。

（6）总体而言，FDI和金融支持对企业技术创新规模并不存在显著的促进作用，而区域对外贸易的作用是模糊的，两个模型的回归结果存在差异，模型 2 - 1 表明，区域对外贸易可以显著促进了企业研发项目的增加，而模型 2 - 2 则表明，区域对外贸易对新产品开发数量并不存在显著影响。

（7）回归结果表明，总体而言，区域城镇化水平、铁路、电信、医疗基础设施、人力资本质量和创新环境均对企业技术创新规模存在显著的提升作用。

（8）“产学研”之间的合作显著促进了企业研发项目的增加，但对新产品开发数量并无显著影响。这表明中国当前“产学研”之间的合作主要集中在基础研究或关键共性技术研发方面，而在技术的市场化应用方面存在薄弱环节。换句话说，企业的技术需求能够通过“产学研”合作得到有效的满足，而高校和科研院所所开发的新技术却没有通过“产学研”合作有效转化为新产品。这一发现的政策含义是，未来“产学研”合作的重点应集中在研发成果的市场化应用方面。

（9）两个回归模型中的创新环境变量均显著，因此从实践上看，良好的创新环境不仅有助于提高企业技术创新效率，同样能诱使更多的企业从事更多的创新活动，从而显著提高企业技术创新规模。

（10）回归结果，区域企业办研发机构数量显著促进了企业研发项目和新产品开发项目的增加，在研发机构已经成为企业技术创新核心力量的前提下，未来应进一步激励中小企业与高校和科研院所合作兴建更多的研发机构。回归结果还表明，规模越大的企业，研发项目数量越高，但企业规模对新产品开发数量并无显著影响。

四、本章小结

本章以 2000 ~ 2010 年中国 29 个省市自治区作为研究样本，从区域层面实证检验了财政科技政策对企业技术创新效率和规模的影响，本章的主要发现是：

（1）从区域层面看，样本分析期内中国企业技术创新效率和创新全要素生产率均呈上升趋势，其中技术进步是推动全要素生产率提高的主要因素。

（2）对企业研发支出的直接财政补贴政策和研发成本加计扣除政策均是

激励中性的，他们对企业技术创新效率没有显著影响，但却显著促进了企业技术创新规模；税收的存在显著抑制了企业技术创新规模和创新效率。

（3）由于中国现行的政府采购政策主要关注采购成本的控制，而对促进企业技术创新关注不足，因此尽管政府采购显著扩大了企业技术创新规模，但对企业技术创新效率的提高不存在显著促进作用，故未来政府采购政策的设计应强化对企业技术创新的扶持作用其创新导向性。

（4）实证分析表明，以消费和固定资产投资所表征的市场需求对企业技术创新规模具有显著的促进作用，但消费水平的提高还有效提升了企业技术创新效率，而固定资产投资则对企业技术创新效率产生的显著的抑制作用。这一分析结论表明，转变经济增长方式，以消费替代投资的拉动作用对于促进企业技术创新具有重要的现实意义。

（5）企业的对外研发合作并未达到提高其技术创新效率之目的，并且对企业新产品开发数量也无显著影响，但却显著促进了企业研发项目数量，因此引导“产学研”之间的有效合作，特别是加强科技成果的转化应是未来财政科技政策设计关注的重要问题之一。

（6）企业利润是衡量其所受资金约束的重要代理指标，实证分析结果显示，企业利润的高低与其从事技术创新活动的规模显著正相关。因此，研发成本直接补贴、加计扣除和所得税减免等财政科技政策既能直接扩大企业技术创新规模，还能通过提高企业利润、缓解其融资约束间接达到扩大企业技术创新规模之目的。

（7）良好的创新环境、完善的交通基础设施、城镇化水平的提高均有助于扩大技术创新规模，并提高企业技术创新效率，而金融支持、对外贸易和FDI等因素对企业技术创新规模和效率并不存在显著影响。因此，除了直接财政政策工具外，创造良好的基础设施和行政环境也是政府促进企业技术创新的有效手段。

第十章 财政政策促进企业技术创新的实证检验：基于行业视角

每个区域的企业均由不同行业行业的众多企业构成，因此区域层面的研究难以考虑行业的异质性，因此本章将从制造业行业层面分析影响企业技术创新规模和效率的主要因素。与区域层面的研究相比，由于相同行业的企业分成在不同的区域，因此经济发展水平、区域基础设施、创新环境等因素难以在行业层面进行分析。同时由于缺乏行业层面的政府采购数据，因此政府采购政策也无法在行业层面进行分析。

一、样本选择及数据来源

本章将利用中国制造业分行业大中型工业企业技术创新数据进行实证检验。由于2010年和2011年后统计口径发生较大变化，为保证分析的一致性，本章的样本考察时段确定为2001～2010年。同时，在30个细分行业中，因“废弃资源和废旧材料回收加工业”数据缺失较多，故从样本中剔除，最终所选样本行业为29个（如表10－1所示）。相关指标数据主要来自于各年《中国科技统计年鉴》《工业企业科技活动统计资料》《建国60年统计资料汇编》《中国统计年鉴》和各省（区、市）逐年统计年鉴。

表 10－1　　制造业样本行业选择

序号	样本行业	序号	样本行业
1	农副食品加工业	16	化学纤维制造业
2	食品制造业	17	橡胶制品业
3	饮料制造业	18	塑料制品业
4	烟草制品业	19	非金属矿物制品业
5	纺织业	20	黑色金属冶炼及压延加工业
6	纺织服装、鞋、帽制造业	21	有色金属冶炼及压延加工业
7	皮革、毛皮、羽毛（绒）及其制品业	22	金属制品业
8	木材加工及木、竹、藤、棕、草制品业	23	通用设备制造业
9	家具制造业	24	专用设备制造业
10	造纸及纸制品业	25	交通运输设备制造业
11	印刷业和记录媒介的复制	26	电气机械及器材制造业
12	文教体育用品制造业	27	通信设备、计算机及其他电子设备制造业
13	石油加工、炼焦及核燃料加工业	28	仪器仪表及文化、办公用机械制造业
14	化学原料及化学制品制造业	29	工艺品及其他制造业
15	医药制造业		

二、财政科技政策对企业技术创新效率的影响

（一）研究方法及效率评价指标选择

与区域效率评价一样，由于创新产出指标的多元性，本节仍然采用数据包络分析法（DEA）对中国制造业细分行业的创新效率进行评价。所选择的创新投入指标包括研发人员全时当量（RDFTE，单位：人年）和研发存量

（RDK，单位：亿元）。其中研发资本存量是将各行业逐年研发内部支出数据进行价格平减后（基期确定为2005年），再利用永续盘存法进行转换所得。产出指标包括三个，即各行业发明专利申请量（Patent，单位：件）、新产品国内销售收入（NPGSale，单位：亿元）和新产品出口销售收入（NPExport，单位：亿元）。后两个指标均利用全国工业品出厂价格指数，统一以2005年为基年进行了价格平减。相关投入产出指标的描述性统计结果如表10－2所示。

表10－2　　制造业细分行业创新投入产出指标的描述性统计结果

变量名	单位	均值	标准差	最小值	最大值
RDFTE	人年	25486.00	41953.77	250.00	318017.50
RDK	亿元	186.49	350.38	0.40	2605.11
Patent	件	1203.24	3737.26	0.00	40980.00
NPGSale	亿元	944.25	1983.97	4.02	17624.10
NPExport	亿元	269.18	945.05	0.15	11257.88

（二）制造业分行业技术创新的DEA效率评价

在行业技术创新效率评价中，创新投入和产出之间同样存在时滞，因此本节仍然将时滞确定为2年。表10－3给出了中国制造业29个细分行业大中型工业企业技术创新效率的DEA评价结果。从中可以看出，制造业细分行业技术创新效率与行业规模并无必然联系。一些传统行业，如“家具制造业”“皮革、毛皮、羽毛（绒）及其制品业”等，其行业规模（以销售收入度量）不大，但技术创新效率很高。而一些规模较大的行业，如“农副食品加工业”“石油加工、炼焦及核燃料加工业”等，其技术创新效率与其规模并不相衬。已有研究认为，行业技术前景的差异可能是导致这一现象的重要原因。

表 10 - 3　　制造业分行业大中型企业技术创新效率的 DEA 评价结果

制造业细分行业名称	2001 年	2002 年	2003 年	2004 年	2005 年	2006 年	2007 年	2008 年	2009 年	2010 年	均值	排序
家具制造业	1.0000	1.0000	1.0000	1.0000	0.8754	0.8554	0.8956	0.8626	0.8685	0.9381	0.9296	1
通信设备、计算机及其他电子设备制造业	0.7604	0.7983	0.9309	0.8800	0.9419	0.9714	1.0000	0.9407	0.9209	1.0000	0.9145	2
皮革、毛皮、羽毛（绒）及其制品业	0.7896	0.9584	0.9303	0.8499	1.0000	1.0000	0.9767	0.8296	0.8654	0.9303	0.9130	3
交通运输设备制造业	0.7405	0.8109	0.8332	0.8304	0.9369	0.9450	0.9539	1.0000	1.0000	1.0000	0.9051	4
电气机械及器材制造业	0.7735	0.8329	0.8595	0.8129	0.8289	0.8235	0.8283	0.8585	0.8972	0.9931	0.8508	5
文教体育用品制造业	0.7558	0.8408	1.0000	0.7416	1.0000	0.7871	0.7498	0.8043	0.7687	0.8907	0.8339	6
烟草制品业	0.7494	0.7640	0.8004	0.7900	0.7571	0.8143	0.7978	0.8678	0.8565	1.0000	0.8197	7
纺织服装、鞋、帽制造业	0.7956	0.6929	1.0000	0.8128	0.8117	0.8578	0.7783	0.8152	0.7840	0.8064	0.8155	8
仪器仪表及文化、办公用机械制造业	0.6754	0.6915	0.7402	0.7607	0.7919	1.0000	0.7999	0.8100	0.8056	1.0000	0.8075	9
黑色金属冶炼及压延加工业	0.6988	0.7354	0.8012	0.7978	0.8579	0.8780	0.8765	0.8055	0.8086	0.7987	0.8058	10
纺织业	0.7478	0.7843	0.8345	0.8009	0.8024	0.7667	0.7742	0.8019	0.8150	0.8373	0.7965	11
金属制品业	0.6893	0.7227	0.8286	0.8046	0.8359	0.7984	0.8199	0.7633	0.7670	0.8815	0.7911	12
医药制造业	0.6656	0.7142	0.7331	0.8051	0.7967	0.7567	0.8099	0.8079	0.8169	0.9284	0.7835	13
橡胶制品业	0.6450	0.6827	0.7556	0.8337	0.8274	0.8493	0.8177	0.7780	0.7693	0.7864	0.7745	14

续表

制造业细分行业名称	2001 年	2002 年	2003 年	2004 年	2005 年	2006 年	2007 年	2008 年	2009 年	2010 年	均值	排序
木材加工及木、竹、藤、棕、草制品业	0.7391	0.7034	0.8009	0.7443	0.7782	0.6928	0.7284	0.7434	0.7446	1.0000	0.7675	15
工艺品及其他制造业	0.7524	0.7310	0.7808	0.7259	0.7463	0.8461	0.7202	0.7396	0.7558	0.8473	0.7645	16
通用设备制造业	0.6798	0.6831	0.7246	0.7526	0.7598	0.7787	0.7589	0.7774	0.7833	0.9089	0.7607	17
食品制造业	0.6588	0.6796	0.7320	0.6934	0.7339	0.7551	0.7802	0.8165	0.8290	0.8979	0.7576	18
化学纤维制造业	0.6849	0.6853	0.6854	0.8235	0.8495	0.8123	0.7657	0.7486	0.7175	0.7787	0.7551	19
塑料制品业	0.6787	0.6747	0.7327	0.6928	0.7419	0.7370	0.7911	0.7682	0.7523	0.9498	0.7519	20
专用设备制造业	0.6511	0.6665	0.6732	0.6881	0.7212	0.7421	0.7718	0.7849	0.8102	0.9454	0.7455	21
非金属矿物制品业	0.6272	0.6497	0.7222	0.6893	0.7149	0.7085	0.7277	0.9616	0.7907	0.8269	0.7419	22
有色金属冶炼及压延加工业	0.6590	0.6825	0.6938	0.7507	0.8171	0.7475	0.7510	0.7314	0.7230	0.8169	0.7373	23
化学原料及化学制品制造业	0.6725	0.6680	0.6911	0.6929	0.7120	0.7136	0.7298	0.7650	0.7508	0.9415	0.7337	24
造纸及纸制品业	0.6757	0.7006	0.6945	0.6655	0.7382	0.7431	0.7495	0.7329	0.7262	0.7678	0.7194	25
农副食品加工业	0.6730	0.6505	0.6513	0.6510	0.7096	0.7144	0.7318	0.7442	0.7410	0.9202	0.7187	26
印刷业和记录媒介的复制	0.6910	0.6688	0.6792	0.6783	0.7148	0.7041	0.7127	0.7295	0.7423	0.8195	0.7140	27
石油加工、炼焦及核燃料加工业	0.7149	0.6779	0.6838	0.7424	0.7361	0.7458	0.7174	0.6896	0.6862	0.7310	0.7125	28
饮料制造业	0.6568	0.7032	0.6849	0.6548	0.6832	0.6790	0.6764	0.6716	0.6638	0.6984	0.6772	29
制造业均值	0.7138	0.7329	0.7820	0.7643	0.8007	0.8008	0.7928	0.7983	0.7917	0.8842		

图 10 - 1 进一步给出了制造业平均技术创新效率的变化情况。

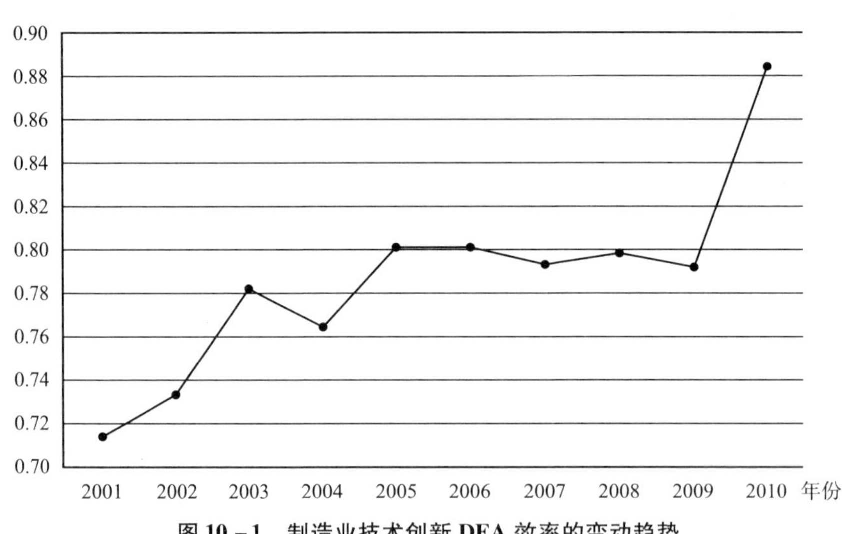

图 10 - 1 制造业技术创新 DEA 效率的变动趋势

比较第九章图 9 - 1 与本章图 10 - 1 可以发现，无论是从区域还是从行业角度看，大中型企业技术创新效率均呈现出相同的变化规模：即总体上均呈上升趋势，但在 2005 ~ 2009 年间变动趋势非常平缓，而从 2010 年开始则呈现出快速上升趋势，表明金融危机过后，政府对技术创新的强调开始显现出积极的效果。

（三）制造业分行业技术创新效率的 Malmaquist 指数分析

表 10 - 4 进一步给出了制造业 29 个细分行业大中型企业技术创新效率的 Malmaquist 指数分析结果。

表 10 - 4 制造业分行业技术创新效率的 Malmaquist 指数分析结果

制造业细分行业名称	Effch	Techch	Pech	Sech	Tfpch	排序
木材加工及木、竹、藤、棕、草制品业	1. 198	1. 154	1. 056	1. 134	1. 383	1
非金属矿物制品业	1. 136	1. 080	1. 085	1. 047	1. 226	2

续表

制造业细分行业名称	Effch	Techch	Pech	Sech	Tfpch	排序
仪器仪表及文化、办公用机械制造业	1.090	1.086	1.018	1.070	1.183	3
印刷业和记录媒介的复制	1.044	1.121	1.055	0.990	1.170	4
专用设备制造业	1.060	1.094	1.057	1.003	1.160	5
农副食品加工业	1.034	1.113	1.050	0.985	1.151	6
食品制造业	1.053	1.091	1.079	0.976	1.149	7
烟草制品业	1.000	1.146	1.000	1.000	1.146	8
有色金属冶炼及压延加工业	1.031	1.104	1.007	1.025	1.139	9
通用设备制造业	1.023	1.113	1.006	1.017	1.139	10
医药制造业	1.042	1.092	1.047	0.995	1.138	11
化学原料及化学制品制造业	1.020	1.114	1.026	0.994	1.136	12
橡胶制品业	1.017	1.108	1.050	0.968	1.126	13
纺织业	0.986	1.135	0.958	1.029	1.119	14
交通运输设备制造业	0.994	1.126	1.000	0.994	1.119	15
塑料制品业	1.021	1.093	1.049	0.973	1.116	16
文教体育用品制造业	0.956	1.155	1.024	0.934	1.105	17
化学纤维制造业	0.976	1.130	0.952	1.025	1.102	18
饮料制造业	0.951	1.150	0.937	1.015	1.094	19
金属制品业	1.015	1.077	0.963	1.054	1.093	20
造纸及纸制品业	0.950	1.139	0.961	0.988	1.082	21
通信设备计算机及其他电子设备制造业	0.974	1.107	1.000	0.974	1.078	22
电气机械及器材制造业	0.929	1.139	0.999	0.929	1.058	23
石油加工、炼焦及核燃料加工业	0.940	1.124	0.884	1.063	1.056	24
黑色金属冶炼及压延加工业	0.931	1.131	0.949	0.982	1.053	25
家具制造业	0.947	1.109	0.987	0.959	1.051	26
皮革、毛皮、羽毛（绒）及其制品业	0.926	1.129	0.991	0.934	1.046	27
纺织服装、鞋、帽制造业	0.907	1.150	0.940	0.965	1.043	28
工艺品及其他制造业	0.940	1.080	1.013	0.927	1.014	29
制造业均值	1.001	1.117	1.004	0.997	1.118	

从表10－4可以看出，在样本考察期内，制造业分行业大中型工业企业技术创新的平均全要素生产率大约增长了11.8%，且全要素生产率增长的主要驱动因素是技术进步，即技术前沿面的移动，而技术追赶效应几乎可以忽略不计，其主要原因在于平均规模效率不足（小于1），即创新要素投入规模与最优规模之间存在差异。

图10－2进一步从区域和行业角度给出了全要素生产率的动态变化情况。从中可以看出，无论是从区域还是从行业角度看，样本考察期内大中型工业企业技术创新活动的全要素生产率均呈现出相同的变动趋势，但从行业角度考察的波动性更高。导致全要素生产效率波动的主要原因似乎与经济波动相关。当外部经济危机爆发时，如2000年爆发的网络危机和2008年经济危机，政府通常会进行相应的经济刺激，与之相伴的是对创新的重视和创新投入的增加，大约2年时滞之后，企业技术创新的全要素生产率会随之增加，而当刺激政策结束后，又随之下降。如此循环往复。

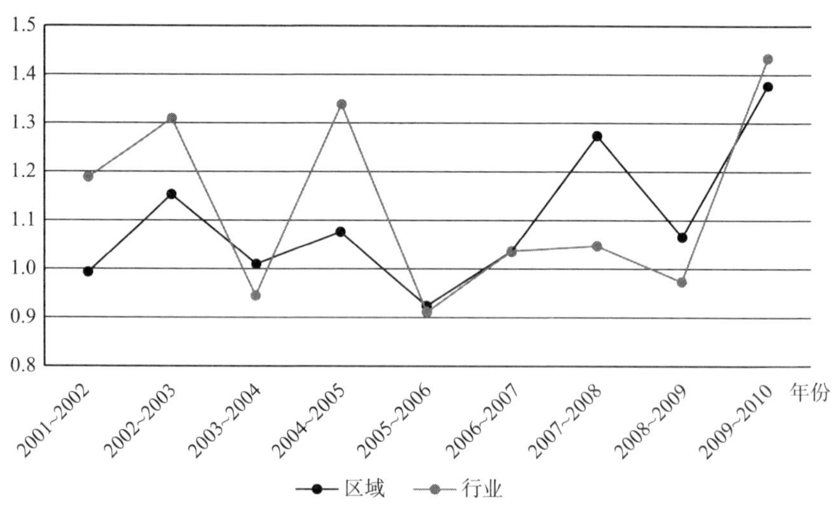

图10－2　大中型企业技术创新全要素生产率变动分析

（四）制造业分行业企业技术创新效率的影响因素分析

1. 变量选择

（1）被解释变量和解释变量选择。

为从行业层面分析影响企业技术创新效率的主要因素，本章以制造业细分行业 DEA 效率值作为被解释变量，以政府直接投入占企业研发内部支出比例（GovI，单位：%）、企业研发成本加计扣除金额占当年研发经费内部支出比例（TaxDeduc，单位：%）和企业税率（Tax，单位：%，以行业纳税额除以当年利税总额计算）作为解释变量。按照第六章的理论研究结论，预期变量 GovI 和 TaxDeduc 对被解释变量无显著影响，而变量 Tax 则对被解释变量存在显著的负向影响。

（2）控制变量选择。

为控制影响行业技术创新效率的其他影响因素，本节将选取以下变量作为模型控制变量：

①研发内部资金支出中来自于企业的比例（EntI，单位：%）：根据第七章的分析，在技术创新活动中，企业的自有资本投入是一种沉没成本，仅当创新成功后才可能回收，因此，自有资本投入将激励创业企业家投入足够的努力以确保创新项目开发成功，自有资本投入比例越高，对创业企业家的激励作用越强，创新项目成功的可能性越高，企业技术创新效率就越高。

②信贷资本对企业技术创新活动的支持力度（Finance，单位：%）：以企业研发资金内部支出中来自于银行贷款的比例计算。根据第六章的分析，由于信贷资本只能获取固定收益的特征，信贷资本通常不愿意进入技术创新领域。根据“信贷配给”理论，如果创新企业易于获得信贷资本，那么通常意味着高风险、低质量的创新项目更有动机争取信贷资本支持，因此，信贷资本与企业技术创新效率之间应该存在负相关关系。但由于信贷资本投向创新活动的数额很小，因此，预期该变量不会对企业技术创新效率产生显著影响。

③行业集中度（Ent，单位：家）：以制造业各细分行业大中型企业数量表示。市场集中度对企业技术创新效率呈现出两种不同的影响：以熊彼特为代表的学者认为，行业市场集中度越高，垄断性越强，企业垄断利润越高，越有能力从事技术创新；而以阿罗为代表的学者则认为，竞争是驱动企业进行技术创新，从而也是提高企业技术创新效率的强大动力。在这两种相反动因的作用下，事前无法预期行业集中度对企业技术创新效率的影响。

④企业规模（Scale，单位：亿元/家）：以每家企业平均生产设备价值度

量。即以制造业细分行业各年生产设备原价（按固定资产投资价格指数折算为2005年不变价）除以大中型企业数量计算。已有研究关于企业规模与技术创新效率之间的关系存在争议。以帕维特等（Pavitt et al，1987）为代表的学者认为，企业规模和技术创新效率之间存在“U型”关系，大型和小型企业的技术创新效率要高于中型企业。而但陈和钱（Chen and Chien，2004）等学者则认为，企业规模与技术创新效率之间存在正相关关系，企业规模越大，技术创新的规模经济性越强，创新效率也会越高。

⑤创新合作（Exter，单位：%）：以企业研发外部支出占内部支出的比例计算。该指标还可进一步细分为与高校、科研机构（UIExt，单位：%）的合作和企业之间的合作（EntExt，单位：%）。如果合作有效，则该与因变量显著正相关；反之，若合作无效，则因为占用了企业创新资源，预计该变量与因变量显著负相关。

⑥企业办研发机构情况（RDInst，单位：%）。以设置了研发机构的企业数量除以有R&D活动的企业数量计。结合第五章和第九章的分析结论，由于企业研发机构已经成为企业技术创新的主体力量，研发机构汇集了大量专业化人才，其专业技能可以有效提升企业研发活动效率，因此可以预期，该变量与企业技术创新效率正相关。

2. 模型设定及回归结果

与前述分析类似，由于行业技术创新的DEA效率值位于［0，1］区间，因此设定如下受限因变量Tobit回归模型，同时考虑到技术创新投入产出之间的时滞，计量模型的时滞同样设定为2年：

$$DEA_{i,t}^{*} = \beta_0 + \sum_m \beta_m X_{mi,t-2} + \sum_s \beta_s Z_{si,t-2} + v_i + \varepsilon_{i,t} \quad (1)$$

模型（1）中X表示各解释变量，Z表示各控制变量。$DEA_{i,t}^{*}$表示行业i中的企业在第t年的潜在DEA效率值，其与真实DEA效率值之间的关系满足：

$$DEA_{i,t}^{*} = \begin{cases} 0 & 若\ DEA_{i,t}^{*} \notin [0,\ 1] \\ DEA_{i,t} & 若\ DEA_{i,t}^{*} \in [0,\ 1] \end{cases}$$

表10－5给出了模型（1）的DEA－Tobit回归结果。

表 10－5　　制造业分行业企业技术创新效率影响因素的 Tobit 回归

变量	模型 1－1		模型 1－2		模型 1－3	
	系数	*P* 值	系数	*P* 值	系数	*P* 值
GovI	－0.00068	0.836	－0.00076	0.815	－0.00031	0.924
Tax	－0.00045	0.028	－0.00047	0.023	－0.00047	0.023
TaxDeduc	－0.00027	0.490	－0.00026	0.501	－0.00030	0.458
EntI	0.00361	0.056	0.00340	0.074	0.00371	0.052
Finance	－0.00061	0.781	－0.00078	0.726	－0.00048	0.829
Ent	0.00004	0.000	0.00004	0.000	0.00004	0.001
Scale	－0.00118	0.696	0.00466	0.589	0.00021	0.981
Scale^2			－0.00311	0.465	－0.00011	0.802
Exter	－0.00066	0.539	－0.00073	0.498		
UIExt					－0.00101	0.616
EntExt					0.00408	0.147
RDInst	0.00019	0.084	0.00018	0.051	0.00015	0.031
截距	0.4391	0.019	0.47410	0.012	0.4438	0.018
Waldχ^2（*P* 值）	89.92（0.0000）		88.36（0.0000）		90.05（0.0000）	
Loglikelihood	304.13		303.32		304.16	
Sigma_u（*P* 值）	0.0572（0.0000）		0.0611（0.0000）		0.0577（0.0000）	
Sigma_e（*P* 值）	0.0647（0.0000）		0.0644（0.0000）		0.0646（0.0000）	
ρ	0.4390		0.4734		0.4433	

上述回归结果中，三个回归模型的区别是：模型 1－1 检验了企业规模和研发合作对企业技术创新效率的影响，而模型 1－2 则在 1－1 的基础上，检验了企业规模与技术创新效率之间是否存在“U”型关系；模型 1－3 则进一步检验了与高校、科研院所和企业之间的研发合作是否有效促进了企业技术创新效率。

三个模型的检验结果均表明，政府对企业研发支出的直接补贴政策和研发成本加计扣除政策均是激励中性的，即对企业技术创新效率并无显著影响；而针对企业的税收则显著抑制了企业技术创新效率的提高。因此从行业角度看，第六章的理论分析结论同样得到了实证检验的支持。

同时，企业自有资本投入比例在三个模型中均显著促进了企业技术创新效率，而研发支出中来自银行贷款的比例不显著，且符号为负，与事前理论预期一致。而行业集中度则与企业技术创新效率负相关，因此，阿罗所持竞争促进企业技术创新效率的观点得到了实证检验的支持。

三个模型的实证分析结果表明，企业规模与技术创新效率之间既不存在单纯的线性相关关系，也不存在所谓的“U”型联系；而就研发合作而言，无论是从总体上看，还是分别从与高校/科研机构及与企业之间的合作来看，研发合作对技术创新效率并无显著影响。这与从区域角度所得的分析结论一致。因此，未来财政科技政策的制定应该注重提高创新主体之间的协同创新效率。

同时三个模型的回归结果均表明，企业办研发机构显著提高了行业研发效率，这同样与区域层面的实证研究一致。因此，加强企业研发机构建设对提高企业技术创新效率具有显著的提升效用。

三、财政科技政策对企业技术创新规模的影响

（一）变量选择

为从制造业细分行业角度研究影响企业技术创新规模的主要因素，本章拟选择如下变量建立相应的计量分析模型：

1. 被解释变量

以制造业各细分行业“研发项目数量（RDProj，单位：项）”和“新产品开发数量（NONPD，单位：项）”作为被解释变量。

2. 解释变量

以相关的财政科技政策变量作为计量分析的解释变量，具体包括：

（1）政府对企业研发支出的直接补贴比例（GovI，单位：%）：根据第六章的分析，预期该变量与企业技术创新规模存在显著的正向相关性。

（2）研发成本加计扣除率（TaxDeduc，单位：%）：研发成本加计扣除政策有助于降低企业技术创新成本，从而提高其创新的期望收益，因此预期该变量与企业技术创新规模之间存在显著的正向相关性。

（3）企业税率（Tax，单位：%）：按照第六章的分析，税收的存在将减少企业技术创新的期望收益，从而强化其参与约束，因此税率与企业技术创新规模之间存在显著的负相关关系。

3. 控制变量

本章认为，影响分行业企业技术创新规模的主要因素包括：

（1）企业利润（Profit，单位：亿元）：企业利润越高，融资约束越弱，越有能力进行技术创新投入。因此，预期该变量与企业技术创新规模之间应存在显著的正向相关性。

（2）信贷资本对企业技术创新的支持力度（Finance，单位：%）：以企业研发内部支出中来自于银行贷款的比例计算。尽管银行信贷资本无助于提高企业技术创新效率，但因为信贷资本的进入可以缓解部分企业的融资约束，从而使更多的企业可以进行技术创新活动，因此，预期该变量与企业技术创新规模之间存在显著的正相关性。

（3）研发合作（Exter，单位：%）：以企业研发外部支出占内部支出的比例计算。根据区域实证分析结果，尽管企业与高等院校、科研机构和其他企业之间的合作可以有效实现优势资源的互补，但由于研发资源的分散，预期研发合作将降低企业技术创新规模。

（4）行业竞争程度（Ent，单位：家）：以行业内大中型企业的数量表示。根据分行业效率影响因素的分析结果，行业竞争越激励，技术创新效率越高。那么依据相同的理由，预期激烈的行业竞争同样可以促使企业进行更多的技术创新活动。

（5）企业规模（Scale，单位：亿元/家）：以单位企业所拥有的生产设备价值计算。就创新规模而言，规模弱小的企业因受财富约束难以开展技术创新，而规模庞大的企业因为可以坐享垄断之利不愿意进行技术创新，因此预期企业规模与技术创新规模之间应该存在倒“U”型关系。

（6）企业研发机构设立情况（EntRDI，单位：家）：以各企业设立研发机构的数量计。结合第五章和第九章的分析，由于企业所设立的研发机构已经成为承担企业技术创新的主体，因此预期该变量与因变量正相关。

（二）模型设定

与技术创新效率影响因素分析一样，诸影响因素对企业技术创新规模的影响同样存在时滞，但这一时滞要小于对创新产出的影响，因此在计量模型设定中拟将时滞确定为1年。具体模型设定如下：

$$Y_{i,t} = \beta_0 + \sum_m \beta_m X_{mi,t-1} + \sum_s \beta_s Z_{si,t-1} + v_i + \varepsilon_{i,t} \tag{2}$$

模型（2）中的 $Y_{i,t}$ 为被解释变量，分别工业企业“研发项目数量（RD-Proj，单位：项）”和“新产品开发数量（NONPD，单位：项）”的自然对数表示。$X_{mi,t-1}$ 为解释变量，$Z_{si,t-1}$ 为控制变量。

（三）回归结果及分析

由于模型存在组间异方差和自相关，因此使用 Driscoll - Kraay 稳健标准误方法进行回归。表10-6给出了模型（2）的相关估计结果。

表10-6　制造业分行业企业技术创新规模影响因素分析

模型	模型2-1		模型2-2	
被解释变量	*LnProj*		*LnNONPD*	
右端变量	系数	*P* 值	系数	*P* 值
GovI	0.0175	0.000	0.0167	0.000
Tax	-0.0026	0.042	-0.0015	0.032
TaxDeduc	0.0005	0.054	0.0011	0.017
Porfit	0.0004	0.001	0.0004	0.000
Finance	0.0035	0.000	0.0027	0.000

续表

模型	模型 2 －1		模型 2 －2	
被解释变量	*LnProj*		*LnNONPD*	
右端变量	系数	*P* 值	系数	*P* 值
Exter	0. 0082	0. 039	－0. 0011	0. 441
Ln（Ent）	0. 2780	0. 000	0. 2113	0. 000
Scale	－0. 1196	0. 000	－0. 1632	0. 000
Scale^2	0. 0040	0. 000	0. 0011	0. 000
Ln（EntRDI）	1. 3489	0. 000	1. 2020	0. 000
截距	2. 1895	0. 000	2. 6180	0. 000
F 统计量（*P* 值）	19835（0. 0000）		36278（0. 0000）	
R^2	0. 9129		0. 8903	

由表 10 －6 可以发现：

（1）两个模型中的相关政策变量均在 10% 的显著性水平下显著，后其回归符号均符合预期。具体而言，回归结果表明，政府对企业研发成本的直接补贴和所得税前加计扣除政策均显著促进了企业技术创新规模的提升，而税收则显著抑制了企业技术创新规模。因此从行业角度的实证分析表明，第六章、七章的理论分析结论与企业技术创新实践是一致的。

（2）回归结果表明，企业利润水平对企业 R&D 项目数和新产品开发项目数存在显著的正相关关系，因此企业赢利能力越强，其进行技术创新活动所受的融资约束越小，也就越愿意进行技术创新活动。

（3）与区域层面的回归结果一致，对外技术创新合作显著提升了行业研发项目数量，但对新产品开发项目不存在显著影响；企业办研发机构数量与研发项目和新产品开发数量显著正相关；信贷资本对企业技术创新的支持力度和行业竞争程度均与企业技术创新规模显著正相关，从而与事前的预期一致。同时，企业规模的一次方项与二次方项均显著，且二次项的回归符号为负，因此实证结果支持了事前的理论预期，即企业经济规模与企业技术创新规模之间存在显著的倒“U”型关系。因此，帮助中小企业解决融资约束，同时激发大型企业开展更多的技术创新活动应是确定财政科技政策的方向或目标之一。

四、本章小结

本章从中国制造业29个细分行业层面进一步检验了税收优惠和补贴政策对企业技术创新活动的影响。鉴于行业分类标准和统计口径的变化，样本考察期限定为2001～2010年。基于行业层面的实证检验所得到的主要结论如下：

(1) 从行业层面看，在样本考察期内制造业分行业大中型工业企业技术创新的平均全要素生产率大约增长了11.8%，且全要素生产率增长的主要驱动因素是技术进步，但行业平均规模效率小于1，表明行业技术创新的要素投入规模与最优规模之间存在差异。

(2) 实证结果表明，基于创新投入成本的直接补贴和加计扣除政策对企业技术创新效率是激励中性的，但显著行业技术创新规模；而税收则与企业技术创新规模和效率显著负相关，因此，针对创新活动的税收减免政策可以兼顾企业技术创新规模和效率的提高。这与理论分析和区域层面的实证检验结论一致。

(3) 企业创新活动中的信贷资本来源与企业技术创新效率之间不存在显著的相关性，但有利于扩大企业技术创新规模。而企业赢利能力可显著促进企业技术创新规模。企业规模与创新效率无显著相关关系，但与企业技术创新规模之间存在显著的U型关系。而企业办研发机构可显著提升其技术创新效率并扩大技术创新规模；而对外研发合作对创新效率的影响不显著，也对行业新产品开发数量无显著影响，但可显著提高行业R&D项目数量。

第十一章 财政政策促进企业技术创新的实证检验：基于企业微观视角

根据第二章的文献综述分析可以发现，在研究财政科技政策对企业技术创新投入（即技术创新规模）的影响时，基于区域和行业加总数据所进行的实证检验可能两方面的问题：一是因为使用加总数据难以进行样本间的对比分析，因此，所得结论可能只是不同地区或不同行业技术机会的差异所造成的，与企业自身行为无关；二是加总数据的采用可能存在变量的内生性问题，即将财政科技政策作为外生变量可能并不妥当。原因在于，政策对企业技术创新活动的直接财政补贴既是企业进行创新投入的影响因素，同时企业的技术创新活动反过来又是政府进行补贴对象选择的依据。因此，在企业技术创新规模及其影响因素的实证分析中，为克服区域和行业加总数据可能带来的问题，本节拟利用实证调研所得到的企业微观样本数据，采用赫克曼所创立的微观计量分析方法克服样本选择性偏倚和变量内生性问题，以对前述基于区域和行业的实证检验结果进行稳健性检验。此外，在技术创新效率及其影响因素的分析中，当采用企业微观数据时，由于实证调研中的多数企业并未进行技术创新活动，因此其 DEA 效率无法计算，同时，有创新活动企业的产出变量取值波动性非常大，因此创新效率及其影响因素分析的可靠性反而不及加总数据。基于上述原因，本章仅对企业是否进行技术创新的影响因素进行分析

一、样本选择及数据来源

为达到本部分的研究目标，课题组设定了相关调查问卷，涵盖了包括企业 R&D 投入、政府 R&D 补贴数量、研发成本加计扣除额、当年实际所得税率（用以衡量技术开发的综合所得税优惠）、近 3 年是否进行过 R&D 活动、是否与高校/科研机构和其他企业进行联合研发、企业销售收入、利润、企业资产、企业负债、企业所在省份、企业成立年限、企业性质（是否国有控股）、所属行业（是否高技术行业）、职工人数、本科及以上职工所占比例等 16 个变量。

在形成正式的调查问卷前，课题组先在重庆市内选择了 50 家企业行了小范围的访谈调研，其中有意识选择了 10 家上市公司，以对调查数据的准确性进行核实。根据调研数据并与企业年报进行交叉复核，初步调研表明，由于 R&D 支出涉及不同的会计科目，并且对 R&D 支出口径的界定不同企业存在不同理解，因此调研数据与年报数据存在较大差异；同时，根据洛夫、阿什克罗夫特和邓禄普（Love，Ashcroft and Dunlop，1996）的研究，为了获得研发成本加计扣除优惠，企业有动机扩大 R&D 支出的口径，从而高估 R&D 支出。类似地，政府 R&D 补贴金额、研发成本加计扣除额两个指标均存在同样的问题。因此在正式调研时，课题组将上述三个变量均设置为 0、1 变量，即企业是否进行了 R&D 活动、是否享受了政府的 R&D 补贴、是否享受了研发成本加计扣除优惠。

由于企业创新投入和产出之间存在时滞，根据已有研究，我们把时滞设定为 1 年。调研一共进行了两轮，第一次集中在 2012 年 7 ~ 8 月和 2013 年 2 月，本次调研主要是获取企业 2011 年的基础数据，包括企业名称、所属省份、企业成立年限、当年销售收入、利润、所得税、所得税率、企业资产、负债、所有者权益、企业性质（是否国有控股）、所属行业（是否高技术行业）、职工人数、本科及以上职工等变量；第二次调研集中在 2014 年 2 ~ 3 月和 7 ~ 8 月，主要调研 2012 年企业是否进行 R&D 活动，R&D 活动是否获得了政府直接资助，是否享受了 R&D 成本加计扣除政策等变量。

调研采用了邮寄法和访谈法，两轮调研一共邮寄调查问卷620份，仅回收98份，其中有效问卷21份（含8家上市公司），回收率和有效率均非常低，因此调研数据的获取主要依赖于访谈法。两轮调研共对735家企业进行了访谈，获取有效访谈问卷582份，进行数据分析后，选取可信访谈问卷351份，加上邮寄法的21份，共获得372个有效调研样本。

同时，鉴于上市公司数据获取比较方便准确，因此在访谈调研中，课题组有意识选择了非上市公司，并在访谈调研的基础上，通过CSMAR数据库获取了754家上市公司2011～2012年的相关数据，从而使有效样本总数达到了1118个。

二、实证调研样本统计分析

（一）样本R&D特征及区域分布

表11－1给出了所选样本的区域分布及从事R&D活动的企业比例。由于样本在省际间的分布不均衡，且部分省份未进行访谈调研，因此区域分布仅以东中西部作为分类标准。

表11－1　　样本企业的区域分布及R&D活动情况

区域	样本企业数	有R&D活动的企业数	有R&D活动企业占比
全部	1118	132	11.81%
东部	532	87	16.35%
中部	224	21	9.38%
西部	362	24	6.63%

由表11－1可以看出，在所调查的1118家企业中，2012年有R&D活动的企业一共为132家，占全部企业的比例为11.81%；同时，从区域分布看，东部企业从事R&D活动的企业占比最高，达16.35%，高于全部企业平均水

平；中部企业次之，而西部企业最低。

同时，将调研数据与《中国科技统计年鉴（2013）》的相关数据进行对比可以发现，有 R&D 活动企业占比数据要低于年鉴统计值。原因在于，《中国科技统计年鉴（2013）》的统计口径为规模以上工业企业，而本次调研中包含在部分规模以下工业企业。

（二）样本行业分布及其 R&D 活动特征

为检验高技术企业与非高技术企业 R&D 活动是否存在差异，表 11－2 列出了 1118 家样本企业的行业分布（是否属于高技术行业）及 R&D 企业占比的对比分析。从中可以看出，高技术企业的研发活动显著高于非高技术企业，同时中部和西部地区高技术企业在是否从事研发活动方面并不存在显著差异。因此，中西部地区企业 R&D 活动的差异主要是由非高技术企业 R&D 活动的差异造成的。

表 11－2　　样本企业的行业分布及 R&D 活动情况

区域	样本企业	高技术企业	非高技术企业	有 R&D 活动的高技术企业占比（%）	有 R&D 活动的非高技术企业占比（%）
全部	1118	334	784	20.66	8.04
东部	532	196	336	22.45	12.98
中部	224	64	160	18.75	7.81
西部	362	74	288	18.42	5.25

（三）样本所有权属性及其 R&D 活动特征

表 11－3 列出了 1118 家样本企业的所有仅属性（是否国有控股）及其各类企业中有 R&D 活动的占比。从中可以看出，在企业做出是否进行 R&D 活动的决策时，国有控股与非国有控股企业无论是从总体，还是从分区域角度

看均不存在显著差异。但从分区域情况看，无论所有制属性如何，东部地区企业从事 R&D 活动的比例最高，西部地区企业比例最低，中部企业居中。

表 11 - 3　　样本企业的所有权属性及 R&D 活动情况

区域	样本企业	国有控股企业	非国有控股企业	有 R&D 活动的国有控股企业占比（%）	有 R&D 活动的非国有控股企业占比（%）
全部	1118	352	766	11.08	12.14
东部	532	146	386	16.44	16.32
中部	224	62	162	9.68	9.26
西部	362	144	218	6.94	6.42

（四）企业属性与 R&D 直接补贴

已有研究认为，政府在对企业的 R&D 活动进行财政资助时，资助对象的选择并不是随机的。就中国的现状而言，有理由认为，国有企业可能较非国有企业更容易获得政府的研发补贴，高技术企业较非高技术企业更能获得各级政府的研发支持。表 11 - 4 列出了不同类型企业在进行 R&D 活动的获得政府直接 R&D 补贴的对比分析。从中可以看出，就所选择的样本而言，国有控股企业获得政府直接 R&D 补贴的比例显著高于非国有控股企业，而高技术企业获得 R&D 补贴的比例显著高于非高技术企业，这与事前的预期一致。

表 11 - 4　　企业属性与政府 R&D 补贴的关系分析

企业类型	有 R&D 活动的企业	获得 R&D 补贴的企业	获得 R&D 补贴的企业占比（%）
全部	132	57	43.18
国有控股	39	24	61.54
非国有控股	93	33	35.48
高技术企业	69	36	52.17
非高技术企业	63	21	33.33

（五）相关变动的描述性统计

表 11 -5 给出了相关变量的描述性统计结果。

表 11 -5　　企业微观层面样本数据的相关描述性统计结果

变量名称	类型	代码	单位	平均值	最大值	最小值	标准差
企业是否进行了 R&D 活动	虚拟变量	R&D	NA	0. 1181	1	0	0. 3228
是否获得政府 R&D 补贴	虚拟变量	GovI	NA	0. 051	1	0	0. 2201
是否享受研发成本加计扣除优惠	虚拟变量	TaxDed	NA	0. 203	1	0	0. 4024
企业综合所得税率	数值变量	Tax	%	12. 1357	15	0	8. 3674
是否国有控股企业	虚拟变量	State	NA	0. 3148	1	0	0. 4647
是否东部企业	虚拟变量	East	NA	0. 4759	1	0	0. 4996
是否中部企业	虚拟变量	Middle	NA	0. 2004	1	0	0. 4004
企业成立年限	数值变量	Age	年	8. 2836	27	2	6. 4681
前 3 年是否进行过 R&D 活动	虚拟变量	Experi	NA	0. 2263	1	0	0. 4186
是否属于高技术行业	虚拟变量	HiTec	NA	0. 2987	1	0	0. 4579
是否与高校、科研机构和其他企业进行过联合研发	虚拟变量	Exter	NA	0. 0429	1	0	0. 2028
企业资产	数值变量	Ast	万元	3682. 62	221368. 3	86. 37	5736. 36
企业负债	数值变量	Debt	万元	2237. 14	138624. 6	72. 83	3895. 77
企业利润	数值变量	Profit	万元	375. 97	13321. 55	-980. 72	1347. 42
销售收入	数值变量	Sale	万元	4295. 35	68694. 56	55. 92	6564. 57
职工人数	数值变量	Emp	人	263. 42	3367	36	289. 72
本科及以上职工占比	数值变量	Edu	%	13. 35	42. 81	8. 92	18. 92

三、财政科技政策影响企业技术创新的实证检验

（一）变量选择

1. 被解释变量

以企业是否进行 R&D 活动作为被解释变量（R&D）。考虑到数据的准确性问题，该变量设定为一虚拟变量，即若企业当年进行了 R&D 活动，则取值为 1，否则为 0。

2. 解释变量

选定企业是否获得政府 R&D 直接补贴（GovI）、是否享受了研发成本加计扣除政策优惠（TaxDed）和企业综合所得税率（Tax：以当年所纳所得税除以所得税前利润计算）三个财政科技政策变量作为解释变量。同样出于数据准确性方面的考虑，R&D 直接补贴和 R&D 成本加计扣除两个变量均设定为虚拟变量，而所得税率则设定为案值变量。根据第六章的分析，预期 R&D 直接补贴和 R&D 成本加计扣除应与被解释变量正相关，而所得税率则与被解释变量负相关。

3. 控制变量

（1）企业性质（State）：为虚拟变量。若企业第一大股东为国有，则取值为 1，否则为 0。企业是否国有控制对其 R&D 活动存在正反两方面影响。一方面，国有控股企业因为承载着部分政府职能，因此为响应国家创新科技政策，企业可能增加 R&D 活动频率；另一方面，企业的国有属性也可能削弱企业追求利润最大化的动机，同时对于经营者激励机制的缺乏和软预算约束问题的存在皆可能弱化企业进行技术创新的激励。因此事前难以预期企业属性对 R&D 活动的影响。

（2）企业区位：按东中西部对企业所处区位进行划分，以西部地区为基准，相应设置是否为东部企业（East）和中部企业（Middle）两个虚拟变量。若是，则取值为1，否则为0。根据前述统计分析结果，预期东部企业较西部企业更愿意进行R&D活动，而中部企业与西部企业的R&D意愿可能不存在显著的差异。

（3）企业成立年限（Age）：Kartin（2003）的研究表明，一方面，新成立企业因为缺乏知识积累和R&D基础，就会为激烈的市场竞争，不得不进行更多的R&D活动；另一方面，这些企业较老企业面临更多的资金约束，同时也更不容易获得外部创新资源，因此综合而言，事前难以预期企业年龄对R&D活动的影响。

（4）企业的研发经验（Experi）：设定为虚拟变量，若企业在前3年（对成立不满3年的企业，以成立以来计）曾经进行过R&D活动，则取值为1，否则为0。企业研发经验越丰富，越容易获取财政资助和外部创新资源，同时因为具备了一定的研发基础和经验，也越愿意继续进行R&D活动。因此预期该变量与因变量存在显著的正向相关性。

（5）企业的产业属性（HiTec）：设定为虚拟变量。若企业属于高技术产业则取值为1，否则为0。高技术企业由于面临更多的创新机会和更激烈的市场竞争，因此预期其较非高技术企业将进行更多的R&D活动。

（6）是否进行过研发合作（Exter）：设置为虚拟变量。若企业与高校、科研机构或其他企业进行合作开发，则取值为1；否则为0。根据前述区域和行业的实证检验结果，预期研发合作将显著减少企业自身进行R&D活动的意愿。

（7）企业资金约束情况。分别以企业资产负债率（DtRate，单位：%）和利润（Profit）两个变量作为衡量企业资金约束的代理指标。资产负债率越高（或利润越低），表明企业所受资金约束越严重，从事R&D活动的意愿越弱。

（8）企业规模：分别以企业资产（Ast）和职工人数（Emp）作为其代理指标。已有研究和前述区域及行业的实证分析均表明，企业规模与创新活动规模之间存在倒"U"型关系，因此预期上述两个变量与因变量之间均应存在倒"U"型关系。

（9）企业人力资本素质（Edu）：以企业本科以上职工占全部职工的比例计算。企业人力资本素质越高，从事技术创新活动的要素基础越强，越愿意进行 R&D 活动。因此预期该变量与因变量之间存在显著的正向相关性。

（二）模型设定及回归结果

由于被解释变量设定为二值变量，因此本节将建立如下 Logistic 回归模型：

$$R\&D_{i,t} = \beta_0 + \sum_m \beta_m X_{mi,t-1} + \sum_s \beta_s Z_{si,t-1} + \varepsilon_{i,t} \tag{1}$$

模型（1）中的 X_m 为选定的 3 个解释变量，Z_s 为控制变量。表 11－6 给出了相应的回归结果。

表 11－6　企业 R&D 意愿影响因素的 Probit 回归结果

变量	模型 1－1		模型 1－2		模型 1－3		模型 1－4	
	系数	P 值	系数	P 值	系数	P 值	系数	P 值
GovI	0.2831	0.0001	0.2317	0.0049	0.3291	0.0254	0.2638	0.0013
TaxDed	0.0594	0.0263	0.0531	0.0323	0.0417	0.0418	0.0622	0.0227
Tax	－0.3082	0.0014	－0.3452	0.0046	－0.3235	0.0036	－0.2994	0.0011
State	0.1127	0.5729	0.1408	0.2285	0.0982	0.3829	0.1285	0.4898
East	0.1764	0.0064	0.1674	0.0073	0.01479	0.0112	0.1837	0.0041
Middle	0.0083	0.2748	0.0092	0.3367	0.0184	0.4283	0.0109	0.3022
LnAge	0.0284	0.6382	0.0383	0.5835	0.0279	0.4381	0.0301	0.6624
Experi	0.0148	0.3385	0.0184	0.5031	0.0254	0.3865	0.0172	0.2391
HiTec	0.1837	0.0003	0.2212	0.0016	0.1728	0.0034	0.1979	0.0002
Exter	－0.0287	0.0359	－0.0382	0.0471	－0.0442	0.0347	－0.0413	0.1936
DtRate	－0.09112	0.0629	－0.1116	0.0573				
Profit					0.0003	0.0015	0.0002	0.0031
LnAst	0.2739	0.0261			0.3269	0.0482		
$(LnAst)^2$	－0.3371	0.0158			－0.3914	0.0095		

续表

变量	模型 1 - 1		模型 1 - 2		模型 1 - 3		模型 1 - 4	
	系数	*P* 值	系数	*P* 值	系数	*P* 值	系数	*P* 值
LnEmp			0. 3283	0. 0176			0. 3437	0. 0549
$(\text{LnEmp})^2$			-0. 4391	0. 0032			-0. 4115	0. 02229
Edu	0. 0495	0. 4826	0. 0386	0. 2745	0. 0552	0. 3018	0. 0527	0. 3854
截距	0. 6634	0. 0183	0. 8367	0. 0226	0. 7045	0. 0304	1. 8362	0. 0481
LR 统计量	78. 6652	0. 0000	80. 2292	0. 0000	84. 8216	0. 0000	83. 8121	0. 0000
McFaddenR^2 值	0. 4932		0. 4582		0. 5071		0. 4546	

由于本节分别采用了两个不同的变量作为企业资金约束和规模的代理指标，由此组合成如表 11 -6 所示的四个回归模型。由上述回归结果可以看出：

（1）三个财政科技政策变量在四个回归模型中符号一致，且在 5% 的显著性水平下均显著，因此模型的回归结果非常稳健。同时回归结果与事前的理论预期一致，因此从企业微观层面看，第六章的理论分析结果得到了实证检验的支持。

（2）企业属性与 R&D 活动之间并不存在显著的相关性，因此事前所分析的两种效应彼此相互抵消。同时从区位属性看，东部企业较西部企业更愿意进行 R&D 活动，而中西部企业之间则不存在显著差异，这与前述统计分析所呈现出来的直观感受一致。

（3）回归结果表明，企业成立年限和是否从事过 R&D 活动并不影响企业当期的研发决策。一个可能的原因在于，老企业和有研发经验的企业尽管具有进行 R&D 活动的潜在优势，但年青企业和未进行了研发活动的企业在面临相同技术机会的前提下，出于竞争的压力，更加具有进行研发活动的激励。同时，企业人力资本素质对其是否开展 R&D 活动并无显著影响，一个可能原因是企业可以进行广泛的研发合作，从而使创新人力资本并不局限于企业内部。

（4）回归结果表明，高技术企业由于具有更多的技术开发机会和面临更强的竞争压力，较传统企业更愿意进行技术创新活动。这与事前预期一致。同时，四个回归模型中有三个的回归结果均表明，研发合作显著降低了企业自身进行 R&D 活动的意愿，这与前面区域和行业的实证检验结果一致。

（5）四个模型的回归结果显示，资金约束的确是影响企业是否进行 R&D 活动的重要影响因素。资产负债率越高的企业，越不愿意进行技术创新活动；而利润越高的企业，则越愿意进行 R&D 投入。（分析还表明，如果用销售利润率替代利润，所得到的分析结果不会改变。即利润率越高的企业越愿意开展技术创新活动）。

（6）无论是采用资产还是职工数量作为衡量企业规模的代理指标，回归结果均显示，企业规模与其 R&D 活动意愿之间均存在着事前预期的倒“U”型关系，从而与区域和行业实证分析结论保持一致。

（三）修正“自选择效应”后的回归结果

已有研究表明，政府对企业创新活动的直接补贴政策在实施过程中存在“自选择效应”，即补贴对象的选择并不是随机的，政府通常更愿意对特定行业的企业（如高技术企业）、具有丰富研发经验的企业和国有企业等进行补贴。因此在模型（1）中，政府补贴变量（GovI）可能存在内生性问题，即简单将 GovI 变量设定为外生变量可能导致估计结果的偏误。因此为了解决变量的内生性问题，本节将进一步利用赫克曼两阶段法对补贴对象选择中的“自选择效应”进行控制，从而解决变量的内生性问题，并进一步对模型（1）回归结果的稳健性进行检验。两阶段法模型设定如下：

$$GovI_{i,t} = \beta_0 + \beta_1 State_{1,t-1} + \beta_2 HiTec_{1,t-1} + \beta_3 Experi_{1,t-1} + \beta_4 LnAst_{1,t-1} + \varepsilon_{i,t} \tag{2}$$

$$R\&D_{i,t} = \beta_0 + \sum_m \beta_m X_{mi,t-1} + \sum_s \beta_s Z_{si,t-1} + \beta_\lambda \lambda_i + \varepsilon_{i,t} \tag{3}$$

模型（2）为二值选择模型，即受到政府 R&D 补贴时取值为 1，否则为 0。在模型（2）的设定中，影响政府直接补贴对象选择的主要因素有企业属性、行业性质、研发经验、企业规模（以企业资产的自然对数表示），并预期这些因素均与因变量正相关。通过对模型（2）的估计，可以得到米尔斯反转比率 λ（Inverse Mills' Ratio），并以此建立控制了自选择效应之后的模型（3）。模型（3）是在模型 1 - 3（拟合优度最高的模型）的基础上加上 λ 后得到的。相关估计结果如表 11 - 7 所示。

表 11-7　　控制了自选择效应之后的回归结果

变量	二值选择模型		原始模型		修正自选择效应后的模型	
	系数	P 值	系数	P 值	系数	P 值
GovI			0.2317	0.0049	0.1876	0.0038
TaxDed			0.0531	0.0323	0.4933	0.0407
Tax			-0.3452	0.0046	-0.4572	0.0001
State	0.3916	0.0181	0.1408	0.2285	0.1633	0.5267
East			0.1674	0.0073	0.2734	0.0265
Middle			0.0092	0.3367	0.1585	0.2877
LnAge			0.0383	0.5835	0.013	0.5573
Experi	0.1637	0.2644	0.0184	0.5031	0.1293	0.1682
HiTec	0.2835	0.0046	0.2212	0.0016	0.2743	0.0113
Exter			-0.0382	0.0471	-0.0502	0.0284
Profit			0.0003	0.0015	0.0014	0.0002
LnAst	0.3329	0.4249			0.4685	0.0263
$(LnAst)^2$					-0.5273	0.0122
Edu			0.0386	0.2745	0.0591	0.2582
截距	-2.7865	0.0026	0.8367	0.0226	0.7629	0.0412
λ					-0.8163	0.0071

根据表 11-7 的回归结果可以看出，与未修正自选择效应的原始回归模型相比较，修正之后的回归结果并没有发生显著变化。一方面说明本章所选择的样本基本不存在样本选择性偏倚问题；另一方面也表明表 11-6 所得到的回归结果非常稳健，并不受回归方法选择的影响。同时，由二值选择模型（2）的回归结果还可以看出，政府在补贴对象的选择中确实存在自选择效应，即政府更愿意对国有控股企业和高技术企业进行直接补贴，而企业规模和研发经验并不影响补贴对象选择的主要因素。

四、本 章 小 结

本章利用2012年1118家企业微观调研数据，在控制了“自选择效应”后分析了税收和补贴政策对企业研发意愿的影响，实证分析的主要发现包括：

（1）政府对创新投入的直接补贴政策和创新投入所得税前加计扣除政策可显著提升企业进行创新活动的意愿，而税收则与其显著负相关。因此第六至八章的理论分析结果再一次从企业微观层面得到了实证检验的支持。

（2）利润越高的企业，则越愿意进行技术R&D活动，而负债率越高的企业则相反，因此融资约束是影响企业技术创新活动的重要影响因素。高技术企业较传统企业更愿意进行技术创新活动。东部企业较中西部企业的研发意愿更高，而中部和西部企业之间则不存在显著差异。而企业成立年限、所有权属性、研发经验和人力资本情况等因素对其研发意愿并无显著影响。

（3）政府在研发投入直接补贴对象的选择上存在自选择效应，即政府更愿意对国有控股企业和高技术企业进行直接补贴，而企业规模和研发经验并不影响补贴对象选择的主要因素。

第十二章

财政资本在促进企业技术创新中的功能与定位

第六至十一章的理论和实证分析结果均表明，对企业技术创新投入的直接补贴政策是激励中性的，需要有助于扩大企业技术创新规模，但却无助于企业技术创新效率的提高，因此其政策实施效果不及所得税优惠。然而在财政科技政策的实践中，政府补贴广泛存在，特别是对创新资本不足的企业而言，补贴政策的作用难以替代。由此的问题是，能否找到一种合适的补贴方式，使得财政资本能够兼顾扩大企业技术创新规模和提高技术创新效率的双重目标。

现实世界中，企业技术创新的资本来源大致可分为四类，即企业自有资本投入、政府财政资本投入、金融机构（主要指银行）贷款和私人资本投入，其中私人资本主要包括天使投资、创业投资（包括 VC、PE）等，其投入形式多以股权投资为主。因此为解决财政资本的投资效率，首先必须深入分析不同来源资本在企业技术创新投入中的定位（或分界）是什么，特别是政府财政资本与其他资本的功能定位有何差异？

从理论研究的角度看，关于天使投资和创业投资关系已得到广泛关注和比较深入的分析，但对于企业技术创新中财政资本与其他资本投入之间的关系则缺乏比较系统的分析文献。从企业技术创新的实践看，尽管有企业自有资本、银行贷款、企业资本（包括政府资助下的创业资本和商业性创业资本）等多种有偿投入渠道，但多数国家仍然对企业的技术创新活动进行无偿的直接财政投入，因此，如何界定公共财政资金在扶持企业技术创新中的作用及其与其他资本来源的功能区分将是本章拟解决的主要问题。

一、引　言

缺乏足够的创新资本投入是企业从事技术创新活动所面临的一个重要约束，特别是对于初创型企业而言，企业既缺乏自有资本积累，也缺乏可抵押的实物资产来获取银行信贷融资，因此，政府资助和外部股权投资（主要为创业投资）通常成为这类企业技术创新的主要资本来源。对银行而言，若创新企业缺乏足够的实物资本抵押，则要求银行为其创新活动提供信贷支持缺乏理论依据。因为信贷资本只能按固定利率获取贷款利息，收益的固定性意味着银行在承担创新活动高风险的同时却并未享受到由此带来的风险收益，这种风险和收益的不对称性决定信贷资本在缺乏实物抵押时不可能进入创新资本市场。由此，本章的分析将集中在财政资本、企业自有资本和创业资本上。

已有文献将分析的焦点集中在财政资本和创业资本比较上，既忽视了企业自有资本的作用，在分析时也天然假定创新企业获得创业投资理所当然，不存在任何障碍。然而创业投资的实践表明，创业投资家在进行创新项目选择时存在显明的阶段性偏好，创业资本更偏好于处于扩张期和成熟期的创新项目（或企业），更对处于种子期和初创期的项目（或企业）缺乏足够的兴趣。由此，在政策设计中，人们自然会认为，政府的财政资助应该瞄准早期阶段的创新项目，从而弥补商业性创业资本的不足。然而，在这一直觉的观察之下，我们需要回答的问题是：处于早期阶段的创新项目是不是应该由政府进行资助？如果是，政府应该如何资助？

要回答这一问题，我们首先必须清楚地解释，为什么创业资本不愿意对早期阶段的创新项目进行投资？让人意外的是，这一显著存在的事实并没有得到研究人员的足够关注。因为组合投资的理论的常识告诉我们，就同一创新项目而言，由于其期望收益固定，那么项目所处的阶段越靠后，其期望风险就越小，也就越容易得到创业资本的投资。然而这一回答并不能对以下现象作出解释：其一，按照组合投资理论，一种现现存的风险资产，无论其风险/收益特征如何，出于风险分担的目的，总应有风险资本对其进行投资；其二，在创业投资的实践中，并不是所有早期阶段的创新项目都不易得到创业资本的支持，一些行业，如 TMT（technology，media and telecom）等，其早期阶段的创新项目较其他行业更容易获得创业资本，特别是在 20 世纪末网络泡沫时期，TMT 行业的创新企业往往仅靠一个概念或创意就能吸引到众多的创业资本；其三，并非所有处于扩张或成熟期的创新项目都容易到创业资本的青睐。与信贷市场上广泛存在"信贷配给"现象类似，创业资本市场上同样存在严重的"融资配给"现象：即创新企业尽管愿意支付高于市场平均水平的代价，但仍然难以获得创业资本支持。

对创业资本而言，企业技术创新项目的收益和风险取决于项目本身的市场前景（即项目质量）和创业企业家的创新才能，两者均为创业企业家的私有信息。这种客观存在信息不对称将从两方面影响创业投资家的投资决策：其一，在众多备选项目中，创业投资家无法甄别哪些创新项目质量高、哪些创业企业家创新能力强（事前的逆向选择问题）；其二，在对创新项目进行投资后，创业投资家无法保证创业企业家将投入足够的努力水平确保创新项目开发成功（事后的道德风险问题）。正是由于创新活动中的信息不对称，导致创业资本市场上广泛存在的"融资配给"现象：那些出价更高的创新企业有可能只是为了骗取创业资本，若按照"价高者得"的简单规则进行投资，则创业投资家既不能消除事前的逆向选择问题，也不能解决事后的道德风险问题。

按照斯蒂格利茨和韦斯（Stiglitz and Weiss，1981）关于信贷市场"信贷配给"问题的研究，为银行信贷提供担保是解决逆向选择问题的有效机制。以此类推，为解决创业资本市场上的"融资配给"问题，创新企业必须为创业投资家提供足够的担保。在缺乏实物抵押的情况下，创业企业家的自有资本投入将起到类似的作用。原因在于：

一是创业企业家的自有资本投入是一种高效的信号甄别机制，他可以有效甄别出将高质量的创新项目和高能力的创业企业家。因为自有资本一旦投入，只有在创新项目开发成功后才能回收。因此只有那么对创新项目前景非常乐观，对自己创新能力足够自信的创业企业家才敢于进行大规模的自有资本投入，并且这种投入难以被低能力、低质量的创业企业家和创新项目所模仿。

二是自有资本投入还将缓解事后的道德风险问题。创业资本一旦投入，则创新项目开发成功的概率将取决于创业企业家的努力投入。由于创业资本采用的是股权投资，创新项目开发成功后创业资本要按比例分离收益，因此导致创业企业家努力投入的边际收益减少，因此导致其最优努力投入水平降低，由此带来事后的道德风险问题。但因存在自有资本投入，为对其进行回收，创业企业家又必须投入足够的努力保证项目成功，由此缓解创业资本进入所带来的道德风险问题。

由此我们就界定了技术创新活动中企业自有资本投入的作用：他将为创业资本提供双重担保，既能担保创新项目的高质量和创业企业家的高才能，也能担保创业资本进入后创业企业家愿意为创新项目开发投入足够的努力，从而为创新项目的成功率，即为创业投资家的投资收益提供担保。

进一步，我们还可以据此解释创业投资家在创新项目选择上所存在的“阶段偏好”问题：创新项目越处于靠后的阶段，意味着创业企业家在创新项目上的自有资本投入越高，其担保抵押作用越强，对创业资本的吸引力也就越高。理论分析还表明，自有资本投入必须达到一定规模后才能起到担保作用，并且这个临界规模随着创新项目事前预期收益的增加而下降，由此就可以对创业资本市场上的“信贷配给”现象给出解释：对 TMT 等新兴行业的创新项目而言，因为具有足够高的预期收益，一个较低于的自有资本投入就可能达到吸引创业资本投入的临界值；而对于其他成熟行业而言，由于预期收益低，即使创新项目已处于后期阶段，企业自有资本投入仍有可能达不到创业资本投入的临界值。

在此基础上，可以在同一分析框架下就财政资本在企业技术创新中的作用和资助方式进行分析。受企业融资约束影响，许多高价值项目可能因企业自有资本投资不足而无法吸引创业资本投入，此时有必要对这类创新企业进行财政资助。换句话说，与我们之前的直觉观察一致，财政资本的资助对象应是商业性创业资本不愿意进行投资的项目。

然而特别需要注意的是，对企业技术创新项目的财政资助并不意味着财政资本必须填补创新项目的全部资本缺口，为避免对商业性创业资本形成挤出效应，并提高财政资本的资助效率，财政资本在资助过程中应该只是起到引导作用，即弥补企业自有资本投入不足，使其跨越吸引创业资本的临界值，从而吸引商业性创业资本的进入。在其定位下，不同财政资助方式对商业性创业资本吸引作用将完全不同。如果政府对创新项目实行有偿资助，即要求按资助比例分享创新项目收益，则与无偿资助相比，似乎政府将获得更高的收益。然而，若政府参与创新项目收益分享，则在创业资本进入时，由于创业资本不可能让渡收益，则政府所分享的收益只能由创新企业转让，由此在同等努力投入下，企业的边际收益下降，努力投入水平降低，创新项目成功的概率，从而期望收益下降，既而创业资本所能获得的期望收益下降，对创新企业的担保品价值，即自有资本投入要求就越高，从而创新项目越难获得创业资本的支持，而政府所能获得的期望收益（包括项目成功后收益分享和税收收入）反而越少。这一分析结论的政策含义是，政府财政资助和天使投资是早期阶段创新项目常见的外部资本获取途径，由于天使投资要按比例分享创新项目收益，因此其对创新项目的作用是矛盾的，一方面它可以弥补创新项目自有资本投入的不足，帮助其达到吸引创业资本的临界值；另一方面又因要分享创新项目收益而阻碍了创业资本的进入，因此，财政资本对早期阶段创新项目的直接无偿资助并不是天使资本能够完全替代的。当然，如果财政资本不要求按比例分享创新项目收益，而只要求获取一个固定回报，则其激励效率与无偿资助并无差异，这一结论的政策含义是，除直接财政资助外，政府还可以通过贷款担保形式吸引只要求获取固定回报的债权资本支持企业技术创新活动。

二、基准模型分析

（一）背景及假设

基准模型下，假定企业技术创新活动中只涉及创业企业家和创业投资家，没有政府参与。此时创业企业家正从事一创新项目开发，所需资本单位化为1。创业企业家自有资本为 $m<1$，因此需要引入 $1-m$ 的外部资本才能继续

进行项目的开发。企业缺乏可供抵押的实物资本，因此银行信贷资本不可能投入，只能到创业资本市场上争取创业资本的股权投资。创业投资家对创新项目的投资存在风险，若项目开发成功，可以获得税后净收益 R［若税率为 t，则税前收益为 $R/(1-t)$］；若开发失败，则收益为零。

创新项目开发成功的概率 p 取决于三个因素：一是创业企业家的不可观测的努力投入水平 $e\in[0,1]$；二是创业企业家的自有资本投入 $m\in[0,1)$；三是创业资本投入 $m'=1-m$。令 $p=f(e,m,m')=f(e,m,1-m)=p(e,m)$。假定 $p(e,m)$ 为一拟凹函数，并且满足：

（1）$\partial p/\partial e>0$，$\partial^2 p/\partial e^2<0$。即创业企业家在创新项目开发中的努力投入水平越高，项目开发成功的概率越大，但努力投入的边际效果递减。

（2）$\partial p/\partial m>0$，$\partial^2 p/\partial m^2<0$。该假设具有两重经济含义：其一，自有资本投入越多，意味着创业企业家对创新项目成功概率的预期越乐观，因此自有资本投入可以起到信号传递的作用，从而有助于创业投资家对创新项目的质量进行甄别。其二，$\partial p/\partial m>0$ 等价于 $\partial f/\partial m>\partial f/\partial m'$，即与创业投资家后期的创业资本投入相比，创业企业家在项目开发前期的自有资本投入具有更高的边际效用。这一假设的合理性在于，创业企业家的前期自有资本投入起到的是高风险的探索性活动，而后期创业资本只是在创新项目前景较为明朗后才会投入，因此其对创新项目成功概率的边际贡献会较企业自有资本投入小。

（3）$\frac{\partial}{\partial e}\left(\frac{\partial p}{\partial m}\right)=\frac{\partial^2 p}{\partial e\partial m}>0$。即创业企业家的努力投入和自有资本投入之间具有互补性。原因在于自有资本投入越多，意味着创新项目的质量越高，因此同等努力投入对项目成功概率的边际贡献也就越大。

（4）$p(0,m)=p(e,0)=0$。该假设的含义是，创业企业家的努力投入和自有资本投入对创新项目的成功开发缺一不可。努力投入的不可替代性容易理解，而自有资本投入的不可替代性则表明，创业企业家仅凭其一个创新想法是无法获得创业资本支持的，因此创新项目的开发也不可能获得成功。

创业企业家的努力投入会带来负效用，假定努力投入的货币成本函数为一凸函数 $g(e)$，满足 $g'(e)>0$，$g''(e)>0$，$g(0)=0$，$g'(0)=0$，$g'(\infty)=\infty$。创业投资家和创业企业家风险中性，其外部保留效用均零。双方在事前商定的收益分享合约中规定，创业企业家所获得的收益分享比例 $s \in (0, 1)$，剩余 $1-s$ 归创业投资家所有。决定收益分享比例的一个重要因素是创新项目市场和创业投资市场的竞争程度。大多数情况下，创业资本总处于稀缺状态，因此不妨假设创新项目市场完全竞争，而创业资本市场完全垄断。由此在收益分享合约的谈判中，创业投资家将完全剥夺创业企业家的剩余，使其从创新项目中获得的净收益刚好等于其保留收益。

（二）模型建立及求解

在基准情形下，创业投资家的决策问题是确定最优的收益分享合约，以在满足创业企业家参与约束和激励相容约束的条件实现期望效用的最大化：

$$\underset{s}{Max} \quad (1-s)p(e, m)R-(1-m)$$
$$s.t \quad e^* = \underset{e}{Max} \quad sp(e, m)R-g(e)-m \qquad (IC) \qquad (P_1)$$
$$sp(e, m)R-g(e)-m \geqslant 0 \qquad (IR)$$

规划问题（P_1）可利用逆向归纳法求解。首先面对给定的激励合约，创业企业家将确定一个最优努力投入水平 e^* 使其期望效用最大化，利用创业企业家的激励相容条件可求得最优努力投入水平 e^* 应满足的一阶条件为：

$$sR \cdot \partial p(e, m)/\partial e = g'(e) \qquad (12-1)$$

利用式（12－1）可得 $e^* = e^*(m, s, R)$。由于 $p(e, m)$ 为凹函数，且 $g(e)$ 为凸函数，故 $e^* = e^*(m, s, R)$ 将是式（12－1）的唯一性。将 $e^* = e^*(m, s, R)$ 代入式（12－1）可得：

$$sR\frac{\partial p[e^*(m, s, R), m]}{\partial e^*} = g'[e^*(m, s, R)] \qquad (12-2)$$

对等式（12－2）两边同时关于 m 求导，可解出：

$$\frac{\partial e^*}{\partial m} = \frac{sR \cdot \partial^2 p/\partial e^* \partial m}{g''(e^*) - sR \cdot \partial^2 p/\partial e^{*2}} > 0 \qquad (12-3)$$

同理，式（12－2）两边同时对 s 求导，可解出：

$$\frac{\partial e^*}{\partial s} = \frac{R \cdot \partial p/\partial e^*}{g''(e^*) - sR \cdot \partial^2 p/\partial e^{*2}} > 0 \qquad (12-4)$$

式（12－2）两边同时对 R 求导，可解出：

$$\frac{\partial e^*}{\partial R}=\frac{s\cdot\partial p/\partial e^*}{g''(e^*)-sR\cdot\partial^2 p/\partial e^{*2}}>0 \quad (12-5)$$

利用式（12－3）~式（12－5）可得：

结论1：创业企业家的最优努力投入水平是其自有资本投入、收益分享份额和创新项目预期收益的增函数。

结论1对创业企业家自有资本投入的担保功能给出了一个正式的理论解释：在获得创业资本之前，创业企业家的自有资本投入已经成为，当且仅当创新项目开发获得成功时，这一沉没成本才可能得到回收。因此为保证前期投入的回收，创业企业家必须投入足够的努力以保证创新项目开发的成功率。前期自有资本投入越多，项目开发失败时创业企业家的损失就越大，因此，创业企业家为确保创新项目开发成功而投入的努力水平将越高。换句话说，对创业企业家而言，前期自有资本投入对其起到了自激励作用，而对创业投资家而言，自有资本投入具有担保功能，他为创业企业家在获取创业资本后的努力投入，从而也就为创新项目的期望收益提供了担保。结论1同时还表明，若给予创业企业家更高的收益分享比例，或创新项目开发成功时的预期收益越高，则创业企业家边际努力投入所能获得的边际收益将越高，因此在 $MR=MC$ 的利润最大化决策准则下，创业企业家的努力投入水平将相应提高。

根据模型假定，由于创业资本市场完全垄断，而创新项目市场完全竞争，故在收益分享合约谈判中，创业投资家具有完全的讨价还价能力，因此创业企业家只能获得保留收益，从而创新项目的全部剩余将归创业投资家所有。故创业企业家在规划问题（P_1）中的参与约束必然紧绷，即：

$$sR\cdot p[e^*(m,s,R),m]-g[e^*(m,s,R)]-m=0 \quad (12-6)$$

由此可解出创业企业家的收益分成比例 $s=s(m,R)$，将其代入式（12－6）可得：

$$s(m,R)R\cdot p[e^*(m,s(m,R),R),m]-g[e^*(m,s(m,R),R)]-m=0 \quad (12-7)$$

在式（12－7）两边同时关于 m 求导可得：

$$\frac{\partial s}{\partial m}=\frac{1+[g'(e^*)-sR\cdot\partial p/\partial e^*]\partial e^*/\partial m-sR\cdot\partial p/\partial m}{Rp+[sR\cdot\partial p/\partial e^*-g'(e^*)]\partial e^*/\partial s} \quad (12-8)$$

进一步利用式（12－1）对式（12－8）进行化简后可得：

$$\frac{\partial s}{\partial m}=\frac{1-sR\cdot\partial p/\partial m}{RP} \tag{12-9}$$

同理，在式（12－7）两边同时对 R 求导并化简可得：

$$\partial s/\partial R=-s/R<0 \tag{12-10}$$

最后，将 $s=s(m,\ R)$ 代入式（12－2），可求出创业企业家的最优努力投入水平 $e^{*}=e^{*}(m,\ R)$，并进而求得创业投资家的期望净收益为：

$$E\pi(m,\ R)=[1-s(m,\ R)]R\cdot p[e^{*}(m,\ R),\ m]-(1-m) \tag{12-11}$$

显然，仅当 $E\pi(m,\ R)\geqslant 0$ 时，创业投资家才有可能对创新项目进行投资。据此可以证明：

结论2：对创业企业家而言，其自有资本投入存在一个临界值 m^{*}，仅当 $m\geqslant m^{*}$ 时，创业投资家才有可能对创新项目进行投资。

推论1：m^{*} 是创新项目成功后的预期收益 R 的减函数。

证明：由式（12－11）可知 $\frac{\partial E\pi(m,\ R)}{\partial m}=-\frac{\partial s}{\partial m}\cdot Rp+(1-s)R\left(\frac{\partial p}{\partial e^{*}}\frac{\partial e^{*}}{\partial m}+\frac{\partial p}{\partial m}\right)+1$。代入式（12－8）并进行化简可得：

$$\frac{\partial E\pi(m,\ R)}{\partial m}=\left[(1-s)\frac{\partial p}{\partial e^{*}}\frac{\partial e^{*}}{\partial m}+\frac{\partial p}{\partial m}\right]R>0 \tag{12-12}$$

式（12－12）表明，创业投资家的期望是创业企业家自有资本投入 m 的单调增函数。又当 $m=0$ 时，由假设知 $p(e,\ 0)=0$，故 $E\pi(m,\ R)=-1<0$ 成立。则由单调函数的性质可知，必然存在一个 $m^{*}(R)$ 使得 $E\pi(m^{*}(R),\ R)=0$ 成立，且当 $m\geqslant m^{*}(R)$ 时，$E\pi(m,\ R)\geqslant 0$ 成立。结论2得证。

将 $m^{*}(R)$ 代入等式 $E\pi(m^{*}(R),\ R)=0$，并在等式两边同时关于 R 求导，并利用式（12－9）、式（12－10）化简得 $\frac{\partial m^{*}}{\partial R}=-\frac{p+R(1-s)\frac{\partial p}{\partial e^{*}}\frac{\partial e^{*}}{\partial R}}{R\frac{\partial p}{\partial m^{*}}+(1-s)\frac{\partial p}{\partial e^{*}}\frac{\partial e^{*}}{\partial m^{*}}}<0$。推论1得证。

结论2的经济含义是，当创业投资家在进行投资项目选择时，由于信息不对称，他既无法清楚地知道创新项目的质量和创业企业家的才能，也不知道在创业资本投入后，创业企业家是否愿意付出足够的努力确保创新项目能成功开发，因此，与信贷资本一样，创业投资家也会要求创业企业家为自己的创新项目进行担保。由于创业企业家缺乏实物抵押品，因此能够充当担保品的就是创业企业家的自有资本投入。因为创业投资家知道，作为一种沉没成本，只有创新项目开发成功后，前期的自有资本投入才能回收。因此自有资本投入既可以担保创新项目质量和创业企业家才能，也能担保创业资本投入后创业企业家有足够的努力投入。但如果担保品价值不够，投资行为不可能发生，因此只有自有资本投入超过某一临界值后，其担保功能才能体现，创业资本才可能进入。

拜德（Bhide，1992）所引用的案例为结论 2 给出了一个完美的脚注。20 世纪 80 年代，“Gammalink 有限责任公司”是硅谷有一家成立不久的 IT 企业，主要提供从计算机到传真的技术解决方案。企业在成立之初，曾想利用这一创新性的解决思路获得创业资本支持，然而经过近一年的艰苦游说，没有创业投资机构愿意进行投资，于是公司的几个创业者每人出资 12500 美元对项目进行前期开发。几年后，创业投资机构注意到了这一项目，并主动为该企业进行了总额达 80 万美元的创业投资。

结论 2 还能为创业投资家在创新项目选择上的“阶段偏好”和创业资本市场上的“融资配给”现象给出解释。对同一创新项目而言，项目所处阶段越靠后，通常意味着创业企业家的自有资本投入越多，其担保功能越强，对创业资本的吸引力也越大。由推论 1 还可以看出，一些创新项目尽管已经处于扩张期或成熟期，但若其预期收益较小，则吸引创业资本进行的临界值很高，因此并不一定能够获得创业资本支持；而另外一些项目（如 TMT 行业的创新项目），由于对其开发成功后的收益预期很高，因此少量自有资本投入就可能达到吸引创业资本进入的临界值，从而较传统行业创新项目更易获得创业资本支持。

三、财政资本的作用及资助方式

结论 2 还为财政资本扶持企业技术创新提供了理论依据。一些创新项目可能具有较高的经济价值和社会价值，但受财富或融资约束限制，创业企业家的前期自有资本投入可能无法达到吸引创业资本进入的临界值，因此对这些项目进行财政资助可能是社会最优的。但由此引发的问题是，由于天使资本也能对其进行资助，那么财政资助是否会挤出天使资本？另外，如果财政资助具有必要性，那么应该采用有偿资助还是无偿资助？

本部分仍然假定创新项目的前期开发投入为 m，其中来自于创业企业家的自有资本投入为 $m_1 < m$，而来自政府财政资助的部分为 $m_2 = m - m_1$。若政府采用无偿资助方式，则在收益分享合约中，可将政府和创业企业家作为一个整体看待，其参与约束和激励相容约束分别为：

$$e_1^* = \underset{e_1}{Max}\, s_1 p(e_1, m)R - g(e_1) - (m - m_2) \qquad (IC)$$

$$s_1 p(e_1, m)R - g(e_1) - m \geqslant 0 \qquad (IR)$$

同理，由于创业资本市场垄断，故最优解处的激励相容约束必然紧绷，因此创业企业家的最优努力投入水平 $e_1^*(m, R)$ 和收益分成比例 $s_1(m, R)$ 将由如下式（12-13）和式（12-14）联合决定：

$$\begin{cases} s_1 R \dfrac{\partial p[e_1^*(m, s_1, R), m]}{\partial e_1^*} = g'[e_1^*(m, s_1, R)] & (12-13) \\ s_1 R \cdot p[e_1^*(m, s_1, R), m] - g[e_1^*(m, s_1, R)] - m = 0 & (12-14) \end{cases}$$

其中式（12-13）来自于激励相容约束的一阶条件。

若政府对创新项目实行有偿资助，即在投入数量为 $m - m_1$ 的财政资本后，要求按比例分享创新项目收益，则政府所要求的补偿必然只能由创新企业进行支付，创业投资家并不会因此而转让其应得利益。因为对创业投资家而言，他所面临的只是一个前期资本投入为 m，并且达到了自有资本投入的临界值的创新项目。至于 m 的构成与其无关，因为他并不会因为 m 构成的不同而改变其收益分成比例。

在此背景下，若合约规定创业企业家的收益分享比例为 s_2（即创业投资家享受 $1 - s_2$），则 s_2 将由创业企业家和政府共享。若政府在进行财政资助时要求的收益分享份额为 $\gamma \in (0, 1)$，则创业企业家实际所得收益分成比例将下降为 θs_2，其中 $\theta = 1 - \gamma / s_2$。因为必有 $\gamma < s_2$，否则因 $\theta < 0$，创业企业家情愿不接受政府资助。故以下分析将假定 $0 < \theta < 1$。在此分成合约下，创业企业家的决策问题是确定最优的努力投入 e_2^*，使其期望收益最大化：

$$\underset{e_2}{Max} \quad \theta s_2 p(e_2, m)R - g(e_2) - (m - m_2)$$

根据一阶条件有：

$$\theta s_2 R \cdot \partial p(e_2,\ m)/\partial e_2 = g'(e_2) \tag{12-15}$$

由式（12－15）可解出 $e_2^* = e_2^*(m,\ s_2,\ \theta,\ R)$。将其代入式（12－15）可得：

$$\theta s_2 R \frac{\partial p[e_2^*(m,\ s_2,\ \theta,\ R),\ m]}{\partial e_2^*} = g'[e_2^*(m,\ s_2,\ \theta,\ R)] \tag{12-16}$$

将式（12－16）两边同时关于 θ 求导，可解得：

$$\frac{\partial e_2^*}{\partial \theta} = \frac{s_2 R \cdot \partial p/\partial e_2^*}{g''(e_2^*) - \theta s_2 R \cdot \partial p^2/\partial e_2^{*2}} > 0 \tag{12-17}$$

式（12－17）的所表达的含义非常直观：创业企业家从创新项目开发中所能获得的收益分享比例越高，合约的激励作用就越强，创业企业家所愿意付出的努力水平就越高。同理可得：$\frac{\partial e_2^*}{\partial m} > 0$，$\frac{\partial e_2^*}{\partial s_2} > 0$，$\frac{\partial e_2^*}{\partial R} > 0$

在投资合约谈判中，创业投资家将攫取创新项目的全部剩余，从而使创业企业家（含政府）的参与约束紧绷：

$$s_2 R \cdot p[e_2^*(m,\ s_2,\ \theta,\ R),\ m] - g[e_2^*(m,\ s_2,\ \theta,\ R)] - m = 0 \tag{12-18}$$

根据式（12－18）可解出创业企业家（含政府）的收益分成比例 $s_2 = s_2(m,\ \theta,\ R)$。将 $s_2 = s_2(m,\ \theta,\ R)$ 代入式（12－15），可求出创业企业家的最优努力投入 $e_2^* = e_2^*(m,\ \theta,\ R)$。

进一步将 $s_2(m,\ \theta,\ R)$ 代入式（12－18），两边同时关于 θ 求导可求得：

$$\frac{\partial s_2(m,\ \theta,\ R)}{\partial \theta} = -\frac{[s_2 R \cdot \partial p/\partial e_2^* - g'(e_2^*)] \cdot \partial e_2^*/\partial \theta}{Rp + [s_2 R \cdot \partial p/\partial e_2^* - g'(e_2^*)] \cdot \partial e_2^*/\partial s_2}$$

由式（12－16）知，$s_2 R \cdot \frac{\partial p}{\partial e_2^*} - g'(e_2^*) > 0$ 成立，故 $\frac{\partial s_2(m,\ \theta,\ R)}{\partial \theta} < 0$

（12－19）

式（12－19）的经济含义是：由式（12－17）知，θ 越大，创业企业的努力投入水平就越高，从而创新项目开发成功的概率越高，即创新项目的期望收益越高，从而满足创业企业家参与约束所需要的收益分享比例就越低。

除此之外，当创业企业家在接受政府有偿资助时，还需要满足如下参与约束条件：$\theta s_2 p(e_2^*, m)R - g(e_2^*) - m_1 \geqslant 0$。

若创业企业家急需政府资助，则该参与约束也将是紧绷的，因此创业企业家所要求的最低收益分享份额 θ 满足：

$$\theta s_2 p(e_2^*, m)R - g(e_2^*) - m_1 = 0 \tag{12-20}$$

将式（12－18）减去式（12－20）可得：

$$(1-\theta)s_2 pR = m - m_1 \tag{12-21}$$

式（12－21）的含义是，若政府对创新项目进行有偿资助，则政府从中所索取的收益不能超过其资助总额，否则企业宁愿不接受政府资助。

根据式（12－13）、式（12－14）、式（12－16）和式（12－18）可得：

结论3：$\forall\theta\in(0, 1)$，必有 $s_2(m, \theta, R) > s_1(m, R)$，$e_1^*(m, R) > e_2^*(m, \theta, R)$ 成立。

证明：由式（12－19）知 $s_2(m, \theta, R)$ 为 θ 的减函数。若 $\theta=1$，则 $s_2(m, \theta, R)=s_1(m, R)$ 显然成立，且 $e_2^*(m, \theta, R)=e_1^*(m, R)$。又 $s_1(m, R)$ 与 θ 无关，故 $\forall\theta\in(0, 1)$，$s_2 > s_1$ 必然成立。同理，由式（12－17）可知 $\partial e_2^*(m, \theta, R)/\partial\theta > 0$，而 $e_1^*(m, R)$ 与 θ 无关，且当 $\theta=1$ 时 $e_2^*=e_1^*$，故 $\forall\theta\in(0, 1)$，也必有 $e_1^* > e_2^*$ 成立（如图12－1所示）。

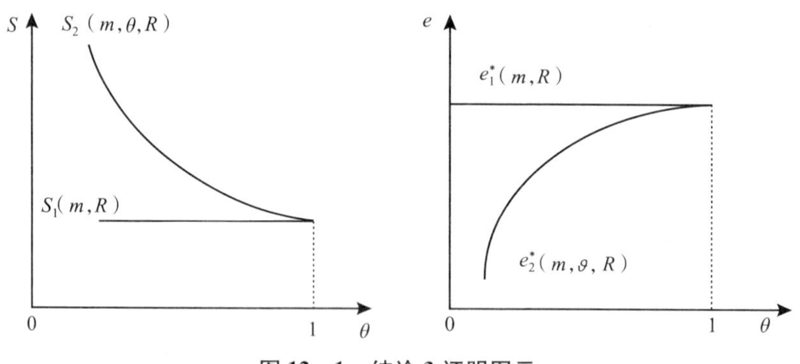

图12－1　结论3证明图示

结论3表明，当政府资助有偿时，由于对创新收益的索取降低了创业企业家努力投入的激励，从而使创新项目开发的成功率下降，既而使其期望收益下降。在此情形下，创业投资家必须给予创业企业家更高的收益分享比例以满足其参与约束。因此当政府资助有偿时，一方面创新项目期望收益减少；

另一方面创业企业家（和政府）所要求的收益分享份额更高，因此创业投资家的收益将较无偿资助严格减少，从而使其对创业企业家的临界自有资本投入更高，故有：

结论 4：当政府对创新项目实行有偿资助时，创业投资家对创业企业家最低临界自有资本投入要求必然高于无偿资助方式。

证明：由前述分析可知，无偿资助方式下创业投资家的期望净收益为：

$$E\pi_1(m, R) = [1 - s_1(m, R)]R \cdot p[e_1^*(m, R), m] - (1 - m)$$

而在无偿资助方式下创业投资家的期望收益为：

$$E\pi_2(m, \theta, R) = [1 - s_2(m, \theta, R)]R \cdot p[e_2^*(m, \theta, R), m] - (1 - m)$$

对式（12－18）两边同时关于 m 求导，并利用式（12－16）进行化简可得：

$$\frac{\partial s_2}{\partial m} = \frac{1 - (1/\theta - 1)g' - s_2 R \cdot \partial p/\partial m}{RP + (1/\theta - 1)g' \cdot \partial e_2^*/\partial s_2} < \frac{1 - s_2 R \cdot \partial p/\partial m}{RP}$$

$$故\frac{\partial E\pi_2}{\partial m} = -\frac{\partial s_2}{\partial m}RP + (1 - s_2)R\left(\frac{\partial p}{\partial e_2^*}\frac{\partial e_2^*}{\partial m} + \frac{\partial p}{\partial m}\right) + 1 > (1 - s_2)R\frac{\partial p}{\partial e_2^*}\frac{\partial e_2^*}{\partial m} + R\frac{\partial p}{\partial m} > 0$$

在结论 2 的证明过程中，已经证明$\partial E\pi_1/\partial m > 0$，进一步根据结论 3 可推知，$\forall m \in (0, 1)$ 皆有 $E\pi_1(m, R) > E\pi_2(m, \theta, R)$，故 $m_2^* > m_1^*$ 必然成立（如图 12－2 所示）。

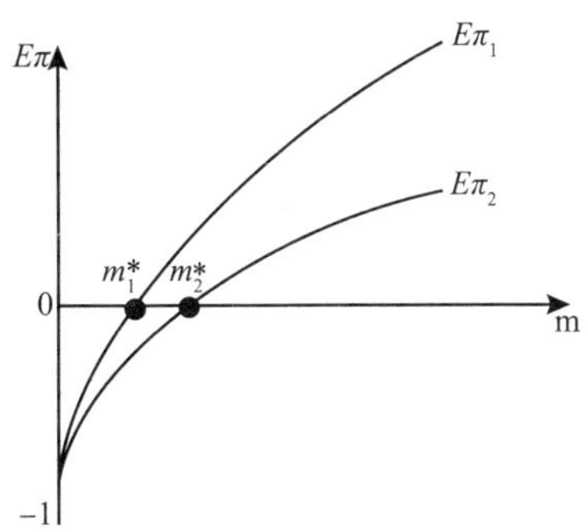

图 12－2 结论 4 证明图示

结论 4 所蕴含的政策含义是：对早期阶段创新项目的开发而言，其外部资本主要来源于政府资助和天使资本。由于天使资本的资助是有偿的，因此其对企业技术创新活动的支持具有双重效应：一方面，天使资本的注入可以有效缓解创新企业的资本约束问题，从而扩大企业技术创新规模；另一方面，天使资本的逐利性又将对商业性创业资本的进入行成一定的障碍，从而削弱其支持效果。因此在对早期阶段创新项目的资助中，政府无偿资助通常与天使投资同时存在，互为补充。除此之外，天使资本还能为创新企业提供增值服务（Politis，2008），这是财政资本所无法替代的。

根据第三章的国别比较分析可以发现，美国政府对创新企业，特别是对初创型创新企业的多层次资助体系为结论 4 提供了合适的案例支撑。尽管美国拥有全世界规模最大的天使资本，但联邦政府财政资助的规模和作用丝毫不逊于天使资本。通过 SBIC、SBIR 等专项资助计划，政府以直接补贴、间接资助、融资担保等多种方式对创新企业进行层次多样、规模庞大的资金支持。易卜拉欣（Ibrahim，2008）详细研究了美国的天使投资合约，他发现，虽然天使投资较创业投资面临更高的风险和不确定性，但天使投资合约结构却远较创业投资合约简单。他认为，出现这种情况的根本原因是：在对初创企业进行早期投资时，若天使资本索取的收益分享份额过高，势必阻碍后续创业资本投资，因此一个明智的天使投资家将适当让渡部分收益以吸引后续创业资本投入。通过问卷调查，他发现约有 44% 的创业投资家承认，他们更愿意对没有天使资本投入的创新项目进行投资。而关于政府无偿资助，勒纳（Lerner，1999）对美国 SBIR 计划的长期绩效进行了对比研究，其主要发现是，在未得到 SBIR 计划的资助之前，样本组企业和对照组企业在吸引创业资本投入方面不存在显著差异；而在获得 SBIR 的无偿资助后，样本组企业获得后续创业资本资助的比率要显著高于未获得 SBIR 资助的对照组企业。

需要注意的是，结论 3 和结论 4 的稳定性与政府有偿资助的方式紧密相关。若政府并不要求按比例分享创新项目收益，只要求获取固定回报 $\delta>0$，例如初始的财政资助额（或附加一个事前约定的利息），则结论 3、结论 4 将出现变化。在政府获取固定回报这一有偿资助方式下，最优合约将如下由规划问题（P_2）决定：

$$\underset{s_3}{Max}\ (1-s_3)p(e_3,\ m)R-(1-m)$$

$$\text{s.t.}\quad e_3^*=\underset{e_3}{Max}\ s_3p(e_3,\ m)R-g(e_3)-m+(m_2-\delta)\qquad(IC)\qquad(P_2)$$

$$s_3p(e_3,\ m)R-g(e_3)-m\geqslant 0 \quad (IR_1)$$

与此同时，创业企业家在与决定是否接受政府资助时还需满足：

$$s_3p(e_3,\ m)R-g(e_3)-m_1-\delta\geqslant 0 \quad (IR_2)$$

根据结论 3、结论 4 相同的分析思路易得：

结论 5：若政府在对创新项目的资助中仅要求获得固定回报，则在此有偿资助方式下有 $e_3^*=e_1^*$，$s_3=s_1$，$m_3^*=m_1^*$，$EG_3-EG_1=\delta>0$。

结论 5 的含义是，仅要求获得固定回报的有偿资助方式是激励中性的，不会对创业投资家的激励效率造成影响，仅在收益分配中有一个固定部分 δ 从创新企业转移到了政府手中。

由于债权性资本仅要求固定回报，但由于创新企业缺乏足够的实物扣押而不愿意进入，因此结论 5 具有明确的政策含义，即如果财政资本愿意牵头设立专门的担保基金，那么可以吸引数量庞大的债权资本对企业的技术创新活动进行信贷支持。对政府而言，一方面，由于成功的创新项目并不需要财政资本支出，因此担保方式可以适当减轻政府财政负担；另一方面，由于债权资本数量庞大，因此通过杠杆担保可以吸引更多的创新资本，从而进一步扩大企业技术创新规模。

结论 5 还蕴涵着另一个重要的政策含义，如果政府对创新企业实行无偿资助，则企业使用财政资本的成本为零，因此企业有强烈的动机低效率使用财政资本。而当政府要求企业事后按固定利率（或零利率）偿还事前资助的财政资本时，企业再不能无成本使用财政资本，如果不能成功回收，企业必将行为相应的负债，此时财政资本实际上将内化为企业的自有资本，从而对创业企业家形成正面激励，促使其提高创新项目开发的成功率，确保自有资本和政府财政资本能够得到回收。而在此政策设计下，政府的财政资助部分可以回收（在有限责任保护下，如果创业企业家没有其他收入来源，并且创新项目开发失败，则政府对这类企业的财政资助是不可能得到回收的），从而减轻其财政负担，最终形成双赢局面。

四、本章小结

理论上，企业技术创新活动的资本来源包含了银行信贷资本、企业自有资本、政府财政资本、天使资本、创业资本等。不同资本来源在企业技术创新投入中的作用不一，彼此之间存在功能分界。本章聚焦于创业企业家的自有资本投入，论述了创新企业自有资本投入的担保功能，分析了政府财政资助的作用以及不同资助方式的激励效率，解释了创业投资家在创新项目选择上的“阶段偏好”现象和创业资本市场上广泛存在的“融资配给”现象等。本章所得到的主要结论是：

（1）创业企业家在创新项目开发中的早期自有资本投入具有双重担保功能：一方面可以担保创新项目的开发前景和创业企业家的创新才能，从而把高质量创新项目和高能力创业企业家分离出来；另一方面，自有资本投入可以担保创业资本进入后，创业企业家愿意投入足够的努力水平确保创新项目开发成功，从而减轻了创业投资家签约后所面临的道德风险问题，等价于为其投资收益进行了担保。

（2）创业企业家的自有资本投入必须超过某一临界值后才能起到吸引创业资本进入的担保功能。创新项目所处阶段越靠后，通常表明创新企业自有资本投入越多，其担保功能越强，越容易吸引创业资本的进入。因此创业投资家更偏好于对后期阶段的项目进行投资。进一步，自有资本投入的这一临界值随创新项目预期收益的增加而减少，因此对那些预期收益很高的创新项目，即使其尚处于种子期或初创期，也容易吸引创业资本投资。反之，对那些预期收益低的创新项目而言，即使其已处于扩张期或成熟期，也不一定能获得创业资本支持。

（3）一些创新项目可能具有较高的经济价值或社会价值，但由于创业企业家缺乏足够的自有资本投入而无法得到创业资本支持，因此对这些创新项目进行财政资助可以促使其自有资本投入达到获得后续创业资本支持的临界值，从而扩大企业技术创新规模。但若财政资本要求按比例分享创新项目收益，则与无偿资助（或仅获取固定收益的有偿资助）相比，既不利于吸引创业资本进入以扩大企业技术创新规模，也不利于激励创业企业家的努力投入从而提高企业技术创新效率。若政府资助仅要求获取固定回报，则这一有偿资助方式是激励中性的，因此，一方面，财政资本可利用担保方式吸引债权资本进入创业资本市场；另一方面，财政资本将内化为企业自有资本，从而激励创业企业家提高企业创新效率。

（4）天使资本对早期阶段创新项目的资助具有相互冲突的效果：一方面，天使资本的资助可以让自有资本投入不足的创新项目获得创业资本支持；另一方面，因为对创新项目收益的分享又会对创业资本的进入形成障碍。因此在对早期阶段创新项目的资助中，财政资助和天使投资彼此应互为补充。进一步，从资助效率的角度看，由于政府缺乏创业投资的专门技能，因此财政资助又将面临资助对象选择问题。结合第九章的分析，加大财政资本对引导基金的投入力度，大力扶持天使投资基金的发展，扩大天使资本规模，可以在提高财政资助效率和扩大企业技术创新规模之间获得一定程度的平衡。

结合第六至十二章的研究，本章的研究认为，在对企业技术创新进行直接财政资助时，政府应主要依靠专业化的创业投资机构进行资助对象的选择，且应通过设立专业化的天使投资子基金或创业投资子基金，重点资助处于种子期和初创期的创新项目（或创新企业），资助方式也宜由无偿资助为主转向获取固定回报的有偿资助或贷款资助为主。

第十三章 促进社会资本投入企业创新领域的激励机制研究

从前述章节的分析可以看出，对企业的创新投入进行直接财政补贴和税收优惠主要是吸引企业创新资源的投入，从而扩大企业技术规模和效率。政府直接财政资助存在一个显著的问题，就是在信息不对称的情况下如何确定资助对象的选择？信息不对称是导致市场失灵的原因之一，一般而言，政府的介入并不能解决信息不对称问题，培育具有专业技能的中介机构是信息不对称情况下政府矫正市场失灵主要手段，因此各国政府均高度重视对创业投资产业的培育。

创业投资基金是通过汇集私人资本，由创业投资家凭借其在项目选择方面的专业才能，代理私人投资者进行风险性投资以追求利润最大化的专门机构。在竞争机制的作用下，商业性创业投资基金对于投资项目的筛选通常具有明显的阶段性特征，他们更愿意投资处于扩张期和成熟期的项目，而不愿意对尚处于种子期和初创期的项目或企业进行投资。此外，在投资行业的选择上也遵循利润最大化而非社会福利最大化标准，故商业化创业投资基金的目标与政府目标并不完全一致。对政府而言，中小企业是企业创新的主体，同时中小企业的技术创新活动最容易受到融资约束的限制，因此，鼓励中小企业进行技术创新是各国政府财政科技政策的主要目标之一。除了依靠政府财政补贴和税收优惠外，成立创业投资引导基金也是各国政府扶持企业（特别是中小企业）技术创新的常用手段之一。

创业投资引导基金是由政府财政资本（有时还会同银行、养老基金、保险资金等）出资成立的一种母基金，通过与创业投资机构合作成立子基金

（创业投资基金）从事创业投资活动。政府不干预子基金的创业投资活动，只以参股形式投资子基金（在中国现有引导基金的运作中，政府出资比例通常为20%），而创业投资家则以其专门技能参股（通常还辅之以少量资本投入，一般为2%左右），其主要任务是募集私人资本，并从事子基金的运作和管理。

对政府和企业而言，创业投资引导基金制度的对促进企业技术创新的作用主要体现在以下四个方面，一是吸引更多社会资本投入企业技术创新活动，从而扩大科技资源市场化配置规模；二是借助于创业投资家在创新项目管理方面的专业技能（增值服务），提高创新项目开发的成功概率；三是借助于创业投家在创新项目选择方面的专业技能，提高财政资本的资助效率并有效提高其使用效率；四是通过规定子基金投资项目选择标准，如投资于早期阶段创新项目或政府指定行业项目等，实现政府特定政策目标。

与商业性创业投资基金相比，创业投资引导基金存在两方面的显著区别：一是由创业投资引导基金发起成立的创业投资基金承载了一定的社会目标，并不是纯粹的利润最大化追求主体，因此其中的参与主体，包括创业投资家、私人投资者与政府之间存在目标冲突，为吸引私人投资者的进入，政府通常需要对私人资本进行补偿；二是政府的介入将使创业投资引导基金运作中的委托代理关系更加复杂，从而需要设计相应的激励机制以提高引导基金的运作效率。在商业性创业投资基金中，委托代理链条主要表现为“私人投资者↔创业投资家↔创业企业家”，而在创业投资引导基金运作中，由于政府的介入，委托代理关系将演变为如图13－1所示的复杂链条，因此，实现引导基金吸引私人资本进入和提高创新活动效率的目标，必须对相关参与人施加相应的激励，其中特别应该关注的是对私人投资者和创业投资家的激励，因为两者与引导基金目标的实现紧密相关。本章将首先研究如何设计相应的补偿机制以吸引私人资本进入创业投资基金。

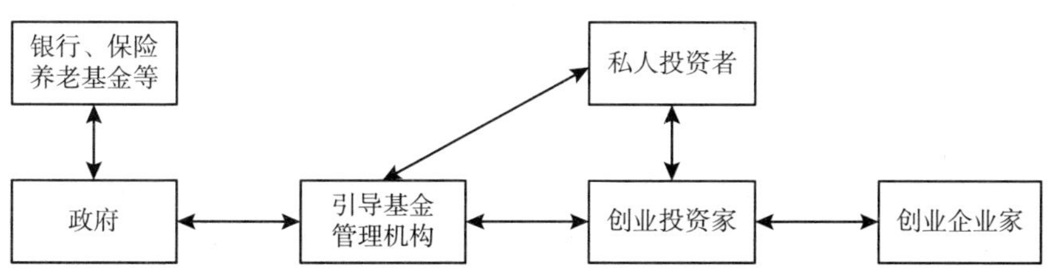

图13－1 创业投资引导基金运作中的委托代理关系

一、引　言

设立创业投资引导基金的目标之一是吸引私人资本进入创业投资领域。创业投资引导基金制度的基本特征之一是，由引导基金资助成立的创业投资基金（子基金）通常需要承载特定的政策目标，如要求子基金必须将一定比例的资本投资于本地政府指定行业的创新项目，或处于早期阶段的创新项目。而对商业化创业投资基金而言，利润最大化是其唯一的目标。正是因为创业投资引导基金发起成立的子基金承担了部分政府目标，而在市场竞争环境下，政府目标通常与利润最大化目标相冲突，因此在面临商业化创业投资基金的竞争压力下，为吸引社会资本进入子基金，政府通常需要对私人投资者和创业投资家进行补偿。

根据第三章的分析，我们可以发现，目前其他国家引导基金对子基金参与人的补偿模式可以划分为二类，一类是对投资者的亏损进行补偿，这类补偿在具体执行中又可细分为两种：一种是以加拿大 LSVCC 基金为代表的亏损保底模式。当投资者投资于 LSVCC 基金时，政府通过首先通过所得税抵免形式给予投资者回报，例如 LSVCC 计划成立之初，投资者可享受首次投资额 35% 的税收抵免，这意味着即使子基金全部亏损，那么私人投资者的亏损将保底在 65% 的水平；第二种以是英国为代表的亏损补偿制度。根据贸工部的规定，若子基金出现亏损，则政府资本首先用于亏损弥补，不足部分再由私人投资承担。由此私人投资者承担的亏损份额将小于其投资份额。第二类是收益补偿模式，具体又可细分为两种：一种是当子基金获得赢利时，政府将主动减少其收益分享比例，从而对私人投资者和创业投资家进行变相的收益补贴；第二种以以色列 YOZMA 基金为代表，即政府不参与子基金赢利分配，或仅获取固定收益，从而将子基金的全部赢利让渡给私人投资者或创业投资家。

就中国引导基金的实际运作而言，多数引导基金采用的是收益补偿机制。本章所关注的重点问题是，不同补偿机制对私人投资者的激励效应有何区别？在考虑了财政资本补偿成本的前提下，针对不同的补偿对象，政府的最优补偿策略是什么?

二、模型背景与假设

引导基金决定与创业投资机构和私人投资者合作成立一家创业投资子基金，基金设定资本规模为 1（事后的实际募资规模可能大于 1，也可能小于 1）。在新成立的子基金中，政府出资比例为 $G \in (0, 1)$，创业投资机构以其专业技能和少量资本入股，其出资比例为 $V = G \in (0, 1)$，同时负责向私人投资者募集资本 I。

对私人投资者而言，对子基金进行投资是一种风险行为，若子基金运作成功，则期末可获得可验证收益 $R(R > I + G + V)$；若子基金运作失败，则其收益归零化为零。子基金的运作成功的概率 ρ 取决于创业投资家的企业家才能 E 和其努力投入水平。在实践中，E 和 e 均属于创业投资家的私有信息，其中关于创业投资家才能 E 的信息不对称是产生事前逆向选择问题的根源，而关于其努力投入水平 e 的信息不对称则是产生事后道德风险问题的根源。

理论上，通过考察创业投资家以往创业投资业绩有助于克服关于其经营才能 E 的信息不对称问题，但在实践中，对过往业绩的考察可能存在两方面的障碍。一是在创新投资市场不够发达的情况下，业绩数据的获取可能并不充分；二是创业投资家的过往业绩既可能取决于其经营才能，也在很大程度上受到宏观环境因素（即所谓 $e \in [0, 1]$ 为“运气”成分）的影响，而如何剔除这一成份并客观衡量创业投资家的经营才能并不是一个能轻易解决的问题。因此过往业绩数据可能并不是衡量创业投资家经营才能的充分统计量。

然而在竞争机制的作用下，纵使存在逆向选择问题，高能力的创业投资家并不愿意将自己与低能力的同行混同，他们会通过适当的信号发送机制将自己与低能力的创业投资家分离出来，从而实现关于其经营才能的分离均衡。在诸多信号发送机制中，自有资本投入是最常见信号之一。根据利兰和派尔（Leland and Pyle，1977）研究思路进行类推，对高能力的创业投资家而言，由于对自己的经营才能充满信心，因此他将无惧于高比例自有资本投入；而对于低能力的创业投资家，模仿这一信号是危险的，由于不具有经营才能，过高的自有资本投入将难以回收。由此，创业投资家（机构）可观察的自有资本投入比例 V 将成为不可观察的经营才能 E 的代理变量。

进一步假定，创业投资基金经营成功的概率为创业投资家努力投入水平和经营才能的 Cobb – Douglas 函数，即 $p(e, V)=e^{\alpha}V^{1-\alpha}(0<\alpha<1)$，式中参数 α 和 $1-\alpha$ 分别表示创业投资家努力投入和自有资本投入的产出弹性，也表示两种投入要素对产出的相对重要性。创业投资家的努力投入会带来负效用，假定其货币成本函数为 $h(e)=e^2/2c(c>0)$。

政府、创业投资家和私人投资者都是风险中性的，且假定各方不参与创业投资活动的保留收益均为零。基准情形下，三方约定的子基金收益分配规则为：成功时创业投资家的收益分成比例为 $\theta\in(0, 1)$（在中国，这一比例通常为20%，同时出于分析的方便，本节不考虑创业投资家的基金管理收入），剩余收益由政府和私人投资者各按其出资比例分享，即政府的收益分成比例为 $(1-\theta)G/(G+I)$，而私人投资者则为 $(1-\theta)I/(G+I)$；若子基金运作失败，则三方各按其出资比例共担亏损（在本节的假设下，实际上各方承担的亏损额即为其出资额）。

为充分发挥引导基金的杠杆放大作用，以吸引更多私人资本投资于子基金，政府决定对创业投资家和私人投资者同时进行补偿。拟采用的补偿方式包括：

补偿方式1：亏损补偿。政府承诺，若子基金运作失败，则政府所承担的亏损份额将高于其出资比例，从而减少创业投资家和私人投资者应该承担的亏损份额；若子基金运作成功，则三方各按出资比例分享子基金收益。

补偿方式2：收益补偿。在收益补偿方式下，政府承诺，若子基金运作成功，则政府分享的收益比例将低于其出资份额，从而将部分收益转让给创业投资家和私人投资者，从而提高其收益分享份额。若子基金运作失败，则三方按其出资比例共同承担亏损。

补偿方式3：收益独享。政府承诺，在收益独享方式下，无论子基金运用成果如何，政府均回收其初始资本投入 G，而由创业投资家和私人投资者共享子基金收益或共担子基金亏损。

三、不同补偿机制的激励效率分析

（一）基准情形

基准情形下，创业投资家在子基金运作成功时将获得 θ 份额的收益，而政府和私人投资者各按其出资比例分享剩余收益；若子基金亏损，则由各方按其出资比例共担。此时政府的决策问题是确定创业投资家最优的收益分享份额 θ，在激励出创业投资家投入最优努力水平的同时，使各方期望收益最大化。

若基准情形下私人投资者对子基金的投资份额为 I_0，在此收益分享合约安排下，若子基金运作成功，则创业投资家将获取收益 θR，其净收益为 $\theta R - h(e) - V$。而私人投资者和政府的净收益之和为 $(1-\theta)R - G - I_0$。若子基金运作失败，创业投资家的净收益将变为 $-h(e) - V$，而政府和私人投资者的净收益为 $-G - I_0$。故基准情形下创业投资家的期望净收益为 $E\pi_{V0} = \theta p(e, V)R - h(e) - V$。而政府和私人投资者的期望净收益则为：$E\pi_{GI0} = (1-\theta)p(e, V)R - G - I_0$。政府所面临的决策问题由如下规划问题（$P_1$）决定：

$$\underset{\theta}{Max}\ E\pi_{GI0} = (1-\theta)p(e, V)R - G - I_0$$

$$\text{s. t}\quad e_0^* = \arg\max_{e}\ \theta p(e, V)R - h(e) - V \qquad (IC_V) \qquad (P_1)$$

$$\theta p(e, V)R - h(e) - V \geqslant 0 \qquad (IR_V)$$

规划问题（P_1）可采用逆向归纳法求解。由创业投资家的激励相容约束条件可知，对给定的收益分享份额 θ，其最优努力投入水平为：

$$e_0^* = (c\alpha\ R\theta V^{1-\alpha})^{\frac{1}{2-\alpha}} \qquad (13-1)$$

由式（13-1）可以看出，创业投资家努力投入水平是其收益分享份额 θ 的增函数。其原因在于，创业投资家的努力投入水平越高，其承担的边际成本将越高。在边际收入等于边际成本的最优决策准则下，收益分享比例越高，意味着创业投资家所获得的边际收益也越高，因此，为追求这一较高的边际收益，创业投资家愿意为此付出更高的努力投入水平。

将式（13－1）代入目标函数可得一无约束极值问题：

$$\underset{\theta}{Max}(1-\theta)\theta^{\frac{\alpha}{2-\alpha}}(c\alpha)^{\frac{\alpha}{2-\alpha}}R^{\frac{2}{2-\alpha}}V^{\frac{1-\alpha 2}{2-\alpha}}-G-I_0$$

求解上述极值问题可解出创业投资家的最优收益分享份额为 $\theta^*=\alpha/2$。代入式（13－1）即可最终解出创业投资家的最优努力投入为：

$$e_0^*=(c\alpha^2RV^{1-\alpha}/2)^{\frac{1}{2-\alpha}} \qquad (13-2)$$

对式（13－2）进行比较静态分析可得：

结论1：$\partial e_0^*/\partial R>0$，$\partial e_0^*/\partial V>0$。

结论1表明，在基准情形下，若子基金运作成功时的预期收益越高，或创业投资家的自有资本投入比例越高，则其努力投入水平也越高。这一结论背后所蕴含的经济含义是：第一，若子基金运作成功时的预期收益越高，则在相同收益分享比例下，创业投资家所能获得的边际收益也越高，因此他愿意为此付出更高的努力投入水平；第二，创业投资家对子基金的自有资本投入是一种事前沉没成本，只有当子基金取得足够水平的收时才能通过收益分成得到回收，由此自有资本投入将有效激励创业投资家的努力投入，以确保子基金取得足够的收益。由此，结论1就对创业投资家自有资本投入的作用给出了一个全新的解释，它不仅能起到信号发送功能，以将高能力的创业投资家与其低能力的同行分离开来，还能起到担保作用，其所担保的是子基金成立后创业投资家的努力投入水平，从而也就担保了子基金的运作成功率，进而担保了子基金的期望收益。很显然，创业投资家自有资本投入比例越高，子基金失败后承担的损失就越大，因此其担保作用就越强，创业投资家努力投入水平也就越高。由此，自有资本投入就有效缓解了因信息不对称所带来的事后道德风险问题。

结论1具有明确的政策含义：对创业投资产业薄弱的国家或地区而言，由于缺乏有效的职业经理人市场，业绩和声誉机制可能很难对创业投资家形成有效制约，因此政府在选择创业投资机构作为合作伙伴时，将面临因信息不对称所产生的逆向选择问题。结论1表明，通过在子基金中增加创业投资家的自有资本投入比例，政府可以自动实现对高素质创业投资家的筛选，并对其施加有效的激励约束机制。从各国创业投资引导基金的实际运作情况看，发达国家一般仅要求子基金中创业投资机构股权资本投入比例达到1%～2%即可，中国多数引导基金沿用了类似的规定，但成立于2001年的智利COR-

FU 引导基金则要求创业投资机构在子基金中的股权资本投入比例至少需达到15%。中国重庆市科技创业投资引导基金也采用了类似的做法，在所成立的部分子基金中，要求创业投资机构的自有资本投入要达到子基金规模的5%。

在子基金的运作中，若创业投资家自有资本投入过低，由有可能导致创业投资家的道德风险问题。如在中国证券市场上，诸多投资基金管理人的不规范行为为引导基金的运作提供了警示。尽管目前我中创业投资引导基金的运作中还未见到相关例证，但政策制定者必须预告考虑到可能出现的不良后果并加以防范。从政策制定的角度看，政府在选择创业投资机构作为合作伙伴时，可以将其承诺的资本投入比例作为标的物，通过竞争方式优先合作伙伴，由此解决因信息不对称所带来的合作伙伴选择中面临的逆向选择和道德风险问题。

将创业投资家的最优努力投入 e_0^* 和最优收益分享份额 θ^* 代入规划问题（P_1）中创业投资家的参与约束，可得其期望收益为：

$$E\pi_{V0}=(R/2)^{\frac{2}{2-\alpha}}c^{\frac{\alpha}{2-\alpha}}\alpha^{\frac{2+\alpha}{2-\alpha}}V^{\frac{1-\alpha^2}{2-\alpha}}(1-\alpha V^{\frac{(1-\alpha)^2}{2-\alpha}}/2)-V \tag{13-3}$$

显然，若 $E\pi_{V0}<0$，则创业投资家将不愿意与政府合作成立子基金，因此在后文的分析中，我们将假定定 $E\pi_V\geqslant 0$。进一步，私人投资者的参与约束条件为：

$$E\pi_{I0}=\frac{[(1-\theta^*)p(e_0^*,V)R-G-I_0]I_0}{(G+I_0)}\geqslant 0$$

故在基准情形下，私人投资者投资于子基金的最高资本投入为：

$$I_0^*=(1-\theta^*)p(e_0^*,V)R-G=(2-\alpha)(R/2)^{\frac{2}{2-\alpha}}(c\alpha^2)^{\frac{\alpha}{2-\alpha}}V^{\frac{1-\alpha^2}{2-\alpha}}-G \tag{13-4}$$

将 I_0^* 对 V 求导可得 $\partial I_0^*/\partial V>0$，故有：

结论2：子基金中创业投资家的自有资本投入比例越高，其对私人投资者的激励作用就越强。

结论2只不过是结论1所导致的必然结果。原因在于，创业投资家在子基金中的自有资本投入越多，其为回收自有资本投入所付出的努力水平就越高，子基金的经营收益将同步提高，从而私人投资者的投资收益也就越高，子基金对私人投资者的吸引力就越强。结论2还表明，在子基金的收益分配中，蛋糕的分法的确影响了蛋糕的大小。

（二）亏损补偿

在此补偿方式下，若子基金运作失败，则政府拟按比例 $\tau \in (0, 1)$ 减免创业投资家和私人投资者应承担的亏损份额①。根据子基金运作成功时收益分享方式的不同，理论上亏损补偿方式可进一步细分为两种模式：第一，收益分享与基准情形保持一致；第二，在采用亏损补偿的同时政府重新设定收益分享比例。

1. 收益分享与基准情形相同时的亏损补偿

若收益分享比例与基准情形相同，则当基金运作成功时，创业投资家与私人投资者的净收益分别为 $\theta^* R - h(e_{1_0}) - V$ 和 $\frac{[(1-\theta^*)R - G - I_{1_0}]I_{1_0}}{(G + I_{1_0})}$；子基金运作失败时，两者的净收益分别为 $-(1-\tau)V - h(e_{1_0})$ 和 $-(1-\tau)I_{1_0}$。此时创业投资家面临的决策问题是：

$$\underset{e_{1_0}}{Max}\ E\pi_{V1_0} = p(e_{1_0},\ V)(\theta^* R - \tau V) - (1-\tau)V - h(e_{1_0})$$

由此解出创业投资家的最优努力投入水平为：

$$e_{1_0}^* = [c\alpha V^{1-\alpha}(\alpha R/2 - \tau V)]^{\frac{1}{2-\alpha}} < e_0^* \tag{13-5}$$

式（13－5）的经济含义是：若在实施亏损补偿的同时，子基金收益分享比例与基准情形保持一致，则这一补偿规则意味着当子基金运作失败时，对创业投资家的惩罚力度较基准情形有所下降，从而违背激励理论的基本原理，由此弱化了创业投资家努力投入的激励，进而降低子基金运作成功概率及其期望收益。

将式（13－5）代入创业投资家的目标函数并关于 τ 求导可得：

$$\frac{\partial E\pi_{V1_0}}{\partial \tau} = V[1 - p(e_{1_0}^*,\ V)] > 0$$

① 从理论讲，一个更具一般性的亏损补偿方案应满足：若对一方的亏损补偿比例为 τ，则对另一方的补偿比例可能为 $\kappa(\tau)$，且 $\kappa(\tau)$ 应满足 $\kappa'(\tau) > 0$，$\kappa(0) = 0$。即政府设计的亏损补偿方案应满足对称性，若提高一方的亏损补偿比例，则必然提高对另一方的补偿比例。为简化分析，本部分采用了 $\kappa(\tau) = \tau$ 这一特殊补偿方式。由于在此特殊假定下，本部分所得到的结论是否定的，即亏损补偿并不一定能吸引私人投资者的投资，因此采用更为一般的假设并不会对该结论造成影响。同时该假定还意味着一上节中所分析的亏损保底补偿方式只是亏损补偿方式的一个特例。

上式表明，创业投资家的期望收益为亏损补偿比例 τ 的增函数。又因 $\tau=0$ 时有 $e_{1_0}^*=e_0^*$，即 $E\pi_{V1_0}=E\pi_{V0}$成立，故若 $\tau>0$，则必有 $E\pi_{V1_0}>E\pi_{V0}$。即在本部分所讨论的亏损补偿方案下，创业投资家将比基准情形获得更高期望收益，从而更容易满足其参与约束条件，使政府、创业投资家、私人投资者更容易就子基金的设立形成合作关系。在此补偿方式下，私人投资者的参与约束条件为：

$$E\pi_{I1_0}=\frac{\{[(1-\theta^*)R-(G+I_{1_0})\tau]p(e_{1_0}^*,\ V)-(G+I_{1_0})(1-\tau)\}I_{1_0}}{(G+I_{1_0})}\geqslant 0$$

其对子基金的最高投资为：$I_{1_0}^*=\dfrac{(1-\theta^*)p(e_{1_0}^*,\ V)R}{1-[1-p(e_{1_0}^*,\ V)]\tau}-G$ （13-6）

比较式（13-4）与式（13-6）可以看出，与基准模型相比，私人投资者对子基金投资额 $I_{1_0}^*$的变化主要取决于参数 α 和 τ。当创业投资家努力投入的相对重要性 α 比较大时，其努力投入的边际减少将使子基金的期望收益大幅度下降，此时即使政府提高对私人投资者的亏损补偿比例，其期望收益仍然会下降，故 $I_{1_0}^*<I_0^*$；而当 α 较小时，意味着创业投资家努力投入水平的边际下降不会对子基金的期望收益带来大的影响，此时亏损补偿机制将使私人投资者的期望收益增加，从而使 $I_{1_0}^*>I_0^*$。式（13-4）和（13-6）难以进行解析比较，故下文使用数值模拟对此推断进行了验证。图 13-2 给出了 $I_0^*-I_{1_0}^*$的数值模拟结果（其中 $R=2$，$c=5$，$v=0.02$）。

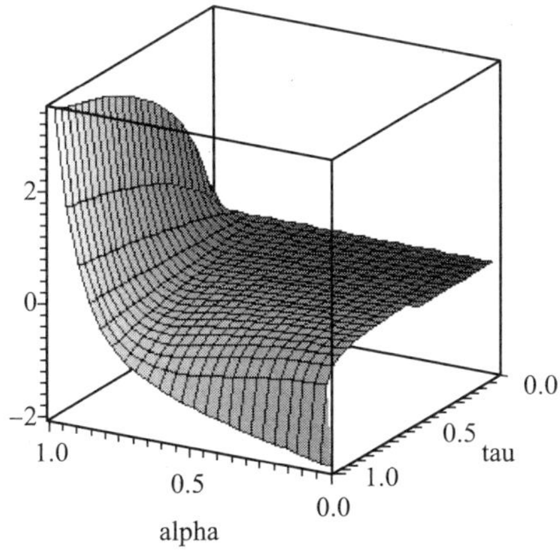

图 13-2 $I_0^*-I_{1_0}^*$的数值模拟结果

2. 重新设定收益分享合约时的亏损补偿

此时政府依然承诺在子基金出现亏损时按 $\tau \in (0,\ 1)$ 的比例降低私人投资者和创业投资家的亏损承担比例，但在子基金运作成功时，要求按照政府和私人投资者期望收益最大化目标修改创业投资家的收益分享比例，其目的是根据补偿规则的变化设计出激励最优的收益分享合约。故在此情境下，政府的决策问题变为：

$$\underset{\theta_1}{\text{Max}}\ E\pi_{GI1_1} = (1-\theta_1)p(e_{1_1},\ V)R - G - I_0$$

$$\text{s. t}\quad e_{1_1}^* = \arg\underset{e_{1_1}}{\max} p(e_{1_1},\ V)(\theta_1 R - \tau V) - (1-\tau)V - h(e_{1_1}) \quad (IC_V) \qquad (P_2)$$

$$p(e_{1_1},\ V)(\theta_1 R - \tau V) - (1-\tau)V - h(e_{1_1}) \geqslant 0 \quad (IR_V)$$

对规划问题（P_2）而言，根据创业投资家的激励相容约束条件可解出其最优的努力投入水平为 $e_{1_1}^* = [c\alpha V^{1-\alpha}(\theta_1 R - \tau V)]^{\frac{1}{2-\alpha}}$，将其代入政府目标函数可得如下极值问题：$\underset{\theta_1}{\text{Max}}\ E\pi_{GI1_1} = (c\alpha)^{\frac{\alpha}{2-\alpha}} V^{\frac{2(1-\alpha)}{2-\alpha}} R(1-\theta_1)(\theta_1 R - \tau V)^{\frac{\alpha}{2-\alpha}} - G - I_0$。

求解上述极值问题，可得政府对创业投资家所设定的最优收益分享比例应为 $\theta_1^* = \dfrac{\alpha}{2} + \dfrac{(2-\alpha)\tau V}{2R} > \theta^*$。将 θ_1^* 代入 $e_{1_1}^*$，可得创业投资家的最优努力投入水平为：

$$e_{1_1}^* = [c\alpha^2 V^{1-\alpha}(R - \tau V)/2]^{\frac{1}{2-\alpha}} \tag{13-7}$$

对式（13-2）、（13-5）、（13-7）三式进行比较，易知 $e_{1_0}^* < e_{1_1}^* < e_0^*$。即与基准情形相比，若不改变收益分享规则，直接对创业投资家进行亏损补偿所产生的激励效率损失程度最高；而在承诺亏损补偿的同时修改收益分享合约，尽管与基准情形相比，因为亏损补偿降低了失败时对创业投资家的惩罚，同样会带来激励效率的损失，但损失程度较前者为低。

进一步，利用包络定理分析最优合约下亏损补偿比例的变化对创业投资家期望收益的影响：

$$\partial E\pi_{V1_1}/\partial\tau = V[1 - p(e_{1_1}^*,\ V)] + \partial\theta_1^*/\partial\tau \cdot p(e_{1_1}^*,\ V)R > 0$$

上式表明，尽管与基准情形相比，重新设定收益分享合约下的亏损补偿会导致激励效率的损失，但对创业投资家而言，其期望收益同样能因亏损补偿有所提高，由此使其参与约束条件更容易满足，从而更容易就子基金的设立形成三方合作。在此补偿规则下，根据私人投资者的参与约束条件可解出其对子基金的最高投资额为 $I_{1_1}^* = \dfrac{(1-\theta_1^*)p(e_{1_1}^*, V)R}{1-[1-p(e_{1_1}^*, V)]\tau} - G$ (13-8)

为进一步对基准情形及两种亏损补偿方式对私人投资者的激励效应进行比较，我们同样采用了数值模拟方法。图 13-3 首先给出了重新设定收益分享合约下的亏损补偿与基准情形下的激励效率比较，即 $I_0^* - I_{1_1}^*$ 的数值模拟结果。可以发现，两者并无绝对的优劣之分，仅当创业投资家努力投入的相对重要性 α 较小且亏损补偿比例 τ 较高时，亏损补偿方式才可能导致更多的私人资本投资。图 13-4 给出了 $I_{1_0}^* - I_{1_1}^*$ 的数值模拟结果，从中可以得出与图 13-1 相同的结论，即两种补偿机制的激励强度并无明确的排序关系。

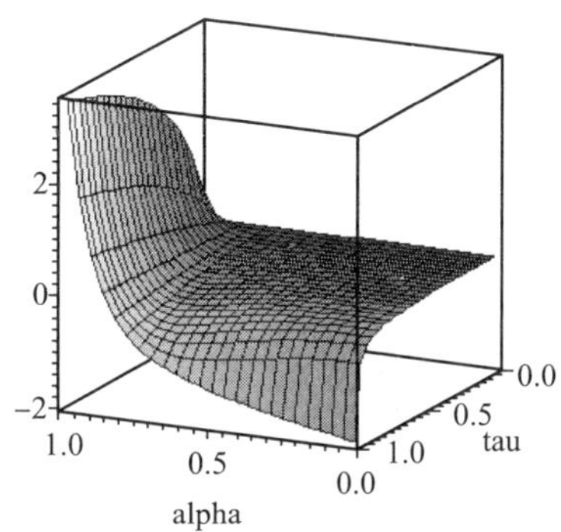

图 13-3 $I_0^* - I_{1_1}^*$ 的数值模拟结果

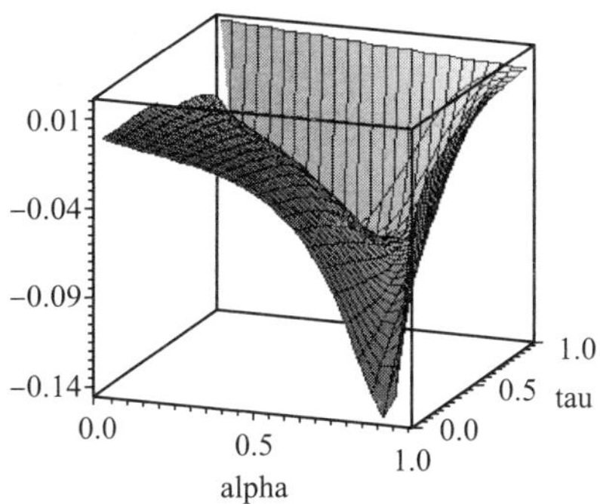

图 13-4 $I_{1_0}^* - I_{1_1}^*$ 的数值模拟结果

综上所述：

结论3：与基准情形相比，亏损补偿将降低创业投资家的努力投入水平，从而降低创业投资效率，并且亏损补偿并一定能够吸引更多的私人资本进入。但亏损补偿可使创业投资家的参与约束更易得到满足，从而有助于引导基金设立更多的创业投资子基金。

（三）收益补偿

当政府承诺对创业投资家和私人投资者实行收益补偿方式时，意味着当子基金运作成功时，政府将让渡部分收益给创业投资家和私人投资者，从而使他们的实得收益分享份额超过其出资比例；而当子基金运作失败时，三方各按其出资比例承担子基金亏损。假定收益补偿比例的确定遵循对称原则，即若对创业投资家的收益补偿比例确定为 $\lambda \in (0,1)$，则私人投资者所享受的收益补偿比例为 $\varphi(\lambda)$，且 $\varphi(\lambda)$ 满足 $\varphi'(\lambda)>0$，$\varphi(0)=0$。故与基准情形相比，创业投资家和私人投资者的实得收益分享比例分别将上升至 $\theta^*(1+\lambda)$ 和 $\frac{I(1-\theta^*)[1+\varphi(\lambda)]}{G+I}$。此时创业投资家的期望收益为 $E\pi_{V2}=\theta^*(1+\lambda)p(e_2,V)R-h(e_2)-V$，而私人投资者的期望收益为 $E\pi_{I2}=\frac{(1-\theta^*)[1+\varphi(\lambda)]p(e_2,V)RI}{G+I}-I$。创业投资家的决策问题是：

$$\max_{e_2} E\pi_{V2}=\theta^*(1+\lambda)p(e_2,V)R-h(e_2)-V$$

其最优努力投入水平为 $e_2^*=[c\alpha^2RV^{1-\alpha}(1+\lambda)/2]^{\frac{1}{2-\alpha}}>e_0^*$ （13－9）

式（13－9）表明：与基准情形相比，因为收益补偿提高了创业投资家努力投入的边际收益，等价于子基金运作成功时，政府将对创业投资家给予更高的奖励，从而有效达到激励创业投资家投入更高努力水平之目的，进而提高创业投资效率。

将式（13－9）代入创业投资家的期望收益函数，并利用包络定理可得：

$$\partial E\pi_{V2}/\partial\lambda=\theta^*p(e_2^*,V)R>0$$

即创业投资家的期望收益为收益补偿比例的增函数。而当 $\lambda=0$ 时创业投资家的期望收益为 $E\pi_{V0}$，故当 $\lambda>0$ 时必有 $E\pi_{V2}>E\pi_{V0}$ 成立。上式表明，与基准情形相比，收益补偿将提高创业投资家的期望收益，从而使其参与约束条件更易得到满足，最终将促进子基金的设立及三方合作关系的形成。

利用收益补偿方式下私人投资者的参与约束条件，可以求出其对子基金的最高投资额为：

$$I_2^* = (1-\theta^*)[1+\varphi(\lambda)]p(e_2^*, V)R - G \tag{13-10}$$

因$\partial I_2^*/\partial\lambda = (1-\theta^*)\varphi'(\lambda)p(e_2^*, V)R + (1-\theta^*)[1+\varphi(\lambda)]Rp'(e_2^*, V)\partial e_2^*/\partial\lambda$，且$\varphi'(\lambda)>0$，$p'(e_2^*, V)>0$，$\partial e_2^*/\partial\lambda>0$，故必有$\partial I_2^*/\partial\lambda>0$成立，即$I_2^*$为$\lambda$的增函数。进一步，当$\lambda=0$时，$I_2^*=I_0^*$，故当$\lambda>0$时，$I_2^*>I_0^*$成立。故有：

结论4：收益补偿方式具有三重特征：其一，可以有效激励创业投资家更高水平的努力投入，从而提高创业投资效率；其二，可提高对私人投资者激励强度，从而吸引更多私人资本进入；其三，可提高创业投资家的期望收益，进而促进子基金的设立和合作关系的形成。

（四）收益独享

收益独享是指无论子基金运作情况如何，政府均获取固定收益（如无风险利率），而由创业投资家和私人投资者共享子基金的全部收益并承担全部风险。在实际运作中，收益独享通常按以色列 YOZMA 基金的模式进行操作，即在子基金关闭之前，政府将其股权份额G按一定的溢价率转让给创业投资家或私人投资者，从而实现财政资本的退出。为便于分析，假定政府股权出售的溢价率为零，且创业投资家愿意购买的政府股权比例为$\rho\in[0, 1]$，而剩余部分股权$1-\rho$则由私人投资者购买。在此假定下，创业投资家和私人投资者的收益分享比例分别为：$\theta^*+\frac{\rho G(1-\theta^*)}{G+I}$和$\frac{(1-\theta^*)[I+(1-\rho)G]}{G+I}$。当子基金运作成功时，创业投资家所获得的净收益为$\left[\theta^*+\frac{\rho G(1-\theta^*)}{G+I}\right]R-h(e_3)-V-\rho G$；而失败时的净收益为$-h(e_3)-V-\rho G$，故收益独享方式下创业投资家的期望收益为：

$$E\pi_{V3} = \left[\theta^*+\frac{\rho G(1-\theta^*)}{G+I}\right]p(e_3, V)R - h(e_3) - V - \rho G$$

同理，收益独享方式下创新项目开发成功时私人投资者所能获得的净收益为$\frac{[I+(1-\rho)G](1-\theta^*)R}{G+I}-I-(1-\rho)G$，而失败时为$-I-(1-\rho)G$，故私人投资者期望收益为$E\pi_{B3}=\frac{[I+(1-\rho)G](1-\theta^*)p(e_3,V)R}{G+I}-[I+(1-\rho)G]$。

创业投资家的决策问题是：

$$\underset{e_3}{\text{Max}}\, E\pi_{V3}=\left[\theta^*+\frac{\rho G(1-\theta^*)}{G+I}\right]p(e_3,V)R-h(e_3)-V-\rho G$$

其最优努力投入水平为 $e_3^*=\left\{c\alpha RV^{1-\alpha}\left[\frac{\alpha}{2}+\frac{G\rho(1-\alpha/2)}{G+I}\right]\right\}^{\frac{1}{2-\alpha}}$ （13-11）

将式（13-11）与式（13-2）进行比较可以发现，若$\rho>0$，则必有$e_3^*>e_0^*$。上式表明，与基准情形相比，在收益独享方式下，通过政府股权回购，创业投资家可获得更高的收益分享份额，从而当子基金运作成功时，创业投资家可以获得更高的奖励，而当其失败时，创业投资家亦将承担更重的惩罚。故收益独享机制将对创业投资家形成更强的激励，从而提高创业投资效率。

将式（13-11）代入创业投资家的目标函数并利用包络定理可得：

$$\frac{\partial E\pi_{V3}}{\partial\rho}=\frac{G[(1-\theta^*)p(e_3^*,V)R-G-I]}{G+I}$$

在基准情形下，创新项目开发成功时政府和私人投资者所获得的净收益合计为$(1-\theta^*)p(e_0^*,V)R-G-I$，容易推断$(1-\theta^*)p(e_0^*,V)R-G-I>0$必然成立，否则没有人会对子基金进行投资。又因$e_3^*>e_0^*$，则$p(e_3^*,V)>p(e_0^*,V)$成立，故$(1-\theta^*)p(e_3^*,V)R-G-I>(1-\theta^*)p(e_0^*,V)R-G-I>0$，即$\partial E\pi_{V3}/\partial\rho>0$成立。上式表明，创业投资家所回购的政府股权比例越高，其期望收益越高，越有利于子基金的设立和三方合作关系的形成。而在收益独享方式下，私人投资者的参与约束条件为$E\pi_{B3}=\frac{[I+(1-\rho)G](1-\theta^*)p(e_3^*,V)R}{G+I}-[I+(1-\rho)G]\geqslant0$，等价于$f(I)=[I+(1-\rho)G][(1-\theta^*)p(e_3^*,V)R-(G+I)]\geqslant0$，由此可解出私人投资者对子基金的最高投资规模为：

$$I_3^*=(1-\theta^*)p(e_3^*,V)R-G \quad (13-12)$$

与式（13－4）进行比较，容易看出当$\rho>0$时，$I_3^*>I_0^*$必然成立。故：

结论5：收益独享能有效激励创业投资家的努力投入，从而提高创业投资效率；同时吸引更多私人资本投资，并促进子基金的设立和三方合作关系的形成。

（五）收益补偿与收益独享机制的比较

将结论5与结论4进行比较，容易发现收益独享和收益补偿机制的激励特征几乎一致，但激励强度是否一致值得进一步比较。为此必须设定合理的比较基准。与第二节类似，合理而直观的比较基准是：不同补偿方式下的政府激励成本相同。由于核心激励对象为创业投资家，故比较基准为：

$$\lambda\theta^* = \frac{\rho G(1-\theta^*)}{G+I} \Leftrightarrow \rho = \frac{\lambda\alpha(G+I)}{G(2-\alpha)}$$

在此基准下，通过对式（13－9）和式（13－11）进行比较可知$e_2^*=e_3^*$，即当激励成本相同时，对创业投资家努力投入的激励强度也无差异。据此对式（13－10）和式（13－12）进行比较可以发现，若$\lambda>0$，则$I_2^*>I_3^*$必然成立，故：

结论6：在预期补偿成本相同的前提下，收益独享机制对私人投资者的激励强度要弱于收益补偿机制。

结论6背后的经济逻辑是：当政府对创业投资家的激励成本相同时，两种补偿机制下创业投资家的努力投入水平相同，从而对子基金的预期收益不会产生影响。当政府实行收益补偿时，私人投资者将获得较基准情形更高的期望收益，但却无须付出额外的代价；而在收益独享方式下，增量收益的获取必须付出回购政府股权的代价，因此，私人投资者收益独享机制下的期望净收益将低于收益补偿机制，从而其对子基金的意愿投资额将相应减少。

必须指出的是，收益独享机制并不是一种事后可实施的机制，即关于政府股权回购的事前约定不可能在事后强制实施。因为收益独享机制在事后可能与私人投资者和创业投资家的有限责任保护约束相冲突，例如，如果子基金的亏损额高于政府出资G，则双方回购政府股份所承担的亏损将超过其回购成本，即投资者将承担超过其出资额的亏损，从而破坏有限责任保护条款。因此在收益独享机制下，回购政府股权的事前约定在子基金出现超过政府出资规模的亏损时是不可能实施的。事实上，仅当子基金实现赢利时，YOZMA基金所确立的经典运作模式才可能实施。如果进一步考虑到政府股权是否能够顺利出售，特别是创业投资家是否愿意回购这一因素，则收益独享机制对私人投资者的激励作用将进一步削弱。

四、本章小结

政府利用财政资本设立创业投资引导基金的基本目标之一是充分发挥财政资本的杠杆放大作用，吸引更多的私人资本进行创业投资领域，从而保障企业技术创新的资本投入，间接扩大企业技术创新规模。引导基金模式下所成立的创业投资子基金通常承载特定的政府目标，如投资于政府指定行业（或项目），投资于商业性创业资本不愿意投资的创新项目，由此使引导基金的运作偏离利润最大化目标。因此吸引私人资本投入，并促成子基金的成功设立，政府通常将对创业投资家和私人投资者进行相应的补偿。本章对实践中常用补偿方式的激励效应进行了对比分析，以期为最优补偿规则的设计提供理论借鉴。本章的主要发现是：

（1）基于亏损的补偿意味着子基金运作失败时将减轻对创业投资家的惩罚，因此既不利于提高创业投资效率，也不利于扩大创业投资规模；而基于收益补偿有助于激励创业投资家进行更高水平的努力投入，从而提高子基金的运作效率，进而吸引更多私人资本进入，最终扩大创业资本规模。

（2）收益补偿还能弱化创业投资家的参与约束，有助于子基金的设立和政府、创业投资家、私人投资者三方合作关系的形成。进一步，当激励成本相同时，收益补偿机制对私人投资者的激励强度将高于收益独享机制，并且由于收益独享机制在事后可能与创业投资家和私人投资者的有限责任保护相冲突，其可实施性难以保障，因此更加削弱其对私人投资者的吸引力。

上述结论的政策含义是，政府补偿机制的设计应针对不同补偿对象区别对待，简单照搬惯例可能影响补偿机制的实施效果。例如，我国的部分引导基金在设计补偿规则时，即使仅补偿私人投资者也采用收益补偿，根据本章的分析，这一补偿机制既不能达到吸引私人资本的目的，还将在子基金实现赢利时降低政府的实得收益。而在广为人知的 YOZMA 基金运作模式中，政府通过股权转让退出子基金这一收益独享模式并不是事后有效的，其事前激励效应不及收益补偿，因此在引导基金补偿规则的设计中应理性对待。

第十四章

提高“产学研”协同创新效率的财政政策研究

尽管企业是国家技术创新的主体，然而一国综合技术创新实力不仅取决于企业，还与高等院校、科研院所和科技中介机构等紧密相关。事实上，企业在一国技术创新体系中主要从事知识的转化工作，而知识的生产因为具有高度的外溢效应和较长的经济回收周期，企业并不愿意投入过多的资源，因此知识的生产主要由高校和科研机构承担，知识生产的投入也主要由政府承担。就长期而言，知识生产的质量和效率是决定企业和国家技术创新能力和效率的关键。因此本章将从国家创新体系的角度出发，研究财政科技政策对企业、高校和科研机构协同创新效率的影响。同时，第五章的研究曾经指出，虽然近年来中国科技创新投入增长迅速，问题已居世界第二，但在基础研究和应用研究（即知识生产）方面的投入严重偏低，本章试图通过多国样本的实证研究，分析知识生产投入对国家技术创新效率的影响，进而从宏观角度界定国家财政科技投入的定位和作用。

一、引　　言

“国家创新体系”（National Innovation System，NIS）这一概念由弗里曼（Freeman，1987）首次提出，他涵盖了由政府、企业、高校、科研机构、科技中介机构和消费者等所组成的“政产学研用”协同创新网络。在这一最高层次的创新体系中，政府所起的作用具有多面性：首先，政府可以直接进行创新投入；其次，政府可以制定创新政策影响其余创新主体的行为；最后，政府可以通过创新环境和创新基础设施建设影响国家创新效率。弗曼、波特和斯特恩（Furman，Porter and Stern，2002）开创性地建立了FPS分析框架进行了国家创新能力的影响因素分析。他们发现，一国优越的创新环境和完善的创新基础设施对国家创新能力有显著的正向促进作用。以此为基础，胡和马修斯（Hu and Mathews，2005）对FPS分析框架进行了改进和完善，并以中、韩、新加坡、中国台湾等为样本，分析了东亚经济体中国家创新能力的主要影响因素，除了再将验证弗曼等的发现外，他们强调创新制度建设同样是影响国家创新能力的重要影响。自此之后，FPS几乎成为后续研究的标准分析框架，在此分析框架下，弗曼和海因斯（Furman and Hayes，2004）等的研究表明，除了良好的创新基础设施和合适的创新政策外，金融支持和人力资本也是促进国家创新能力的重要因素。胡等（Hu et al，2011）利用SFA法比较了24个国家的创新效率，并分析了其影响因素。其研究表明，研产协作、人力资本和知识产权保护可以有效提高国家创新效率。

就国内学者的研究而言，官建成和何颖（2009）认为国家创新是由知识生产、知识转化两个环节构成的有机整体，并利用22个OECD国家的样本数据进行了实证研究，其研究表明，知识转化是影响国家创新效率的关键环节，而创新环境和创新制度建设对知识生产和知识转化效率均起到了显著的促进作用；吕新军和胡晓绵（2010）聚焦于制度建设对国家创新效率的影响。利用2000～2006年28个国家的样本数据，他们的研究发现一国政治制度、市场化程度、贸易开放度等均是影响创新效率的重要因素，但对发展中国家而言，法律制度对国家创新效率的影响并不显著。郭淡泊等（2012）分析了FDI、人才流动等因素对国家创新效率的影响，他们发现FDI显著促进了发展中国家的创新效率，而对发达国家的作用则刚好相反；人才流动对全部样本国家的国家创新效率均形成了显著的负面影响；贸易保护能有效提高发达国家的创新效率，但显著抑制了发展中国家的创新效率。

就本质而言，国家创新效率可以等同为“政、产、学、研、用”等创新主体的协同创新效率。尽管对国家创新效率的研究已经足够深入和广泛，但从协同创新的角度看，已有文献对以下问题仍然缺乏系统的分析：其一，

“政、产、学、研”是构成 NIS 的核心主体，因此从 NIS 的角度看，不同创新主体之间的创新活动是否是协同有效的？其二，在 NIS 中，政府作用的多重性决定其可以通过多种方式对国家创新效率形成影响。已有文献尽管进行了多方面研究，但关于政府财政科技政策（特别是税收和补贴政策）对国家创新效率影响的研究文献却并不多见，因此对上述问题的回答将成为本章的主要研究议题。

二、研究假设的提出

根据弗里曼（Freeman，1995）所建立的线性创新模型，一国技术创新活动是由基础研究→应用研究→试验发展与商业化转化→新产品的社会扩散等所构成的完整链条。在这一线性创新链条中，基础和应用研究主要是增加人类的知识拥有量，属于知识的生产范畴，其主体主要由高等院校和科研机构构成；试验发展则是利用基础研究和应用研究所生产出的科学知识，为开发新产品、新材料、新装置、新工艺，以及对已有产品、材料、装置、工艺等进行实质性改进而进行的系统性工作，它本身并不产生新的科学知识，而是把知识转化为生产力的过程。在 NIS 中，企业是从事知识转化过程的主体。

根据上述模型，“产学研”协同创新效率主要取决于知识生产和知识转化效率。而知识生产和知识转化均需要资本投入，其中由于知识生产的外溢效应决定其投入主要由政府承担，而知识转化的投入则主要由企业承担。除此之外，尽管还有其他投入主体，但从各国近 30 年的实践看，政府和企业占据了创新投入的绝大份额。由此我们将发现，由于创新主体的创新支出主要来自于政府和企业投入，因此如果说一国创新主体是协同有效的，那么就必然意味着政府和企业投入必然有助于国家创新效率的提高；反过来，如果政府和企业投入有效提高了一国创新效率，那么也就意味着创新主体之间是协同有效的。换句话说，由于创新资源投入和创新资源使用是同一硬币的两面，其对国家创新效率的影响也是同一的。由此我们提出本章需要验证的第一个假设：

假设 1：若政府和企业投入有效提高了国家创新效率，则“产学研”必然协同有效；反之成立。

在第六、七章中，我们仅从企业角度分析了财政政策对企业技术创新效率的影响，其中一个主要结论是，政府的直接财政投入是激励中性的，对企业技术创新效率并无显著影响。然而，如果把分析的范围扩展到国家创新体系，假设 1 似乎与此相矛盾，然而事实并非如此，原因在于：在国家创新体系中，国家创新效率不仅取决于企业技术创新效率，还与“产学研”之间的协同创新效率直接相关。政府对企业的直接财政资助尽管无助于提高企业技术创新效率，但却对高校、科研机构与企业之间的协同创新效率紧密相关。根据假设 1，只要我们能够验证“产学研”之间是协同有效的，那么就必然意味着政府直接财政投入能有效提高国家创新效率。

在此基础上，我们可以进一步分析税收政策对国家创新效率的影响。在第六、七章的分析中，我们以企业作为研究对象所得到的一个核心结论是，企业创新产出征收所得税，其实质是对企业创新活动进行了惩罚，因此既不利于扩大技术创新规模，也不利于提高技术创新效率。然而若把研究范围扩展到国家创新体系，并且把针对企业的税收扩展为一国宏观税赋，则我们同样将发现，上述结论也将发生变化。

在国家创新体系中，高校和科研机构的创新投入主要来自于财政投入，而财政投入则来自于税收。在一国税收的构成中，来自于企业的所得税只是其中一部分。如果假设 1 成立，并且我们分析的对象仅为企业所得税，那么此时所得税对国家创新效率将产生两种相反的影响：第一，所得税的存在将抑制企业技术创新效率的提高，进而对国家创新效率形成不利影响；第二，高校和科研机构的财政科技投入部分来自于企业所得税，若“产学研”协同有效，那么所得税将有助于提高国家创新效率。因此，企业所得税对国家创新效率的影响净效果可能是中性的。

若将分析的对象扩展到一国宏观税收，则由于企业所得税只是其一部分，宏观税率中的流转税部分企业可以有效转嫁，而来自于其他纳税主体的税率变化不会影响企业技术创新激励，因此，宏观税率的变化对企业技术创新效率的影响将弱于企业所得税。当假设 1 成立时，若一国宏观税率过低，政府财政能力薄弱，对高校和科研机构的科技创新投入不足，从而使得基础研究和应用研究中的资本/人力比值无法达到最优技术系数要求，导致生产效率过低，尽管此时对知识转化负面激励较小，但国家创新效率的增长可能是不利的。随着宏观税率的提高，对知识生产的投入也随之增长，知识生产的效率将加速增长，从而抵消知识转化效率的降低，进而使国家创新效率呈增长趋势；当宏观税率提高到某一临界值后，随着税率的继续增长，知识生产投入的边际产出将越来越低，而对知识转化效率的负面影响将越来越大，从而使国家创新效率由递增转为递减。

以下我们将以一个简单的模型证明上述猜测。某一小国经济由政府、一家企业和一个研究开发机构构成。企业和研究机构拟合作进行一项技术创新开发活动，所需投资为 I。其中研究机构投入 I_1，企业投入 I_2。企业投入来自于利润（企业家才能的报酬），而研究机构因为没有产出，其投资来源于政府财政资助，而政府财政则来自于税收。假定创新活动的产出为 R，根据边际生产力理论，R 将转换为工资、利息、地租、利润等要素收入。政府将对要素收征税，出于分析的方便，假设税率均等，均为 $t \in (0,\ 1)$，则政府的宏观税收收入为 tR，其资助研究的创新投入为 $I_1 = ktR$，$k \in (0,\ 1)$。假定创新企业家所获得的利润为税后收入的某一比例值 $\lambda \in (0,\ 1)$，并将利润全部投入技术开发活动，且政府不对企业的开发投入进行财政补贴，即 $I_2 = \lambda(1-t)R$。进一步假定上述活动可以复制进行若干期，从而使我们在分析中忽略时序问题。

若假设 1 成立，即“产学研”是协同有效的，则创新产出 R 将同时依赖于二者的创新投入。假定 $R = AI_1^{\alpha} I_2^{\beta}$ 且 $\alpha + \beta > 1$，则将 $I_1 = ktR$，$I_2 = \lambda(1-t)R$ 代入可得 $R = (Ak^{\alpha}\lambda^{\beta})^{\frac{1}{\alpha+\beta-1}} t^{\frac{\alpha}{\alpha+\beta-1}} (1-t)^{\frac{\beta}{\alpha+\beta-1}}$。为简化符号，不妨令 $\delta = (Ak^{\alpha}\lambda^{\beta})^{\frac{1}{\alpha+\beta-1}}$，则 $R = \delta t^{\frac{\alpha}{\alpha+\beta-1}} (1-t)^{\frac{\beta}{\alpha+\beta-1}}$。政府的目标是确定最优的宏观税率 t，使全社会总产出 R 最大化，即其决策问题为：$\underset{t}{Max}\ R = \delta t^{\frac{\alpha}{\alpha+\beta-1}} (1-t)^{\frac{\beta}{\alpha+\beta-1}}$。令 $\mathrm{d}R/\mathrm{d}t = 0$ 可得出则最优税率为 $t^* = \dfrac{\alpha}{(\alpha+\beta)}$。由于 $\mathrm{d}t^*/\mathrm{d}\alpha > 0$，$\mathrm{d}t^*/\mathrm{d}\beta < 0$，因此，最优宏观税率取决于科研机构和企业的产出弹性 α 和 β。α 越高，意味着科研机构的创新产出弹性越大，因此提高宏观税率以增加对科研机构的财政投入是有利的；反之，若 β 越大，表明企业的创新产出弹性大，此时政府应该减少宏观税率，使得企业有更高的开发投入。

进一步可以看出，当 $t < t^*$ 时，$\mathrm{d}R/\mathrm{d}t > 0$；而当 $t > t^*$ 时，$\mathrm{d}R/\mathrm{d}t < 0$。由

此可以得出本章需要验证的假设2：

假设2：宏观税率与国家创新效率之间存在倒“U”型关系，过高可过低的宏观税率均不利于国家创新效率的提高。

三、实证检验

（一）研究方法及样本选择

本部分除了对假设1及假设2进行实证检验外，还试图通过对国家创新效率的国别比较分析弄清楚中国知识生产效率、知识转化效率和国家创新效率的现状，进而寻找到影响国家创新效率的重要因素，从而为未来财政科技政策的优化提供经验借鉴。要达到这一目的，首先必须确定国家创新效率的度量方法。

借助于官建成和何颖（2009）、官和陈（Guan and Chen，2012）的分析框架（见图14－1），本章将国家创新系统分解为知识生产和知识转化两个子系统，由此可对知识生产、知识转化和国家创新系统的投入产出效率进行分析。

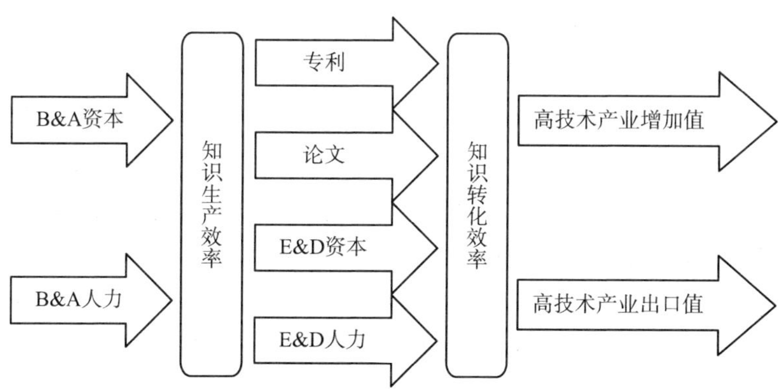

图14－1 国家创新效率评价框

效率分析的第一步在于投入、产出指标的确定。就知识生产效率的度量而言，投入指标一般取 2 个，即一国在基础研究和应用研究（B&A）上的资本投入以及人力投入；产出指标通常也取 2 个，即一国的专利数量和科技论文数量。就知识转化效率的度量而言，其投入指标由知识生产环节的 2 个产出指标（专利、科技论文数量）以及一国用于试验发展的人力和资本投入 2 个指标共同构成。综合已有研究文献，知识转化阶段的产出指标则由高技术产业增加值和高技术产品出口值 2 个指标构成。就国家创新效率而言，相应的投入指标为一国在创新活动上的全部资本和人力投入，而其产出指标则包含专利、科技论文、高技术产业增加值和出口值 4 个指标。

为进行效率评价并识别其影响因素，已有文献常用的方法有两种，即基于随机前沿分析的“一步法”和基于数据包络分析的“两步法”。随机前沿分析法（SFA）的特点是，通过在模型中设定非效率因素，SFA 可以同时完成效率评价和影响因素分析，并且还能考虑随机因素对效率评价的影响。但 SFA 只能设定一个产出指标，并且需要人为设定投入产出变量之间的函数关系。数据包络分析法（DEA）克服了 SFA 方法的不足，它可以设定多个产出变量，并且无须设定投入产出变量之间的函数关系，但 DEA 法有两个不足，一是无法纳入影响效率评价的随机因素；二是效率评价和影响因素分析必须分为两步进行，即首先进行效率评价，然后以效率评价结果作为因变量，以影响因素作为自变量，再使用受限因变量的 Tobit 回归模型（Timmer，1971）进行影响因素分析。要本章所采用的分析框架下，由于创新产出指标具有多重性，因此以下将采用 DEA – Tobit 两步法。

考虑到数据的可获得性及完整性，实证分析共选择了 30 个国家作为研究样本。其中 OECD 国家 25 个，非 OECD 国家 5 个。相关情况如表 14 – 1 所示。

在样本考察时段的选择上，由于各国科技论文的最新数据截至 2013 年度（由美国国家科学基金委员会出版的《Science and Engineering Indicators 2016》公布），因此，本章所确定的样本分析时段为 2000 ~ 2013 年。相关投入产出指标数据主要来源于 OECD 数据库和《Science and Engineering Indicators 2016》。

表 14－1　　实证研究样本选择

OECD 国家（25 个）									
国家	缩写	国家	缩写	国家	缩写	国家	缩写	国家	缩写
澳大利亚	AUS	丹麦	DEN	爱尔兰	IRL	荷兰	NLD	西班牙	ESP
奥地利	AUT	芬兰	FIN	意大利	ITA	新西兰	NZL	瑞典	SWE
比利时	BEL	法国	FRA	日本	JPN	挪威	NOR	土耳其	TUR
加拿大	CAN	德国	DEN	韩国	KOR	波兰	POL	英国	GBR
捷克	CZE	匈牙利	HUN	墨西哥	MEX	斯洛伐克	SVK	美国	USA
非 OECD 国家（5 个）									
阿根廷	ARG	中国	CHN	俄罗斯	RUS	新加坡	SGP	南非	ZAF

（二）国家创新效率的国别比较分析

1. 投入产出指标选择及时滞确定

为比较各国国家创新效率，本章以各国研发资本和人力投入作为投入指标。其中研发人力投入以各国研发人员全时当量计算（RDFTE，单位：人年）。需要注意的是，美国仅公布研究人员全时当量（RFTE）数据，而无研发人员全时当量，因此，本章根据文化背景相近的英、德、法三国为基准，对美国的 RDFTE 采用两种方法进行估计，并取其均值。具体估计方法是：①首先计算出美国逐年单位 RFTE 的基础研究投入，再计算出英、德、法三国相应指标的平均值，确定彼此之间的换算系数，然后再计算出英、德、法三国逐年单位试验发展人员全时当量（DFTE）的 E&D 投入均值，最后根据美国逐年 E&D 投入和折算系数推算出美国 DFTE，并与 RFTE 相加即得到 RDFTE；②在计算出美国逐年单位 RFTE 的基础研究投入后，直接计算英、德、法三国逐年单位 RDTFE 的 R&D 投入均值，确定换算系数，再利用美国逐年 R&D 投入数据折算出 RDFTE 值。估计结果表明，中国 2010 年的 RDFTE 开始超过美国，这与实际情况一致。

格里利谢斯（Griliches，1980）认为，当年研发资金投入并不会被完全消耗掉，部分研发资金会资本化并影响后续年份的创新产出，因此，目前惯常的做法是将研发资金投入转化为研发资本存量（RDCap，单位：百万美元）。具体转换方法是：首先将各国逐年研发资金投入按购买平价（PPP）转换为2010年可比美元值，从而消除价格因素的影响，然后使用永续盘存法进行转换。具体转换方法是：令 $K_{i,t}=(1-\delta)K_{i,t-1}+R_{i,t}$，其中 $K_{i,t}$ 表示 i 国第 t 年的R&D资本存量，$R_{i,t}$ 表示 i 国第 t 年的R&D资金支出，δ 为R&D资本折旧率（一般取15%）。而基准年份的研发资本存量则由 $K_{i,0}=R_{i,0}/(g_i+\delta)$ 确定，其中 g_i 为 i 国在样本考察期内研发资金投入（以不变价计算）的年均复合增长率。

产出指标共选择了四个：包括高技术产业增加值（ValHT，单位：2010年百万PPP美元）、高技术产业出口值（ExpHT，单位：2010年百万PPP美元）、专利和科技论文数量。在进行效率评价时，首先将高技术产业增加值和出口值转换为2010年的PPP美元值，从而消除价格影响。

关于专利数量指标，部分研究人员认为，三方专利授权数（即同时获得美国专利商标局、欧洲专利局和日本专利局授权的专利）不但可以衡量一国技术创新规模，还能表征技术创新质量，因此更合适作为技术创新的产出指标。但据OECD的统计，三方专利申请至授权的时滞至少4年，有时甚至长达10年，因此将其作为产出指标使用时，该指标的投入产出时滞与其余3个指标严重不匹配，从而影响评估结果。因此，本章拟采用各国PCT（专利合作协定）专利申请数作为产出指标（PCT，单位：件）。而科技论文数量（Articl，单位：篇）则由 *Science and Engineering Indicators* 2016（由美国国家科学委员会隔年出版公布）所发布的各国在相关科技领域所公开发表的学术论文进行度量。

在进行知识生产效率评价时，投入指标选择了基础和应用研究资本存量（BACap，单位：2010年百万PPP美元）及基础研究人员全时当量（RFTE，单位：人年）。其中BACap同样是根据逐年基础和应用研究资金投入按照永续盘存法转换为资本存量。产出指标的选择包括量（PCT，单位：件）和量（Articl，单位：篇）。

在进行知识转化效率评价时，投入指标除PCT专利申请数和科技论文数外，还包括各国试验发展资本存量（EDCap，单位：2010 年百万 PPP 美元）和试验发展人员全时当量（EDFTE，单位：人年）。产出指标则由高技术产品出口值（ExpHT）和高技术产业增加值（ValHT）构成，二者均以 2010 年 PPP 美元计价。

在进行创新效率评价时，由于科技创新投入通常并不能在当年立即获得产出，因此创新投入和创新产出之间存在时滞。就所选择的样本而言，稳健性分析表明，选择 1 ~4 年的滞后均不会对本章的主要结论产生影响，因此按照多数研究文献的取值，以下在进行国家创新效率评价时，将投入产出时滞确定为 2 年，而在进行知识生产和知识转化效率的评价时，则将时滞分别确定为 1 年。同时，为保证分析结果涵盖 2000 ~2013 年，相应投入指标向后延伸 1 ~2 年取值。

表 14 –2 给出了中国与其他 29 国相关投入产出指标的概略对比情况（表中指标 GERD 表示研发资本投入)。从表 14 –2 可以看出，无论是从创新投入还从创新产出指标看，样本考察期内中国的增长速度远高于其余 29 国，说明中国技术创新规模尚处于高速增长期。从单位投入的产出比率看，衡量国家创新效率的单位 GERD 和单位 RDFTE 对应的 ValHT、ExpHT、Articl、PCT 产出比率均高于其余 29 国的平均水平；衡量知识转化效率的单位 ED 和单位 DFTE 对应的 ValHT、ExpHT 产出比率更是远高于其余 29 国均值，而衡量知识转化效率的单位 BA 和单位 RFTE 对应的 Articl、PCT 产出比率却远低于 29 国均值。这一直观分析暗示，知识生产效率的低下可能是影响中国国家创新效率的关键因素。

表 14 –2　　　　中国与其余国家投入产出指标比对

指标	中国		其余 29 国	
	均值	年均增长率	均值	年均增长率
ValHT	115914. 57	15. 65%	28436. 24	0. 05%
ExpHT	251901. 81	13. 79%	42290. 12	4. 34%
Articl	37939. 00	15. 42%	19512. 00	2. 97%

续表

指标	中国		其余 29 国	
	均值	年均增长率	均值	年均增长率
PCT	4354. 87	36. 92%	3731. 64	10. 21%
GERD	81593. 12	18. 11%	15600. 76	4. 87%
RDFTE	1377754. 42	8. 76%	235832. 83	3. 44%
BA	78582. 55	15. 75%	58751. 63	4. 64%
RFTE	927425. 35	5. 43%	143495. 31	3. 70%
ED	142010. 61	20. 72%	83625. 88	5. 44%
DFTE	391722. 80	11. 68%	93692. 21	4. 21%

2. 国家创新体系的 DEA 效率比较分析

Cooper 等（2001）对 DEA 方法的适用性研究表明，为了得到比较可靠的效率评价结果，在使用 DEA 时，投入、产出指标数量 m 和 s 与决策单元数量 n 之间应满足一定的约束条件，即 $n \geqslant \max\{m \times s,\ 3(m+s)\}$。就本章所选择样本和投入产出指标而言，上述条件显然满足。表 14 –3 给出了 30 个样本国家的国家创新效率、知识生产效率、知识转化效率的 DEA 均值和排序情况。

表 14 –3　　各国创新效率 DEA 评价结果

国家	国家创新效率		知识生产效率		知识转化效率	
	平均	排序	平均	排序	平均	排序
ARG	0. 8051	29	0. 7150	29	0. 6546	10
AUS	0. 9340	11	0. 8386	15	0. 3702	29
AUT	0. 8748	23	0. 7684	25	0. 4296	20
BEL	0. 8798	21	0. 8533	13	0. 4034	25
CAN	0. 9094	18	0. 8922	10	0. 3610	30
CHN	0. 9115	17	0. 7757	21	0. 9360	2
CZE	0. 8182	28	0. 7848	19	0. 5118	15
DEN	0. 9190	16	0. 8481	14	0. 4205	23

续表

国家	国家创新效率		知识生产效率		知识转化效率	
	平均	排序	平均	排序	平均	排序
FIN	0. 9327	12	0. 8956	9	0. 4216	22
FRA	0. 8681	25	0. 7726	24	0. 4587	19
DEU	0. 9577	10	0. 9616	4	0. 5208	13
HUN	0. 8682	24	0. 8614	12	0. 5886	11
IRL	0. 9905	1	0. 9125	7	0. 7806	7
ITA	0. 9318	13	0. 8957	8	0. 4238	21
JPN	0. 9637	7	0. 8203	17	0. 8676	4
KOR	0. 9042	19	0. 7343	27	0. 7400	8
MEX	0. 8357	26	0. 6799	30	0. 6852	9
NLD	0. 9746	3	0. 9638	3	0. 3910	26
NZL	0. 8760	22	0. 8895	11	0. 8012	6
NOR	0. 9646	6	0. 7756	22	0. 4683	18
POL	0. 8968	20	0. 7568	26	0. 4709	17
RUS	0. 7850	30	0. 7329	28	0. 4202	24
SGP	0. 9619	9	0. 7772	20	0. 8339	5
SVK	0. 9733	4	0. 9765	2	0. 9778	1
ZAF	0. 8303	27	0. 7752	23	0. 4943	16
ESP	0. 9270	14	0. 8341	16	0. 3782	28
SWE	0. 9625	8	0. 9175	5	0. 3904	27
TUR	0. 9222	15	0. 8011	18	0. 5703	12
GBR	0. 9646	5	0. 9171	6	0. 5167	14
USA	0. 9888	2	0. 9820	1	0. 9104	3

从表 14 - 3 可以看出，样本考察期内中国国家创新效率处于中等偏下水平，在 30 个国家中排名第 17 位。导致这一结果的主要原因在于中国较低的知识生产效率，其在 30 个国家中排名第 21 位。中国低下的知识生产效率来源于两方面的因素，一是对基础和应用研究的投入长期偏低，致使知识生产

达不到生产的规模经济要求。近年来，随着基础研究和应用研究投入的持续增长，人均研究人员支配的基础研究投入不断增加，预计这一趋势将得到根本缓解；二是高校科研人员是基础研究的主要承担者，在现行高校科研人员考评制度下，科技论文数量高速增长，但衡量知识生产效率和质量的 PCT 专利申请数量较创新强国仍然存在较大的距离，从而制约了知识生产效率的提高。

从表 14－3 还可以看出，与知识生产的低效率相反的是，中国的知识转化效率非常高，在 30 个国家中排位第 2。这与官建成和何颖（2009）及官和陈（Guan and Chen，2012）的研究结果不同。产生这一差异的根本原因在于，上述文献在进行知识转化效率的评价时，为使评估结果不受国家规模影响，所使用是产出指标为两个相对指标，即高技术产业增加值、出口值占 GDP 的比重，但其投入指标却又使用了绝对指标，这种不对称做法会低估大国而高估小国的知识生产效率。原因在于，当投入指标使用绝对量，大国和小国投入差异非常大，而当产出指标消除国家规模影响后，大国和小国的产出差异将大幅度缩小，从而出现小国以较少的投入生产出了较大的产出，而大国则以较高的投入生产出了较少的产出，从而使评价结果出现差异。

事实上，中国以较少的知识转化投入（特别是专利和科技论文投入）生产出了全世界最大的高技术产业增加值和出口值，其知识转化效率自然不可能太低。同时从直觉上看，中国企业的技术模仿能力有目共睹，这也是导致中国高知识转化效率的一个重要因素。然而对这一评估结果也不能过于乐观，原因在于，根据国家科技部的统计，中国高技术产业出口值的很大比例是由外资企业和合资企业贡献的，这些企业多数使用了母国的专利技术等知识转化投入，如果考虑到这一因素，单纯考虑内资企业的话，评价结果可能不会如此乐观。

同时，上述效率评价结果表明，知识生产效率和知识转化效率的差异可能是拉低中国国家创新效率的重要原因。由于在知识生产环节缺乏原创性科研成果，仅凭模仿创新不可能持续提高国家创新能力。因此本章的分析结果再一次表明，加强基础研究和应用研究投入，改革基础研究和应用研究环节的激励机制，鼓励研究人员进行原始创新，提高基础研究成果水平和质量应是未来财政科技政策的重要改革方向。同时，“产学研”之间的脱节也是导致这一现状的重要原因，尽管基础研究环节生产出来了大量的科技论文和专利，但因为与市场需求的脱节，却难以转化为现实生产力，因此加强“产学研”合作，使有限的基础和应用研究资源生产出符合市场需求的知识，也是财政科技政策应考虑的重点问题。

图 14－2 进一步对中国与其余 29 国的国家创新效率进行了动态比较。从中可以看出，在样本考察期内，中国的国家创新效率在 2008 年前呈持续、高速增长态势，至 2008 年达到最优效率水平，其后除 2009 年受金融危机影响外，基本保持在最优水平上。而其余 29 国的国家创新效率平均而言则呈缓慢下降趋势。正是这一相反的变动趋势，使得从 2005 年开始，中国的国家创新效率开始超过 29 国的平均水平，并且这一差距逐渐加大。

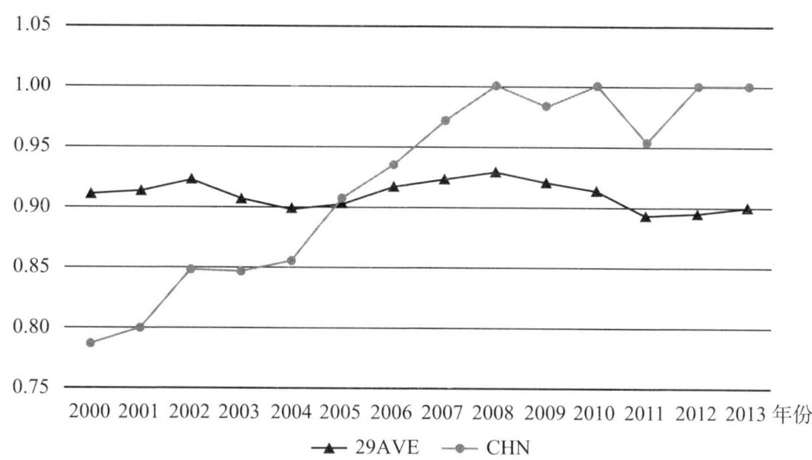

图 14－2　中国与其余 29 国国家创新效率的动态比较

图 14－3 则就中国与其余 29 国的知识生产效率进行了动态对比。与国家创新效率类似，随着中国知识生产投入的持续增长，从 2004 年起，中国的知识生产效率呈现出加速上升趋势，2010 年开始超过 29 国平均水平，并且随着中国对基础研究资助力度的加强，知识生产效率的增长速度越来越明显，至 2013 年已达最优效率水平。但同样值得注意的是，中国知识生产效率的提高主要得益于科技论文数量的快速增长，而衡量知识生产质量的指标，如 PCT 专利申请数、三方专利簇数量等与创新强国的差距依然巨大，且增长速

度远低于科技论文。

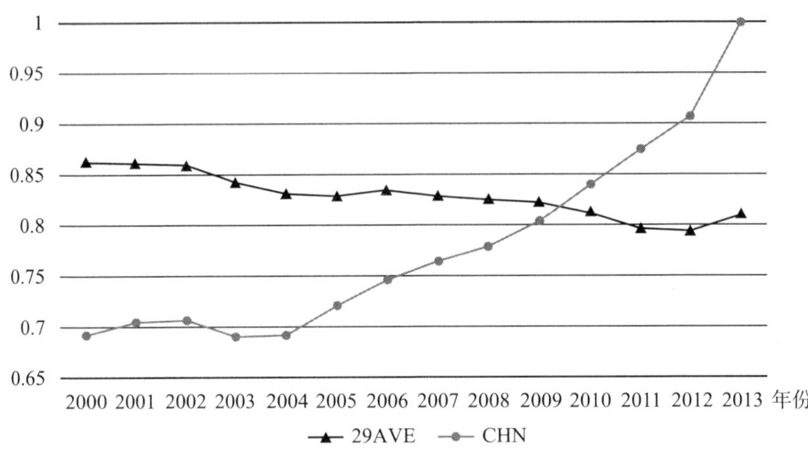

图 14－3　中国与其余 29 国知识生产效率的动态比较

图 14－4 就知识转化效率进行了类似的动态对比分析。从图中可以看出，中国的知识转化效率一直显著高于其余 29 国的平均水平。除在网络泡沫危机和金融危机后出现过较大幅度的下滑后，其余年份基本徘徊在最优效率水平附近。

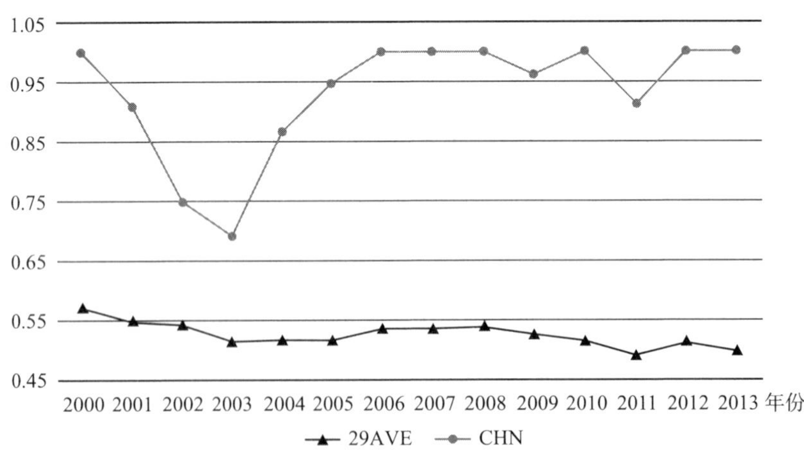

图 14－4　中国与其余 29 国知识转化效率的动态比较

3. 各国创新效率的 Malmaquist 指数分析

一国创新效率的变化主要由资源驱动和技术驱动，通过对国家创新效率进行 Malmquist 指数分解，可以对一国全要素创新效率的构成及动态变化情况进行分析，从而明确国家创新效率变化的短板，进而有针对性地进行改进。一国全要素创新效率（TFPCH）的变化由技术进步变化（TECH）和技术效率变化（EFFCH）共同决定。其中技术进步变化（TECH）衡量所有决策单元相邻两年技术前沿面的移动情况。若 TECH >1，则表明生产前沿而向前移动，生产技术出现了进步。在 DEA 分析中，由于决策单元对所使用的技术具有记忆性，因此一般认为不应出现技术退步现象。故为避免 Malmquist 指数分析中出现技术退步，通常采用序列 DEA 分析，即在构造各年技术前沿面时，应将过往时期的信息均包含在其中，从而有效避免技术前沿面的退化。技术效率变化（EFFCH）反映的是单个决策单元对最优技术前沿面的追赶情况，可以衡量决策单元在资源配置和资源使用方面的综合效率。EFFCH >1 表明决策单元出现了技术追赶效应，即与最优技术前沿面的距离在缩小。技术效率变化由纯技术效率变化（PECH）和规模效率变化（SECH）共同决定。纯技术效率变化反映了在最优生产规模下决策单元要素投入的生产效率，它可用于衡量决策单元的资源配置效率；而规模效率变化反映的是实际生产规模与最优生产规模的差距，可用于衡量决策单元的资源使用效率。表 14 -4 和表 14 -5 汇总了各国各时期国家创新效率的 Malmaquist 指数分析结果。

从表 14 -5 可以看出，在样本考察期内，中国国家创新的全要素生产率出现了约 0.5% 的增长率，其增长幅度在 30 个样本国家排名第 10。其中纯技术效率和技术效率的增长是导致全要素生产率增长的主要因素，而规模效率在此期间出现了 1.8% 的降幅，拖累了全要素生产度的增长。而从知识生产和知识转化的全要素生产率变化看，同样是规模效率的下降使得全要素生产率出现了负增长。因此结合第五章人分析可以看出，创新资源投入不足，单位创新人力投入的资金占用量偏低，导致了资源使用效率偏低，从而致使国家创新效率的增长受阻。

表 14-4　　Malmaquist 指数分析结果（按国家排序）

国家	国家创新效率					知识生产效率					知识转化效率				
	EFFCH	TECH	PECH	SECH	TFPCH	EFFCH	TECH	PECH	SECH	TFPCH	EFFCH	TECH	PECH	SECH	TFPCH
ARG	0.965	1.000	0.976	0.988	0.965	0.973	1.000	0.968	1.005	0.973	0.836	1.000	0.922	0.906	0.836
AUS	0.999	1.002	0.986	1.013	1.000	0.984	1.002	0.987	0.997	0.986	0.995	1.000	0.948	1.050	0.995
AUT	0.988	1.003	0.988	1.000	0.991	0.975	1.002	0.981	0.994	0.976	1.008	1.000	0.969	1.041	1.008
BEL	1.001	1.005	0.993	1.008	1.005	0.981	1.000	0.980	1.002	0.981	1.029	1.000	0.976	1.055	1.029
CAN	0.988	1.001	0.980	1.008	0.990	0.970	1.000	0.976	0.994	0.970	1.009	1.000	1.003	1.006	1.009
CHN	1.003	1.001	1.022	0.982	1.005	0.989	1.000	1.032	0.959	0.989	0.951	1.000	1.000	0.951	0.951
CZE	1.001	1.000	1.007	0.994	1.001	0.974	1.000	0.963	1.012	0.974	1.092	1.000	0.946	1.155	1.092
DEN	0.987	1.003	0.983	1.004	0.991	0.969	1.001	0.968	1.001	0.970	1.012	1.000	0.970	1.042	1.012
FIN	0.971	1.005	0.974	0.998	0.976	0.970	1.004	0.970	1.000	0.973	0.977	1.000	0.982	0.995	0.977
FRA	1.011	1.002	1.004	1.007	1.014	0.981	1.004	0.991	0.990	0.984	0.988	1.000	0.960	1.030	0.988
DEU	1.023	1.008	1.000	1.023	1.032	1.010	1.010	0.991	1.019	1.020	1.036	1.000	1.006	1.030	1.036
HUN	0.974	1.002	0.966	1.009	0.976	0.947	1.000	0.954	0.993	0.947	0.981	1.000	0.944	1.039	0.981
IRL	1.004	1.019	0.998	1.006	1.023	1.008	1.002	0.972	1.037	1.010	0.980	1.000	0.972	1.008	0.980
ITA	0.998	1.001	0.993	1.005	0.999	0.995	1.009	1.000	0.996	1.005	0.986	1.000	0.982	1.004	0.986
JPN	1.094	1.010	1.000	1.094	1.104	1.081	1.000	1.055	1.024	1.081	1.009	1.000	1.000	1.009	1.009
KOR	1.101	1.006	1.041	1.058	1.108	1.074	1.000	1.100	0.976	1.074	0.940	1.000	0.973	0.966	0.940
MEX	0.956	1.000	0.943	1.013	0.956	1.089	1.052	1.078	1.010	1.146	0.909	1.000	0.911	0.998	0.909

续表

国家	国家创新效率					知识生产效率					知识转化效率				
	EFFCH	TECH	PECH	SECH	TFPCH	EFFCH	TECH	PECH	SECH	TFPCH	EFFCH	TECH	PECH	SECH	TFPCH
NLD	1.015	1.009	1.002	1.013	1.024	1.000	1.018	1.000	1.000	1.018	1.028	1.000	1.041	0.988	1.028
NZL	0.973	1.008	0.985	0.988	0.981	0.970	1.000	0.975	0.995	0.970	0.933	1.000	0.915	1.020	0.933
NOR	1.000	1.004	0.994	1.006	1.004	1.009	1.003	0.999	1.009	1.011	1.013	1.000	0.955	1.061	1.013
POL	0.992	1.000	0.996	0.996	0.992	1.037	1.000	1.042	0.995	1.037	1.027	1.000	0.934	1.099	1.027
RUS	0.896	1.000	0.916	0.979	0.896	0.957	1.003	0.967	0.989	0.959	0.865	1.000	0.834	1.038	0.865
SGP	0.981	1.006	1.000	0.981	0.986	0.977	1.000	0.937	1.043	0.978	0.944	1.000	1.000	0.944	0.944
SVK	1.038	1.000	0.998	1.040	1.038	1.003	1.000	0.997	1.006	1.003	1.189	1.000	0.995	1.195	1.189
ZAF	0.992	1.004	0.985	1.007	0.996	0.970	1.008	0.962	1.009	0.978	0.943	1.000	0.964	0.978	0.943
ESP	0.968	1.000	0.976	0.992	0.968	0.970	1.000	0.972	0.997	0.970	0.953	1.000	0.938	1.017	0.953
SWE	0.995	1.008	0.996	0.998	1.002	0.982	1.003	0.982	0.999	0.985	1.055	1.000	1.068	0.988	1.055
TUR	0.943	1.001	0.956	0.987	0.944	0.995	1.000	0.987	1.008	0.995	0.761	1.000	0.868	0.877	0.761
GBR	0.989	1.003	0.981	1.008	0.991	0.966	1.001	0.975	0.991	0.966	0.994	1.000	0.925	1.075	0.994
USA	1.014	1.004	1.000	1.014	1.017	1.002	1.004	1.000	1.002	1.006	1.008	1.000	0.995	1.014	1.008
平均	0.995	1.004	0.988	1.007	0.998	0.993	1.004	0.991	1.002	0.997	0.979	1.000	0.962	1.017	0.979

表 14 – 5　Malmaquist 指数分析结果及其对比情况（按时间排序）

指标			2000 ~ 2001 年	2001 ~ 2002 年	2002 ~ 2003 年	2003 ~ 2004 年	2004 ~ 2005 年	2005 ~ 2006 年	2006 ~ 2007 年	2007 ~ 2008 年	2008 ~ 2009 年	2009 ~ 2020 年	2010 ~ 2011 年	2011 ~ 2012 年	2012 ~ 2013 年
国家创新效率	中国	EFFCH	0. 922	1. 154	0. 856	0. 891	1. 100	1. 010	1. 093	1. 044	0. 960	0. 934	1. 098	1. 063	0. 952
		TECH	1. 000	1. 014	1. 003	1. 000	1. 000	1. 000	1. 000	1. 000	1. 000	1. 000	1. 000	1. 000	1. 000
		PECH	1. 054	1. 000	1. 000	1. 000	1. 000	1. 000	1. 000	1. 000	1. 000	1. 000	0. 927	1. 079	1. 000
		SECH	0. 875	1. 154	0. 856	0. 891	1. 100	1. 010	1. 093	1. 044	0. 960	0. 934	1. 185	0. 985	0. 952
		TFPCH	0. 922	1. 170	0. 859	0. 891	1. 100	1. 010	1. 093	1. 044	0. 960	0. 934	1. 098	1. 063	0. 952
	其余29国	EFFCH	1. 006	1. 028	0. 973	0. 969	1. 003	1. 055	0. 992	1. 028	0. 986	0. 951	0. 935	0. 994	0. 994
		TECH	1. 018	1. 014	1. 001	1. 001	1. 002	1. 004	1. 000	1. 000	1. 001	1. 000	1. 000	1. 000	1. 013
		PECH	1. 011	1. 021	0. 958	0. 972	0. 984	1. 011	0. 997	1. 011	0. 977	0. 961	0. 932	0. 999	0. 999
		SECH	0. 996	1. 007	1. 015	0. 997	1. 020	1. 044	0. 994	1. 017	1. 009	0. 989	1. 004	0. 995	0. 995
		TFPCH	1. 025	1. 042	0. 974	0. 970	1. 006	1. 059	0. 992	1. 028	0. 987	0. 951	0. 935	0. 994	1. 007
知识生产效率	中国	EFFCH	1. 005	0. 968	0. 909	0. 986	1. 037	1. 037	0. 998	0. 989	0. 986	1. 012	1. 019	0. 905	1. 103
		TECH	1. 000	1. 000	1. 000	1. 000	1. 000	1. 000	1. 000	1. 000	1. 000	1. 000	1. 000	1. 000	1. 000
		PECH	1. 051	1. 092	0. 888	1. 071	1. 164	1. 131	1. 076	1. 065	1. 036	1. 000	1. 000	1. 000	1. 000
		SECH	0. 956	0. 886	1. 024	0. 921	0. 891	0. 917	0. 927	0. 929	0. 952	1. 012	1. 019	0. 905	1. 103
		TFPCH	1. 005	0. 968	0. 909	0. 986	1. 037	1. 037	0. 998	0. 989	0. 986	1. 012	1. 019	0. 905	1. 103
	其余29国	EFFCH	1. 006	1. 001	0. 950	0. 969	0. 994	1. 022	0. 987	0. 996	0. 989	0. 976	0. 955	0. 997	1. 050
		TECH	1. 005	1. 003	1. 009	1. 000	1. 000	1. 000	1. 000	1. 000	1. 000	1. 000	1. 000	1. 000	1. 043
		PECH	1. 010	1. 000	0. 947	0. 971	1. 001	1. 015	0. 981	0. 993	0. 992	0. 966	0. 950	0. 986	1. 054
		SECH	0. 997	1. 001	1. 003	0. 997	0. 994	1. 007	1. 005	1. 003	0. 997	1. 011	1. 005	1. 012	0. 996
		TFPCH	1. 012	1. 004	0. 958	0. 969	0. 994	1. 022	0. 987	0. 996	0. 989	0. 976	0. 955	0. 997	1. 095

续表

指标			2000～2001年	2001～2002年	2002～2003年	2003～2004年	2004～2005年	2005～2006年	2006～2007年	2007～2008年	2008～2009年	2009～2020年	2010～2011年	2011～2012年	2012～2013年
知识转化效率	中国	EFFCH	0.765	0.828	0.916	1.066	1.164	0.953	1.026	1.039	0.913	1.003	0.868	1.045	1.065
		TECH	1.000	1.000	1.000	1.000	1.000	1.000	1.000	1.000	1.000	1.000	1.000	1.000	1.000
		PECH	1.000	1.000	1.000	1.000	1.000	1.000	1.000	1.060	1.000	1.000	0.936	1.068	1.000
		SECH	0.765	0.828	0.916	1.066	1.164	0.953	1.026	0.980	0.913	1.003	0.928	0.978	1.065
		TFPCH	0.765	0.828	0.916	1.066	1.164	0.953	1.026	1.039	0.913	1.003	0.868	1.045	1.065
	其余29国	EFFCH	0.954	0.893	0.874	0.970	1.104	1.103	1.033	1.044	1.017	0.985	0.835	1.057	0.983
		TECH	1.000	1.000	1.000	1.000	1.000	1.000	1.000	1.000	1.000	1.000	1.000	1.000	1.000
		PECH	0.952	0.935	0.939	0.940	0.988	1.005	0.979	0.981	0.978	0.954	0.873	1.055	0.950
		SECH	1.002	0.956	0.931	1.032	1.117	1.097	1.056	1.064	1.040	1.033	0.956	1.002	1.034
		TFPCH	0.954	0.893	0.874	0.970	1.104	1.103	1.033	1.044	1.017	0.985	0.835	1.057	0.983

利用表 14－5，图 14－5～图 14－7 分别和国家创新效率、知识生产效率和知识转化效率的角度给出了中国与其余 29 个国家规模效率变化的对比情况。从中可以看出一个明显的特点是，从知识转化的角度看，所有国家的规模效率均呈现出强烈的波动性，波动最剧烈的时期多半出现在经济危机前后，如 2000 年的网络泡沫破灭和 2008 年的金融危机。原因在于，知识转化的资源投入主要由企业承担，企业创新资源投入极易受经济危机影响，从而使得知识转化中创新资源的使用出现过度或不足，导致使用效率出现剧烈波动。而从国家创新效率和知识生产效率的角度看，中国规模效率的波动性远高于其余 29 国。原因在于，知识生产的资源投入主要由政府承担，伴随着危机的出现，中国政府通常会实施高强度的政府干预，从而使创新资源投入在危机前后出现较大幅度的波动，导致资源的使用效率同步出现波动。知识生产和知识转化规模效率的波动相叠加，导致国家创新中的规模效率出现的波动，并使全要素生产率出现大幅度波动（如图 14－8 所示）。这一现象表明，在中国的国家创新体系中，政府对创新资源投入的干预力度要高于其余国家，但却缺乏稳定的创新资源投入机制，由此导致国家创新效率易于出现波动。

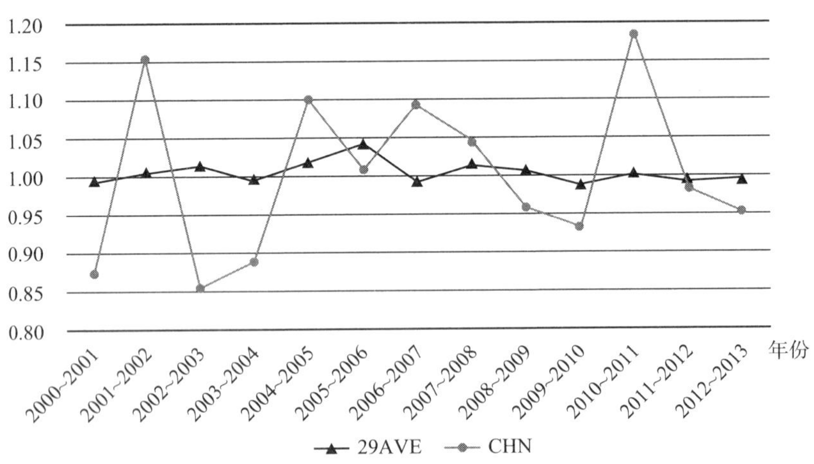

图 14－5　国家创新效率之 SECH 比较

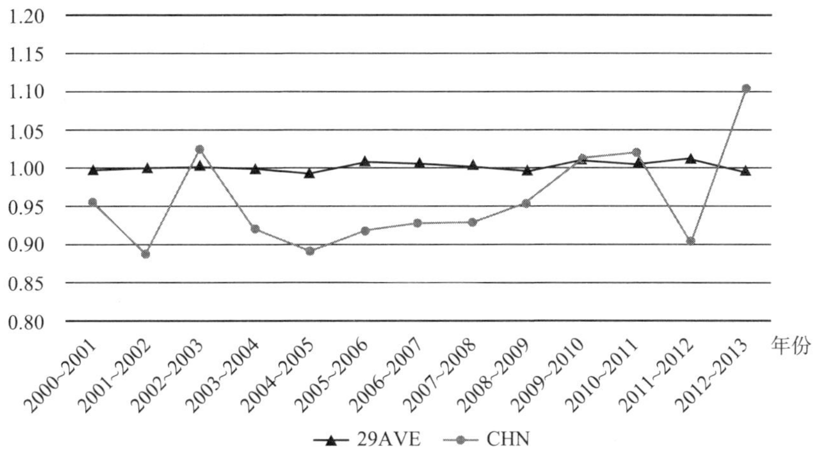

图 14-6 知识生产效率之 SECH 比较

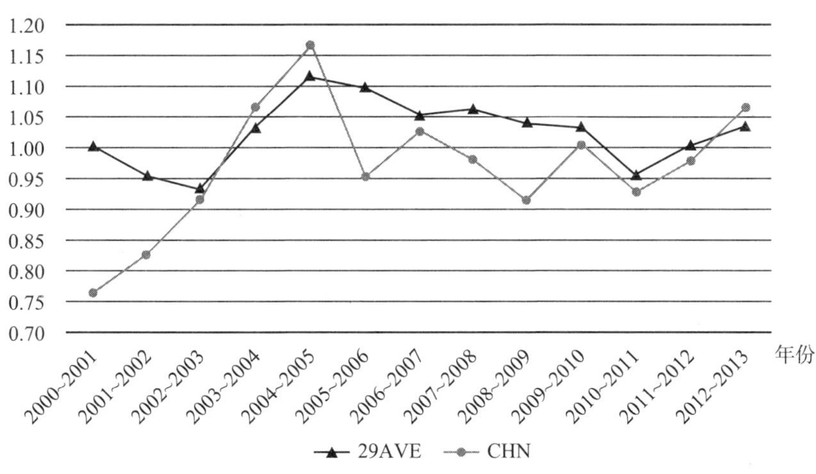

图 14-7 知识转化效率之 SECH 比较

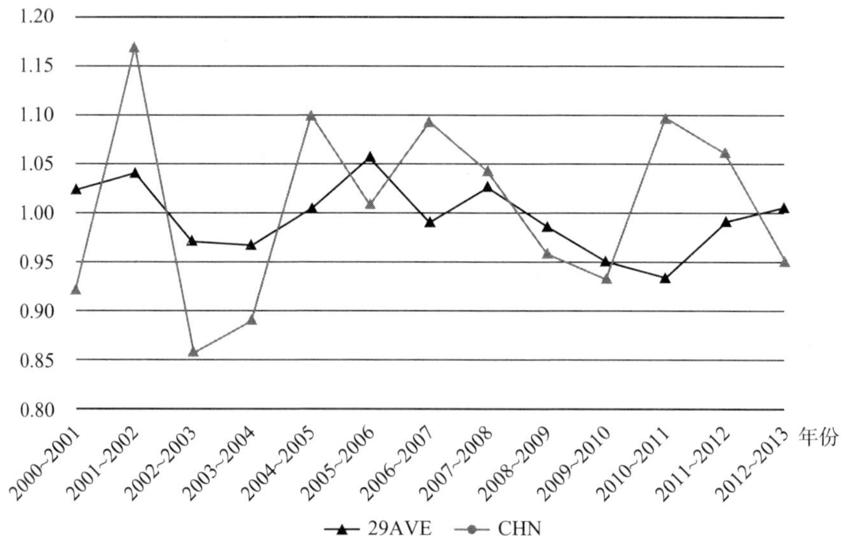

图 14-8 国家创新效率之 TFPCH 比较

（三）国家创新效率的影响因素分析

以下将对本章提出的研究假设进行实证检验：

1. 变量选择

（1）被解释变量。

以第（二）节中所计算出的 DEA 国家创新效率值作为被解释变量。

（2）解释变量。

假设 1 的检验涉及两部分内容，一是从创新资源投入的角度检验政府和企业投入均可有效提高国家创新效率，因此，以一国创新资源投入中政府和企业投入所占比例 GovI 和 BusI 作为解释变量，预计其回归符号为正；二是从创新资源使用角度检验科研机构、高校和企业的创新支出均能有效提高一国创新效率，故以科研机构、高校和企业的创新支出占一国创新总支出的比例 SRIU、UnivU 和 BusU 作为解释变量，预计其回归符号为正。

为检验假设 2，以一国宏观税率 MTax（税收占 GDP 的比重）及其二次方 $MTax^2$ 作为解释变量，根据假设 2，预期 MTax 的回归符号为正而 $MTax^2$

为负。

（3）控制变量。

按照 FPS 的分析框架，一国创新效率除受以上变量影响外，还将受到一国创新基础设施、创新制度、创新集群环境等的影响，参照现有研究文献，本章将选择如表 14－6 所定义的变量作为控制变量。

表 14－6　相关控制变量及其定义

变量分类	变量名称	单位	变量定义
经济环境	LnPGDP	—	一国人均 *GDP*（取自然对数）
	LnPeop	—	一国总人口（取自然对数）
	Credt	%	一国银行信贷占 *GDP* 的比例
	STK	%	一国资本市场规模占 *GDP* 的比例
	VC	%	一国创业投资规模占 *GDP* 的比例
	FDI	%	一国 *FDI* 占 *GDP* 的比例
	Trade	%	一国贸易总额占 *GDP* 的比例
基础设施	Health	%	一国公共医疗卫生支出占 *GDP* 的比例
	UnvEnrl	%	一国高等教育入学率
	Net	户/百人	一国互联用户网密度
	Tel	户/百人	一国电话用户密度
制度环境	Demc	—	决策的民主程度
	Stability	—	社会的稳定性
	Legal	—	法制环境指数
	GovEff	—	政府行政效率
	RegQ	—	政府规制质量
	AntiCorr	—	反腐力度

表 14－6 中制度环境变量的数据均来源于 *The Worldwide Governance Indicators*（www. govindicators. org）。诸变量取值均在－2. 5～＋2. 5。

2. 计量模型建立

为达到检验目的，本章将建立如下两个面板 Tobit 模型。其中模型 1 可以创新资源投入角度检验假设 1 和假设 2；而模型 2 则从创新资源使用角度对假设 1 和假设 2 进行检验。两模型所取滞后期均为 2 年。

$$DEA1_{i,t}^{*} = \beta_0 + \beta_1 GovI_{i,t-2} + \beta_2 BusI_{i,t-2} + \beta_3 MTax_{i,t-2} + \beta_4 MTax_{i,t-2}^{2} + \sum_{j} \beta_j X_{ij,t-2} + v_i + \varepsilon_{i,t} \quad (1)$$

$$DEA2_{i,t}^{*} = \beta_0 + \beta_1 SRIU_{i,t-2} + \beta_2 UnivU_{i,t-2} + \beta_3 BusU_{i,t-2} + \beta_4 MTax_{i,t-2} + \beta_5 MTax_{i,t-2}^{2} + \sum_{j} \beta_j X_{ij,t-2} + v_i + \varepsilon_{i,t} \quad (2)$$

上述模型中的 X_j 为表 15－6 所定义的诸控制变量，$DEA_{i,t}^{*}$ 为国家创新效率的潜在值，而 $DEA_{i,t}$ 则为其真实值，其中 $DEA_{i,t}^{*} = \begin{cases} 0 & 若\ DEA_{i,t}^{*} \notin [0,\ 1] \\ DEA_{i,t} & 若\ DEA_{i,t}^{*} \in [0,\ 1] \end{cases}$。

3. 回归结果及分析

表 14－7 给出了上述两模型的 Tobit 回归结果。

表 14－7　　国家创新效率影响因素的 Tobit 回归结果

变量	模型 1		模型 2	
	系数	P 值	系数	P 值
GovI	0.0044	0.0000		
BusI	0.0025	0.0000		
SRIU			0.0099	0.0080
UnivU			0.0116	0.0020
BusU			0.0091	0.0110
Mtax	0.0235	0.0000	0.0249	0.0000
Mtax2	－0.0005	0.0000	－0.0005	0.0000
LnPGDP	0.0438	0.1280	0.0100	0.7120
LnPeop	0.0379	0.0100	0.0457	0.0010
Credit	－0.0001	0.3640	－0.0001	0.3660

续表

变量	模型 1		模型 2	
	系数	*P* 值	系数	*P* 值
STK	0. 0003	0. 0000	0. 0003	0. 0000
VC	0. 0011	0. 0000	0. 0013	0. 0000
FDI	-0. 0005	0. 1740	-0. 0004	0. 2150
Trade	0. 0008	0. 0000	0. 0008	0. 0000
Health	0. 0115	0. 0180	0. 0107	0. 0290
UnvEnrl	0. 0008	0. 0340	0. 0008	0. 0300
Net	0. 0001	0. 5790	0. 0004	0. 0290
Tel	0. 0002	0. 1480	0. 0002	0. 0890
Demc	0. 0611	0. 0000	0. 0571	0. 0010
Stability	0. 0341	0. 0030	0. 0446	0. 0000
Legal	0. 0188	0. 2260	0. 0230	0. 1480
GovEff	0. 0087	0. 5840	0. 0168	0. 2950
RegQ	0. 0240	0. 2610	0. 0213	0. 3170
AntiCorr	-0. 0182	0. 2200	-0. 0202	0. 1790
截距	-0. 0295	0. 9380	-1. 3708	0. 0090
Waldχ^2 (*P* 值)	153. 57 (0. 0000)		138. 20 (0. 0000)	
LogLikelihood (*P* 值)	527. 25		524. 06	
Sigma_u (*P* 值)	0. 0759 (0. 0000)		0. 0727 (0. 0000)	
Sigma_e (*P* 值)	0. 049 (0. 0000)		0. 0354 (0. 0000)	
ρ	0. 8254		0. 8082	

由表 14 -7 可以看出：

（1）根据模型（1），政府和企业的创新投入强度均对国家创新效率存在显著正向影响；而从模型（2）可以看出，科研机构、高等院校和企业的创新支出强度同样将对国家创新效率产生显著正向影响。因此，无论是从创新投入还是从创新产出的角度看，在国家创新体系中，各创新主体的创新活动均是协同有效的，从而证实了本章的假设 1。

（2）无论是从创新投入还是从创新支出的角度，宏观税率对国家创新效率均存在显著影响，且影响方式呈现出非线性的倒“U”型，从而证实了本章提出的假设2。然而在对该实证结论的解释或应用中应注意，不能轻率地得出增加（或减少）宏观税率就能提高国家创新效率的结论。宏观税率对国家创新效率的倒“U”型传导机制是建立在税率的改变与政府对高校和科研机构的财政科技资助紧密相关的假设基础上的。如果宏观税率低于最优值，此时若单纯提高税率，但并不增加对高校或科研机构的财政科技投入，则税率的增加只会降低企业的创新效率，并且降低的效率不能经由“产学研”协同创新效率的提高得到弥补，最终只会使国家创新效率出现绝对下降。

结合第六、七章对企业税收政策的分析，假设2所蕴含的政策含义是，从促进“产学研”协同创新的角度看，税收优惠政策的设计应该注重结构性，即税收优惠应针对创新行为，非创新性经济活动不应享受同等优惠政策。同时，对非创新性经济活动的税收应确保有足够比例投向高校和科研机构，以形成“产学研”创新的协同效应。

（3）国家富裕程度（以人均GDP计）对国家创新效率并无显著影响，创新效率并不存在国家间的收敛，穷国与富国之间的创新能力和创新效率差距可能将长期存在。而一国人口规模对国家创新效率存在显著的正向影响。可能的原因在于，人口规模越大，通常意味着对创新产品的潜在需求越高，从而易于吸引足够的创新资源投入，从而形成创新的规模经济性，有助于提高创新的效率。

（4）从对创新的金融支持环境看，模型（1）和（2）均显示出了相同的回归结果，即一国信贷市场的发展对国家创新效率并无显著影响（且相关变量回归结果），而资本市场和创业投资市场的发展则将显著促进国家创新效率的提高。信贷资本无助于国家创新效率提高的可能原因有两个：其一，从信贷资本的供给方看，创新活动具有高风险性，而信贷资本具有收益固定特征（只能获取固定利息收入），无法分离创新活动的风险收益，这种风险和收益的不对称性决定了信贷资本不可能大规模进入创新市场，从而不会对国家创新效率产生显著影响；其二，从信贷资本的需求方看，由于创新主体均受有限责任保护，因此若信贷资本易于获得，那么大量低质量的创新项目将进入信贷市场，从而使信贷资本不仅不能促进创新效率的提高，反而可能起到相反的作用（回归符号为负）。

正是因为信贷资本不愿意进入创新领域，创新主体的外部资源获取主要来自于资本市场和创业投资市场的股权投资。股权资本投资对国家创新效率的影响存在两种相反的效应。一方面，一国资本市场和创业投资市场越发达，创新主体越容易获得创新资本投入，从而易于形成创新的规模经济性，进而对国家创新效率产生正向促进作用，同时，股权投资者通常拥有投资项目选择的专业技能，因此通常只有高质量的创新项目能够获得股权资本的进入，由此提高一国创新资源的使用效率和国家创新效率；另一方面，从前几章的分析可以看出，股权资本要按比例分离创新收益，从而将削弱对创新主体的激励，进而阻碍国家创新效率的提高。从实证分析结果看，由于创新资本的稀缺性，资本市场和创业投资市场对国家创新效率的正面影响要大于其不利影响，从而使得一国资本市场和创业投资市场的发育程度与国家创新效率正相关。

（5）FDI 对国家创新效率的影响同样具有两面性。一方面，伴随着 FDI 而来的技术转移和技术外溢效应有助于东道国创新效率的提高；而另一方面，由于 FDI 带来了国外的先进技术，从而可能导致东道国的技术创新投入缺乏竞争力和经济性，由此导致东道国陷入对国外技术的依赖而抑制本国的技术创新投入，进而导致国家创新效应的低下。本章的实证研究表明，从国际经验看，这两种效应可能均存在并且相互抵消，从而导致 FDI 对国家创新效率并无显著影响。

（6）一国对外贸易强度对国家创新效率具有显著的促进作用。因为经济理论认为，包含机器设备等在内的资本品是技术进步的物化体现，因此一国对外贸易强度越高，伴随着资本品贸易的技术转移强度越大，对国家创新效率的提升越明显；此外，对外贸易贸易会扩大对创新产品的需求，同时也将使创新主体在国际市场上面临更加激烈的竞争，需求的扩大与竞争的加剧将对创新主体的创新行为形成强烈的激励，进而提高一国创新效率。

（7）从创新基础设施建设方面看，人均公共卫生支出和高等教育入学率对国家创新效率具有显著的正向影响，而每百人拥有的互联网和电话用户对国家创新效率的影响并不显著。

（8）在 6 个创新环境变量中，民主程度和政治稳定性能显著促进国家创新效率的提高，而法制环境、政府行政效率、政府规制质量和反腐指数对国家创新效率并无显著影响。由于环境变量所包含的内容远超创新范畴，因此对上述结果的解释应该慎重。未来应想法获取与一国创新活动紧密相关的环境变量进行更加精确和更加深入的研究。

四、本章小结

本章将国家创新体系分别为知识生产和知识转化两个子系统，并利用30个国家2000~2013年的面板数据，对比分析了不同国家创新效率，并利用DEA-Tobit法进行了国家创新效率的影响因素分析，讨论了政府财政科技政策对“产学研”协同创新的影响。本章所得到的主要结论包括：

（1）与其余29个国家相比，样本分析期内，中国具有很高的知识转化效率，但知识生产效率较低，从而使国家创新效率居于中等偏下水平。从动态角度看，导致知识生产效率偏低的基本原因在于知识生产的规模经济效率低，并且波动较大。因此这一结论所蕴含的政策含义是，未来财政科技政策的设计应注重加大基础研究和应用研究的投入力度，并建立起稳定的投入增长机制。

（2）从创新资源的投入角度看，政府和企业的创新资源投入强度均对国家创新效率产生了显著的正向促进作用，说明政府财政科技投入有利于提高国家创新效率；而从创新资源的使用角度看，企业、高等院校和科研机构的创新支出强度同样显著促进了国家创新效率，因此从国际经验看，“产学研”之间的协同有效的。其政策含义是，加大对不同创新主体的财政投入，加强“产学研”之间的合作是政府财政科技政策调整的着力点。

（3）从国家创新体系的角度看，一国宏观税率对国家创新效率的影响存在“拉弗效应”（倒U型），过高和过低的宏观税率均不利于国家创新效率的提高。这一结论的政策含义是，为有效提高国家创新效率，税收优惠政策不应具有普惠性，而应针对创新活动进行结构性减税，同时利用非创新活动的税收增加对创新主体（特别是高校和科研机构）的创新投入。

（4）从创新基础设施和创新环境建设的角度看，大力培育资本市场和创业投资市场、发展对外贸易，加强与国外的经济技术交流、增加医疗卫生、高等教育投入、维持稳定的社会环境等均有助于促进国家创新效率。

第十五章 主要结论及政策建议

一、课题主要研究结论

课题主要研究内容由财政科技政策促进企业技术创新的国别经验研究、中国促进企业技术创新的财政科技政策实施情况、中国企业技术创新现状分析、税收和补贴政策对企业技术创新规模和效率的影响机理研究、促进创业投资引导基金运作效率的政策设计研究、政府财政资金在促进企业技术创新中的功能与定位研究、促进“产学研”协同创新效率的财政科技政策研究等七部分组成，课题的主要研究结论包括：

（一）财政科技政策促进企业技术创新的国别经验研究

本部分对世界范围内典型创新型国家促进企业技术创新的主要财政科技政策，包括税收优惠、直接财政和创业投资引导基金制度进行了对比研究，所得到的主要结论如下：

（1）研发成本所得税前加计扣除和研发资产加速折旧是各国激励企业扩大技术创新投入所广泛采用的税收优惠政策，从动态比较可以发现，各国对企业 R&D 投入的税收优惠强度呈不断递增趋势，部分国家对企业 R&D 投入的税收优惠总额已经超过政府对创新活动的直接财政投入，从而成为政府扶持企业技术创新的主要手段。同时为激励中小企业技术创新并鼓励“产学研”合作，部分国家还为中小企业的技术创新投入和“产学研”合作创新支出制定了更加优惠的税收政策。

（2）各国政府对企业研发投入的直接资助强度存在显著差异，但从纵向看，政府的直接财政资助显示出较强的引导作用，从而使企业逐渐成为技术创新投入主体。形形色色的专项科技计划是各国资助企业技术创新的重要手段，各国专项科技计划呈现出如下特征：一是清晰界定政府财政资本职能，财政资本的主要资助对象是处于早期阶段的创新项目（或企业），以及易于受到融资约束的中小创新企业；二是专项科技计划的设计注重诱导“产学研”合作，注重科技成果的商业化转化；三是制定科学的遴选标准和程序，严格财政资助对象的选择；四是多采用比例资助方式，发挥财政资金的投入引导作用，并促使企业提高财政资金的使用效率；五是对受资助项目进行全过程监控，并采用定基评估、分阶段投入等方式促进专项科技计划的实施效果；六是资助方式的多样化，无偿资助、债权性投资和股权性投资等多种资助方式并存。

（3）不断扩大政府采购规模，利用政府采购促进本国企业技术创新。纵观各国政府采购的实践，其在WTO和GPA框架下利用政府采购促进企业技术创新的经验主要包括优先购买本国产品、对本国高新技术产品实行首购和优先采购政策、大力推行绿色采购、利用国外技术提升本国企业技术创新水平等。中国正处于GPA谈判进程中，为充分利用政府采购促进企业技术创新，未来应该完善创新导向的政府采购法规体系、充分利用GPA优惠待遇和例外条款、合理利用绿色技术壁垒、灵活设计政府采购程序。

（4）广泛实施创业投资引导基金制度，利用市场机制配置财政科技资源是各国资助企业技术创新的另一重要手段。各国引导基金运作的共同特点在于：一是明确引导基金的定位，确定创业投资引导基金主要投资于商业性创业资本不愿意涉足的领域，致力于缓解早期阶段创新企业的融资困境，增强中小企业的创新能力；二是充分发挥财政资本的杠杆放大作用，采用多种优惠措施吸引私人资本进入；三是强化引导基金的引导作用，以法律法规或经济激励手段引导创业投资引导基金投向商业性创业资本不愿投资的项目或领域；四是合理进行制度设计，以避免多个引导基金之间的目标冲突和资源浪费；五是重视利用创业投资引导基金培育本国创新人才和创业投资人才。

（二）中国促进企业技术创新的财政科技政策

本章梳理了改革开放以来中国促进企业技术创新的财政科技政策，并对其实施情况进行了纵横向比较，所得主要结论包括：

（1）为促进企业技术创新，中国已经建立起了包括研发成本所得税前加计扣除、所得税抵扣和抵免、研发资产加速折旧、增值税、营业税、关税、所得税等税收减免等完备而复杂的税收优惠体系。与其他国家相比，中国的税收优惠体系呈现如下特征：一是对企业技术创新的税收优惠总额远超对企业创新的直接财政投入，从而使税收优惠成为中国政府扶持企业技术创新的主要政策工具；二是偏重于对企业创新产出的税收优惠，而对创新投入的税收优惠力度显得不足，2013 年在所比较的 30 个国家中居于 19 位；三是税收优惠具有特惠特征，偏重于高新技术企业；四是未对“产学研”合作设置特别税收优惠条款，从而对“产学研”合作的税收激励不足。

（2）自改革开放以来，中国财政科技投入高速增长，总量巨大，但财政科技拨款占公共财政支出的比重总体而言呈缓慢下降趋势，研发支出中财政资金所占比例远低于 OECD 国家平均水平，并呈明显下降趋势，因此财政科技投入仍然存在广阔的增长空间；同时，与主要创新大国和强国相比，中国研发投入中用于基础研究和应用研究的比例居于最低水平，表明政府在干预创新资源配置的市场失灵方面的力度不足，政府对基础研究和应用研究的资助力度非常欠缺。

（3）专项科技计划已成为政府促进创新活动的重要手段，专项科技计划的资金支出高速增长，且科技计划定位明确，覆盖了基础研究、应用研究、试验发展与技术扩散、科技基础设施和环境建设、人才培养、国际合作等广泛领域；专项科技计划的资金来源日益多元化，财政资金的引导作用日益增强；但科技计划存在多头管理，不同科技计划的资助重点和目标存在交叉重复现象，导致财政科技资金重复投入与支持强度不足的现象并存，降低了财政资金的使用效率；同时已有专项科技计划对中小企业技术创新激励不足，忽视服务业创新，资助对象偏重于高校和科研机构，对“产学研”协同创新网络体系的培育不够；专项科技计划的项目管理日益规范化，然而项目管理水平和成效评价仍然存在较大的提升空间。

（4）政府采购规模及其占 GDP 的比重不断增加，其中地方政府采购占比呈现出逐年递增趋势；东部地区政府采购在全部地方政府采购总额中的占比要显著高于中西部地区，但其占比呈现递减趋势。西部地区尽管政府采购规模最小，但在 GDP 中的占比反而最高。从采购物品的分类看，工程类和服务类采购比例逐年增长，而货物类采购比例则逐年下降；政府采购对本国产品、中小企业、节能环保产业的促进作用日益体现。利用政府采购促进企业技术创新的的不足主要体现在：一是由于公共基础设施采购等未包含在政府采购中，从而导致政府采购占 GDP 的比例仍然偏低；二是适应 GPA 规则的创新型政府采购配套法规尚待健全；三是适应 WTO 和 GPA 规则的创新导向型政府采购制度远未建立，政府采购对企业技术创新的促进作用不足。

（5）全面推广创业投资引导基金制度，充分利用市场机制配置财政科技资源。全国 31 个省市自治区均设立了不同层次的创业投资引导基金，引导基金规模迅速扩大，财政资金的杠杆放大作用明显。但与中国经济规模比较，引导基金总规模仍然偏小，并在引导创业资本投向早期阶段创新项目（或企业）方面的引导作用需进一步加强。

（三）中国企业技术创新现状

本章从创新投入和产出两个方面分析了中国企业技术创新现状，并与世界主要创新型国家进行了对比分析，所得主要结论如下：

（1）从创新投入总量看，中国研发资本和人力投入增速明显，总量巨大。截至 2015 年，研发资本投入规模位居世界第 2，而研发人力投入位居世界第 1。其中企业研发支出占比高达 76.79%，居世界第 5，企业已成为技术创新投入的主体。从创新投入的地域分布看，研发资本投入主要集聚在东部地区；从创新投入在企业间的分布看，一个显著的事实是，从事技术创新活动的企业占全部企业的比重呈现出长期下降趋势，近年来方趋于稳定，而单个企业的创新资本投入量则呈显著上升趋势，企业技术创新的资本需求越来越高，越来越多的企业可能因为融资约束的强化而被排除在技术创新活动之外，因此，对企业技术创新的直接财政资助工具将越来越重要。

（2）从企业技术创新产出看，新产品销售收入、新产品出口收入和发明专利申请数量均呈高速增长态势，且其平均增速显著高于技术创新资本投入增速，显示企业技术创新的投入产出效率在逐渐提高。与创新投入一样，创新产出也存在东部地区集聚的现象，并且集聚程度更高，说明东部地区单位资本的创新产出更高，即创新效率要高于中西部地区。

（3）从横向比较看，中国企业研发投入强度（企业研发支出占产业增加值的比重）既低于主要的创新大国和强国，也低于 OECD 国家的平均水平，并且中国企业研发投入强度的增长速度并不是最高的。进一步分析可以发现，这一现象是由政府对企业的扶持力度不足，加上企业自身创新投入意愿不够共同造成的，因此，未来财政科技政策设计既要进一步加大企业研发补贴，还应考虑激励企业进行更高强度的研发投入。

（4）除企业研发投入强度不足外，中国企业技术创新资本和人力投入的配比关系不尽合理，单位研发人员全时当量所支配的研发支出远低于英、德、日、韩等国，并且近年来中国企业该指标值增速缓慢，可能在相当长的时期内均难以达到上述国家水平。同时，中国企业在基础研究和应用研究方面的投入占比也远低于美国、法、日、韩等国家，对知识生产的低水平投入可能是中国企业缺乏原始创新能力的重要影响因素。

（5）从企业技术创新的投入产出效率看，中国企业单位研发投入的 PCT 专利申请数量增速明显，但低于日、韩、法三国，高于英国，与美国大致相当。全从绝对数量看，仍远低于上述国家；而单位研发投入的三方专利簇申请数量增速缓慢，且从绝对数量上看与上述国家的差距更大。但单位研发投入的高技术产业增加值中国处于最高水平，不过与其余国家的差距呈缩小趋势。总体而言，中国企业技术创新效率和技术创新质量仍然偏低，因此，未来财政科技政策设计应兼顾扩大企业技术创新规模和提高企业技术创新效率。

（四）财政科技政策促进企业技术创新规模和效率的机理研究

本章在激励理论的分析框架下研究了创新投入定额补贴、比例补贴、创新成本所得税前加计扣除和所得税优惠政策及其不同组合对企业技术创新规模和效率的影响，并利用区域、行业和企业三个层面的样本数据对相关理论进行了实证检验，所得到的主要发现如下：

（1）对企业技术创新所得征收所得税本质上是对企业创新成功所施加的惩罚，因此既不利于企业扩大技术创新规模，也不利于企业提高技术创新效率。因此，从政策层面看，对创新产出实施税收减免可以达到扩大企业技术创新规模和提高技术创新效率之双重目标。

（2）研发成本所得税前加计扣除政策可以诱使更多企业从事技术创新活动，从而扩大全社会技术创新规模。随着政策实施对象和所得税率的不同，加计扣除政策将表现出复杂的激励特征：①对尚不存在经营收入的初创企业而言，研发成本加计扣除政策与所得税减免政策等价，可以兼顾扩大企业技术创新规模和提高技术创新效率的双重目标；②对有其他经营收入的成熟企业而言，若同时对创新项目所得实施所得税优惠，使创新收益的所得税率低于其他收益的所得税率，则加计扣除政策对企业技术创新效率将产生负向激励作用。因此从政策设计角度看，同一企业不应同时享受加计扣除和所得税优惠政策；③对成熟企业而言，若规定只能用创新项目产出，而不能用其他经营收入对技术创新投入进行所得税前抵扣，则该政策等价于对初创企业的加计扣除政策，将对企业技术创新效率产生正向激励作用。

（3）对企业创新投入的直接补贴政策，包括定额补贴和比例补贴政策都是激励中性的，它不会影响企业技术创新效率，但可以激励更多的企业从事技术创新活动，从而有效扩大全社会技术创新规模。而从政策设计角度看，对没有经营收的初创企业而言，因无法享受所得税优惠和研发成本加计扣除政策，故为激励这类企业进行技术创新，直接补贴政策是非常必要的。

（4）由于政府采购能够提高企业创新产品和技术的市场需求，因此无论是否实施创新导向的政府采购政策，在市场竞争的压力下，政府采购均有助于使更多企业进行技术创新，并促使企业进行更多的研发投入，从而扩大企业技术创新规模。而如果采用创新导向的政府采购政策，且政策的创新导向性（或公平性）高于某一临界值，则政府采购政策不但能有效扩大企业技术创新规模，还能有助于企业提高技术创新效率；反之，若采购政策的创新导向性（或公平性）低于该临界值，则政府采购将抑制企业的技术创新效率。同时，采购政策的创新导向性（或公平性）将自动激励企业进行技术创新。

（5）实证分析结果表明，无论是从区域还是从行业层面看，2000～2010

年中国大中型工业企业技术创新效率和技术创新全要素生产率均呈显著上升趋势，其中技术进步是推动全要素生产率提高的主要因素。区域、行业和企业三个层面的实证检验结果均显示，税收对中国大中型工业企业技术创新规模和效率均产生了显著的负面影响，而直接补贴和加计扣除政策显著促进了企业技术创新规模的扩大，但对企业创新效率不存在显著影响。区域层面的实证分析表明，由于中国现行的政府采购政策主要关注采购成本的控制，而对促进企业技术创新关注不足，因此，尽管政府采购显著扩大了企业技术创新规模，但对企业技术创新效率的提高不存在显著促进作用，从而与理论分析结论一致。

（6）实证分析还表明，企业办研发机构、市场技术创新的需求、经济结构的高级化和增长方式的转变、城镇化水平的提高、人均工资水平的提高、创新基础设施的完善程度、创新环境的改善均能显著促进企业技术创新规模和效率。而金融支持、对外贸易、FDI、创新合作等对企业技术创新的促进作用并不明显。

（五）财政资金在促进企业技术创新中的功能与定位

本章以创新企业自有资本投入作为主要研究对象，全新阐述了创新企业自有资本投入的担保功能，明确界定了财政资金在扶持企业技术创新中的作用和定位，并得到了一系列极具政策含义的理论分析结论：

（1）创业企业家在创新项目开发中的早期自有资本投入具有双重担保功能：一方面，自有资本投入可以担保创新项目的开发前景和创业企业家的创新才能，从而分离出高质量的创新项目和高能力创业企业；另一方面，作为一种沉没成本，创新项目的前期自有资本投入只有在项目开发成功时才能得到回收，因此自有资本投入还可以担保在商业性创业资本进入后，创业企业家愿意投入足够的努力确保创新项目开发成功，从而减轻了创业投资家签约后所面临的道德风险，等价于为创业投资家的投资收益进行了担保。这一结论的政策含义在于，其一，政府在选择直接资助对象时，可以通过创新企业自有资本投入量甄别创新项目质量，从而将财政资金配置到前景最优良的创新项目上去；其二，对企业技术创新投入实施定额补贴既不利于甄别创新项目质量，也不利于激励创新企业扩大自有资本投入，因此其激励效率要低于按比例补贴；其三，这一原理可类推至引导基金制度下对创业投资合作伙伴的选择，即创业投资机构对子基金所愿意承诺的投资比例可以揭示其创业投资技能，母基金可以以此为标底物，通过拍卖方式选择最优合作伙伴共同成立创业投资子基金。

（2）创业企业家的自有资本投入必须超过某一临界值后才能起到担保功能。因此许多项目尽管价值很高，但由于创业投资家没有足够的自有资本，从而难以获得商业性创业资本的支持。如果对这些创新项目进行财政资助，可以促使其自有资本投入达到获得后续创业资本支持的临界值，从而扩大企业技术创新规模。由此界定政府财政资助的对象应是处于早期阶段，易受融资约束的创新项目（或创新企业）。

（3）在资助方式选择上，但若财政资本要求按比例分享创新项目收益，则与无偿资助相比，既不利于吸引创业资本进入以扩大企业技术创新规模，也不利于提高对创业企业家的激励从而提高技术创新效率。但若政府仅要求获取固定回报（如要求受资助企业在一定时期内按固定利率偿还政府资助），则这一资助方式无损创新项目开发效率，并且与无偿资助相比，此时由政府资助的财政资本将内化为企业的自有资本，从而增加创业企业家创新项目开发失败时所承担的损失，因此有助于激励创业企业家提高企业创新效率。这一结论具有两重政策含义：一是将现行无偿资助方式改为获取固定回报的贷款资助既有利于激励创新企业提高技术创新效率，也可减轻政府财政负担，是一种双赢的政策设计；二是财政资本可以设立相应的担保基金，为信贷资本对企业技术创新投入提供担保，可以在无损企业技术创新效率的前提下，吸引大量信贷资本进行技术创新投入，从而扩大企业技术创新规模。

（4）天使资本是早期阶段创新项目（或初创企业）创新资本来源的重要途径，但天使资本对创新项目的资助尽管有助于克服创新企业自有资本投入不足的缺陷，从而突破吸引商业性创业资本进入的临界值；但天使资本对创新项目的收益分享又会对商业性创业资本的进入形成障碍。因此，在对早期阶段创新项目（或初创企业）的资助中，财政资本和天使资本应彼此互为补充。进一步，从资助效率看，由于政府缺乏创业投资的专门技能，因此财政资助又将面临资助对象选择问题。因此结合引导基金制度，加大财政资本对引导基金的投入力度，成立专业化的天使投资子基金，扩大天使资本规模，可以在提高财政资助效率和扩大企业技术创新规模之间获得一定程度的平衡。

（六）提高创业投资引导基金运作效率，促进企业技术创新

政府利用财政资本设立创业投资引导基金的基本目标之一是充分发挥财政资本的杠杆放大作用，吸引更多的私人资本进行创业投资领域，从而保障企业技术创新的资本投入，间接扩大企业技术创新规模。本部分对实践中常用补偿方式的激励效应进行了对比分析，以期为最优补偿规则的设计提供理论借鉴。本章的主要发现是：

（1）基于亏损的补偿意味着子基金运作失败时将减轻对创业投资家的惩罚，因此既不利于提高创业投资效率，也不利于扩大创业投资规模；而基于收益补偿有助于激励创业投资家进行更高水平的努力投入，从而提高子基金的运作效率，进而吸引更多私人资本进入，最终扩大创业资本规模。

（2）收益补偿还能弱化创业投资家的参与约束，有助于子基金的设立和政府、创业投资家、私人投资者三方合作关系的形成。进一步，当激励成本相同时，收益补偿机制对私人投资者的激励强度将高于收益独享机制，并且由于收益独享机制在事后可能与创业投资家和私人投资者的有限责任保护相冲突，其可实施性难以保障，因此更加削弱其对私人投资者的吸引力。

（七）促进“产学研”协同创新效率的财政科技政策研究

本章将企业的技术创新活动纳入国家创新体系的分析框架之中，将国家创新分解为知识生产和知识转化两个阶段，分析了财政科技政策对“产学研”协同创新效率影响，本章的主要结论包括：

（1）与世界上主要创新型国家相比，中国的国家创新效率处于中等偏下水平。进一步从知识生产效率和知识转化效率上看，中国的知识转化效率非常高，但知识生产效率则处于较低水平。从动态角度看，导致知识生产效率偏低的主要原因在于知识生产的规模经济效率低，并且波动非常大。这一发现的政策含义是：未来财政科技政策的设计应大幅度增加知识生产，即基础研究和应用研究的投入，并建立起稳定的投入增长机制。

（2）从创新资源的投入角度看，政府和企业的创新资源投入强度均对国家创新效率产生了显著的正向促进作用，说明政府财政科技投入有利于国家创新效率的提高；而从创新资源的使用角度看，企业、高等院校和科研机构的创新支出强度同样显著促进了国家创新效率，因此从国际经验看，“产学研”之间是协同有效的。结合前述中国企业技术创新现状分析，这一发现的其政策含义是，未来中国应该进一步强化对不同创新主体的财政扶持力度，并引导“产学研”进一步加强合作。

（3）从国家创新体系的宏观角度看，一国宏观税率对国家创新效率的影响存在“拉弗效应”（倒 U 型），过高和过低的宏观税率均不利于国家创新效率的提高。这一结论的政策含义是，为有效提高国家创新效率，税收优惠政策不应具有普惠性，而应针对创新活动进行结构性减税，同时利用非创新活动的税收增加对创新主体（特别是高校和科研机构）的创新投入。

（4）从创新基础设施和创新环境建设的角度看，大力培育资本市场和创业投资市场、发展对外贸易，加强与国外的经济技术交流、增加医疗卫生、高等教育投入、维持稳定的社会环境等均有助于促进国家创新效率。

二、优化财政科技政策，促进企业技术创新的政策建议

中国已经建立成了促进企业技术创新的较为完善的财政科技政策体系，本部分将结合课题的研究内容和结论，提出优化财政科技政策，促进企业技术创新的相关政策建议。需要说明的是，企业的技术创新既取决于企业本身的创新投入和创新管理，还与其他创新主体息息相关，因此，相关政策建议是将企业纳入国家创新体系之中，并针对课题的主要研究内容和研究结论而提出。

（一）加大财政科技投入规模，优化财政科技投入方式

1. 加大财政科技投入规模，建立财政科技投入的稳定增长机制

与其他创新大国和强国相比，财政科技投入强度不足已经成为制约中国国家创新能力提高的重要因素。为实现 2020 年全社会研究开发投入占国内生

产总值的比重提高到2.5%以上的目标，应科学制定中央和地方政府财政科技拨款占国内（地方）生产总值比重、占研发支出比重、财政科技拨款增长速度、财政科技拨款占财政总支出比重等量化指标，并作为对相关部委和地方地府的考核指标，从而建立起财政科技投入的稳定增长机制。

2. 优化财政科技支出方向，界定政府与市场的界线

针对中国知识生产投入不足，知识生产效率低下的现状，财政科技资金应重点投向商业性创新资本不愿意进入的领域和方向，即重点投向具有高度外溢效应的基础研究和应用研究领域，重点投向创新基础设施和创新环境建设，重点资助易受融资约束的早期阶段创新项目或初创企业。由于地方政府更加注重科技成果对地方经济的推动，因此中央和地方财政科技支出的方向可以进行适当分工，中央政府主要支持基础研究和应用研究，而创新基础设施、创新环境建设和对早期阶段创新项目、创新企业的资助可由中央和地方政府共同承担。

3. 优化财政科技投入方式，提高财政资金的引导作用和使用效率

（1）加强基础研究和应用研究投入的项目管理制度。

基础研究和应用研究属于知识生产范畴，短期难以通过市场机制进行选择和评价，因此通行的做法是通过各类专项科技计划，以竞争性招标方式，经由同行评议确定资助对象，再由政府和专业机构进行项目监控和评估。结合中国现行基础研究和应用研究的财政投入体制，未来提高财政资助效率及国家知识生产效率的措施主要包括：

①继续扩大基础研究和应用研究的项目制资助范畴，减少对高等院校、科研机构的一般性财政科技支持力度，同时加大企业进行基础研究和应用研究项目的资助力度。

②整合现有专项科技计划，改变多头管理局面，避免专项科技计划之间的交叉重叠和财政科技投入的多渠道管理。

③完善同行评价制度，建立评审专家学术成果动态追踪评估制度，确保评审专家的学术前沿性和权威性；完善专家数据库，细化评审专家随机挑选制度，严格双向匿名评审，建立同行评议结果反馈和申述制度，尽可能减少

同行评议中的人为因素。

④淡化项目申报的功利色彩，回归知识探索本质。针对不同学科、不同领域、不同项目的具体特点，建立科学的预算评价制度，改变申报经费“一刀切”的做法，由申报人员根据具体情况确定申报经费，使得“大额度、低覆盖”与“小额度、广覆盖”两种资助方式并存；同时严格项目经费管理，制定细化可操作的科研经费支出准则，让项目申报不再成为获取经济利益的工具。同时，改革科研人员职称评定标准，不以是否获得项目资助，而以项目最终成果作为职称评定条件。

⑤建立科学的项目评价制度，改变“重申报、轻研究”的现状。一是加强项目研究的过程管理，科学制定科研经费分阶段拨付制度；二是强化同行评议制度，严格项目成果评议；三是建立完善、公开的项目管理库，公开项目申报书、同行评议、项目成果等信息，在扩大基础研究和应用研究成果的外部溢出效应的同时，使得项目申报、同行评议、项目经费支出、项目成果等全过程、全方位接受社会监督，减少项目资助中无效率因素的干扰。

（2）依靠市场力量，提高企业技术创新的财政资助规模和效率。

①财政资金对企业技术创新活动的支持不应面面俱到，应主要集中在三个方面。一是资助企业进行基础研究的应用研究；二是资助企业进行共性科技成果的验证和推广；三是资助处于早期阶段的创新项目和易受融资约束的初创企业及中小企业。而新产品开发和技术成果的商业化转化应由主要市场进行资源配置。

②对企业基础研究和应用研究的投入、共性科技成果的验证和推广宜采用专家评议制度确定资助对象，同时采用按比例无偿资助方式，以激发企业结合市场需求加入知识生产行列，提高知识生产和转化效率。

③在对早期阶段创新项目或初创企业及中小企业的技术创新活动进行资助时，应充分利用市场力量，利用财政资金的资助大力培育以创业投资基金为主的股权投资机构，利用其专业能力选择合适的资助对象，减少政府直接配置财政资金的规模，实现财政科技资源配置由政府主导型向市场主导型的转化。

④特殊情况下，为达成政府特定目标，政府需要直接对企业技术创新活动进行资助时，不宜采用定额资助而应采用比例资助方式，同时应充分重视企业自有资本投入的作用，可以以企业愿意为拟资助项目所承担的自有资本投入比例作为标的物，通过招标方式确定资助对象。同时宜将无偿资助改为

低息或无息贷款资助，将财政资金内化为企业自有资金，激励企业提高财政资金的使用效率。

⑤强化财政资金的引导作用，拓宽支持企业技术创新的资金投入渠道。一是对企业的直接财政资助实行比例资助，激励企业自身进行更多的技术创新投入；二是大力发展创业投资引导基金制度，发挥财政资金的杠杆放大作用，撬动更多社会资本进行企业技术创新投入；三是利用财政资金的扶持培育科技担保机构，利用信用担保方式鼓励信贷资本增加对企业的技术创新投入；四是在有条件的地区探索设立专门的科技银行，或鼓励商业银行成立科技支行，拓展企业技术创新的资本来源。

（二）优化税收激励机制，兼顾企业技术创新规模和效率

1. 明确税收优惠政策的激励目标

在当前中国企业技术创新活动中，创新投入强度不足与创新效率较低局面并存，因此税收优惠政策的设计应兼顾双重目标：一是缓解企业从事技术创新活动的所面临的资金约束，引导更多企业从事技术创新活动，并增加技术创新投入；二是利用税收优惠政策激励企业提高技术创新活动的成功率，从而提高企业技术创新效率。

2. 针对不同对象，实施更有针对性的税收优惠政策

基于创新投入的税收优惠政策（包括创新投入所得税前加计扣除、研发资产加速折旧等）主要通过降低企业创新投入成本而鼓励企业进行技术创新活动，其激励效应主要体现在扩大全社会技术创新规模方面；而基于创新产出的所得税优惠主要是通过提高企业创新所得诱导企业进行技术创新，所得税优惠政策仅在创新成功后企业才能享受，因此，该政策兼具扩大技术创新规模与提高技术创新效率双重目标。税收优惠政策的实施应针对不同对象采用更具针对性的政策：对易受融资约束的中小企业，宜加大创新投入环节的税收优惠力度，降低企业创新成本；对流动性相对充实的大型企业，宜采用基于创新所得的所得税优惠政策，兼顾技术创新规模与效率。

3. 优化研发成本加计扣除政策，兼顾企业技术创新规模和效率

研发成本加计扣除政策是当前我国针对创新投入环节的主要税收优惠政策，其激励效应随企业类型不同而存在差异。对没有其他经营收进行研发成本所得税前抵扣的初创企业，加计扣除政策兼具扩大技术创新规模和提高技术创新效率的双重激励特征；而对有其他经营收入进行研发成本抵扣的成熟企业而言，加计扣除政策仅具扩大技术创新规模之激励特征，因此，改变加计扣除政策的收入抵扣来源，规定仅能使用研发投入所对应的技术创新收进行抵扣，可以实现加计扣除政策对企业技术创新规模和效率的兼顾。

4. 注重不同政策的科学搭配，提高税收优惠政策的激励效率

同一企业若同时享受研发成本加计扣除与所得税优惠政策可能降低加计扣除政策的激励效率，因此两种政策不宜针对同一对象同时实施。当两种政策确需搭配使用时，可考虑将在不降低所得税率的前提下，实行所得税按优惠税率即征即返，或采用与所得税激励效率等价的按比例产出补贴政策等替代所得税直接优惠政策。

5. 改变税收优惠对象，建立针对创新的普惠税收优惠制度

当前中国针对企业技术创新的所得税优惠制度具有两个明显的特征：一是所得税优惠对象为企业而非创新活动；二是所得税优惠集中于集成电路、软件等高技术企业，对传统企业和服务行业的创新激励不足。因此为促进企业技术创新，未来所得税优惠政策的调整应将优惠对象由企业调整为创新活动或创新产出，同时改变所得税优惠的特惠制特征，建立起适用于所有技术创新活动的普惠制所得税优惠政策。同时将科技中介服务机构的技术服务工作纳入所得税优惠范畴，加大对科技中介机构的税收优惠力度。

6. 完善并加大对中小企业技术创新的税收优惠力度

制定专门的《中小企业技术创新促进法》，结合中小企业易受融资约束的特征，从技术创新的各个环节对中小企业的技术创新投入和产出制定更加优惠的税收优惠政策。例如，加大中小企业研发成本加计扣除比率；对中小

企业的联合研发支出进行更高比率的所得税前抵扣，鼓励中小企业依托外部力量进行技术创新；给予中小企业技术创新活动更加优惠的所得税等。

7. 建立研发准备金制度，切实引导企业加大技术创新投入

研发成本加计扣除和所得税优惠政策均属于投入后减免政策，即要求企业事前必须进行技术创新投入，因此不利于激励融资约束严重，事前难以进行创新投入的企业从事技术创新活动。为此，可考虑推行研发准备金制度，即允许企业按其经营收的一定比例提取研发准备金，并进行所得税前扣除。但所提准备金必须进行专户管理，且规定必须在一定期限内作为技术创新投入进行支出，否则重新计征所得税。

8. 注重税收优惠与财政、金融政策的配合，提高税收优惠政策的引导作用

明了税收优惠政策的局限，强化税收优惠政策对其他创新主体的引导作用，综合利用补贴、税收优惠政策，加大对金融机构科技贷款的贴息、税收优惠力度，扩大对创业投资引导基金的税收支持，激励更多科技资源投入企业技术创新领域。同时探索建立税式支出预算和统计制度，将政府减免税支出纳入政府预算体系，全面检视税收优惠政策的实施效率，为税收优惠政策的优化和动态调整提供依据。

9. 提升技术创新税收优惠立法层次，为创新主体建立稳定的预期

中国现有促进企业技术创新的税收优惠政策体系分散，零散而繁杂，多数以政府规章、条例等形式存在，税收优惠政策普遍未上升到法律层次，不利于创新主体形成稳定的政策预期。因此可借鉴国际上创新大国和强国的经验，制定专门的《科技创新税收优惠法案》，对现有税收优惠政策进行系统的整理，形成精简、协调、系统、细化的税收优惠法，保证技术创新税收优惠政策的连续性和稳定性。

（三）完善政府采购，促进企业技术创新

1. 完善创新导向的政府采购法规体系

在正式加入 GPA 之前抓紧制定或修正政府采购促进企业技术创新的配套

法规。具体而言，可在 WTO 和 GPA 框架下修改《政府采购法》，并制定《购买中国产品法》，参照发达国家经验，规定政府采购必须优先购买本国自主创新产品（技术）的比例、范围，并在全国范围内推广本国企业创新产品（或技术）政府首购和优先采购制度；还可在其他法规中加入政府采购促进企业技术创新、扶持中小企业发展等相关条款，以建立起完善的创新导向的政府采购法律法规体系。

2. 充分利用 GPA 优惠待遇和例外条款

GPA 规则对发展中国家所设置的 5 年过渡期，以及在非歧视性原则下所规定的价格优惠、补偿、分阶段增加具体实体或部门、更高的“门槛”价等过渡措施。利用价格优惠扶持本国企业，特别是中小企业技术创新。如果必须采购国外产品，也可以利用补偿条款要求技术转让、人员培训等，从而利用国外技术促进本国企业技术创新。对于一些迫于压力必须逐步开放的采购实体或部门，也可以通过“门槛”价的设置给予一定程度的保护。同时 GPA 在国防安全、公共秩序、人类健康、知识产权等方面规定了相应的例外条款，各国无不充分利用这些条款，将一些关键领域排除在外。因此中国应该大力借鉴发达国家的做法，将涉及国防、安全、交通、能源、公共事业等领域的政府采购排除在外，同时应尽力将落后地区、少数民族企业、中小企业等政府拟扶持领域的政府采购作为例外条款加入 GPA 中。

3. 合理利用绿色技术壁垒

充分借鉴欧、美、日、韩等国、在政府采购中大量设置绿色壁垒以保护本国企业的经验做法，在节能、环保、循环经济等技术创新活跃的领域，在 GPA 规则的框架下，制定具有中国特色的绿色采购办法、绿色产品认证等，通过绿色壁垒的设置促进本国节能环保产业的发展和技术创新。

4. 灵活设计政府采购程序

充分借鉴美国政府采购经验，在符合 GPA 规则的前提下，在采购程序设计中为促进本国企业技术创新创造足够的空间。例如，在制定政府采购计划时，为中小企业创新产品（技术）设置一定的采购比例；在制定产品技术规格、供应商资质条款时，可设置有利于本国企业技术创新的技术壁垒条款；在进行投标企业资格审查和标书评审阶段，可利用前述条款为本国创新型企业创新确立一定的优势。

5. 扩大政府采购规模

扩大政府采购规模和范围，充分发挥政府采购对企业技术创新的促进作用。一是加大政府购买公共服务力度，扩大服务类项目政府采购的范围。如将教育、医疗、文化、农业和社会服务等涉及民生和提供公共服务项目纳入政府采购范围。二是扩大政府采购主体，逐步将铁路、市政工程、电力、通信、机场、港口等公共基础设施项目纳入政府采购范畴。三是扩大技术采购的规模和范围。部分新技术的开发可试点采用政府采购替代专家评审，利用政府采购的招投标平台确定财政资助对象。

6. 规范政府采购程序，创建公平的政府采购环境。

创建公平的政府采购环境，利用政府采购促进企业之间的良性技术竞争。为此可建立全国统一的电子化政府采购平台，将政府采购需求信息、政府采购审批、招投标文件、招投标结果、招投标申诉、电子合同、采购执行进度等全过程电子化和公开化，在提高政府采购效率的同时，也为企业了解行业技术发展方向提供一个新窗口和新渠道。

（四）扩大创业投资引导基金规模，促进财政科技资源的市场化配置

1. 大力扩充创业投资引导基金规模

在对企业技术创新活动的扶持中，各级政府应充分认识到创业投资机构在科技资源优化配置中的作用，大力扶持创业投资引导基金的发展，逐步减少政府直接进行财政科技资金配置的比例，而通过对创业投资引导基金的扶持由专业化的投资机构进行财政科技资金的配置。为此，应将政府用于支持企业技术创新活动的财政资金按比例投入创业投资引导基金，并形成稳定的

增长机制。同时，除用于特定目的重大专项科技支出外，对企业的常规补助资金也宜采用跟投模式进行投入，避免资助对象选择中存在的无效率现象。

2. 优选创业投资合作机构

为促进引导基金的投资效率，在对创业投资合作机构的选择上引入竞争，充分发挥创业投资机构自有资本投入的担保功能，以创业投资机构自有资本投入比例作为重要考核标准，择优选择合作伙伴。

3. 利用收益补偿吸引更多社会资本进入

强化财政资金铁杠杆放大作用，吸引更多社会资本进入创业投资领域。在创业投资引导基金的运作中，坚持财政资金保本微利的经营准则，让渡财政资金的投资收益，对私人投资者和创业投资机构实行收益补偿，提高对社会资本和创业投资机构的吸引能力，放大财政资金对社会资本的杠杆撬动作用。

4. 明确界定引导基金投资方向

在实施政府让利的前提下，优化引导基金的运作模式，强化引导基金的功能。应明确规定引导基金的投资方向，重点支持早期阶段创新项目或初创型创新企业等商业性创业资本不愿意进入的领域，真正发挥引导基金对科技资源投入的引导作用。由此，应逐步改变当前引导基金的运作模式，使引导基金退出与商业性创业资本的竞争，专注于早期阶段创新项目与初创型企业的投资。

5. 设立专业性创业投资子基金

针对国内天使资金规模不足的现状，在引导基金模式下设立专业性天使投资子基金，天使投资子基金中的政府资本不设定经营目标并放弃收益索取权，以利用市场力量培育种子期创新项目。同时，根据针对中国知识生产与知识转化脱节的现状，可类似设立研发成果转化投资子基金，深入研发前端环节，资助符合市场需求的研究项目，并推动研发成果的商业化转化。

6. 完善引导基金运作管理制度

加强对子基金的监管和风险防范，在不干预子基金经营决策的基础上实施子基金重大投资决策集中评审制度，完善子基金经营信息定期上报与披露制度，加强对子基金的监管；对子基金的经营情况定期进行阶段评估，并与阶段融资制度相结合，适时中止对不合格子基金的财政资助；建立基金经理声誉管理制度，减少引导基金运作中的背德行为；注重发展多层次的资本市场和产权交易市场，完善引导基金退出机制及程序。

（五）促进“产学研”合作，提高国家创新效率

1. 加大对基础研究和应用研究的财政投入

知识生产是国家创新能力和“产学研”合作的源头，对基础研究和应用研究的投入不足是制约我国国家创新能力和知识生产效率的关键因素，因此，未来基础研究和应用研究应成为财政科技投入的主要领域，并建立成稳定的投入增长机制。同时优化科研人员考核机制，加快由数量考核向质量考核的转化步伐，为科研人员创造宽松的研究环境，让更多科研人员潜心进行基础研究，以产生更多原创性科研成果。

2. 强化专项科技计划与市场需求的结合

除重大战略性科技计划外，专项科技计划项目申报指南的编制应采用“自下而上”原则，由面向市场的各类企业提出项目需求，在此基础上选择共性技术问题和具有重大经济效益的问题作为资助方向。同时，专项科技计划的实施主体应以企业为主，高校和科研机构为辅的运作模式。为避免企业低效率使用财政资金，专项科技计划严格实行比例资助，并以企业愿意承担的支出比例作为标的物，优先项目实施主体。同时建议项目资金专项管理制度，对财政资金和企业自有资本投入实行专户管理，对科技项目进行阶段评估，并分阶段拨付财政资金。资金的使用由企业统筹安排，并由第三方机构进行独立审计。

3. 建立统一的技术信息需求和供给平台

为打通高等院校和科研院机构与企业之间的信息障碍，引导知识生产满足市场需求，可考虑建立全国统一的技术信息需求与供给平台。企业、高校和科研机构的科研人员均可在此平台上登记发布技术需求和技术转让信息。该信息系统的建立，一方面可以使科研人员掌握市场最紧迫的技术需求，调整科研方向，满足市场需求；另一方面也可以使企业掌握最新行业技术发展前沿，同时寻找合适的合作伙伴共同进行技术开发。

4. 鼓励科研人员面向市场需求开展科学研究工作

鼓励科研人员和企业作为平等的市场主体，在市场规则下自由缔结技术开发合约。承认科研人员创新性人力资本投入的价值，放松对这类市场合约的经费管制，给予科研人员更大的经费支配权，允许科研人员从技术创新活动中获取收益，并给予优惠税收待遇，从而鼓励科研人员面向市场需求开发研发活动。同时，对科研人员在从国家财政资助项目中所获得的知识产权，国家可以无偿赠予，以激励科研人员的科学研究顺应市场需求；对与企业合作开发中所形成的知识产权，由科研人员与企业按照市场规则自由协商确定产权归属。

5. 加强产学研协同创新平台建设

利用财政支持手段鼓励企业与大学和科研机构联合建设联合建立技术开发中心；支持高校和科研院所的研究和开发机构直接进入企业，成为企业的技术开发机构；资助企业与高校和科研机构联合建立中试基地，加快科技成果的商业化步伐；在国家“重大科技创新基地建设”专项计划中，加大对企业产学研协作的支持力度，对企业、高校和科研院所联合申报国家（重点）实验室、国家工程技术研究中心进行倾斜。在加强产学研协同创新平台建设的同时，大力鼓励科研人员到企业进行联合科技开发，允许科研人员到科技企业从事与技术开发有关的兼职活动，鼓励企业、高校、科研机构科研人员的双向交流。

6. 继续推进科研院所体制改革

深入推进科研院所体制改革，使科研院所成为面向市场、服务企业的技术创新主体。一是对科研院所的直接财政资助应重点用于解决历史遗留问题，为科研院所改制创新良好的环境；二是减少对科研院所的经营性财政拨款，利用竞争性项目资助方式激发科研院所的竞争能力；三是利用税收优惠方式引导科研院所与企业的合作，使技术服务和技术转让成为科研院所的主要收入来源，从而真正建立科研院所的市场主体地位；四是鼓励企业兼并重组科研院所，使科研院所成为企业技术开发部门。

7. 大力培育科技中介机构

支持和鼓励各类单位和个人以货币、知识产权等出资成立公司制或合伙制的科技中介服务机构；引导高等院校和科研机构依托自身优势设立技术转化和技术转移等科技中介机构，加速自身科研成果的应用转化。鼓励高校教师和科研人员兼职创办各类科技中介机构从事科技中介服务活动。建立有利于科技中介机构健康发展的组织制度、运行机制和政策法规环境。各级财政科技经费每年安排一定比例的资金，用于促进技术转移、成果推广、创新孵化、科技咨询评估等科技中介服务活动。对科技中介机构从事技术转让、技术开发及与之相关的技术咨询、技术服务收入实行税收优惠，对拥有核心自主知识产权并符合条件的科技中介机构，可申请认定高新技术企业，并享受相关优惠政策。

8. 综合利用财税金融政策促进“产学研”协同创新

一是对“产学研”合作制定特别税收优惠政策，如对企业用于“产学研”合作研发支出采用更高的加计扣除率；对高校、科研院所或科研人员的技术转让收入和科技中介机构的技术服务收入实行税收优惠等；二是利用政府采购促进“产学研”合作，如对“产学研”协同创新产品实行政府优先采购政策，对“产学研”协作开发的新产品或新技术可加大政府首购政策的实施力度；三是重大科技专项应要求以企业为主形成“产学研”联合体进行申报和研发；四是综合利用贴息、担保、按比例投入等方式，引导金融机构加大对“产学研”协同创新项目的金融支持力度；五是利用财政资金成立专门的“产学研”协同创新基金，以项目资助方式促进“产学研”协同。

三、本书的不足及有待进一步研究的问题

本书的不足及未来值得进一步研究的问题主要体现在：

其一，尽管课题证实了税收和补贴政策对于企业技术创新规模和效率的影响，但出于数据收集和方法构建上的困难，课题没能解决样本分析期内中国税收和补贴政策的成本—收益分析，而成本—收益分析无疑是检视财政科技政策实施效果的重要分析工具，因此，如何科学构建这一分析工具极具理论价值和应用意义。

其二，由于中国创业投资引导基金推行时间有限，相关数据收集困难，因此本书的研究主要集中于理论层面，缺乏对理论研究结论的实证检验。而从各国研究现状看，创业投资微观数据的收集本身就是一个研究课题，因此，未来应紧密跟踪中国创业投资引导基金的运作情况，一方面，归纳发现值得深入研究的新的理论问题；另一方面，更需要对已有研究结论进行实证检验。

其三，尽管“产学研”协同创新并不是一个新鲜的研究课题，然而在“产学研”协同创新的中，由于不同创新主体的利益诉求不同，因此，如何深入理解政府在促进“产学研”协同创新中的作用，并恰当利用相关政策工具设计出激励相容的激励机制既是本书研究的不足，同时也是未来值得进一步研究的问题。

参考文献

艾耕云、徐晋．风险投资声誉激励机制下的相对业绩比较［J］．上海交通大学学报，2007（7）：1134－1137.

白俊红，江可申，李婧．应用随机前沿模型评测中国区域研发创新效率［J］．管理世界，2009（10）：51－61.

白俊红，李婧．政府 R&D 资助与企业技术创新——基于效率视角的实证分析［J］．金融研究，2011（6）：181－193.

白俊红．中国的政府 R&D 资助有效吗？来自大中型工业企业的经验证据［J］．经济学（季刊），2011，10（4）：1375－1400.

柏高原．创业投资引导基金运作机制研究——基于共同代理关系视角［D］．天津大学，2010.

蔡莉，于晓宇，杨隽萍．科技环境对风险投资支撑作用的实证研究［J］．管理科学学报，2007（4）：73－80.

陈春发．公共风险资本与市场失灵［J］．软科学，2008（5）：30－32.

陈和．创业投资的政策性引导基金模式研究［J］．科学学与科学技术管理，2006（5）：79－83.

陈辉煌，高岩．风险投资中的多任务委托——代理模型分析［J］．管理纵横，2008（3）50－52.

陈劲，张洪石，付玉秀．我国创业投资宏观环境风险因素的实证调查［J］．科学学研究，2004（5）：508－512.

陈修德，梁彤缨．中国高新技术产业研发效率及其影响因素——基于面板数据 SFPF 模型的实证研究 [J]. 科学学研究, 2010, 28 (8): 1198 - 1205.

陈永立, 邹洋. 政府资助与政府采购对企业科技创新影响的差异研究 [J]. 现代商业, 2014 (15): 97 - 99.

成力为, 戴小勇. 研发投入分布特征与研发投资强度影响因素的分析——基于我国30万个工业企业面板数据 [J]. 中国软科学, 2012 (8): 152 - 165.

成思危. 积极稳妥地推进我国的风险投资事业 [J]. 管理世界, 1999 (1): 2 - 7.

程华, 赵祥. 政府科技资助的溢出效应研究——基于我国大中型工业企业的实证研究 [J]. 科学学研究, 2009, 27 (6): 862 - 868.

崔新健, 宫亮亮. 跨国公司在中国选择高校 R&D 合作伙伴的影响因素 [J]. 中国软科学, 2008 (1): 34 - 40.

戴万亮, 杨皎平, 敖丽红. 创新政策对高技术产业 R&D 活动效率的影响——基于 AHP 和 SE - DEA 模型 [J]. 中央财经大学学报, 2013 (10): 70 - 75.

刁丽琳, 张蓓, 马亚男. 基于 SFA 模型的科技环境对区域技术效率的影响研究 [J]. 科研管理, 2011, 32 (4): 143 - 151.

杜朝运, 郑瑜. 海峡西岸经济区发展创业投资引导基金研究——兼析台湾创业投资引导基金研究 [J]. 福建金融, 2009 (5): 27 - 31.

樊霞, 何悦, 朱桂龙. 产学研合作与企业内部研发的互补性关系研究——基于广东省部产学研合作的实证 [J]. 科学学研究, 2011, 29 (5): 764 - 770.

樊霞, 赵丹萍, 何悦. 企业产学研合作的创新效率及其影响因素研究 [J]. 科研管理, 2012, 33 (2): 33 - 39.

范柏乃, 沈荣芳, 陈德棉. 国外促进风险投资业发展的法规政策综述 [J]. 外国经济与管理, 2000 (9): 22 - 26.

辜胜阻, 李正友, 刘入领. 我国政府在科技风险投资中的角色 [J]. 投资研究, 1999 (12): 20 - 23.

顾骅珊. 政府设立创业投资引导基金的运作管理模式探析 [J]. 经济研究导

刊，2009（3）：67－68.

官建成，何颖．科学—技术—经济的联结与创新绩效的国际比较研究［J］．管理科学学报，2009，12（5）：61－77.

郭淡泊，雷家骕，张俊芳，彭勃．国家创新体系效率及影响因素研究——基于 DEA－Tobit 两步法的分析［J］．清华大学学报（哲学社会科学版），2012，27（2）：142－151.

何国华，杨之帆，周志凯．2001．论风险投资的政府监管［J］．中国软科学，（10）：25－27.

何建洪，马凌．我国风险投资中的强制性制度供给问题分析［J］．科技管理研究，2008（2）：350－352.

胡芳日，曹毅．创业投资守门人——创业投资引导基金和基金的基金［M］．北京：经济科学出版社，2010.

胡石明，黄利红．投资者与风险投资家的契约关系［J］．中南大学学报（社会科学版），2003（2）：219－222.

黄俊华，俞欣珏．浙江省创业投资引导基金发展研究［J］．浙江金融，2009（7）：36－37.

霍沛军，陈继祥，陈剑．R&D 补贴与社会次佳 R&D［J］．管理工程学报，2004，18（2）：1－3.

嵇忆虹，吴伟，朱庆华．产学研合作的利益分配方式分析［J］．研究与发展管理，1999（1）：36－38.

贾明琪，等．技术创新与政府采购关系实证研究［J］．科技进步与对策，2014，31（20）：7－12.

江静．公共政策对企业创新支持的绩效——基于直接补贴与税收优惠的比较分析［J］．科研管理，2011，33（4）：1－9.

江希和，王水娟．企业研发投资税收优惠政策效应研究［J］．科研管理，2015，36（6）：46－52.

解维敏，唐清泉，陆姗姗．政府 R&D 资助，企业 R&D 支出与自主创新——来自中国上市公司的经验证据［J］．金融研究，2009（6）：86－99.

晋朝军．政府采购对国内自主创新行为的实证研究［J］．长江大学学报（社科版），2015，38（1）：71－73.

李开孟．我国政府性创业投资引导基金的运作模式及操作要点［J］．中国投资，2009（4）：100－103.

李平，王春晖．公共研发机构对中国技术创新的贡献度［J］．科研管理，2011，32（9）：15－21.

李瑞茜，白俊红．政府 R&D 资助对企业技术创新的影响——基于门槛回归的实证研究［J］．中国经济问题，2013（3）：11－23.

李维安，李浩波，李慧聪．创新激励还是税盾？——高新技术企业税收优惠研究［J］．科研管理，2016，37（11）：61－70

李习保．区域创新环境对创新活动效率影响的实证研究［J］．数量经济技术经济研究，2007（8）：13－24.

李永，王砚萍，马宇．制度约束下政府 R&D 资助挤出效应与创新效率［J］．科研管理，2015，36（6）：58－65.

廖述梅．高校研发对企业技术创新的溢出效应分析［J］．科研管理，2011，32（6）：11－18.

刘健钧．创业投资引导基金指导意见［J］．证券市场导报，2009（1）：9－14.

刘健钧．解读创业投资引导基金指导意见［J］．中国科技投资，2009（3）：21－26.

刘健钧．借鉴国际经验发展我国创业投资引导基金［J］．中国金融，2007（21）：33－34.

刘健钧．新西兰创业投资基金计划的实施机制［J］．中国科技投资，2006（6）：52－53.

刘炜，马文聪，樊霞．产学研合作与企业内部研发的互动关系研究——基于企业技术能力演化的视角［J］．科学学研究，2012，30（12）：1853－1861.

卢立香，胡金焱．对风险投资家的激励机制研究［J］．西部金融，1999（9）32－38.

鲁若愚，傅家骥，王念星．校企合作创新的属性演化及对分配方式的影响［J］．中国软科学，2003（10）：153－160.

吕海萍，龚建立，王飞绒，卫非．产学研相结合的动力——障碍机制实证分析［J］．研究与发展管理，2004（2）：58－62.

吕新军，胡晓绵．到底是什么阻碍了国家创新？——影响国家创新的制度性因素分析［J］．科学学与科学技术管理，2010，31（5）：115－120.

任培民，赵树然．期权博弈整体方法与产学研结合利益最优分配［J］．科研管理，2008（6）：171－177.

苏启林，隋广军．给予创业投资资本利得的税收激励政策研究［J］．中央财经大学学报，2004（8）：11－15.

苏启林，隋广军．基于创业投资资本利得的税收激励政策研究［J］．中央财经大学学报，2004（8）：15－19.

涂俊，吴贵生．基于DEA—Tobit两步法的区域农业创新系统评价及分析［J］．数量经济技术经济研究，2006（4）：136－145.

王宏，郑上福．基于省际面板数据分析的政府采购与技术创新关系研究［J］．湖南财政经济学院学报，2011，27（10）：82－85.

王俊．我国政府R&D税收优惠强度的测算及影响效应检验［J］．科研管理，2011，32（9）：157－164.

王立平．我国高校R&D研发知识溢出的实证研究——以高技术产业为例［J］．中国软科学，2005（12）：54－59.

吴延兵．R&D存量、知识函数与生产效率［J］．经济学季刊，2006，5（4）：1129－1156.

吴延兵．中国工业R&D投入的影响因素［J］．产业经济研究，2009（6）：13－21.

吴祖光，万迪昉，吴卫华．税收对企业研发投入的影响：挤出效应与避税激励——来自中国创业板上市公司的经验证据［J］．研究与发展管理，2013，25（5）：1－11.

肖丁丁，朱桂龙，王静．政府科技投入对企业R&D支出影响的再审视——基于分位数回归的实证研究［J］．研究与发展管理，2013，25（3）：25－32.

谢伟，胡玮，夏绍模．中国高新技术产业研发效率及其影响因素分析［J］．科学学与科学技术管理，2008（3）：144－149.

徐伟民．科技政策与高新技术企业的R&D投入决策——来自上海的微观实证分析［J］．上海经济研究，2009（5）：55－64.

杨德伟，汤湘希．政府研发资助强度对民营企业技术创新的影响——基于内生性视角的实证研究 [J]. 当代财经, 2011 (12): 64 - 73.

杨军, 褚保金. 新西兰创业投资基金计划的实施机制 [J]. 中国科技投资, 2006 (6): 52 - 53.

姚洋, 章奇. 中国工业企业技术效率分析 [J]. 经济研究, 2001 (10): 13 - 21.

余泳泽, 武鹏, 林建兵. 价值链视角下的我国高技术产业细分行业研发效率研究 [J]. 科学学与科学技术管理, 2010 (5): 60 - 65.

余泳泽. 创新要素集聚、政府支持与科技创新效率——基于省域数据的空间面板计量分析 [J]. 经济评论, 2011 (2): 93 - 101.

玉秀, 张洪石. 公共创业投资项目发展的研究与实践 [J]. 中国科技论坛, 2004 (6): 120 - 124, 78.

原毅军, 耿殿贺. 中国装备制造业技术研发效率的实证研究 [J]. 中国软科, 2010 (3): 51 - 58.

原毅军, 贾媛媛, 郭丽丽. 企业研发效率及其影响因素——基于 SFA 模型的研究 [J]. 科学学与科学技术管理, 2013, 34 (11): 63 - 69.

原毅军, 于长宏. 产学研合作与企业内部研发: 互补还是替代? ——关于企业技术能力"门限"效应的分析 [J]. 科学学研究, 2012, 30 (12): 1862 - 1870.

岳书敬. 中国区域研发效率差异及其影响因素——基于省级区域面板数据的经验研究 [J]. 科研管理, 2008, 29 (5): 173 - 179.

詹美求, 潘杰义. 校企合作创新利益分配问题的博弈分析 [J]. 科研管理, 2008 (1): 8 - 13.

张海洋. 我国工业 R&D 生产效率和影响因素——基于省级大中型工业数据的实证分析 [J]. 科学学研究, 2008, 26 (5): 970 - 978.

张志民, 张小民, 刘晋秦, 延军平. 中国政策性创业投资机构的功能定位研究 [J]. 科学学研究, 2007 (4): 667 - 670.

赵付民, 苏盛安, 邹珊刚. 我国政府科技投入对大中型工业企业 R&D 投入的影响分析 [J]. 研究与发展管理, 2006 (2): 78 - 84.

郑绪涛, 柳建平. 促进 R&D 活动的税收和补贴政策工具的有效搭配 [J]. 产业经济研究, 2008 (1): 26 - 36.

朱平芳，徐伟民．政府的科技激励政策对大中型工业企业 R&D 投入及其专利产出的影响［J］．经济研究，2003（6）：45－53.

朱有为，徐康宁．中国高技术产业研发效率的实证分析［J］．中国工业经济，2006（11）：38－45.

Aboody D，Lev B. Information Asymmetry，R&D，and Insider Gains［J］. Journal of Finance，2000，55（6）：2747－2766.

Adam C P. Optimal Team Incentives with CES Production［J］. Economics Letters，2006，92：143－148.

Aerts K，Czarnitzki D. Using Innovation Survey Data to Evaluate R&D Policy：The Case of Belgium［R］. ZEW Working Paper，2004.

Aerts K，Thorwarth S. Additionality Effects of Public R&D Funding：'R' versus 'D'［R］. FBE Research Report MSI_0811，2008：1－19.

Alchian A，Demsetz H. Production，Information Costs and Economic Organization［J］. American Economic Review，1972，62（5）：777－795.

Almus M.，Czarnitzki D. The Effects of Public R&D Subsidies on Firm's Innovation Activities：The Case of Eastern Germany［J］. Journal of Business and Economic Statistics，2003，21（2）：226－236.

Alon B.，Gompers P AMyth Or Reality：The Long－Run Underperformance Of Initial Public Offerings Evidence From Venture And Non Venture Capital－Backed Companies［J］. Journal of Finance，1997，52（10）：1791－1821.

Amit R.，Brander J.，Zott C. Why do Venture Capital Firms Exist? Theory and Canadian Evidence［J］. Journal of Business Venturing，1998，13（6）：441－465.

Andersen，P.，Petersen，N C. A Procedure for Ranking Efficient Units in Data Envelopment Analysis［J］. Management Science，1993，39（10）：1261－1264.

Anselin L，Varga A，Acs Z J. Geographic Spillovers and University Research：A Spatial Econometric Perspective［J］. Growth and Change，2000，31（4）：501－516.

Anselin L，Varga A，Acs Z J. Local Geographic Spillovers between University Research and High Technology Innovations [J]. Journal of Urban Economics, 1997 (42): 422 -448.

Arrow K J. The Economic Implications of Learning by Doing [J]. Review of Economic Studies, 1962, 29 (80): 155 -173.

Arrow, K. Economic Welfare and the Allocation of Resources for Invention [M] //Nelson R. The Rate and Direction of Inventive Activity. Princeton University Press, Princeton, 1962.

Asmussen E., Berriot C. Le credit impotrecherche cout et effet incitatif [R]. Paris Ministere de Economieet des Finances, 1993.

Avnimelech G., Teubal M. VC - Start Up Co - Evolution and the Emergence and Development of Israel's New High Tech Cluster [R]. 2002, Working Paper.

Baghana R, Mohnen P. Effectiveness of R&D Tax Incentives in Small and Large Enterprises in Québec [J]. Small Business Economics, 2009, 33 (1), 91 - 107.

Bartzokas A, Sunilmani. Financial Systems, Corporate Investment in Innovation and Venture Capital [M]. Northampton: MA Edward Elgar Publishing Inc, 2004.

Bascha A. Walz U.. Financing practices in the German venture capital industry an empirical assessment [Z]. 2002, CFS Working Paper.

Beatty R P., Ritter J Investment Banking, Reputation, and the Under-pricing of Initial Public Offerings [J]. Journal of Financial Economics, 1986, 5 (2): 213 -232.

Beck N., Katz J N. What to Do (and Not to Do) With Time-series Cross-section Data [J]. American Political Science Review, 1995, 89 (4): 634 -647.

Becker R, Hellmann T. The Genesis of Venture Capital: Lessons from the German Experience [Z]. CESIFO Working paper, 2000.

Bentzen J, Smith V. Spillovers in R&D Activities: An Empirical Analysis of R&D Expenditure in the Nordic Countries [R]. IAES Meeting, 2001, 7 (2): 199 -212.

Berger P. Explicit and Implicit Effects of the R&D Tax Credit [J]. Journal of Accounting Research, 1993, 31 (2): 131 - 171.

Bernstein J I, Nadiri M I. Rates of Return on Physical and R&D Capital and Structure of the Production Process: Cross-section and Time Series Evidence [M//]. In: Raj B. Ed. Advances in Econometrics and Modeling. Kluwer Academic Publishers, Amsterdam, 1989.

Bernstein J I. The Effect of Direct and Indirect Tax Incentives on Canadian Industrial R&D Expenditures [J]. Canadian Public Policy, 1986, 12 (4): 438 - 448.

Berube C, Mohnen P. Are Firms that Receive R&D Subsidies More Innovative? [J]. Canadian Journal of Economics, 2009, 42 (1): 206 - 225.

Bhide A. Bootstrap Finance: the Art of Start - Ups [J]. Harvard Business Review, 1992, 70 (6): 109 - 117.

Blanes J V. , Busom I. Who Participates in R&D Subsidy Programs? The Case of Spanish Manufacturing Firms [J]. Research Policy, 2004, 33: 1459 - 1476.

Bloom N. , Griffith N. , Van Reenen J. Do R&D Tax Credits Work? Evidence from a Panel of Countries 1979 - 1997 [J]. Journal of Public Economics, 2002, 85 (1): 11 - 31.

Boadway R. , Tremblay J F. Public Economics and Start-up Entrepreneurship [M] // Kanniainen, V. , Keuschnigg, C. (eds.), Venture Capital, Entrepreneurship and Public Policy, CESifo Seminar Series, Cambridge: MIT Press, 2005: 198 - 219.

Bolton P. , Dewatripont M. Contract Theory [M]. MIT Press, 2005.

Booth J R. , Smith R L. Capital Raising, Underwriting and the Certification Hypothesis [J]. Journal of Financial Economics, 1986, 15 (2): 261 - 281.

Bowonder B. , Mani S. Venture Capital and Innovation: The Indian Experience [J]. Working Paper, UNU/INTECH, 2003.

Brander J A. , Egan E J. , Hellmann T F. Government Sponsored Versus Private Venture Capital: Canadian Evidence [Z]. 2008, Working Paper, NBER.

Brander J A. , Egan E J. . The Role of Venture Capitalists in Acquisitions: Certification or Bargaining? [Z]. 2007, Working Paper, University of British Columbia.

Brander J., Du Q. Q, Hellmann T. The Effects of Government – Sponsored Venture Capital: International Evidence [R]. Working Paper, NBER, 2010.

Bresnahan T. Measuring the Spillovers from Technical Advance: Mainframe Computers in Financial Services [J]. American Economic Review, 1986, 76 (4): 742 – 755.

Brewer, Elijay, Hesna. Performance and Access to Government Guarantees: The Case of Small Business Investment Companies [J]. Economic Perspectives, 1995 (20): 16 – 32.

Brown J R, Martinsson G, Petersen B C. Do Financing Constraints Matter for R&D? [J]. European Economic Review, 2012, 56 (8): 1512 – 1529.

Busom I, Corchuelo B, Ros E M. Tax Incentives and Direct Support for R&D: What Do Firms Use and Why? [R]. INDEM Working Paper, 2013.

Busom I. An Empirical Evaluation of the Effects of R&D Subsidies [J]. Economics of Innovation and New Technology, 2000, 9 (2): 111 – 148.

Buxton A. The Process of Technical Change in UK Manufacturing [J]. Applied Economics, 1975, 7 (1): 53 – 71.

Callejón M., García Quevedo J. Las ayudas a la I + D empresarial. Un an lisis sectorial [R] Working Papers, 2002, Institut d'Economia de Barcelona (IEB).

Capron H, van Pottelsberghe B. Public Support to Business R&D: A Survey and Some New Quantitative Evidence [R]. In OECD, Policy Evaluation in Innovation and Technology. Towards Best Practices (pp. 171 – 187). Paris, 1997.

Casamatta C. Financing and Advising: Optimal Financial Contracts with Venture Capitalists [J]. Journal of Finance, 2003, 58 (5): 2059 – 2086.

Chang A C. Tax Policy Endogeneity: Evidence from R&D Tax Credits [R]. University of California Working Paper, 2012.

Chen C T., Chien C F., Lin M H., et al. Using DEA to Evaluate R&D Performance of the Computers and Peripherals Firms in Taiwan [J]. International Journal of Business, 2004, 9 (4): 261 – 288.

Collins E. An Early Assessment of Three R&D Tax Incentives Provided by the Economic Recovery Tax Act of 1981 [R]. PRAReport 83 – 7. National Science Foundation, 1983.

Copper, W W. , Li, S. , Seiford, L M. , Tone, K. , Thrall, R M. , Zhu, J. Sensitivit y and Stability Analysis in DEA: Some Recent Development [J]. Journal of Productivity Analysis, 2001, 15 (2): 217 –246.

Cumming D J. Government Policy Towards Entrepreneurial Finance: Innovation Investment Funds [J]. Journal of Business Venturing, 2007 (22): 193 –235.

Cumming D J. , Jeffrey G. , MacIntosh. Crowding Out Private Equity: Canadian Evidence [J] Journal of Business Venturing, 2006, 21 (4): 569 –609.

Cumming D. Agency Costs, Institutions, Learning, and Taxation in Venture Capital Contracting [J]. Journal of Business Venturing, 2005, 20 (3): 573 – 622.

Czarnitzki D, Ebersberger B, Fier A. The Relationship between R&D Collaboration, Subsidies and R&D Performance: Empirical Evidence from Finland and Germany. Journal of Applied Econometrics, 2007, 22 (7): 1347 –1366.

Czarnitzki D, Hottenrott H, Thorwarth S. Industrial Research Versus Development Investment: The Implications of Financial Constraints [J]. Cambridge Journal of Economics, 2011, 35 (3): 527 –544.

Czarnitzki D, Hussinger K. The Link between R&D Subsidies, R&D Spending and Technological Performance [R]. ZEW Discussion Paper, 2004.

Czarnitzki D. Research and Development in Small and Medium-sized German Enterprises: The Role of Financial Constraints and Public Funding [J]. Scottish Journal of Political Economy, 2006, 53 (3): 335 –357.

Czarnitzki D. , Licht G. Additionality of Public R&D Grants in a Transition Economy: The Case of Eastern Germany [J]. Economics of Transition, 2006, 14 (1): 101 –131.

Czarnitzki D. , Toole A A. Business R&D and the Interplay of R&D Subsidies and Product Market Uncertainty [J]. Review of Industrial Organization, 2007, 31 (2): 161 –181.

Czarnitzkia D, Delanoteb J. R&D Subsidies to Small Young Companies: Should the Independent and High-tech Ones be Favored in the Granting Process? [J]. ZEW Working Paper, 2013.

d'Aspremont C. , Jacquemin, A. Cooperative and Noncooperative R&D in Duopoly with Spillovers [J]. American Economic Review, 1988, 78 (5): 1133 - 1137.

Da Rin M. , Nicodano G. , Sembenelli A. Public Policy and the Creation of Active Venture Capital Markets [J]. Journal of Public Economics, 2006, 90 (8): 1699 - 1723.

Da Rin M. , Penas M F. The Effect of Venture Capital on Innovation Strategies [Z]. NBER Working Paper, 2007.

Dagenais M, Mohnen P, Thierrien P. Do Canadian Firms Respond to Fiscal Incentives to Research and Development? [R]. Tilburg University mimeo, 1998.

David P A. , Hall B H. , Toole A. Is Public R&D a Complement or Substitute for Private R&D? A Review of Econometric Evidence [J]. Research Policy, 2000, 29 (4): 497 - 529.

Department of Trade and Industry. Addressing the SME Equity Gap: Guidance for Regional Sponsors proposing to stimulate the creation of Regional Venture Capital Funds [R]. 1999, SME Policy Directorate (December) URN99/1204, London.

Devereux M P, Pearson M. European Tax Harmonization and Production Efficiency [J]. European Economic Review, 1995, 39 (9): 1657 - 1681.

Dirk, S. Public Venture Capital in Germany: Task Force or Forced Task? [Z]. Faculty of Economics and Business Administration, Working Paper, 2006.

Djankov S. , Ganser T. , McLiesh C. , Ramalho R. , Shleifer A. The Effect of Corporate Taxes on Investment and Entrepreneurship [Z]. Working Paper, NBER, 2009.

Driscoll J C. , Kraay A C. Consistent Covariance Matrix Estimation with Spatially Dependent Panel Data [J]. Review of Economics and Statistics, 1998, 80 (3): 549 - 560.

Duruflé G. Government Involvement in the Venture Capital Industry-International Comparisons [Z]. Working Paper, 2010.

Ebersberger B, Lehtoranta O. Effects of Public R&D Funding [R]. VTT Working Paper, 2008.

Eini? E. R&D Subsidies and Company Performance: Evidence from Geographic Variation in Government Funding Based on the ERDF Population – Density [R]. HECER Working Paper, 2013.

Eisner R, Steven H A, Sullivan M A. Tax Incentives and R&D Expenditures [R]. NBER Working Paper, 1983.

Elijah B., Hesna G.. Performance and access to government guarantees: The case of small business investment companies [J]. Economic Perspective, 1996, 20 (2): 16 –32.

Eswaran M, Kotwal A. The Moral Hazard of Budget – Breaking [J]. Rand Journal of Economics, 1984, 15 (4): 578 –581.

Falk M. What Drives Business R&D Intensity across OECD Countries? [J]. Applied Economics, 2006, 38 (5): 533 –547.

Farrell J., Scotchmer S. Partnerships [J]. Quarterly Journal of Economics, 1988, 103: 279 –297.

Fernhaber S A., McDougall – Covin P. Venture Capitalists as Catalysts to New Venture Internationalization: The Impact of Their Knowledge and Reputation Resources [J]. Entrepreneurship Theory and Practice, 2009, 33 (1): 277 – 295.

Fischer M, Varga A. Spatial Knowledge Spillovers and University Research: Evidence from Austria [J]. The Annals of Regional Science, 2003, 37 (3): 303 –322.

Freeman C. Japan: A New National System of Innovation? [M] //Dosi G, Freeman C, Nelson R, et al. Technical Change and Economic Theory. London: Pinter Publishers, 1988.

Freeman, C. The National System of Innovation in Historical Perspective [J]. Cambridge Journal of Economics, 1995, 19 (1): 5 –24.

Fukugawa N. University Spillovers into Small Technology-based Firms: Channel, Mechanism, and Geography [J]. Journal of Technology Transfer, 2012, 38 (3): 415 -431.

Fulghieri P., Sevilir M. Size and focus of a venture capitalist's portfolio [J]. Review of Financial Studies 2009, 22 (11): 4643 -4680.

Furman, J L., Hayes, R. Catching Up or Standing Still? National Innovative Productivity among "Follower" Countries, 1978 - 1999 [J]. Research Policy, 2004, 33 (9): 1329 -1354.

Furman, J L., Porter, M E., Stern S. The Determinants of National Innovative Capacity [J]. Research Policy, 2002, 31 (6): 899 -933.

Görg H, Strobl E. The effect of R&D subsidies on private R&D [J]. Economica, 2007, 74 (294): 215 -234.

Gans J S., Stern S. When Does Funding Research by Smaller Firms Bear Fruit?: Evidence from the SBIR Program [J]. Economics of new Technology and Innovation, 2003, 12 (4), 361 -384.

Gibbon R. Optimal Incentive Contracts in the Presence of Career Concerns: Theory and Evidence [J]. Journal of Political Economics, 1992, 100 (2): 468 - 505.

Globerman S. Market Structure and R&D in Canadian Manufacturing Industries [J]. Quarterly Review of Economics and Business, 1973, 13 (1): 59 -68.

Gompers P A., Lerner J P. What Drives Venture Capital Fundraising? [Z]. NBER Working Paper, 1999.

Gompers P., Lerner J. An Analysis of Compensation in the US Venture Capital Partnership [J]. Journal of Financial Economics, 1999, 51 (1): 3 -44.

González X, Jaumandreu J, Pazó C. Barriers to innovation and subsidy effectiveness [J]. RAND Journal of Economics, 2005, 36 (4): 930 -949.

González X, Pazó C. Do public subsidies stimulate private R&D spending? [J]. Research Policy, 2008, 37 (2): 371 -389.

Goolsbee A. Does Government R&D Policy Mainly Benefit Scientist and Engineers? [J] American Economic Review, 1998, 88 (3): 298 -302.

Green J R. , Stokey N. A Comparison of Tournaments and Contracts [J]. Journal of Political Economy, 1983, 91 (2): 349 -364.

Griffith R, Sandler D, Van Reenen J. Tax Incentives for R&D [J]. Fiscal Studies, 1995, 16 (2): 21 -44.

Griliches Z. R&D and the Productivity Slowdown [J]. American Economic Review, 1980, 70 (2): 343 -348.

Griliches Z. The Search for R&D Spillovers [J]. Scandinavian Journal of Economics, 1992, 94 (1): 29 -47.

Grossman S J. , Hart O H. An analysis of the Principal – Agent Problem [A]. In: Economic Theory, Fifth World Congress, edited by Bewley, T. New York: Cambridge University Press, 1983.

Guan, J C. , Chen, K H. Modeling the Relative Efficiency of National Innovation Systems [J]. Research Policy, 2012, 41 (1): 102 -115.

Guellec D. , Pottelsberghe B. The Internationalization of Technology Analyse with Patent Data [J]. Research Policy, 2001, 30 (11): 1253 -1266.

Guellec D. , Van Pottelsberghe B. The Impact of Public R&D expenditure on Business R&D [J]. Econimic of Innovation and New Technology, 2003, 12 (3): 225 -243.

Gupta S, Hwang Y C, Schmidt A P. Structural Change in the Research and Experimentation Tax Credit: Sucess or Failure? [J]. National Tax Journal, 2011, 64 (2): 285 -322.

Hægeland T, Møen J. Input Additionality in the Norwegian R&D Tax Credit Scheme [R]. Statistics Norway, Reports 2007/47, 2007.

Hall B H. R&D Tax Policy During the Eighties: Success or Failure? [J]. Tax Policy and the Economy, 1993, 7 (1): 1 -36.

Hall B, van Reenen J. How Effective are Fiscal Incentives for R&D? A Review of Evidence [J]. Research Policy, 2000, 29 (4 /5): 449 -469.

Hall R, Jorgenson D. Tax Policy and Investment Behaviors [J]. American Economic Review, 1967, 57 (3): 391 -414.

Hamberg D. R&D: Essays on the Economics of Research and Development. Random

House, New York, 1966.

Hellmann T F., Puri M. The Interaction between Product Market and Financing Strategy: The Role of Venture Capital [J]. Review of Financial Studies, 2000, 13 (4): 959 -984.

Higgins R S, Link A N. Federal Support of Technological Growth in Industry: Some Evidence of Crowding out [R]. IEEE Transactions on Engineering Management EM -28, 1981, 86 -88.

Hines J R. On the Sensitivity of R&D to Delicate Tax Changes: The Behavior of U. S. Multinationals in the 1980s [M]. In: Giovannini A, Hubbard R G and Slemrod J. Eds, Studies in International Taxation, Ill. University of Chicago Press, Chicago, 1993: 149 -194.

Hinloopen J. More on Subsidizing Cooperative and Noncooperative R&D in Duopoly with Spillovers [J]. Journal of Economics, 2000, 72 (3): 295 -308.

Hinloopen J. Subsidizing Cooperative and Noncooperative R&D in Duopoly with Spillovers [J]. Journal of Economics, 1997, 66 (2): 151 -175.

Hiroyuki K, Katsumi S, Michio S. Does an R&D Tax Credit Affect R&D Expenditure? The Japanese R&D Tax Credit Reform in 2003 [J]. Journal of the Japanese and International Economies, 2014, 31 (3): 72 -97.

Holmstrom B. Moral Hazard and Observability [J]. Bell Journal of Economics, 1979, 10 (1): 74 -91.

Holmstrom B. Moral Hazard in Teams [J]. Bell Journal of Economics, 1982, 13 (2): 324 -340.

Holmstrom B., Milgrom P. Aggregation and Linearity in the Provision of Inter-temporal Incentives [J]. Econometrica, 1987, 55 (2): 303 -328.

Holmstrom B., Milgrom P. Multitask Principal - Agent Analyses: Incentive Contracts, Asset Ownership, and Job Design [J]. Journal of Law, Economics and Organization, 1991, 7: 24 -52.

Holmstrom B., Tirole J. Financial Intermediation, Loanable Funds, and the Real Sector [J]. Quarterly Journal of Economics, 1998, 112 (4): 663 -692.

Howe J D, McFetridge D G The Determinants of R&D Expenditures [J]. Canadian

Journal of Economics, 1976, 9 (1): 57 - 71.

Hu, J L., Yang, C H., Chen, C P. R&D Efficiency and National Innovation System: An Internation Comparison Using the Distance Function Approach [J]. Bulletin of Economic Research, 2011, Advance Online.

Hu, M C., Mathews, J A. National Innovative Capacity in East Asia [J]. Research Policy, 2005, 34 (9): 1322 - 1349.

Hussinger K. R&D and Subsidies at the Firm Level: An Application of Parametric and Semiparametric Two-step Selection Models [J]. Journal of Applied Econometrics, 2008, 23 (9): 729 - 747.

Hwang Y C, Schmidt A P. Structural Change in the Research and Experimentation Tax Credit: Sucess or Failure? [J]. National Tax Journal, 2011, 64 (2): 285 - 322.

Itoh H. Incentives to Help in Multi - Agent Situations [J]. Econometrica, 1991, 59 (3): 611 - 636.

Jaffe A B. Building Programme Evaluation into the Design of Public Research Support Programmes [J]. Oxford Review of Economic Policy, 2002, 18 (1): 22 - 34.

Jaffe A B. Real Affects of Academic Research [J]. American Economic Review, 1989, 79 (6): 957 - 970.

Jain B A., Kini O. Does The Presence Of Venture Capitalists Improve The Survival Profile Of IPO Firms? [J]. Journal of Business Finance and Accounting, 2000, 27 (9): 1139 - 1176.

Jain B A., Kini O. Industry Clustering of Initial Public Offerings [J]. Managerial and Decision Economics, 2006, 27 (1): 1 - 20.

Jeffrey E S. The US Angel and Venture Capital Market: Recent Trends and Developments [J]. Journal of Private Equity, 2003 (2): 7 - 17.

Jonathan, Koppel. The Challenge of Administration by Regulation: Preliminary Findings Regarding the U. S. Government's Venture Capital Funds [J]. Journal of Public Administration Research and Theory, 2008 (9): 641 - 666.

Kenuschnigg C., Nielsen S B. Tax Policy, Venture Capital, and Entrepreneurship

[J]. Journal of Public Economics, 2003, 87 (1): 175 –203.

Keuschnigg C. Optimal Public Policy for Venture Capital Backed Innovation [Z]. Working Paper, University of St. Gallen, 2003.

Keuschnigg C. Public Policy, Venture Capital and Entrepreneurial Finance [Z]. Working Paper, University of St. Gallen, 2009.

Keuschnigg C. Tax Policy for Venture Capital Backed Entrepreneurship [Z]. Working Paper, University of St. Gallen, 2008.

Keuschnigg C. Venture Capital Backed Growth [J]. Journal of Economic Growth, 2004c, 9 (2): 239 –261.

Keuschnigg C., Nielsen S B. Public Policy for Start-up Entrepreneurship with Venture Capital and Bank Finance [A] //Kanniainen and Keuschnigg (eds.), Venture Capital, Entrepreneurship and Public Policy, CESifo Seminar Series, Cambridge: MIT Press, 2005: 221 –250.

Keuschnigg C., Nielsen S B. Public Policy for Venture Capital [J]. International Tax and Public Finance, 2001, 8 (3): 557 –572.

Keuschnigg C., Nielsen S B. Start-ups, Venture Capitalists, and the Capital Gains Tax [J]. Journal of Public Economics, 2004b, 88 (5): 1011 – 1042.

Keuschnigg C., Nielsen S B. Tax Policy, Venture Capital, and Entrepreneurship [J]. Journal of Public Economics, 2003a, 87 (1): 175 –203.

Keuschnigg C., Nielsen S B. Taxation and Venture Capital Backed Entrepreneurship [J]. International Tax and Public Finance, 2004a, 11 (2): 369 – 390.

Keuschnigg C., Nielsen S B. Taxes and Venture Capital Support [J]. European Finance Review, 2003b, 7 (3): 515 –539.

Klassen K J, Pittman J A, Reed M P. A Cross – National Comparison of R&D Expenditure Decisions: Tax Incentives and Financial Constraints [J]. Contemporary Accounting Research, 2004, 21 (3): 639 –680.

Klette T J., Møen J., Griliches Z. Do Subsidies to Commercial R&D Reduce Market Failures? Micro Econometric Evaluation Studies [J]. Research Policy,

2000, 29 (4): 471 -495.

Kobayashi Y. Effect of R&D Tax Credits for Small and Medium-sized Enterprisesin Japan: Evidence from Firm-level Data [2011]. RIETI Working Paper, 2011.

Koga T. Firm Size and R&D Tax Incentives [J]. Technovation, 2003, 23 (7): 643 -648.

Kortum S. , Lerner J. Assessing the Contribution of Venture Capital to Innovation [J]. RAND Journal of Economics, 2000, 31 (4): 674 -692.

Lööf H, Brostrom A. Does Knowledge Diffusion between University and Industry Increase Innovativeness? [J]. The Journal of Technology Transfer, 2008, 33 (1): 73 -90.

Lööf H, Hesmati A. The Impact of Public Funding on Private R&D investment: New Evidence from a Firm Level Innovation Study [R]. INFRA, CESIS Working Paper, 2005.

Lach, S. Do R&D Subsidies Stimulate or Displace Private R&D? Evidence from Israel [J]. Journal of Industrial Economics, 2002, 50 (3): 369 -390.

Lazear E P. , Rosen S. Rank - Order Tournaments as Optimum Labor Contracts [J]. Journal of Political Economy, 1981, 89 (4): 841 -864.

Legros P. , Matsushima H. Efficiency in Partnership [J]. Journal of Economic Theory, 1991, 55: 296 -322.

Leland H. , Pyle D. Information Asymmetries, Financial Structure, and Financial Inter-mediation [J]. Journal of Finance, 1977, 32 (2): 371 -387.

Leleux B. , Surlemont B. Public Versus Private Venture Capital: Seeding Or Crowding Out? A Pan - European Analysis [J]. Journal of Business Venturing, 2003, 18 (1): 81 -104.

Lerner J. The Government as a Venture Capitalist: The Long - Run Impact of the SBIR Program [J]. The Journal of Business, 1999, 72 (3): 285 -318.

Lerner J. , Moore D. , Shepherd S A. Study of New Zealand's Venture capital Market and Implications for Public Policy [M]. Boston: Ministry of Research Science &Technology, 2005.

Lerner J. , Watson B. The public venture capital challenge: the Australian case

[J]. Venture Capital, 2007, 10 (1): 1-20.

Levin R C., Reiss P. Tests of a Schumpeterian Model of R&D and Market Structure [C]. In Z. Griliches (Ed.), R&D, Patents, and Productivity: 175-208. Chicago, IL: University of Chicago.

Levy D M. Estimating the Impact of Government R&D [J]. Economics Letters, 1990, 32 (1): 169-173.

Levy D M., Terlecky N E. Effects of Government R&D on Private R&D Investment and Productivity: A Macroeconomic Analysis [J]. Bell Journal of Economics, 1993, 14 (2): 551-561.

Lichtenberg F R. The Effect of Government Funding on Private Industrial Research and Development: A Re-assessment [J]. The Journal of Industrial Economics, 1987, 36 (1): 97-104.

Lichtenberg F R. The Private R&D Investment Response to Federal Design and Technical Competition [J]. American Economic Review, 1988, 78 (3): 550-559.

Lichtenberg F R. The Relationship between Federal Contract R&D and Company R&D [J]. American Economic Review Papers and Proceedings, 1984, 74 (1): 73-78.

Link A N. An analysis of the composition of R&D Spending [J]. Southern Journal of Economics, 1982, 49 (2): 342-349.

Mairesse J., Mulkay B. Une évaluation du crédit d'impôt recherche en France (1980-1997) [J]. Revue Déconomie Politique, 2004 (114): 747-778.

Mamuneas T P, Nadiri M I. Public R&D Policies and Cost Behavior of the US Manufacturing Industries [J]. Journal of Public Economics, 1996, 63 (1): 57-81.

Mansfield E, Switzer L. How Effective are Canada's Direct Tax Incentives for R&D? [J]. Canadian Public Policy, 1985, 11 (2): 241-246.

Mansfield E. The R&D Tax Credit and Other Technology Policy Issues [J]. AEA Papers and Proceedings, 1986, 76 (2): 190-194.

Marino M, Parrotta P. Impacts of Public Funding to R&D: Evidence from Denmark

[R]. CDM - CEMI Working Paper, 2010.

Markku V J M. , Gordon C M. Finnish Industry Investment Ltd: An International Evaluation [R]. Helsinki Finland: Ministry of Trade and Industry Publications, 2003: 53 - 61.

McCutchen, W W. Estimating the Impact of the R&D Tax Credit on Strategic Groups in the Pharmaceutical Industry. Research Policy, 1993, 22 (3): 337 - 351.

McFetridge D G, WardaJ P. Canadian R&D Incentives: Their Adequacy and Impact. Vol. Canadian Tax Paper No. 70, Canadian Tax Foundation, Toronto, 1983.

Megginson W L. , Weiss K A. Venture Capital Certification in Initial Public Offerings [J]. Journal of Finance, 1990, 46 (3): 879 - 903.

Monjon S, Waelbroeck P. Assessing Spillovers from Universities to Firms: Evidence from French Firm - level Data [J]. International Journal of Industry Organization, 2003, 21 (10): 1255 - 1270.

Mulkay B, Mairesse J. The R&D Tax Credit in France: Assessment and Ex-ante Evaluation of the 2008 Reform [R]. NBER Working Paper, 2013.

Onishi K, Nagata A. Does Tax Credit for R&D Induce Additional R&D Investment?: Analysis on the Effects of Gross R&D Credit in Japan [J]. Journal of Science Policy and Research Management, 2010, 24 (3): 400 - 412.

Osborne D. Sandler D. A Tax Expenditure Analysis of Labour - Sponsored Venture Capital Corporations [J]. Canadian Tax Journal, 1998, 46 (3): 499 - 574.

Ozmel U. , Robinson D. , Stuart T. Strategic alliances, venture capital, and the going public decision [R]. Working Paper, Duke University, 2007.

Paff L A. State - Level R&D Tax Credit: A Firm - Level Analysis [J]. The B. E. Journal of Economic Analysis & Policy, 2005, 5 (1): 1 - 27.

Parisi M L. , Sembellini A S. Is Private R&D Spending Sensitive to Its Price? Empirical Evidence on Panel for Italy [J]. Empirica, 2003, 30 (3): 357 - 377.

Pavitt K. , Robson M. , Townsend J. The size distribution of innovating firm in UK 1945 - 1983 [J]. Journal of Industrial Economics, 1987, 35 (3): 297 - 316.

Politis D. Business angels and value added: what do we know and where do we go?

[J]. Venture Capital, 2008, 10 (2): 127-147.

Poterba J M. Capital Gains Tax Policy toward Entrepreneurship [J]. National Tax Journal, 1989, 42 (3): 375-389.

Repullo R., Suarez J. Venture Capital Finance: A Security Design Approach [J]. Review of Finance, 2004, 8 (1): 75-108.

Robson M. Federal Funding and the Level of Private Expenditure on Basic Research [J]. Southern Economic Journal, 1993, 60 (1): 63-71.

Romano R E. Aspects of R&D Subsidization [J]. Quarterly Journal of Economics, 1989, 104 (4): 863-873.

Romer P. Endogenous Technological Change [J]. Journal of Political Economy, 1990, 98 (5): 71-102.

Russo B. A Cost Benefit Analysis of R&D Tax Incentives [J]. Canadian Journal of Economics, 2004, 37 (2): 313-335.

Sørensen A, Kongsted H C, Marcusson, M. R&D, Public Innovation Policy, and Productivity: The Case of Danish Manufacturing [J]. Economics of Innovation and New Technology, 2003, 12 (2): 163-178.

Sahlaman W. The structure and governance of venture capital organization. Journal of Financial Economics, 1990, 27: 473-521.

Sahlman W A. The Structure and Governance of Venture Capital Organizations [J]. Journal of Financial Economics, 1990, 27 (3): 473-524.

Scott A., Tian Y S. Incentive Fees Valuation and Performance of Labour Sponsored Investment Funds [J]. Canadian Investment Review, 2003, Fall, 20-27.

Solow R M.. Technical change and the aggregate production function [J]. Review of Economics and Statistics, 1957, 39: 312-320.

Stiglitz E, Weiss A. Credit Rationing in Markets with Imperfect Information [J]. American Economic Review, 1981, 71 (3): 393-410.

Streicher G, Schibany A, Gretzmacher N. Input Additionality Effects of R&D Subsidies in Austria: Empirical Evidence from Firm-level Panel Data [R]. Joanneum Research, Working Paper, 2004.

Swenson C W. Some Tests of the Incentive Effects of the Research and Experimentation Tax Credit [J]. Journal of Public Economics, 1992, 49 (2): 203 - 218.

Tödtling F, Lehner P, Kaufmann A. Do Different Type of Innovation Rely on Specific Kind of Knowledge Interactions? [J]. Technovation, 2009, 29 (1): 59 - 71.

Tassey G. Choosing Government R&D Policy: Tax Incentives vs. Direct Funding [J]. Review of Industrial Organization, 1996, 11 (5): 579 - 600.

Timmer C P. Using a Probabilistic Frontier Production Function to Measure Technical Efficiency [J]. Journal of Political Economy, 1971, 79 (4): 776 - 794.

Toole A A. Does Public Scientific Research Complement Private Research Development Investment in the Pharmaceutical Industry? [J]. The Journal of Law and Economics, 2007, 50 (1): 81 - 104.

Trajtenberg M. Government Support for Commercial R&D: Lessons from Israeli Experience [J]. Innovation Policy and the Economy, 2002 (2): 79 - 134.

Wallsten S J. The Effects of Government-Industry R&D Programs on Private R&D: The Case of the Small Business Innovation Research Program [J]. The RAND Journal of Economics, 2000, 31 (1): 82 - 100.

Wolff G B, Reinthaler V. The Effectiveness of Subsidies Revisited: Accounting for Wage and Employment Effects in Business R&D [J]. Research Policy, 2008, 37 (8): 1403 - 1412.

Wu, Y. The Effects of State R&D Tax Credits in Stimulating Private R&D Expenditure: A Cross - State Empirical Analysis [J]. Journal of Policy Analysis and Management, 2005, 24 (4): 785 - 802.

Yang C H, Huang C H, Chieh - Tse Hou T. Tax incentives and R&D activity: Firm - level evidence from Taiwan [J]. Research Policy, 2012, 41 (9): 1578 - 1588.

Zhu P, Xu W, Lundin N. The Impact of Government's Fundings and Tax Incentives on Industrial R&D Investments: Empirical Evidences from Industrial Sectors in Shanghai [J]. China Economic Review, 2006, 17 (1): 51 - 69.